Ulrich F. Sackstedt
Australien – Handbuch für Auswanderer

Inhalt

Vorwort

Vorwort

Das vorliegende Handbuch ist für Deutsche, Österreicher und Schweizer gleichermaßen geeignet, da für die Staatsbürger aller drei Nationen in Australien die gleichen Einwanderungsbestimmungen gelten und die gleiche Ausgangssituation für den Neuanfang besteht. Alle in diesem Buch angegebenen Kontakt- und Beratungsadressen sind somit für sie von Nutzen.

Ich darf Sie also zur Lektüre dieses Buches beglückwünschen, gleichgültig, ob Sie Deutscher, Österreicher oder Schweizer sind, ob Sie es gerade gekauft oder von Freunden entliehen haben. Im letzteren Fall werden Sie bald merken, dass Sie es selbst besitzen möchten, denn wahrscheinlich gehören auch Sie zum großen Kreis derer, die sich mit Auswanderungsabsichten tragen. Und ganz sicher haben Sie auch schon etwas über das Land Australien gehört, das gleichzeitig ein eigener, sehr bunter Kontinent ist. Genau für Sie habe ich dieses Buch geschrieben!

Wer von uns träumte nicht schon davon, ein paar persönliche Dinge einzupacken und in die Ferne zu ziehen? Im Grunde ist dies ein uralter Menschheitstraum, der weit in vergangene Jahrhunderte, ja sogar Jahrtausende zurückreicht. Denken wir nur an das Zeitalter der Entdeckungen, das uns Europäern neues Wissen und eine wesentliche Verbesserung unseres materiellen Wohlstands bescherte. Nicht immer waren es reine Neugier oder Forscherdrang, die Menschen in die Ferne trieben – meist waren es sehr egoistische und spekulative Absichten wie die Suche nach Gold, nach edlen Gewürzen, nach kostenlosem Land oder billigen Arbeitskräften.

Das ist heute anders geworden. Aber auch der Auswanderer von heute ist auf der Suche nach etwas Neuem, Gewinnbringendem. Er hat persönliche Motive: die Verbesserung seiner Lebensumstände. Aber er kann und will seinen Erfolg nicht auf Kosten der Bewohner anderer Länder gewinnen, ganz im Gegenteil: Er ist auf deren Zusammenarbeit und Freundschaft angewiesen, wenn er sich erfolgreich niederlassen will. Und so trägt er ganz ungewollt zu einem Stück Völkerverständigung und Frieden bei.

Glücklicherweise sind die Zeiten vorbei, als man auf ungeheizten Schiffen über die Weltmeere schaukelte und sich dem Toben der Elemente aussetzte, um Neues zu gewinnen. Und doch ist es erst rund 200 Jahre her, dass die englische Krone sich wegen ihrer aus allen Nähten platzenden Gefängnisse entschloss, einen Teil ihrer Gefängnisinsassen in das gerade von James Cook entdeckte große Südland auszuquartieren: Womit wir schon mitten im Thema wären.

Heute sind es keine Gefangenen mehr oder Menschen, die wegen ihres Glaubens die Heimat verlassen und dieses südliche Land (terra australis) »unterhalb« des Äquators ansteuern mussten: Es sind freie Menschen, die aus eigenem Entschluss handeln. Es sind auch keine Abenteurer im strengen Sinne des Wortes – nein, es sind durchaus kühl rechnende und planvoll handelnde Menschen unserer mitteleuropäischen Breiten, die diesen Schritt getan haben und immer noch tun.

Und dennoch gehört ein Stück Mut dazu, ja sogar ein bisschen Abenteurerblut, um Träume von einem neuen Anfang in einem so fernen Land in die Tat umzusetzen.

Als Autor des vor Ihnen liegenden Buches beschäftige ich mich seit nunmehr 18 Jahren mit dem Thema »Auswanderung«. Ich habe seitdem viele Gespräche mit Menschen geführt, die Deutschland auf der Suche nach einer neuen Heimat verließen oder verlassen wollen, und habe eine große Zahl von Briefen und Berichten ausgewertet, um sie einer interessierten Öffentlichkeit zugänglich zu machen. Ziel meiner Arbeit war dabei auch, Licht auf das Schicksal des »kleinen Mannes« zu werfen, des »Otto-Normal-Auswanderers«, der sich im Ausland zu bewähren hat, weil er nicht über die Freiheit des großen Geldes verfügt. Beispiele hiefür finden Sie in meinem Buch *Auf nach Down Under*. Mein Bemühen war es immer, dem Thema »Auswandern« mehr Objektivität zu verleihen, als dies bei der nur skizzenartigen oder zweckbestimmten Darstellung in den Massenmedien berücksichtigt werden kann. Auswandern ist ein so schicksalbestimmendes Thema im Leben eines Menschen oder einer ganzen Familie, dass nicht genug getan werden kann, eine so umfassend wie möglich recherchierte, den Realitäten sehr nahekommende Information vorzulegen. Die Rückwanderungsquoten enttäuschter – weil lückenhaft informierter – Auswanderer sprechen für sich!

Dennoch sollen Spezialinteressen einzelner Berufsgruppen oder Visumklassen soweit Berücksichtigung finden, wie der Rahmen dieses Buches es ermöglicht.

Mit diesem Handbuch möchte ich auch Sie persönlich ansprechen und Ihnen umfassend Rat geben: Sie werden ihn gebrauchen können, wenn Sie einen solch bedeutungsvollen Schritt unternehmen, wie er das »Wandern in die Ferne« bedeutet – obwohl diese heute durch Düsenflugzeuge, Satellitenkommunikation und Internet so nahegerückt scheint. Wie Sie bei der Lektüre feststellen werden, trennen Europa und Australien zwar Welten – dennoch ist das Leben dort in seinen Grundzüglen nicht so anders, wie man zunächst vermutet: Auch in »down under« wird nur mit Wasser gekocht. Vielleicht wird man Sie schon bald unter einem Gumtree mit »Good day, mate!« begrüßen...

Vorwort zur 4. Auflage

Nunmehr liegt hiermit die 4. Auflage meines Auswanderer-Handbuches vor. Es erfüllt uns mit Freude, dass nach wie vor die wohl überwiegende Anzahl aller Australieneinwanderer großen Nutzen daraus ziehen konnten, in dem sie sich mit den zur Verfügung gestellten Informationen ausführlich auf diese eminente Entscheidung vorbereiteten. Viele berichten, dass sie mit diesem Ratgeber eine wertvolle Hilfe zur Hand hatten, manche sogar, dass sie erst durch die Existenz dieses Buches zum Antrag auf eine Einwanderung nach Australien motiviert wurden. Umso wichtiger erschien es uns deshalb, wiederum Aktualisierungen in größerem Umfang vorzunehmen.

Inhaltlich wurde das Kapitel »Chancenbeurteilung und Antragsverfahren« um eine zusätzliche Visakategorie erweitert, und zwar die für nominierte, d.h. durch den zukünftigen Arbeitgeber unterstützte Einwanderung. Bei den Visakategorien unterscheidet die australische Einwanderungsbehörde (nunmehr nicht DIMA, sondern DIMIA genannt) acht verschiedene so genannte Visaklassen und hat dazu jeweils eigene »booklets« herausgegeben. Diese booklets sind Hefte (Broschüren) im DIN-A4-Format, in denen alles, was der in dieser Kategorie sich bewerbende Einwanderer wissen und ausfüllen muss, enthalten ist, Die zugehörigen Antragsformulare sind jeweils beigefügt. Neben einer fast kompletten Übersetzung des booklets der Visaklasse »General Skilled Migration« – hierin bewerben sich mehr als 90 Prozent aller Antragsteller – gehen wir nun in dieser Auflage auch ausführlicher auf die oben genannte Kategorie ein, um eine weitere Zielgruppe unter unseren Lesern mit deutschsprachiger Information zu versorgen.

Nun bleibt uns nur, Ihnen viel Erfolg bei Ihrer Bewerbung zu wünschen!

Verden, im Frühjahr 2003

1. Vorbereitungen

1.1 Warum Sie nach Australien auswandern wollen

Bevor Sie dieses Buch in die Hand nahmen, haben ganz sicher schon Gedanken und Gefühle Sie bewegt, die mit dem Thema »Auswandern« zu tun haben und vielleicht schon weit über die ersten Schritte des Auswanderns – des Weggehens – hinausgingen. Sie haben vielleicht einen Bericht oder einen Roman gelesen oder im Fernsehen etwas über deutsche Auswanderer erfahren. Und Sie waren beeindruckt von dem, was Sie dort erfuhren. Oder Sie haben von Leuten aus der Nachbarschaft gehört oder hatten Freunde, die nach Australien ausgewandert sind und Ihnen in Briefen von dort berichten.

Vielleicht ist es aber auch nur eine ganz allgemeine persönliche Unzufriedenheit mit Ihrem bisherigen Leben gewesen, die Sie auf den Auswanderungsgedanken gebracht hat. Manch einer wird noch andere Gründe gehabt haben, wie beispielsweise Unzufriedenheit mit den beruflichen Möglichkeiten hier bei uns in Mitteleuropa, mit der Ausbildung und Zukunftserwartung der Kinder, mit der politischen oder strategischen Lage an der Grenze der ehemaligen (oder der zukünftigen neuen?) Machtbereiche, oder aber mit der Bedrohung der Umwelt. Ja, sogar persönliche psychische Probleme oder Schwierigkeiten in der Partnerschaft, der Familie oder der Verwandtschaft können Gründe dafür sein, dass Sie Ihr bisheriges Leben verändern wollen. Ob dann aber die Auswanderung in ein anderes Land die richtige Lösung wäre, sollten Sie sich genau überlegen. Hilfestellung hierbei erhalten Sie bei Auswanderungs-Beratungsstellen, die in verschiedenen Städten Deutschlands tätig sind (s. Kapitel: »Adressen«).

Für viele Menschen hier in Europa ist Australien noch immer das »lucky country«, wo das ganze Jahr über Sonnenschein herrscht und die Menschen einem »easy going life« frönen. Bis zu einem gewissen Grade ist das sicherlich richtig und sollte in die Kalkulation einer Auswanderung durchaus mit einbezogen werden. Sie werden in Australien ganz sicher nicht auf die Hektik und den Leistungsdruck treffen, die – besonders in Deutschland – leider so bestimmend im Leben eines jeden Menschen geworden ist. Herzinfarkte und andere stressbedingte Krankheiten sprechen eine deutliche Sprache. Und tatsächlich sind Ruhe, Gelassenheit, ja sogar Gleichgültigkeit vielen Problemen gegenüber Merkmale der australischen Gesellschaft, die für Europäer eine so magische

Anziehungskraft besitzen. Sogar Touristen bestätigen dies, wenn sie aus Australien zurück sind.

Lassen Sie sich aber bitte nicht allein von diesen Dingen leiten, wenn es um Ihre Zukunft geht: Sie müssen auch wissen, ob Sie sich im australischen »way of life« für den Rest Ihres Lebens wohlfühlen würden. Viele Auswanderer scheinen dies zu tun, andere haben auf Jahre hinaus Schwierigkeiten, sich dem dortigen Leben und Arbeitsrhythmus anzupassen und von den Idealen des preußischen Pflichtbewusstseins – zumindest teilweise – Abschied zu nehmen.

Ein Trost für alle, die an deutschem Brauchtum hängen: Es gibt in Australien eine große Zahl deutscher Schützen-, Gesangs-, Karnevals- und sonstiger Vereine, die regelmäßig Feste nach deutschem Vorbild abhalten. Das gilt natürlich auch für Schweizer und Österreicher.

Auf noch etwas möchte ich an dieser Stelle hinweisen: Prestigedenken wird in Australien ganz klein geschrieben. Echte Gleichheit scheint in diesem Land von Beginn an mehr verwirklicht worden zu sein als in allen bisher real existierenden sozialistischen oder auch nichtsozialistischen Staaten. Das zeigt sich unter anderem daran, dass es in diesem riesigen Kontinent keinerlei Dialekte der australischen Sprache gibt. Ob Sie im »top end« oder ganz im Süden sind, in Westaustralien oder am Great Barrier Reef – fast überall hören Sie den gleichen australischen Slang.

Reichtum wird kaum zur Schau gestellt. Der Australier und die Australierin begnügen sich damit, eben ganz australisch zu sein: Gemeinsames Biertrinken, Barbecue, Strandleben, Segeln, Pferdewetten – gepaart mit Desinteresse an Politik – sind wichtigere Werte des Zusammenlebens, um nur einige zu nennen. »That'll do« – das genügt – ist eine Einstellung zum Leben, die eben nur soviel Einsatz kennt, wie gerade nötig ist: keinen Perfektionismus bitte!

Ebenso die spontane Hilfsbereitschaft im privaten Bereich: Darin lebt wohl die Kameradschaft aus den alten Tagen der Pioniere weiter. In den Großstädten allerdings verblassen diese Dinge durch den Einfluss kommerziellen Zweckdenkens mehr und mehr. Dies nur ganz am Anfang, weiter hinten finden Sie mehr darüber.

Sie sollten sich also zu einem ganz frühen Zeitpunkt genau Rechenschaft darüber ablegen, welches Ihre wahren Auswanderungsgründe sind. Und wenn sie Ihnen noch nicht so ganz klar erscheinen, sollten Sie sie für sich privat erforschen. Wenn Sie denken, die Dinge werden sich schon von allein einrenken und erledigen, dann sitzen Sie ganz sicher auf dem falschen Schiff, das mit Ihnen – und Ihrem Hab und Gut – an der nächstbesten Klippe zerschellen kann.

12

Mir liegt fern, Ihnen irgendwelche Ängste machen zu wollen, die Sie nicht zu haben brauchen. Ich erwähne dies nur, weil Sie eines Tages im Ausland auf falschen Kurs geraten könnten, wenn Sie nicht eisern an Ihrem eigentlichen Ziel festhalten.

Ich möchte Sie schon an dieser Stelle darauf hinweisen, dass erfolgreiches Auswandern sehr viel mit Ehrlichkeit und Realismus zu tun hat – eine nur gefühlsmäßige Entscheidung zum Auswandern wäre verhängnisvoll.

Und wenn Sie Familie und Kinder haben, dann sollten Sie auch deren Meinung mit in die zu treffenden Entscheidungen einbringen, auch wenn Sie der alleinige oder überwiegende Geldverdiener sind: Sie könnten diese Menschen sonst gegen ihren Willen unglücklich machen. In diesen Fällen ist ein mehrmals tagender »Familienrat« das Richtige, um alle Einzelmeinungen auf einen Nenner zu bringen – oder eben nicht.

Wer schulpflichtige Kinder hat, sollte sich darüber im klaren sein, dass diese in Australien auf ein ganz anderes Bildungssystem treffen werden, als es bei uns in Europa Tradition ist – ein System, das offener, sportlicher und sozialer ausgerichtet ist und in manchen Bereichen nicht soviel Allgemeinbildung, dafür aber mehr fachbezogene Ausbildung vermittelt, das einem anderen, eben dem englischen Bildungsideal verpflichtet ist. Und das auch seine Vorteile besitzt.

Stellen wir uns nun einmal selbst die Frage, warum gerade Australien unser Ziel ist – und nicht andere typische Einwanderungsländer dieser Erde. In den Medien, und hier besonders im Fernsehen, ist der australische Kontinent im Laufe der letzten Jahre durch eine Vielzahl von Publikationen zunehmend ins Blickfeld der Öffentlichkeit getreten, sowohl mit Spielfilmen und Serien als auch mit Dokumentationen. Warum dies so ist, kann ich Ihnen nicht sagen – ich vermute aber, dass hier wirtschaftliche und touristische Interessen bestimmter Organisationen eine Rolle spielen. Vielfach spricht man heute vom Erstarken des großen pazifisch-asiatischen Marktes, wo eine Reihe von Schwellenländern oder sogenannten Entwicklungsländern den in den Industrieländern stagnierenden oder rückläufigen Absatz durch neue Erschließungsmärkte wieder steigern soll. An dieser Stelle muss man die großen internationalen Konzerne und Banken nennen, die ein Interesse daran haben, dass dieser kommende Markt ausgebaut wird: Vielleicht kann dies ja auch Ihre Chance sein – wenn Sie zu den Fachkräften oder selbständigen Unternehmern gehören, deren Branche im pazifischen Raum gefragt ist.

Nicht zuletzt ist es der Bevölkerungsgigant China, der einen starken Bedarf an Produktion und Dienstleistungen geweckt hat: Über eine Milliarde Menschen sind eben ein gewaltiger Markt. Aber auch die anderen ostasiatischen Länder – wie Japan, Malaysia, die Philippinen, Taiwan, Korea und Singapur – stellen ein Potential dar, das in seiner wirtschaftlichen Bedeutung für Australien schon heute nicht hoch genug eingeschätzt werden kann.

Damit haben wir für einen großen Teil potentieller Australieneinwanderer die Frage nach dem Zielgebiet des Auswanderns schon beantwortet. Es gibt natürlich noch andere Faktoren, wie zum Beispiel das australische Klima – oder die australische Mentalität: Auch das können ausschlaggebende Gründe sein, in dieses Land gehen zu wollen.

Es kann aber auch ganz einfach deswegen in Frage kommen, weil es so weit weg liegt von Europa und ein wenig Exotik und Südseeromantik ausstrahlt, wobei auch ein Hauch von Abenteuer dabei ist: Denken wir nur an Filme wie »Crocodile Dundee«, oder betrachten die jüngsten Bilder aus der Werbung. Diese Eindrücke sollte man aber getrost in den Bereich der Träumerei verbannen, denn wie man so schön sagt: Die Wirklichkeit sieht anders aus – und das stimmt auch.

Machen Sie sich, bevor Sie Auswanderungsentschlüsse treffen, mehrere Male auf den Weg nach dort und unternehmen Sie »Erkundungsreisen«. Als Tourist können Sie sich bis zu einem halben Jahr ununterbrochen in Australien aufhalten, um Land und Leute kennen zu lernen. Wenn Sie Geschäftsmann oder Geschäftsfrau sind, steht Ihnen ein besonderes Erkundungsvisum zur Verfügung, das Sie im Rahmen Ihres Einwanderungsantrags beantragen können.

Und ganz nebenbei können Sie so Ihre Englischkenntnisse testen – von denen ich hoffe, dass Sie sie haben. Je besser Sie sich auf Englisch verständigen können, um so offener werden Ihnen die Türen in »down under« stehen, und Sie werden leichter ein »mate« der »Aussies«.

Aber lassen Sie bitte Ihre mitteleuropäischen Vorstellungen und »Verwöhntheiten« zu Hause, sonst werden Sie ganz schnell unangenehm als Besserwisser auffallen, mit dem man nichts zu tun haben will. Als Beispiel nenne ich nur die Ordnung um ihrer selbst willen, die man bei uns mehr als genug antrifft. Der »easy way of life« in Australien ist eben ganz anders als unser Lebensstil: Er ist ja gerade deswegen »easy«, weil er auf manchen zivilisatorischen Ballast verzichtet.

Die Leser unter Ihnen, die mit der amerikanischen Lebensart vertraut sind, werden da weniger Probleme haben: Sie ist der australischen in manchen Bereichen ähnlich.

Und wenn Sie dann von diesen Erkundungsreisen nach Europa zurückkehren, werden Sie jedes Mal den Unterschied an Lebensart und Lebensqualität feststellen: Was Sie dann hier an Australischem vermissen, wird Ihnen fehlen – und es wird Sie vielleicht zu dem Entschluss bringen, mit der Auswanderung Ernst zu machen.

Um Ihnen einen Eindruck von den Größenordnungen zu geben: Im Jahre 2000 kamen etwa 78.000 Einwanderer aus den verschiedensten Ländern nach Australien. In früheren Jahren waren es etwas weniger.

Im *Australien-Kurier* Nr.6/1995 wird berichtet:»**Neulinge zufrieden, stellt Umfrage fest**

Eine Umfrage des Büros für Einwanderungs- und Bevölkerungsforschung erbrachte, dass 96 Prozent der Neueinwanderer in Australien mit ihrem neuen Leben zufrieden sind. Der gleiche Prozentsatz gab an, dass die Entscheidung, nach Australien auszuwandern, richtig gewesen sei. Auf die Frage, was ihnen in Australien am meisten gefalle, wurden an erster Stelle die Freundlichkeit der Menschen (27 %), der Lebensstil (21 %) und das Klima (19 %) genannt, gefolgt von der Ausbildung, der Freiheit und dem politischen System (jeweils 13 %)...«

Es waren natürlich zu einem großen Prozentsatz nicht deutsche Einwanderer, die man da befragte, sondern Menschen mit einem anderen wirtschaftlichen und politischen Hintergrund. Dennoch: Eine gewisse Aussagekraft haben diese Äußerungen sicherlich.

1.2 Chancenbeurteilung und Antragsverfahren

Nachdem Sie die Frage nach dem Warum Ihrer Auswanderung für sich selbst und für Ihre Familienangehörigen so beantwortet haben, dass Sie kein schlechtes Gewissen und keine Unsicherheit mehr plagt, können Sie darangehen, Ihre Auswanderung zu organisieren.

Organisieren fängt damit an, dass Sie sich zunächst einmal über Ihre Chancen klar werden und eine realistische Einschätzung Ihrer Erfolgsaussichten gewinnen. Auch an dieser Stelle werden Sie wieder merken, dass Sie von manchen Ihrer Bekannten und Freunde gute Ratschläge bekommen – vorausgesetzt, Sie sprechen überhaupt mit ihnen darüber. Sie sind oft wirklich gut gemeint, entbehren aber häufig – mangels aktueller Information – einer soliden Grundlage. Darum sollten Sie sich lieber auf das verlassen, was Sie selber ermittelt haben: Und wie Sie das ermitteln können, davon soll im folgenden die Rede sein.

Information anfordern

Sie können den telefonischen Visum-Auskunftsdienst der australischen Botschaft in Berlin in Anspruch nehmen. Unter *0190/242000* bekommen

Sie täglich – rund um die Uhr – Informationen sowohl über Einreiseanträge für Touristen, Anträge für zeitlich begrenzte Aufenthalte und Einwanderungsanträge.

Die Stimme am anderen Ende der Leitung stellt sich zunächst in englischer und dann in deutscher Sprache vor. Dann werden Sie ähnlich wie in einem Computerprogramm durch ein kurzes Menü geführt und sollten dabei auch einen Schreibstift zur Hand haben. Es werden allgemeine erste Informationen zu den verschiedenen Visumkategorien und den dazugehörigen Anträgen gegeben.

Sollten Sie diesen ersten Schritt nicht wählen, gehen Sie bitte folgendermaßen vor: Sie fordern erste Einwanderungsinformationen bei der Firma Australia Shopping World GmbH an, legen einen mit 1,53 Euro frankierten DIN-C4-Rückumschlag bei und erhalten dann das englischsprachige Merkblatt *How to apply (Wie man sich bewirbt)* mit Informationen, in denen aufgezeigt wird, wo man sich bewirbt, wie die Einwanderungsgebühr bezahlt werden muss, welche Dokumente zum Antrag hinzuzufügen sind, und wie lange die Antragsbearbeitung in etwa dauert. Rechnen Sie hier durchschnittlich mit einer Zeitdauer von 3 bis 6 Monaten. Beigefügt sind der Sendung weiterhin eine Aufstellung der Vertragsärzte (panel doctors) für die ärztliche Untersuchung und eine Liste der Einwanderungsgebühren. Die Bestelladresse lautet:

Australia Shopping World GmbH, Dachauer Str. 109,
D-80335 München, Tel. 089- 542 8391

Australia Shopping World-Filialen gibt es auch in Köln, Wiesbaden und neuerdings auch in Berlin-Mitte. Die Geschäftsräume in Berlin liegen nur 80 m vom neuen Standort der Australischen Botschaft entfernt in der **Wallstr. 66, 10179 Berlin, Tel. 030-9700 5251**

Unter *www.australiashop.com* findet man die website.

Tipp: Bei diesem Unternehmen erhalten Sie übrigens auch informative australische Bücher, typisch australische Waren und vieles mehr aus »down under«. Dazu bitte den kostenlosen Katalog anfordern.

Das Einwanderungsministerium (DIMIA) hat Mitte 1999 die Einwanderungsströme nach Australien neu strukturiert, seitdem die Einwanderungsinformationen neu gestaltet und neue Bezeichnungen für die Visaklassen (Kategorien) eingeführt. Für jede der **8 großen Visakategorien** gibt die Behörde über die Botschaften sogenannte booklets (Broschüren,

DIN A4) heraus, in denen alle notwendige Information und auch die vom Antragsteller auszufüllenden Formulare enthalten sind. Die booklets sind vollständig englischsprachig abgefasst. Im Merkblatt werden die einzelnen Kategorien erläutert, von denen Sie die für Sie **passende Kategorie jetzt selbst auswählen** und das entsprechende booklet anfordern müssen. Sie erhalten es, wenn Sie 5 Euro (Stand 1.10.02) sowie einen mit 1,53 Euro frankierten und adressierten DIN-C3-Rückumschlag (1 mal knicken) mit der Anforderung des von Ihnen gewählten booklets in einen Umschlag (auch DIN C3) stecken und diesen wiederum an Australia Shopping World GmbH absenden.

booklet 1: Partner Migration
Diese Kategorie eignet sich für alle, die in Australien einen Lebenspartner (sponsor) haben, der für sie bürgt. Das erstreckt sich auf: 1. Ehepartner bzw. de facto-Partner, 2. zu erwartende Ehepartner ‚also Verlobte/r und 3. gegenseitig abhängige Partner (eingeschlossen gleichgeschlechtliche Beziehungen), die beide mindestens 18 Jahre alt sein und eine fortdauernde Beziehung mit dem Ziel des Zusammenlebens unterhalten müssen.
Alle in Australien lebenden Partner müssen entweder australische Staatsbürger oder Personen mit Daueraufenthaltsvisum oder aber berechtigte Staatsbürger Neuseelands sein.
Einwanderungsgebühr: 688 Euro (Stand 1.2.02)

booklet 2: Child Migration
Hier unterscheidet man drei Gruppen:
1. Abhängiges Kind: Das Kind muss ein natürliches oder ein adoptiertes oder ein Stiefkind eines australischen Staatsbürgers bzw. einer Person mit Daueraufenthaltsvisum oder eines berechtigten neuseeländischen Staatsbürgers sein. Es muss von dem antragstellenden Elternteil unterstützt oder eingesetzt (benannt) werden.
2. Verwandtes Waisenkind: Dieses Kind muss unter 18 sein und darf keine Eltern haben (logisch!), die für es sorgen. Der Status des Verwandten, der es unterstützt und den Antrag auf Einwanderung für das Kind stellt, muss derselbe wie bei unter 1 sein. Der Verwandte kann Bruder oder Schwester, Großelternteil, Onkel oder Tante, Neffe oder Nichte oder das jeweilige Stiefäquivalent derselben sein.
3. Adoption: Das Kind muss entweder schon adoptiert sein oder aber im Prozess der Adoption zu einer Person mit einem der oben genannten australischen Status stehen. Dieser muss für das Kind (unter 18) bürgen (es unterstützen). Der Antrag **muss** außerhalb Australiens gestellt werden.

Einwanderungsgebühr bei Nr. 1 und 3: 688 Euro, bei Nr. 2: 423 Euro (Stand 1.2.02)

booklet 3: Parent Migration
Diese Kategorie eignet sich für Eltern(teile) eines in Australien lebenden Bürgen.
1. Betagte Eltern: Die Eltern(teile) müssen 65 (Männer) oder 60 bis 65 (Frauen) sein.
2. Eltern im arbeitsfähigen Alter: Personen, die unterhalb der Pensionsgrenze liegen und einwandern wollen, müssen zur Zeit der Antragstellung noch außerhalb Australiens wohnen.
Einwanderungsgebühr: 688 Euro (Stand 1.2.02)

booklet 4: Other Family Migration
Wir unterscheiden drei Untergruppen:
1. Betagte abhängige Verwandte: Der Antragsteller muss alleinstehend, verwitwet oder geschieden und im Pensionsalter sein. Er muss von einem in Australien lebenden Verwandten abhängig sein. Dieser muss über 18 sein und einen entsprechenden australischen Status haben (s.o.).
2. Zurückbleibende Verwandte: Hierunter fallen enge Verwandte der Familie, die sonst in ihren Ländern in Übersee zurückbleiben würden und deshalb zu ihrem Verwandten nach Australien übersiedeln möchten. Der zurückbleibende Verwandte muss Bruder oder Schwester oder Kind (oder das entsprechende Stiefäquivalent) der in Australien wohnhaften Person sein.
3. Pflegende Person: Der Antragsteller muss willens und in der Lage sein, einem in Australien wohnhaften Verwandten oder Familienmitglied umfassende und fortgesetzte pflegerische Hilfe zu leisten. Dieser muss im medizinischen Sinne unter physischer, intellektueller oder sensorischer (Sinnes-) Beeinträchtigung leiden, so dass er den Anforderungen des täglichen Lebens nicht mehr allein nachkommen kann. Die Notwendigkeit der Pflege muss sich über einen Zeitraum von mindestens zwei Jahren erstrecken. Der australische Status des Betreffenden muss wiederum den weiter oben genannten Anforderungen entsprechen.
Einwanderungsgebühr für Nr. 1 und 2: 688 Euro, für Nr. 3: 423 Euro (Stand 1.2.02)

booklet 5: Employer Sponsored Migration
In dieser Visaklasse können Sie sich bewerben, wenn Sie einen australischen Arbeitgeber gefunden haben, der für Sie bürgt. Er muss nachweisen, dass er auf dem australischen Arbeitsmarkt niemanden für die be-

treffende Stelle finden kann. Diese Kategorie gilt auch für Bewerber innerhalb von Arbeitsabkommen oder regionalen Abkommen.

Auf weitere Einzelheiten dieser Kategorie gehen wir weiter unten umfassend ein.

Einwanderungsgebühr: 688 Euro (Stand 1.2.02)

booklet 6: General Skilled Migration

Diese für die weitaus meisten Bewerber zutreffende Kategorie zielt auf Ihre ganz persönliche berufliche Qualifikation ab. Es sind nur Bewerber bis 45 Jahre zugelassen, die über beruflich verwendbare Englischkenntnisse verfügen. In dieser Visaklasse können Sie Ihre Chancen noch verbessern, wenn Sie einen australischen Bürgen angeben oder in einer bestimmten Gegend Australiens (designated area) arbeiten und leben wollen. Wenn Ihr Beruf nicht in einer der Listen aufgeführt ist, Sie aber über herausragende Fähigkeiten auf einem anderen Gebiet verfügen, schauen Sie bitte unter booklet 8 nach.

Auf diese Kategorie gehen wir weiter unten noch umfassend ein.

Einwanderungsgebühr: 688 Euro (Stand 1.2.02)

booklet 7: Business Skills Migration

Sollten Sie auf der Grundlage Ihres geschäftlichen Erfolges nach Australien auswandern oder dort zumindest eine Daueraufenthaltsgenehmigung erhalten wollen, dann wählen Sie bitte diese Kategorie aus. Sie müssen Erfahrungen in der Eignerschaft und Verwaltung eines Unternehmens oder eines Investments besitzen oder leitender Angestellter eines größeren Unternehmens sein. Man erwartet von Ihnen, dass Sie eine Firma in Australien besitzen oder Teilhaber daran sind und dieses Unternehmen managen oder in ein ausgewiesenes Investment Geld einlegen.

Auf diese Kategorie gehen wir weiter unten noch umfassend ein.

Einwanderungsgebühr: 1968 Euro (Stand 1.2.02)

booklet 8: Special migration

Diese Visaklasse kann für Sie dann die richtige sein, wenn Sie unter 1 bis 7 keine passende gefunden haben. Darunter fallen:

• Frühere Einwohner (permanent stay visa) Australiens, die die meiste Zeit bis zu ihrem 18.Lebensjahr in A. verbracht und enge Verbindung gehalten haben.
• Besondere Talente, also Personen mit besonderen Fähigkeiten, die nicht unter den für die »skilled migration« aufgeführten Berufen genannt sind. Hierunter fallen auch Künstler und Sportler. Es muss nachgewiesen werden, dass der/die Betreffende ein Gewinn für Aus-

tralien sein würde und er/sie von einer australischen Organisation, einem dort lebenden Staatsbürger, Einwohner oder berechtigten Neuseeländer nominiert wurde.

- Personen mit enger Verbindung, die enge Verbindungen mit Australien gehalten haben und schon früher dort gelebt haben, Familienmitglieder neuseeländischer Staatsbürger oder Personen, die die prägenden Jahre ihrer Kindheit in A. verbracht haben. Der Antragsteller muss zur Zeit der Antragstellung in Australien ansässig sein.
- Beabsichtigte Heirat: Der Antragsteller muss im Besitz eines »Prospective Marriage Visa« (subclass 300) sein, welches er **vor dem 1. November 1996** beantragt hat, seinen Partner – der für ihn bürgt – inzwischen geheiratet haben und der nun ein Daueraufenthaltsvisum beantragen will.

Denken Sie bitte vor der Anforderung Ihres booklets daran, dass
- nicht unerhebliche Antrags- und andere Kosten anfallen
- alle Bewerber ein Gesundheitszeugnis (medical check) und ein Führungszeugnis (character clearance) vorlegen müssen und dafür Gebühren fällig werden
- es für Sie ganz wichtig ist, dass Sie die Gesamtkosten Ihrer Umsiedlung richtig einschätzen.

Alle booklets enthalten detaillierte Angaben über Gebühren, Anforderungen an Gesundheit, Charakter und Niederlassung in Australien. Für humanitäre Visaklassen gibt es keine booklets. Hier lesen Sie bitte das Merkblatt 964i »Refugee and Special Humanitarian Programs«.

1.2.1 Fachkräfte-Einwanderung

Nun wollen wir uns dem booklet der Fachkräftekategorie (General Skilled Migration) mit allen darin enthaltenen Unterkategorien ausführlich zuwenden.

Das booklet ist mittlerweile auf 92 Seiten angewachsen, welche in 7 Kapitel eingeteilt sind. Beigefügt sind die Formblätter 47SK, 28, 40 und 886. Die Nr. 47Sk ist das Hauptformular für alle in diese Kategorie fallenden Antragsteller, Formblatt 28 »Required Assurance of Support« gilt für Antragsteller, die von australischen Firmen bzw. Institutionen gesponsert (unterstützt) werden, Nr. 40 ist dasjenige Formblatt für den Sponsor.

Teil 1, General information enthält allgemeine Informationen. Im Abschnitt *Basic requirements* geht es zunächst um die Grundbedingungen für Ihre Einwanderung als Fachkraft. Sie müssen unter 45 Jahre alt sein, über beruflich verwendbare Englischkenntnisse (vocational English) verfügen können. Weiterhin müssen Sie eine nachschulische (berufliche) Ausbildung (Universitätsstudium oder Lehrzeit) durchgemacht haben. In manchen Fällen ist auch Berufserfahrung notwendig. **Wenn Ihr Beruf nicht in der »Skilled Occupation List« (im Kapitel 6) aufgeführt ist, ist Ihr Einwanderungsantrag als Fachkraft zwecklos.**

Da der schon seit langem angewendete **Punktetest** weiterhin das entscheidende Zulassungskriterium ist, müssen Sie für Ihren Beruf eine bestimmte Punktzahl ermitteln (Kap.6). Liegt diese bei 60, müssen Sie 1 Jahr bezahlte Tätigkeit in dem angegebenen Beruf im Zeitraum der zurückliegenden 1 1/2 Jahre vor der Antragstellung nachweisen, bei 40 oder 50 Punkten sogar 2 der 3 zurückliegenden Jahre. Kürzere Tätigkeit ist in den Kategorien *Skill Matching* und *Skill-Designated Area Sponsored* möglich.

Ausnahme: Berufserfahrung muss nicht nachgewiesen werden, wenn der Antragsteller in einem Zeitraum von weniger als 6 Monaten vor der Antragstellung eine australische Qualifikation erhalten hat.

Vor der Antragstellung müssen Sie Ihre berufliche Qualifikation von der zuständigen australischen Behörde einschätzen lassen. Diese Behörden sind in Kap.6 aufgeführt.

Unter *Costs and Charges* werden alle für Sie anfallenden Gebühren abgehandelt. Da die Angaben in Austral-Dollar gemacht sind, haben wir weiter oben die Eurobeträge genannt. Diese betreffen allerdings nur die erste Rate der Gebührenzahlung.

Auch die Einschätzungsbehörde für Ihren Beruf verlangt eine bestimmte Gebühr. Die Höhe wird nicht angegeben, da sie von Stelle zu Stelle unterschiedlich ist.

Als Bewerber in der Fachkräfteeinwanderung, also in den Kategorien *Skilled-Independent oder Skilled-Australian Sponsored oder Skilled-Designated Area Sponsored* (nicht jedoch bei: *Skill Matching*) müssen Sie zunächst eine sogenannte erste Rate zahlen, die sich laut booklet auf 1125 A$ beläuft. Laut Merkblatt »How to pay migration fee« ist das ein Eurobetrag von **688 Euro**. Für alle Antragsteller von außerhalb Australiens gilt:

Sie zahlen entweder per Kreditkarte oder internationalem Bankscheck über die Botschaft an das DIMIA (Department of Immigration and Multicultural and Indigenious Affairs (Ministerium für Einwanderung, multikulturelle und einheimische Angelegenheiten).

Den Bankscheck (sogenannter crossed check) oder die Kreditkarten-Zahlungsanweisung schicken Sie an:
Australian Embassy, DIMIA, Migration Section, Friedrichstr.200, 10117 Berlin

Bei beiden Zahlungsweisen muss der Betrag in Euro ausgestellt sein. Diese Gebühr kann nicht zurückerstattet werden, ist also im Falle der Ablehnung verloren.

Sollten mit Ihnen Familienmitglieder über 18 Jahre auswandern, die nicht über Alltagsenglischkenntnisse (functional English) verfügen, haben Sie eine zweite Rate von 2275 A$ zu zahlen. Hierin sind die Kosten für Englischkurse enthalten, an denen diese Person nach der Einwanderung in Australien teilnehmen kann. Für alle diejenigen, die über »functional English« (entsprechend einem IELTS-Test-Gesamtergebnis von 4.5) verfügen, entfällt diese zweite Rate.

Sollten Sie sich unter den »Sponsored Visa Categories« wie z.b. »Skilled-Australian Sponsored« oder »Skilled-Designated Area Sponsored« bewerben, muß im voraus eine Unterstützungskaution gezahlt werden. Diese beträgt 3500 A$ für den Hauptantragsteller und 1500 A$ für jedes Familienmitglied über 18 (mehr darüber steht ab S.20 des booklets).

Zur Einschätzung Ihrer Englischkenntnisse können Sie zur Teilnahme an einem sogenannten IELTS-Test aufgefordert werden. Die Kosten hierfür liegen in etwa bei 190 A$ (s. Teil 7). Für einige Berufe ist ein »Occupational English Test« (OET) erforderlich. Die Gebühr dafür beträgt innerhalb Australiens 350 A$ und außerhalb 400 A$. Weitere Einzelheiten über den OET erfahren Sie bei *Language Australia, GPO Box 372F, Melbourne VIC 3001* und im Internet bei *www.oet.com.au*

Alle nicht im Beiblatt enthaltenen, aber im booklet in Austral-Dollar aufgeführten Gebühren wie z.B. die zweite Rate der Bearbeitungsgebühr werden Ihnen zusammen mit der Zahlungsaufforderung von der Australischen Botschaft in Berlin in Euro mitgeteilt.

Für die ärztliche Untersuchung fallen pro Familienmitglied etwa 300 A$ an, wenn keine weiteren Tests erforderlich sind. Sie sollten außerdem damit rechnen, dass noch Kosten für die Übersetzung einiger Dokumente entstehen können.

Nur bei der Kategorie »Skill Matching«
Entgegen der Darstellung im booklet ist nun in der Visaklasse »Skill Matching« eine Grundgebühr von 98 Euro fällig.

Man überprüft in einem ersten Schritt, ob Ihr Tätigkeitsfeld/Beruf in die »skill matching data base« passt. Werden Sie hieran anschließend von einer Bundesstaats- oder Territoriumsregierung Australiens oder aber von einem Arbeitgeber nominiert, haben Sie die normale Visaantragsgebühr von 688 Euro zu zahlen. Für Familienmitglieder ohne hinreichende Englischkenntnisse über 18 Jahre gilt zusätzlich der Betrag von 2380 A$. Bekommen Sie innerhalb von zwei Jahren keine Nominierung, so gilt Ihr Antrag als abgelehnt.

Im Abschnitt *Dependents* wird erklärt, inwieweit Familienmitglieder als vom Hauptantragsteller abhängige Personen anerkannt werden. Hierzu zählen alle Kinder der Familie, die unter 18 sind und zum Haushalt gehören sowie geistig oder körperlich behinderte Kinder jeden Alters, auch wenn diese nicht mit auswandern sollen. Auch im Haushalt lebende Kinder über 18 können unter gewissen Umständen anerkannt werden, wenn deren Abhängigkeit nachgewiesen wird.

Kinder über 18 Jahre, die nicht mehr zu Hause wohnen oder solche, die zu Hause wohnen und bereits ein eigenes Einkommen haben, werden im Normalfall nicht als abhängig anerkannt, es sei denn, ihre Abhängigkeit kann nachgewiesen werden.

Kinder über 18, die verlobt oder verheiratet sind, müssen einen eigenen Antrag auf Einwanderung stellen.

Sollten Sie Kinder aus einer früheren oder mit in der Familie haben, brauchen Sie eine Bescheinigung des Gerichts, die Ihr oder Ihres Partners alleiniges Sorgerecht für diese Kinder bestätigt. Das DIMIA wird sich darum bemühen sicherzustellen, dass durch die Auswanderung solcher Kinder niemandes Recht verletzt wird. Damit soll Fällen von »Kindesentziehung«, wie es der Gesetzgeber nennt, vorgebeugt werden. Weiterhin muss eine rechtsverbindliche Einverständniserklärung zur Auswanderung des Kindes vorgelegt werden, wenn ein Elternteil des auswandernden Kindes selbst nicht mit auswandert (z.B. wenn bei Scheidungskindern oder unehelichen Kindern der Antragsteller nicht das alleinige Sorgerecht hat). Alternativ dazu kann eine Gerichtsbescheinigung vorgelegt werden, die besagt, dass Sie selbst oder Ihr Ehepartner berechtigt sind, das Kind mit Ihnen auswandern zu lassen.

Sollten Sie abhängige Kinder haben, die nicht mit auswandern sollen/wollen, müssen Sie nachweisen, dass Sie ihren gesetzlichen Pflichten diesen Kindern gegenüber nach Ihrer Auswanderung weiterhin nachkommen können.

Normalerweise ist eine abhängige Person ein/e Verwandte/r, der/die substantiell in finanzieller, psychologischer und/oder physischer Hinsicht von Ihnen abhängig ist.

Andere von Ihnen oder Ihrem Ehepartner abhängige Verwandte können z.B. betagte unverheiratete Personen sein.

Bei Abhängigen über 18 Jahre müssen Sie als Antragsteller für jedes solche Kind ein **Formular 47A** bei der australischen Botschaft einreichen, wo Details zu dieser Gruppe aufgeführt sind.

Abschnitt *Living in Australia* gibt Auskunft über einige der wichtigsten Fakten, über die man sich vor der Antragstellung klar sein sollte, denn es liegt allein in Ihrem Interesse, Ihre Erfolgsaussichten für eine Niederlassung in Australien richtig einzuschätzen.

Im booklet wird betont, dass die Lebenshaltungskosten in Australien, verglichen mit anderen Ländern, hoch sind.

Man solle nicht erwarten, dass man schnell Arbeit finde und sich darüber im klaren sein, wie man sich und seine Familie für mindestens 2 Jahre über die Runden bringen könne. Als Richtwert benötigte eine Einwandererfamilie von drei Personen in einem Zeitraum von weniger als 2 Jahren durchschnittlich 930 A\$ pro Woche (entspr. 3720 A\$ pro Monat). Schätzungsweise braucht ein Ehepaar, das zur Miete wohnt, mindestens 365 A\$ zum (Über-)Leben pro Woche, eine Einzelperson etwa 225 A\$ pro Woche.

Außerdem sollte jeder Antragsteller daran denken, dass beträchtliche Kosten für Flugtickets, Umzugsgütertransport (Container) und Einrichtungskosten in der neuen Wohnung anfallen.

Auch die Beschäftigungsaussichten sind ein wichtiger Punkt, da der australische Arbeitsmarkt unter hartem Wettbewerb steht. Die Arbeitsaussichten unterliegen Schwankungen aufgrund von Wirtschaftsfaktoren, die sich jeweils auf verschiedene Berufsgruppen auswirken und aufgrund von spezifischen Gegebenheiten, die Auswirkungen auf den Stellenmarkt in verschiedenen Teilen des Landes haben.

Eine Einwanderungserlaubnis stellt keine Beschäftigungsgarantie dar, sogar, was hochqualifizierte Fachkräfte betrifft. Ganz zu schweigen von deren Ehepartnern und anderen abhängigen Personen. Dies sollte man bedenken...

Die Arbeitslosenquote lag im Dezember 2001 bei durchschnittlich 6,7 %. Die Quoten für Neueinwanderer liegen weit darüber. Erhebungen zeigen, dass sie bei Einwanderern und Flüchtlingen zwischen 1999 und 2000 in den ersten 4 bis 6 Monaten nach ihrer Ankunft bei rund 16 % lag! Nach diesen ersten Monaten nimmt die Arbeitslosenziffer unter den Einwanderern generell ab, wobei Einwanderer in der Independent-Kategorie und anderen Fachkräftekategorien allgemein niedrigere Arbeitslosenquoten aufweisen als die übrigen.

Man sieht daran leicht: Aller Anfang ist schwer bzw. kann schwer sein... Deswegen: Bevor Sie Ihren Auswanderungsantrag stellen, machen Sie sich kundig, ob es für die von Ihnen angestrebte Tätigkeit in

Australien besondere Anforderungen oder einschränkende Bedingungen gibt.

Denken Sie auch daran, dass viele Berufstätigkeiten (z.b. Handwerk) bei einer australischen Behörde eingetragen oder von dieser lizensiert sein müssen und/oder Sie für eine Mitgliedschaft in einer Berufs- oder Gewerbeorganisation in Frage kommen, ohne die Sie nicht arbeiten dürfen. Dies müssen Sie durch Anfrage bei den einschätzenden und zuständigen Behörden selbst herausfinden.

Näheres über Beschäftigungsprogramme, Arbeitsplatzsuche und Anerkennung von Fachkenntnissen findet man unter:

Australian Government Employment portal – *www.workplace.gov.au*
Department of Employment and Workplace Relations home page –
Job Guide Occupational Descriptions – *www.jobguide.dest.gov.au*
National Office of Overseas Skills Recognition – *www.dest.gov.au/noosr*
Australian Jobs Review Magazine – *www.dewr.gov.au/employment/publications/australianjobsreview*
Andere Regierungsportale (mit Einwanderung) – *www.australia.gov.au*

Auch in den»Centrelink Customer Service centres« können Neueinwanderer nach passenden Arbeitsplätzen suchen (ähnlich wie in Deutschland beim Arbeitsamt). Dort stehen PCs, Faxgeräte, Telefone und andere Ausrüstung für die Selbsthilfe zur Verfügung.

Nahezu alle Neueinwanderer müssen, wie schon erwähnt, die ersten 2 Jahre mit eigenen Mitteln überbrücken, denn in dieser Zeit erhalten Sie generell keine Sozialfürsorge, Arbeitslosenunterstützung oder Krankheitsausfallgeld. Auch Unterstützung für junge Leute, die studieren oder arbeiten wollen oder zeitweise krank sind sowie eine Reihe andere Leistungen kommen in diesem Zeitraum nicht für Sie in Frage.

Sollten Sie Bürgen in Australien haben, so sprechen Sie diese Dinge mit Ihnen genau durch.

Härtefälle

In besonderen Härtefällen – zu denen aber nicht etwa Geldknappheit oder die Unfähigkeit, eine Arbeit zu finden, gehören – vielmehr aber eine radikale Veränderung Ihrer Lebensumstände, die Sie nicht selbst verschuldet haben, können Sie ein sogenanntes»special benefit« (Sonderunterstützung) bekommen.

Rentenanspruch

Einwanderer müssen für gewöhnlich 10 Jahre lang in Australien gelebt haben, bevor sie Anspruch auf eine Alters- oder Arbeitsunfähigkeitsrente haben, es sei denn, sie fallen unter ein internationales Sozialabkommen zwischen Australien und einem anderen Land. Hierüber erfahren Sie mehr bei der nachfolgend genannten Adresse von »Centrelink«.

Kindergeld

Neueinwanderer mit Kindern können unmittelbar vom Tage ihrer Einwanderung an Kindergeld (»family tax benefit« bzw. »child care benefit«) bekommen. Die Zahlungen richten sich nach dem Alter und der Anzahl der Kinder und dem Gesamteinkommen und Vermögen der Familie und danach, ob für Sie Kosten für Kinderbetreuung durch andere Personen anfallen. Familien mit niedrigerem Einkommen können in der Regel mit Kindergeldzahlungen rechnen. Als Richtwert gelten: Minimum 11 A$, Maximum 48 A$ pro Woche für jedes Kind unter 13 Jahren. Erkennen Sie bitte daraus, dass Kindergeld keine Einkommensunterstützung darstellt und man davon nicht leben kann.

Weitere Informationen über soziale Leistungen erhalten Sie bei:
Manager International Services
Centrelink
GPO Box 273C
Hobart, Tas 7001
Australia
oder im Internet unter *www.centrelink.gov.au*

Centrelink ist die Stelle, welche Sozialleistungen und ähnliche Leistungen auszahlt.

In Australien gibt es einen vielsprachigen Centrelink-Informationsdienst. Zum Ortstarif können Sie dort in Ihrer Sprache unter der Tel.-Nr. **13 1202** Auskunft einholen.

Die australische Regierung hilft im Rahmen des Programms **Medicare** bei den Arztkosten. Medicare trägt zu den Kosten der meisten medizinischen Dienstleistungen und einiger augenärztlicher Leistungen bei und trägt für Medicare-Patienten die Kosten für Unterbringung und Behandlung in staatlichen Krankenhäusern, vorausgesetzt, Sie lassen sich dort als Medicare-Patient aufnehmen. Wollen Sie mehr über Medicare erfahren, so schreiben Sie an:
Medicare Eligibility Section
Health Insurance Commission
PO Box 1001
Tuggeranong, ACT 2901
Australia
oder schauen Sie im Internet unter *www.hic.gov.au*

Innerhalb Australiens können Sie unter der Tel.-Nr. **13 2011** Informationen über Medicare bekommen.

Neueinwanderer sollten auch auf der schon mehrfach genannten DIMIA-website (www.immi.gov.au) Informationen besorgen.

Viele Australier haben sich bei privaten Krankenversicherungen abgesichert, mit denen sie als Privatpatienten in privaten oder staatlichen Krankenhäusern untergebracht werden und die einige Dienstleistungen wie Zahn- oder Augenbehandlung bereitstellen. Die australische Bundesregierung hat finanzielle Anreize geschaffen, damit sich möglichst viele privat versichern. Sie steuert 30 % der privaten Versicherungsbeiträge hinzu und erhebt eine Abgabe von 1 % auf hohe Einkommen, wenn die Träger dieser Einkommen sich nicht privat versichern.

Weitere Einzelheiten über die private Krankenversicherung bekommen Sie auf Anfrage bei:

Private Health Industry Branch
Department of Health and Ageing
GPO Box 9848
Canberra, ACT 2601
Australia
oder im Internet unter *www.health.gov.au*

Zusätzliche Informationen für Neueinwanderer über Fragen der Ansiedlung bekommen Sie unter: *www.immi.gov.au/settle*

In **Teil 2, Categories,** erfahren Sie zunächst, dass es 3 verschiedene Unterkategorien in der General skilled migration gibt, von denen wiederum die passende auszuwählen ist. Um keine Fehlentscheidungen zu treffen, wird auch empfohlen, das ganze booklet vorher durchzulesen.

• Hinzugekommen ist an dieser Stelle noch die Kategorie »Temporary Visa for Overseas Students in Australia«, welche in Form der subclass 497 »Graduated Skilled« (Temporary, Class UQ) zur Anwendung kommt.
Dieses temporäre Visum können ausschließlich dafür geeignete Studenten aus Übersee (von Australien aus gesehen!) erhalten, welche kürzlich in Australien ein Diplom, einen anderen Studienabschluss oder eine handwerkliche oder kaufmännische Ausbildung abgeschlossen haben und ein Visum als »Skilled – Independent Overseas Student«, »Skilled – Australian Sponsored Overseas Student« oder »Skilled – Designated Area Sponsored Overseas Student« beantragen.

• Der Typ »Independent« ist für diejenigen Bewerber da, die keinen australischen Bürgen haben, also völlig unabhängig anfangen wollen/müssen.

- Der Typ »Skill matching« lässt sich am besten mit »Arbeitskräfteprogramm« übersetzen. Hierin können sich Bewerber melden, die mit ihrem Beruf/ihrer Qualifikation sich von einer bundesstaatlichen Regierung Australiens oder einem bestimmten Arbeitgeber nominieren lassen wollen.
- Der Typ »Family sponsored« eignet sich für alle Bewerber, die einen australischen Bürgen innerhalb der Familie haben, der – falls notwendig – für Ihren Lebensunterhalt garantiert.

Zunächst zu den Independent-Kategorien, geeignet für alle diejenigen, die keinen Sponsor (Verwandten) in Australien haben, der für sie aufkommt. Die Visakategorie gliedert sich weiter wie folgt auf:
- Skilled Independent
- Skilled – State Territory Nominated Independent
- Skill Matching
- Skilled – Independent Overseas Student

Unter **Skilled – Independent** bewerben sich alle hochqualifizierten Fachkräfte mit guten Beschäftigungschancen auf dem australischen Arbeitsmarkt. Sie müssen den Punktetest erfolgreich durchlaufen (die pass mark erreichen) und die in Teil 4 beschriebenen Grundbedingungen erfüllen.

Unter **Skilled – State Territory Nominated Independent** muss der Bewerber die die pool mark des Punktetests erreichen, einen in der SOL-Liste (s. Teil 6) aufgeführten Beruf haben und von einem an diesem Programm teilnehmenden australischen Bundesstaat nominiert sein (siehe dazu die jeweils aktuelle Liste auf der website *www.immi.gov.au*. Die entsprechenden Bundesstaaten, welche einen Bedarf an Bewerbern bestimmter gesuchter Berufe haben, wählen dafür Kandidaten aus. Diese Bewerber werden normalerweise aus der Skill Matching Data Base herausgesucht (s.u.). Alle interessierten Bewerber können direkt über die websites der einzelnen Staaten nachfragen (als Link unter *www.immi.gov.au* zu finden).

Da der Staat selbst keine Arbeitsplätze zur Verfügung stellt, geht er nur von der aktuellen Marktlage aus, aus der sich schließen lässt, dass Bewerber für bestimmte häufig gesuchte Tätigkeiten in kurzer Zeit eine Stelle finden. Garantien dafür kann es von Seiten des Bundesstaates jedoch nicht geben.

Bei der Kategorie **Skill matching** fällt auf, dass es hier **keinen Punktetest** gibt. Hier sollten sich all die Antragsteller bewerben, die nicht sicher sind, ob sie den Punktetest bestehen würden oder bei denen das Bestehen eher unwahrscheinlich ist. Allerdings sollten diese Bewerber auf jeden Fall die Grundanforderungen – wie in Teil 1 beschrieben – erfüllen, wobei die Einwanderungsbehörde jedoch akzeptiert, wenn die

Bewerber nicht über ganz aktuelle Arbeitserfahrung in ihrem Beruf verfügen. Das bedeutet, dass man innerhalb der zurückliegenden 12 Monate 6 Monate lang den angegebenen Beruf ausgeübt haben muss. Bewerber, die einen australischen Berufsabschluss vorweisen können, brauchen diese Berufspraxis nicht nachzuweisen (siehe auch Teil 3).

Das skill-matching-Programm wurde eingeführt, um regionale Stellenknappheit überwinden zu helfen, so dass Einwanderer aus bestimmten Berufen hier von Zeit zu Zeit in bestimmten Gegenden eine Chance bekommen. Ihre Daten werden dafür 2 Jahre lang gespeichert. Danach verfällt ihre Bewerbung, wenn kein Bedarf bestanden hat.

Alle Antragsteller in der Kategorie »Skilled Independent«, die den Grundanforderungen genügen, werden übrigens in die Skill Matching Data Base aufgenommen, es sei denn, sie wünschen dies nicht.

Unter der Kategorie »Skill Matching« muss man nur eine geringe Eintragungsgebühr entrichten, die volle Gebühr fällt erst an, wenn ein Arbeitsvertrag zustande kommt (s. auch Teil 1).

Wird ein Bewerber von der Regierung eines australischen Bundesstaates nominiert, kann er für das Skill Matching Visum in Frage kommen, wird er hingegen von einem Arbeitgeber nominiert, kann er für ein Visum in der Kategorie »Regional Sponsored Migration Scheme« in Frage kommen. Sollten Sie sich für diese Kategorie entscheiden, füllen Sie bitte »Part 1, Skill matching«, im Antragsformular 47SK aus, gegebenenfalls auch Ihr Ehepartner, wenn dieser die Grundbedingungen erfüllt und am Skill Matching Programm teilnehmen will.

Bewerber unter der Kategorie **Skilled – Independent Overseas Student** müssen schon als Überseestudenten in Australien studiert haben und dürfen bzw. müssen sich in diesem Fall auch von Australien aus (onshore) für eine Daueraufenthaltsgenehmigung bewerben. Dazu ist es erforderlich, dass sie den Punktetest erfolgreich bestehen (pass mark) und die Grundbedingungen (booklet S.6) erfüllen sowie einigen besonderen Anforderungen genügen:

• der erfolgreiche Abschluss der gewählten Studiengänge mit Abschlusszertifikat, ein Diplom oder einen anderen fachlichen Abschluss an einer australischen Ausbildungsinstitution nach einer Mindeststudienzeit von 12 Monaten

• Inhaber eines wirklichen Studentenvisums (keine ELICOS-Visa, AusAid-Visa, regierungsgesponserte Visa oder Studentenvisa aus dem Verteidigungssektor oder solche Visa mit einem Zusatz »8535«), jedoch solche Personen, die ein echtes Studentenvisum sechs Monate vor Antragstellung noch besaßen und danach nicht in einen illegalen Aufenthaltsstatus gerieten

- die Bewerber müssen sich auch zum Zeitpunkt der Visumerteilung in Australien aufhalten
- ebenso müssen sie ein aktuelles Gesundheitszeugnis des »Australia Health Service« sowie ein polizeiliches Führungszeugnis vorlegen
- und müssen ihren Antrag per Post senden an: Adelaide Skilled Processing Centre, DIMIA, GPO Box 1638, Adelaide, SA 5001, Australia

Optionen für Bewerber in den Independent-Kategorien, die die pass mark nicht erreicht haben:

1. Sie haben nur die pool mark erreicht, dann können Sie immer noch einen Einwanderungsantrag einreichen und sich im »Skill Matching Data Base« registrieren lassen. Sie könnten dann von einer australischen Staatsregierung nominiert oder von einem Arbeitgeber gesponsert werden. Hier ist die Visum-Antragsgebühr zu zahlen.

2. Sie sind unter 45, verfügen über beruflich verwendbare Englischkenntnisse (vocational English) und besitzen ein Diplom, einen anderen Berufsabschluss oder Fachschulabschluss, dann können Sie sich für das Skill Matching-Visum mit der nur geringen Antragsgebühr bewerben. Hier ist kein Punktetest erforderlich.

3. Sie erfüllen die gleichen Voraussetzungen wie unter 2.) und haben zusätzlich einen Verwandten in Australien, der dem Grad eines Cousins ersten Grades entspricht, dann können Sie unter der Kategorie »Skilled – Designated Area Sponsored« antreten. Näheres weiter unten. Hier wird kein Punktetest durchgeführt.

Bei der Gruppe der **Family sponsored categories** liest man gleich zu Anfang, dass ein Einwanderungsantrag eine höhere Chance auf Bewilligung bekommt, wenn Antragsteller oder deren Ehepartner einen Verwandten in Australien haben, der für sie bürgt.

Diese Kategorie gliedert sich in
- »Skilled – Designated Area Sponsored«
- »Skilled – Designated Area Sponsored Overseas Student«
- »Skilled – Australian Sponsored«
- »Skilled – Australian Sponsored Overseas Student«

Auf die zusätzlich aufgeführten Kategorien für neuseeländische Staatsbürger gehen wir hier nicht näher ein.

Zunächst zur Gruppe »Skilled – Designated Area Sponsored«: Hierunter fallen Bewerber, die von der australischen Regierung für bestimmte Gebiete gesucht werden. Dazu benötigen diese einen Förderer (sponsor, bisher auch als Bürge bezeichnet) und eine finanziell für Sie eintretende Person, beides ist in Personalunion möglich (s. unten). Mit dem Förderer müssen Sie oder Ihr Partner in einer der folgenden verwandtschaftlichen Beziehungen stehen:

nicht-abhängiges Kind, Elternteil, Bruder/Schwester, Nichte/Neffe, Cousin 1. Grades, Enkel

Achtung: Wenn der Verwandte Ihres Ehepartners für Sie (den Antragsteller) bürgt, rutscht Ihr Ehepartner automatisch in die Rolle des Hauptantragstellers und muss das Formular 47SK ausfüllen, auch wenn Sie weiterhin die Person sind, welche die Grundanforderungen (basic requirements) des Antrages erfüllt(!).

Nun zur Gruppe »Skilled Designated Area Sponsored Overseas Student«:

Hier gilt das bei der vorher genannten Gruppe schon Gesagte, jedoch nur für Studenten, die schon in Australien sich aufhalten sich für eine permanente Aufenthaltserlaubnis interessieren und den Antrag in Australien stellen. Sie müssen eine Berufsausbildung haben, die in der SOL-Liste (Skilled Occupations List) aufgeführt ist und das Formular für eine hinreichende Bürgschaft durch einen Verwandten in Australien mit einreichen. Sie müssen die Verwandtschaft zu Ihrem Bürgen nachweisen sowie einen »Assurance of support« (Unterstützungsverpflichtung) beibringen (booklet S.25).

Ihr Bürge/Förderer muss seit mindestens einem Jahr in einem der genannten Gebiete (designated areas) wohnen. Die aktuellste Liste der Gebiete findet man bei: www.immi.gov.au

Weil in dieser Visa-Gruppe der Punktetest **nicht** durchlaufen werden muss, müssen Sie oder Ihr Ehepartner dafür aber die schon öfters erwähnten Grundanforderungen (Alter, Englischkenntnisse, Qualifikationen, nominierte Beschäftigung und aktueller Berufspraxis) erfüllen. Hiervon gibt es gewisse Ausnahmen:

Wenn Sie nicht über beruflich verwendbare Englischkenntnisse verfügen, können Sie sich mit einem Gesamtergebnis von 4.5 in allen 4 Teilen des IELTS-Tests (Stufe: Grundkenntnisse Englisch) qualifizieren. Dann müssen Sie sich aber bei einer der folgenden australischen Bundesstaatsregierungen (z.Zt. South Australia, Victoria, Northern Territory und Tasmania) für die Teilnahme an weiteren Englischkursen anmelden, um ihre Kenntnisse auf »beruflich einsetzbares Englisch« (vocational English) anzuheben. Details wieder bei: www.immi.gov.au

In diesen Fällen muss der Bürge ebenfalls in einem der erwähnten Bundesstaaten leben. Außerdem ist eine Gebühr fällig, die an eine bestimmte Stelle vor der Gewährung eines Visums entrichtet werden muss.

Ist Ihre von den australischen Stellen nominierte Berufstätigkeit (s. Teil 6) 60 Punkte wert, müssen Sie mindestens 6 Monate lang während der vor dem Antrag zurückliegenden 12 Monate darin tätig gewesen sein, bei 40 oder 50 Punkten 12 Monate während der letzten 18 Monate. Von dieser Bedingung sind Sie wiederum ausgenommen, wenn Sie über einen australischen Berufsabschluss verfügen.

Für Ihren Antrag in den Unterkategorien »Skilled – Designated Area Sponsored« benötigen Sie:

- die Einschätzung Ihres beruflichen Könnens von der zuständigen australischen Stelle (booklet S.31)
- den Altersnachweis (Geburtsurkunde) (S.32)
- den Nachweis Ihrer Englischkenntnisse (S.33)
- den Nachweis Ihres Bürgen, dass dieser in einer »designated area« wohnt (der Bürge muss das Formular 40, Sponsorship for migration to Australia, ausfüllen)
- eburtsurkunden, Heiratsurkunden, Familienstammbücher)
- die Unterstützungszusage (»assurance of support«), Ihr »assurer« (finanziell für Sie garantierende Person) muss das Formular 28, Required assurance of support, ausfüllen
- den Nachweis aktueller Berufspraxis oder eine australische Qualifikation

Füllen Sie das Formular 47SK – »Application for General Skilled Migration to Australia« aus. Dazu gehören auch die Berufseinschätzung sowie die ausgefüllten Formulare 28 und 40 (s.o.).

Außerdem sollten Sie noch den Nachweis Ihrer Englischkenntnisse, Ihres Alters und andere nützliche Dokumente beifügen.

Die Gruppe »Skilled – Australian Sponsored« eignet sich für alle, deren mögliche Bürgen außerhalb der »designated areas« (s.o.) leben. Auch hier brauchen Sie einen Bürgen und einen finanziell »Gewährleistenden«. Die Verwandtschaftsgrade von Ihnen oder Ihrem Ehegatten sind wie in »Skilled – Design. Area Spon.«, nur fallen hier die Verwandtschaftsgrade »Cousin« und »Enkel« fort. Diese kommen also nicht in Frage.

Hier müssen Sie oder Ihr Ehepartner den Punktetest bestehen (s. Teil 3) und die schon oben erwähnten Grundanforderungen erfüllen.

Für die Gruppe »Skilled – Australian Sponsored Overseas Student« gilt ebenfalls das schon bei der anderen Studentenkategorie Gesagte, nur müssen die Bewerber hier den Punktetest erfolgreich durchlaufen und die pass mark erreichen sowie den schon bekannten Grundanforderungen genügen. Darüber hinaus muss ihre Berufsqualifikation auf der SOL-Liste wenigstens 50 Punkte erbringen (booklet S.31) und sie müssen eine befriedigende Einschätzung ihrer Qualifikation bekommen haben.

Sollte der Verwandte Ihres Ehepartners als Bürge auftreten, dann gilt wieder das schon unter der Gruppe »Skilled – Designated Area Sponsored« Gesagte.

Es wird darauf hingewiesen, dass alle Bewerber in dieser gesponserten Kategorie, auch wenn sie allen Anforderungen gerecht werden, in Betracht ziehen sollten, doch vielleicht lieber in der »Independent-Kategorie« einen Antrag zu stellen.

Alle weiteren besonderen Anforderungen in dieser Gruppe sind dieselben wie die in der anderen Studenten-Kategorie (s.o.).

«Graduate Skilled (Temporary) (Class UQ)« und »subclass 497« sind Kategorien, die auf eine Gruppe von geeigneten Überseestudenten begrenzt sind.

Die Anforderungen sind eng an denen der erwähnten Studenten-Kategorien ausgerichtet. Es sind **temporäre Visa** für Hochschulgraduierte, welche auf eine Dauer von 6 Monaten begrenzt sind. Antragsteller sowie deren abhängige Familienmitglieder müssen sich von Gesetzes wegen für diese Visa bewerben.

Erforderlich sind der Abschluss einer Krankenversicherung für die gesamte Aufenthaltsdauer für alle Familienmitglieder sowie die Verpflichtung, dass diese Personen alle zum selben Zeitpunkt wie der eigentliche Antragsteller Australien wieder verlassen. Weitere Details finden Sie auf dem Merkblatt 1187i »Graduate Skilled temporary stay«.

Assurance of support

Man kann dies mit »Unterstützungszusage« übersetzen und sie stellt eine Selbstverpflichtung dar, den Einwanderer und seine Familie finanziell für 2 Jahre (vom Tage der Ankunft des Einwanderers in Australien bzw. der Zusage des Daueraufenthaltsvisums an gerechnet) über Wasser zu halten, so dass dieser keine staatlichen australischen Mittel in Anspruch nehmen muss. Derjenige, der diese Unterstützung gewährt, verpflichtet sich gleichermaßen dazu, alle durch »Centrelink« möglicherweise gezahlten Sozialleistungen für den Einwanderer, die rückzahlbar sind, an diese Stelle zurückzuerstatten.

Wer eine solche »Assurance« benötigt, wurde schon zuvor erwähnt. Sogar Einwanderer unter der Independent Kategorie können dazu aufgefordert werden, eine solche Zusage beizubringen, wenn ihr Aufenthalt ein Risiko für das australische Wohlfahrtssystem darstellen würde.

Der Gewährleistende (Unterstützende) muss nicht gleichzeitig auch der Bürge/Förderer sein.

• Er muss mindestens 18 Jahre alt und australischer Staatsbürger oder Inhaber der Daueraufenthaltsgenehmigung sein.

- Er muss sich für gewöhnlich auch in Australien aufhalten.
- Sein Einkommen muss so hoch sein, dass er die Existenz des/der Einwanderer/s tragen oder eventuelle Sozialleistungen für diese(n) an den Staat zurückzahlen kann.

Warnend wird im booklet darauf hingewiesen, dass solche unterstützenden Personen im Normalfall kaum den vollen Jahresbetrag von an Einwanderer bzw. deren Familien gezahlten Pensionen, Sozialhilfen oder anderen Hilfeleistungen würden zurückzahlen können. Der Unterstützer (assurer) muss jedoch nachweisen, dass sein steuerliches Einkommen auf einem Niveau liegt, welches eine finanzielle Unterstützung der einwandernden Person(en) möglich macht.

Dazu muss er sein Einkommen nachweisen. Er muss über mindestens 29.857 A$ pro Jahr während der zurückliegenden zwei Jahre verfügt haben. Dieser Betrag erhöht sich, wenn der »assurer« in seiner eigenen Familie einen abhängigen Erwachsenen hat, um 2000 A$, und für jedes Kind (ab dem 2.Kind) um 624 A$.

Um die gleichen Beträge erhöht sich diese Summe noch einmal für die Personen in der Familie des Einwanderers, die von ihm unterstützt wird, also noch einmal pro zusätzlichem Erwachsenen 2000 A$, pro Kind 624 A$. Kompliziert? It's the australian way...

Diese Beträge unterliegen der Veränderung, die oben genannten galten im Juli 2002.

Ein »assurer« kann nur für bis zu zwei zusätzliche Erwachsene in der Einwandererfamilie aufkommen. Darüber hinaus muss ein zusätzlicher, getrennter Nachweis erbracht werden. Das DIMIA wird den Antragsteller (Einwanderer) dann informieren, wann er die Sicherheitsleistung von 3.500 A$ für den Hauptantragsteller und ggf. 1.500 A$ für jede zusätzliche auswandernde Person über 18 zu zahlen hat. Zusätzlich muss der »assurer« in Australien eine rückzahlbare Kaution bei einer Filiale der Commonwealth Bank hinterlegen. Centrelink wird dann die Rückzahlung der Kaution am Ende der Unterstützungszeit veranlassen, abzüglich aller Kosten, die Centrelink für etwaige Sozialleistungen oder Hilfsgelder an die Einwandererfamilie entstanden.

Nun zu **Teil 3, Points test.**
Wenn Sie sich unter der Kategorie »Skilled – Australian Sponsored« oder irgendeiner der »Skilled – Independent«-Kategorien oder als »Overseas Student« (Student aus Übersee) für eine Einwanderung bewerben, müssen Sie am Punktetest teilnehmen. Punkte können Sie erwerben für
- berufliche Fachkenntnis (Qualifikation)

- Lebensalter
- Englischkenntnisse
- besondere berufliche Erfahrungen
- gesuchte Tätigkeiten (und Jobangebot)
- in Australien erworbene Qualifikationen
- berufliche Fachkenntnis des Ehepartners
- Verwandtschaftsbeziehungen (nur bei »Skilled – Australian Sponsored«!)

Bonuspunkte können Sie auch für eine Kapitalinvestition oder australische Arbeitserfahrung en oder das fließende Sprechen einer der australischen Hauptvolksgruppensprachen (major community languages) (nicht Englisch!, s. S.39) erwerben.

Grundsätzlich unterscheidet man *pool mark* und *pass mark*. Diese Marken (Gesamtpunktzahlen aus dem Test) werden von Zeit zu Zeit neu festgelegt. Das Erreichen der pass mark bedeutet das erfolgreiche Durchlaufen des Punktetests. Die dafür nötige Punktezahl ist die, die zur Zeit der Bearbeitung Ihres Antrages gerade gilt, nicht diejenige zur Zeit des Einreichens. Hier können sich also immer kleinere Verschiebungen mit großer Wirkung ergeben(!).

Sollten Sie die pass mark nicht erreicht haben, so kommt Ihr Antrag eventuell für den »pool«, d.h. den Stapel derjenigen Anträge in Frage, die unter der pass mark, aber noch über der pool mark liegen. Hier kann er für bis zu 2 Jahre nach dem Zeitpunkt der Bearbeitung schlummern. Wenn in diesem Zeitraum die pass mark abgesenkt werden sollte und die von Ihnen erreichte Punktzahl dieses Ziel nun im zweiten Anlauf erreicht oder sogar überschreitet, dann wird Ihr Antrag erneut bearbeitet. Wenn Sie aber weiterhin darunter liegen sollte, wandert Ihre Bewerbung in den Papierkorb. Auch die Antragsgebühr wird nicht zurückerstattet. Dann haben Sie Pech gehabt. Wer aber nicht einmal die pool mark erreicht, dessen Antrag kann überhaupt nicht zur Anwendung kommen.

Folgende Punktezahlen galten zur Zeit der Ausarbeitung dieses booklets (Juli 2002):

Skilled – Australian Sponsored	pass mark: 110	pool mark: 105
Skilled – Independent	pass mark: 110	pool mark: 70
Skilled – Australian Sponsored Overseas Student	pass mark: 110	pool mark: 110
Skilled – Independent Overseas Student	pass mark: 115	pool mark: 115

Bitte schauen Sie wegen der Veränderung dieser Werte von Zeit zu Zeit unter *www.immi.gov.au* nach oder wenden Sie sich an die Botschaft.

Auf der nächsten Seite des booklets (S.29) finden wir ein sogenanntes »self assessing form«, also einen Vordruck, mit dem man selbst seine Punktzahl testweise ermitteln kann. Das Ministerium (DIMIA) legt allen Bewerbern nahe, dies auch zu tun, damit man seine Erfolgschancen richtig einschätzt.

Sollten Sie einen Ehepartner haben, könnte es nützlich sein, dessen/deren berufliche Qualifikation und Englischkenntnisse ebenfalls einzuschätzen, um zu sehen, wer von Ihnen die besseren Chancen hat. Der Vordruck ist hierfür ausgelegt. **Entweder Sie oder Ihr Ehepartner müssen die pass mark erreichen, um erfolgreich zu sein.**

Soll die berufliche Qualifikation Ihres Ehepartners unter dem Abschnitt »skills assessment« des Formulars berücksichtigt werden, so müssen Sie eine Einschätzung dieser Qualifikation zusammen mit dem Antrag einreichen. Es wird weiter darauf hingewiesen, dass die auf dem Vordruck von Ihnen durchgeführte Selbsteinschätzung (Ermittlung der Punktzahl) noch keine Erfolgsgarantie darstellt.

Nun zur Selbsteinschätzung (booklet S.29 bis 40): **Punkte für berufliches Können**
Die von Ihnen angestrebte Tätigkeit muss zum Zeitpunkt der Antragstellung auf der »Skilled Occupations List« (s. Teil 6) verzeichnet sein und tatsächlich mit Ihren Fähigkeiten übereinstimmen. Ob Sie die Ihnen zustehende Punktezahl tatsächlich erhalten, ist vom Ergebnis der für Ihren Beruf zuständigen Einschätzungsstelle (assessing authority) abhängig. Diese Stelle beurteilt, ob Ihr Beruf und die damit verbundene Qualifikation in Australien ebenfalls existiert oder für Australien passt.

Tipp: In einigen Fällen kann es schwierig werden, die australischen Berufsbezeichnung für Ihren deutschen Beruf zu finden. Nehmen Sie hier zu einem relativ geringen Entgelt die Dienste eines Übersetzungsbüros in Anspruch.

60 Punkte gibt es für den größten Teil beruflicher Tätigkeiten, die eine spezielle Ausbildung voraussetzen. In den meisten Fällen müssen sie für diese Punktzahl einen beruflichen Abschluss (Fach- oder Hochschuldiplom, Facharbeiterbrief) und Berufserfahrung vorweisen. Diese müssen mit den australischen Standards harmonieren und für berufsgruppenspezifische Registrierung in Frage kommen. In einigen Fälle kann auch Berufserfahrung ohne formale Qualifikationen anerkannt werden.

50 Punkte erhalten Sie für eine nicht so speziell fachlich ausgebildete berufliche Tätigkeit. Sie müssen jedoch einen Abschluss (Berufsfachschule, Fachhochschule, u.a.) haben, der einem australischen »bachelor degree« oder höherem Abschluss entspricht, der aber nicht spezifisch auf ihre derzeitige und im Antrag genannte Berufstätigkeit bezogen sein muss.

40 Punkte erreicht man in anderen, noch breiter angelegten Ausbildungsberufen. Sie müssen auch hier über eine dem australischen Diplom oder höheren australischen Diplom gleichwertige Qualifikation haben, die ebenfalls nicht spezifisch auf die im Antrag angegebene Tätigkeit ausgerichtet sein muss.

Hinweis zur Vorbereitung auf die Antragstellung:
1. Bevor Sie und/oder Ihr Ehepartner sich für ein Einwanderungsvisum bewerben, müssen Sie Ihre berufliche Kompetenz von der zuständigen Behörde einschätzen lassen(»skills assessment«, s. Teil 6). Deren Einschätzung entscheidet darüber, ob Ihre Fähigkeiten zu den angestrebten Tätigkeiten passen (s.o.).
2. Wenn Sie diese Einschätzung erhalten haben, müssen sie sie Ihrem Antrag auf jeden Fall beifügen.
3. Sie müssen alle Dokumente, die Sie der Einschätzungsstelle zugesendet haben, auch Ihrem Antrag beifügen.

Punkte für Lebensalter
18 bis 29 Jahre   **30 Punkte**
30 bis 34 Jahre   **25 Punkte**
35 bis 39 Jahre   **20 Punkte**
40 bis 44 Jahre   **15 Punkte**

Fügen Sie Ihrem Antrag bitte eine beglaubigte Kopie Ihrer Geburtsurkunde oder ein anderes, das Lebensalter beweisende Dokument bei.

Punkte für englische Sprachkenntnisse
Die Behörde unterscheidet hier zwei Fähigkeitsstufen, nämlich *Vocational English* (hinreichende, beruflich nutzbare Kenntnisse) und *Competent English* (flüssige Beherrschung der Sprache in allen Situationen des täglichen Umgangs).

Vocational English wird definiert als akzeptable Beherrschung des Englischen, mit der man mit den meisten Situationen des Alltags zurechtkommt. Sie müssen sich auch auf Ihrem beruflichen Arbeitsgebiet wirkungsvoll verständlich machen können. Dies entspricht einer Bewertungszahl von mindestens 5 auf jedem der 4 Teile (sprechen, lesen, schreiben, hören) des IELTS-Tests. Dafür erhalten Sie **15 Punkte**. Competent English bedeutet, dass Sie die Sprache allgemein beherrschen müssen. Sie müssen auch recht komplexe Zusammenhänge verstehen oder zur Sprache bringen können, dies besonders in allen gewohnten Situationen. Hierfür ist eine Bewertungszahl von mindestens 6 in allen 4 Teilen des IELTS-Tests notwendig. Sie erhalten dafür **20 Punkte**.

Hinweis zur Vorbereitung der Antragstellung:
Es wird empfohlen, vor der Antragstellung mit folgenden Möglichkeiten Ihre Englischkenntnisse unter Beweis zu stellen:
• Weisen Sie nach, dass Sie ein »native English speaker« (Sie sprechen Englisch als Muttersprache) sind. Dann werden Sie unter »competent English« eingestuft.

• In manchen Fällen kann der Nachweis, an einer Institution, in der alle Lehrinhalte in Englisch vermittelt wurden, studiert zu haben, Punkte erbringen.

• Nehmen Sie an einem IELTS-Test teil (International English Language Testing System).IELTS bietet einen akademischen und einen allgemeinen Test an. Sie benötigen nur letzteren (außer, die für Ihren Beruf zuständige Einschätzungsstelle hat anders entschieden). IELTS-Testzentren finden Sie in Teil 7 des booklets (S.75). Weitere Details bietet die website *www.ielts.org*

• Nehmen Sie an einem »occupational English test« (oder einem entsprechenden) teil, falls die Einschätzungsbehörde dies für Ihre nominierte Tätigkeit verlangt. Es wird Ihnen als »competent English« mit maximal 20 Punkten angerechnet (s.o.).

• Wann immer Sie im Zweifel über Ihre Englischkenntnisse sind, möchten wir Sie bitten, an einem IELTS-Test teilzunehmen.

• Bitte legen Sie den Nachweis Ihrer Englischkenntnisse dem Antrag bei.

• IELTS-Test-Ergebnisse dürfen nicht länger als 12 Monate zurückliegen.

Punkte für besondere berufliche Erfahrung
Nicht zu verwechseln mit der aktuellen Berufspraxis, wie sie in den Grundanforderungen (basic requirements) verlangt wird! Hier geht es um zusätzliche Erfahrung, wie man sie bei im Antrag angegebenen Tätigkeiten erwartet.

Wenn Ihr Beruf mit 60 Punkten unter den qualifizierten Berufen (s. SOL-Liste, Teil 6)) zu Buche schlägt und sie darüber hinaus diese oder eine eng verwandte Tätigkeit in mindestens 3 der 4 zurückliegenden Jahre ausgeübt haben, so erhalten Sie dafür **10 Punkte**.

Ist die angegebene Tätigkeit nur 40, 50 oder 60 Punkte wert und Sie haben eine qualifizierte Stelle in einem der Berufe der SOL-Liste während 3 der letzten 4 Jahre gehabt, so erhalten Sie **5 Punkte**.

Hinweis zur Vorbereitung auf die Antragstellung:
Fügen Sie Ihrem Antrag Nachweise Referenzen über Ihre Beschäftigungsverhältnisse mit detaillierten Angaben über Ihre beruflichen Verantwortungsbereiche hinzu (diese Dokumente können auch als Nachweise bei den Grundanforderungen erforderlich sein).

Punkte für in Australien gesuchte Tätigkeiten und Arbeitsangebote
In der untenstehenden Liste sind alle die Beschäftigungen aufgeführt, für die zur Zeit der Drucklegung dieses booklets in Australien eine Nachfrage bestand. Diese Liste nennt sich »Migration Occupation in Demand List (MODL)«.

Sie erhalten Punkte, wenn Ihre Berufstätigkeit in der MODL zum *Zeitpunkt der Bearbeitung Ihres Antrags, nicht dem des Einreichens,* aufgeführt ist. Man weiß also nach Abgabe des Antrags nicht genau, ob der eigene Beruf dann tatsächlich noch in der Liste aufgeführt ist(!)

Extrapunkte gibt es, wenn Sie ein Arbeitsangebot von einer australischen Organisation (Firma) vorlegen können, die in den beiden zurückliegenden Finanzjahren mindestens 10 Leute in Vollzeit beschäftigt hat.

Eine gesuchte Tätigkeit ohne konkretes Arbeitsangebot erbringt **5 Punkte**, dieselbe Tätigkeit mit Arbeitsangebot erbringt.

Liste der gesuchten Tätigkeiten für Einwanderer (MODL)

Tätigkeit/Beruf	*ASCO Code*
Manager und leitende Verwaltungsangestellte	
Manager in der Informationstechnologie	1224
Berufe mit hochgradig spezialisierter Ausbildung	
Buchhalter	2211
Computerfachleute in den folgenden Spezialgebieten:	
Sybase SQL Server, C++, Progress, Firewall/Internet Security, XML, Java (security and electronic commerce), SAP, PeopleSoft, Siebel, Satellite Design, e-commerce security (non-programming), CISSP	2231

Fortsetzung

Staatl. anerk. Krankenschwestern	2323
Staatl. anerk. Hebammen	2324
Staatl. anerk. Krankenschwestern im neurolog. Bereich	2325
Krankenhausapotheker	2382-11
Apotheker	2382-15
Physiotherapeut	2385
Röntgenassistent, medizinisch-diagnostisch	2391-11
Röntgentherapeut	2391-13
Ultraschallassistent/in	2391-17

Berufe mit weniger hoch spezialisierter Ausbildung
Küchenchefs im Hotel, ausgebildet, mit mindesten
3 Jahren Berufserfahrung   3322(part)

Handwerkliche Berufe
Kühl- und Klimaanlagentechniker	4312-11
Friseur	4931-11

Hinweis zur Vorbereitung auf die Antragstellung:
1. Da die MODL Änderungen unterliegt, schauen Sie bitte im Internet unter *www.immi.gov.au* nach, wie die Liste gerade aussieht, wenn Sie die Punkte für Ihren Antrag unbedingt benötigen.
2. Um Extrapunkte für ein Jobangebot erhalten zu können, reichen Sie bitte mit dem Antrag eine schriftliche Bestätigung Ihrer Stellenzusage ein. Die Organisation, wo Sie Anstellung finden sollen, muss auch Angaben über die Zahl ihrer Beschäftigten in den zurückliegenden 2 Jahren machen. Das DIMIA behält sich ständige Kontrollen vor.
3. IT-Spezialisten können hier nur Punkte erhalten, wenn die Australian Computer Society (ACS) bestätigt, dass diese sich auf ein in der MODL-Liste genanntes Gebiet spezialisiert haben.

Punkte für Australische Qualifikationen
Bewerber, die einen australischen Abschluss, eine australische Qualifikation besitzen, weil sie dort zu einem früheren Zeitpunkt schon einmal gelebt und gearbeitet haben, haben dadurch bessere Chancen auf dem Arbeitsmarkt.

Sie können Punkte angerechnet bekommen, wenn sie bei einer australischen Ausbildungsstätte während eines 12-monatigen Studiums (entspr. einem akademischen Jahr) einen Abschluss errungen haben.

Die dort erreichte Qualifikation muss ein sogenanntes »post-secondary degree« sein, auch qualitativ noch höher liegende Abschlüsse wie Diplome, »advanced diplomas« (höhere Diplome) oder handwerkliche Abschlüsse (ähnlich Facharbeiterbrief) kommen in Frage. Dafür werden **5 Punkte** gewährt.

Hinweis zur Vorbereitung auf die Antragstellung:
Legen Sie bitte Ihrem Antrag eine beglaubigte Kopie Ihres Abschlusszeugnisses und/oder eine Bescheinigung Ihrer Ergebnisse sowie eine Abschrift/Kopie Ihrer akademischen Ausbildung (Grad, Diplom, Zeugnis, etc.) bei.

Sie brauchen keine aktuelle Arbeitspraxis nachzuweisen, wenn die Beendigung Ihrer australischen Ausbildung nicht länger als 6 Monate vor Einreichen des Antrags zurückliegt.

Punkte für berufliche Fähigkeiten des Ehepartners
Sie können Punkte bekommen, wenn auch Ihr Ehepartner die Grundanforderungen hinsichtlich des Alters, seiner Englischkenntnisse, Qualifikationen, seiner genannten Berufstätigkeit und aktueller Berufspraxis erfüllt und seine Tätigkeit von der einschätzenden Behörde als für australische Anforderungen passend anerkannt worden ist. Dafür gibt es **5 Punkte**.

Hinweis zur Vorbereitung auf die Antragstellung:
Fügen Sie Ihrem Antrag folgende Unterlagen bei: Die Bestätigung der oben genannten Anerkennung der beruflichen Tätigkeit (booklet, S.31), den Altersnachweis (S.32), den Nachweis von Englischkenntnissen (S.33), den Nachweis aktueller Arbeits-/Berufspraxis oder einer aktuellen australischen Qualifikation (S.34).

Sollte Ihr Ehepartner die Grundanforderungen erfüllen, dann sollten Sie in Betracht ziehen, ihn dem Punktetest unterziehen zu lassen und alle dafür notwendigen Details und Unterlagen Ihrem Antrag beizufügen. In diesem Falle kann das Einwanderungsministerium / die Botschaft Ihren Antrag auch auf der Basis der fachlichen Qualifikation Ihres Ehepartners bearbeiten. Dies stellt eine zusätzliche Chance für die Genehmigung Ihres Antrages dar und würde auch die Beschäftigungschancen Ihres Ehepartners in Australien verbessern.

Bonuspunkte
Für jede der folgenden Möglichkeiten können **Bonuspunkte** erworben werden:
Die erste ist das *Investment von Kapital*. Dazu müssen Sie mindestens 100.000 A\$ in ein von der Regierung genehmigtes Investment für einen Zeitraum von mindestens 12 Monaten einlegen. Wenn Sie dafür

Punkte in Ihrem Antrag haben möchten, müssen Sie darauf im Antrag hinweisen. Sie sollten aber auf jeden Fall kein Geld transferieren, solange der Einwanderungsbeamte Ihnen dies noch nicht mitgeteilt hat. Warten Sie auf seinen Bescheid. Anfragen zu Investitionen können Sie bei den im booklet (S.38) genannten fünf Stellen tätigen.

Die zweite Möglichkeit stellt die *Berufspraxis in Australien* dar. Wenn Sie eine der in Teil 6 des booklets aufgeführten Tätigkeiten in den vor dem Antrag zurückliegenden 4 Jahren mindestens 6 Monate lang in Australien legal ausgeübt haben, können Sie auch dafür 5 Punkte erhalten. Ausgenommen sind solche Antragsteller, die mit Hilfe eines sogenannten »bridging visa« gearbeitet haben.

Die dritte ist der *Zustrom in eine der ethnischen Sprachgruppen Australiens, die nicht Englisch sprechen.* Die von Ihnen beherrschte Sprache muss auf der auf S.39 des booklets stehenden Tabelle von 51 Sprachgruppen (auch DEUTSCH ist darunter!) zu finden sein. Sie müssen über eine höhere Sprachqualifikation (professional level) (mündlich oder schriftlich) verfügen, die Sie an einer Universität erlangt haben oder die Sie sich durch eine Bescheinigung der »National Accreditation Authority for Translators and Interpreters (NAATI)« als professionell bestätigen lassen können. Anschriften siehe S.65 des booklets.

Hierfür können Sie **5 Punkte** erhalten, mehr aber auf keinen Fall, auch wenn Sie mehrere Sprachen beherrschen.

Hinweis zur Vorbereitung auf die Antragstellung:
Fügen Sie die oben erwähnten Unterlagen Ihrem Antrag bei.

Punkte für verwandtschaftliche Beziehungen

Diese Möglichkeit kommt nur für Bewerber in Frage, die unter die Kategorie »Skilled – Australian sponsored« einschließlich »Overseas Students« fallen. Sie können Punkte erhalten, wenn Sie oder Ihr Ehepartner in Australien eine/n Verwandte/n haben, die/der

• ein australischer Staatsbürger ist oder dauerhaft dort lebt und
• willens ist, für Sie einzustehen (zu bürgen).

Sie oder Ihr Ehepartner müssen in einer der folgenden Beziehungen zu dem Verwandten in Australien stehen:
• nicht abhängiges Kind (natürlich, adoptiert oder Stief-)
• Elternteil
• Bruder oder Schwester (natürlich, adoptiert oder Stief-)
• Nichte oder Neffe (natürlich, adoptiert oder Stief-)
   Dafür können Sie **15 Punkte** erhalten.

Hinweis zur Vorbereitung der Antragstellung:
Reichen Sie beglaubigte Kopien von Geburtsurkunden, Heiratsurkunden und Familienstammbüchern als Nachweis der Verwandtschaft ein. Lassen Sie sich von Ihrem/r Verwandten das ausgefüllte Formular 28 (Required Assurance of Support) zu- bzw. zurückschicken (siehe S.25 des booklets). Lassen Sie sich ebenfalls das Formular 40 (Sponsorship for Migration) von Ihrem Bürgen ausgefüllt zurücksenden. All diese Dokumente reichen Sie bitte mit Ihrem Antrag ein.

In **Teil 4, Health and Character,** werden Fragen behandelt, die sich auf Ihre Gesundheit und Ihren Charakter beziehen. Weil der australische Staat keinerlei hohe Gesundheitsrisiken und damit verbundene Kosten eingehen will, wie sie z.B. durch die Inanspruchnahme knapper medizinischer Ressourcen wie Organtransplantationen entstehen, müssen alle Einwanderer einen nachprüfbar guten Gesundheitszustand aufweisen. Natürlich müssen Sie sich nicht schon vor der Antragstellung einer medizinischen Untersuchung unterziehen. Hierzu werden Sie rechtzeitig aufgefordert.

Um zu überprüfen, ob Sie die strengen gesundheitlichen Kriterien erfüllen, ist eine Untersuchung durch einen Arzt in Ihrem Heimatland erforderlich. Diese so genannten »panel doctors« wurden von der australischen Behörde ausgewählt. Eine Liste der in Deutschland tätigen panel doctors liegt den Grundinformationen bei, die Sie, wie wir bereits erwähnten, bei AUSTRALIA SHOP WORLD bestellen können.

Zur Untersuchung gehört ein Röntgenbrustbild, eine körperliche Untersuchung, einige Labortests oder Spezialtests, deren Ergebnisse zur endgültigen Entscheidung nach Australien geschickt werden. Dies kann manchmal lange dauern, und Sie müssen es selbst bezahlen. Alle ihre engen Familienmitglieder müssen sich untersuchen lassen und den Gesundheits-Check bestehen. Sogar *nicht* mit auswandernde Angehörige der Familie müssen sich untersuchen lassen.

Alle hierfür notwendigen Formulare werden Ihnen zusammen mit den Hinweisen auf die in Frage kommenden panel doctors von den Sachbearbeitern, die sich um Ihren Antrag kümmern, zugeleitet. Antragstellerinnen, die schwanger sind, wird geraten, sich der Röntgenuntersuchung nicht zu unterziehen. Das bedeutet, dass deren Anträge erst nach der Geburt ihres Babys weiterbearbeitet werden. Sie können alternativ dazu aber auch mit Ihrem Radiologen absprechen, eine bleiabgeschirmte Untersuchung vornehmen zu lassen, auch wenn die australische Regierung diese Möglichkeit nicht unbedingt empfehlen möchte.

Studenten aus Übersee, die ihre Studiengänge in Australien abgeschlossen haben, sollten im Formular 1187i »Graduate skilled temporary stay« weitere Details hinsichtlich des Gesundheits-Checks nachlesen.

Weiterhin wird im Hinblick auf die Deklaration der WHO (Weltgesundheitsorganisation) zur Eindämmung der TBC (Tuberkulose) besondere Sorgfalt auf die Beobachtung dieses Leidens gelegt, wobei stringente Verfahrensrichtlinien angewendet werden, wo immer sich zurückliegende Infektionen finden, ganz gleich wie geringfügig oder alt diese gewesen sein mögen.

Australien besitzt eine der niedrigsten TBC-Kranken-Quoten der Welt und praktiziert eine der strengsten Methoden der Überwachung und Behandlung. Wird eine solche Erkrankung entdeckt, muss dies nicht automatisch zur Ablehnung des Antrags führen. Dieser kann aber nur weiterverfolgt werden, wenn eine empfohlene Behandlung mit anschließendem erfolgreichen Test durchlaufen wird.

In anderen ernsten Fällen könnten die australischen Behörden verlangen, dass sich der Erkrankte/Infizierte in Australien einer Behandlung unterzieht oder bestimmte medizinische Hilfen in Anspruch nehmen muss, für die aber nur wenige Möglichkeiten bestehen oder die beträchtliche Kosten verursachen. All dies kann sich von Behandlungen im Heimatland des/der Betreffenden sehr wohl unterscheiden.

Die Einwanderungsbehörde DIMIA ist nach dem »Migration Act 1958« (Einwanderungsgesetz) berechtigt, bestimmte Informationen einzuholen. Hierzu gehören auch die Ergebnisse von HIV-Tests (AIDS). Sie werden mit in die Einschätzung aller im Antrag genannten Personen einbezogen. Ein positiver HIV-Test muss nicht unweigerlich zur Ablehnung eines Visums führen. Die Testergebnisse können an die zuständigen Commonwealth-, Bundesstaats- und Territoriumsverwaltungen weitergegeben werden.

Die panel doctors (Vertragsärzte) können von Ihnen die üblichen Arztgebühren verlangen. Sie können Ihnen auch die Empfehlung geben, sich noch anderweitig behandeln oder beraten zu lassen. Dies kann für Sie nur von Vorteil sein, denn diese Ärzte wissen, welche Anforderungen auf Sie seitens der australischen Behörden zukommen. Die Untersuchungsergebnisse werden dann in englischer Sprache ausgefertigt. Aber nicht die panel doctors, sondern die Behörden in Australien entscheiden, ob die gesundheitlichen Bedingungen erfüllt wurden oder nicht.

Die Entscheidung hierüber wird zuerst anhand einer möglichen TBC-Erkrankung getroffen – gleichgültig, wie lange diese zurückliegt oder wie gering diese auch gewesen sein mag. Dann wird entschieden, welche besondere Behandlungsart und damit verbundene öffentliche Kosten in Australien sich daraus ergeben. Staatliche Unterstützung wird gewährt, wenn die Gesundheitskosten in normaler Gebührenhöhe liegen (berechnet nach einem Vielfachen der jährlichen Durchschnittskosten für einen Australischen Bürger).

Wenn der zuständige Medizinalbeamte meint, dass die erforderlichen staatlichen Aufwendungen für den Antragsteller über diesem Betrag liegen und von beträchtlicher Höhe sind, führt dies im allgemeinen zu einer Ablehnung des Antrags. Die Kosteneinschätzung ist nicht davon abhängig, ob eine Person über eine private Krankenversicherung verfügt oder diese abschließen will oder andere Finanzierungsmöglichkeiten in Betracht zieht, um weniger öffentliche Gelder zu beanspruchen.

Um nach Australien einzuwandern, müssen alle Antragsteller einen einwandfreien Leumund (»character«) besitzen. Damit dies nachgeprüft werden kann, werden Sie aufgefordert, polizeiliche Führungszeugnisse für alle Länder beizubringen, in denen Sie während der letzten 10 Jahre für die Dauer von 12 Monaten oder länger gewohnt haben. In einigen Fällen kann verlangt werden, dass Bewerber der Einwanderungsbehörde Einzelheiten über sich selbst mitteilen, um damit eine zusätzliche Leumundskontrolle des/der Betreffenden zu ermöglichen.

Antragsteller, die sich für die Visumkategorie »Overseas Student« bewerben, müssen ein Formular ausfüllen, welches Auskunft über etwaige kriminelle Vergehen(!) gibt. Das Formular kann von der website www.immi.gov.au heruntergeladen werden.

Teil 5, Processing visa applications, gibt Hilfestellung und zeigt, was Sie beim Ausfüllen Ihres Einwanderungsantrages und nach dem Einreichen beachten und wissen müssen. Dass man ein Visum haben muss, um Australien zu betreten oder gar dort zu leben, dürfte sich schon unter Einwanderungsinteressenten herumgesprochen haben, denn schon als Tourist benötigt man ja ein Visum. Dennoch weist das DIMIA nochmals auf diesen Umstand hin. Über Ihren Antrag wird auf der Grundlage der vom Antragsteller bereitgestellten Informationen und ganz allgemein unter Beachtung und Zuhilfenahme der gerade herrschenden Gesetzeslage entschieden. Jedoch kann die Regierung (und damit das DIMIA) die pass- und die pool-Marke zu jeder Zeit verändern, was auf Ihren persönlichen Antrag großen Einfluss haben kann.

Da man nun auch einen Einwanderungsantrag »onshore« (d.h. man hält sich schon mit einem anderen Visum in Australien auf) stellen kann, wird allen außerhalb Australiens sich befindenden Antragstellern geraten, sich an die zuständige australische Botschaft zu wenden. In Australien können Sie unter der Billig-Telefonnummer 131 881 Informationen erhalten.

Sie sollten auf jeden Fall vorher alle Informationen und Hinweise lesen und alle ihre Angaben so korrekt wie möglich machen, wenn Sie Verzögerungen bei der Bearbeitung vermeiden wollen. Wenn Sie nach der Lektüre dieses booklets den Eindruck gewinnen, dass Sie nicht genügend qualifiziert sind, so sollten Sie von einem Einwanderungsantrag lieber absehen, denn alle bezahlten Antragsgebühren sind im Falle eines negativen Bescheides für Sie verloren.

Schließen Sie aus der Tatsache, dass Sie im Laufe der Antragsprozedur eine Reihe von Schritten durchlaufen müssen, nicht, dass dies auch automatisch zum Erfolg führt.

Tipp: Deswegen ist es ganz wichtig, dass Sie auf keinen Fall Ihr Haus und/oder Ihren sonstigen Besitz verkaufen, bevor Sie nicht die Gewährung des Einwanderungsvisums in schriftlicher Form in der Hand halten.

Für alle Bewerber in den Skilled Migration-Kategorien, ganz gleich ob innerhalb oder außerhalb Australiens, gilt folgende Anschrift für das Einreichen des Visumsantrags:
Adelaide Skilled Processing Centre
DIMIA
GPO Box 1638
Adelaide, SA 5001
Australia
(Anschrift für Kurierdienst-Zustellung: 1st Floor, 55 Currie Street)

Telefonische Anfragen ggf. unter +61 3 96574115, E-Mail-Anfragen unter adelaide.skilled.centre@immi.gov.au

Damit Ihr Antrag bearbeitet werden kann, achten Sie auf Folgendes:
• Nennen Sie die Visumklasse
• benutzen Sie das richtige Formular
• geben Sie Ihre Wohnanschrift an
• bezahlen Sie die erforderliche Gebühr (wenn erforderlich). Beachten Sie: Wenn noch irgendwelche anderen Gebühren zu zahlen sind, werden Sie hierzu von der bearbeitenden Stelle vorher aufgefordert.
• kommen Sie allen zusätzlichen Anforderungen nach (z.B. den Antrag von außerhalb Australiens aus zu stellen)
• schicken Sie Ihren Antrag per Post oder Kurierdienst an das Adelaide Skilled Processing Centre **(siehe Kasten Seite 47)**

Außerdem müssen Sie:
• den Antrag in englischer Sprache ausfüllen

- alle Fragen wahrheitsgemäß beantworten (wenn Sie unrichtige Angaben machen oder falsche Dokumente einreichen, kann Ihnen kein Visum gewährt werden)
- immer beglaubigte Fotokopien von Dokumenten einsenden (es sei denn, das DIMIA verlangt die Originale)

Tipp: An die falsche Adresse gesandte Anträge werden entweder an den Bewerber oder an die zuständige Einwanderungsbehörde (australische Botschaft) zurückgeschickt.

Werden Dokumente eingereicht, die nicht in englischer Sprache verfasst sind, so müssen zu diesen zusätzlich Übersetzungen eingereicht werden, die durch einen vereidigten Übersetzer angefertigt wurden. In Australien ist die Organisation NAATI die Stelle, bei der Sie anerkannte Übersetzer finden können (siehe *www.naati.com.au*)

Alle zur engen Familie zählenden Familienangehörigen können auf einem Antrag als auswandernde Personen mit aufgeführt werden, ohne dass eine zusätzliche Gebühr gezahlt werden muss. Wird in der Familie ein Kind nach der Antragstellung geboren, müssen Sie dem DIMIA davon schriftlich Mitteilung machen und eine beglaubigte Kopie der Geburtsurkunde (mit Übersetzung!, s.o.) beifügen. Dann entstehen keine zusätzlichen Antragsgebühren. Die nachträgliche Bekanntgabe einer Person kann in einigen Fällen auch für nach der Antragstellung geheiratete Ehepartner oder hinzugekommene Kinder gelten.

Sie können Ihren *Antrag wieder zurückziehen*, solange noch keine Entscheidung getroffen worden ist, wenn Sie dies der Botschaft schriftlich mitteilen. Denken Sie daran, dass eingezahlte Gebühren nicht zurückerstattet werden können.

Alle *Kontakte mit DIMIA*, die Sie vor oder während der Bearbeitung Ihres Antrages herzustellen wünschen, sollten schriftlich an das »Adelaide Skilled Processing Centre« (s.o.) erfolgen.

Wenn Sie Anfragen zu dem bereits eingereichten Antrag an die Botschaft stellen wollen, müssen Sie Ihrem Schreiben außer der Anschrift auch Ihr Geburtsdatum und Ihre DIMIA-Registrierungs-Nummer (DIMIA client number), die Ihrem Antrag zugeteilt wurde, angeben. Sollte noch keine solche Nr. vorliegen, dann nehmen Sie einfach die »application receipt number« (Antrags-Eingangs-Nr.) der Botschaft. Geben Sie auch die Bezeichnung der Abteilung an, die ihren Antrag bearbeitet. An diese Stelle müssen Sie auch Ihre Schreiben richten. Wollen Sie Sendungen per Fax durchführen, sollten Sie parallel dazu immer auch das Original per Post schicken.

Sollte sich zwischenzeitlich für länger als 14 Tage Ihre *Anschrift ändern*, während Ihr Antrag bearbeitet wird, müssen Sie der australischen Botschaft die neue Anschrift mitteilen und angeben, für wie lange diese gilt. Nachricht an Sie wird dann immer an die letztgenannte Anschrift abgehen. Wenn Mitteilungen der Botschaft, ihren Antrag betreffend, an eine andere Person gehen sollen als an Sie, müssen Sie dies rechtzeitig bekannt geben. Man geht aber davon aus, dass auch Sie diese Nachricht dann empfangen haben werden. Man geht davon aus, dass Sie 21 Tage nach dem Datum des Benachrichtigungsschreibens dieses auch empfangen haben werden. Wenn Sie dem DIMIA eine Fax-Nummer oder eine E-Mail-Adresse gegeben haben, kann oder wird die Behörde davon Gebrauch machen.

Wenn sich, während Ihr Antrag läuft, Ihre Lebensumstände dahingehend ändern sollten, dass die im Antrag gegebenen Informationen nicht mehr alle korrekt sind, müssen Sie das DIMIA umgehend mitteilen. Alle von Ihnen angegebenen Daten müssen auf dem neuesten Stand sein.

Tipp: Achtung! Die Einwanderungsgenehmigung kann rückgängig gemacht werden, wenn festgestellt wird, dass unkorrekte Daten angegeben wurden.

Außer den Angaben, die Sie schon mit Einreichen des Antrags machen müssen, können Sie der Botschaft auch später noch *zusätzliche Angaben* zu Ihrem Antrag schriftlich mitteilen. Auch diese werden dann mit berücksichtigt. Wenn die Botschaft Sie bittet, solche erweiterten Angaben oder Stellungnahmen zu leisten, bekommen Sie rechtzeitig Nachricht. Sollten Sie diese oder jene Information erst später als zu dem von der Botschaft angesetzten Termin machen, wird man ohne diese Angaben weiterverfahren. (Dies könnte dann zu Ihrem Nachteil sein.)

Wenn eine andere Person der Botschaft Informationen übermittelt, die zur Ablehnung Ihres Antrags führen könnten, wird Ihnen rechtzeitig Gelegenheit zu einer *Stellungnahme* gegeben werden.

Sollte DIMIA Sie zu einem *Interview* (Informationsgespräch) einladen, sollten Sie zu dem vereinbarten Termin auch erscheinen. Wenn Sie dies nicht tun, wird mit Ihrem Antrag auf der Grundlage der bereits zur Verfügung stehenden Informationen weiterverfahren.

DIMIA kann über elektronische Wege mit Ihnen kommunizieren, wird dies aber nur mit Ihrer Zustimmung tun. Es wird zu Bedenken gegeben, dass trotz ordnungsgemäßer Verschlüsselung solche Daten nicht hundertprozentig sicher sind. DIMIA versichert aber, alle von Ihnen empfangenen Daten nur für den beabsichtigten Zweck zu verwenden.

Wenn über Ihren Antrag entschieden ist, bekommen Sie darüber eine schriftliche Mitteilung. Bei Ablehnung werden Ihnen die Gründe genannt, die dazu führten. Gegebenenfalls sagt man Ihnen auch, wo und wann Sie dagegen in Revision gehen können, um Ihren Antrag ein zweites Mal prüfen zu lassen.

Man geht davon aus, dass Sie oder die von Ihnen genannte Person innerhalb von 21 Tagen ab Datum des Schreibens Nachricht über das Ergebnis Ihres Antrags bekommen haben. Bei Fax oder E-Mail läuft die Frist der Kenntnisnahme nur bis zum Ende des Zusendungstages(!). Wenn dieses Schreiben zugestellt wurde, wird angenommen, dass Sie es zu diesem Zeitpunkt zur Kenntnis genommen haben. Die Frist für eine mögliche Revision zählt von diesem Tag an.

Sollten an die Gewährung des Einwanderungsvisums *bestimmte Bedingungen* geknüpft sein, müssen Sie sich diesen Bedingungen unterwerfen, wenn Sie nicht die Aufhebung des Visums riskieren wollen. Wenn Sie aber solche Bedingungen ändern lassen möchten, müssen Sie das DIMIA darauf ansprechen.

Bridging Visa (Überbrückungsvisa) sind in den Fällen nötig, wo für eine in Australien sich aufhaltende Person das Visum abgelaufen ist und ein beantragtes Anschlussvisum noch nicht gewährt bzw. zugestellt wurde. Dies ist meist bei Überseestudenten der Fall (s.o.). Auch in Ablehnungsfällen, d.h. Für die Möglichkeit einer Revision der Ablehnung verhilft das Bridging Visum zu einem legalen Status.

In **Teil 6, Skilled occupations list,** sind die Anschriften der Ihren Beruf einschätzenden Behörden (assessment authorities) sowie der Abschnitt »Skills assessment process« enthalten, letzterer eine Darstellung der Aufgabenbereiche der wichtigsten Einschätzungsbehörden.

Wenn man sich unter einer Skilled Independent-Kategorien als Einwanderer bewerben will, muss man seinen Beruf in der SOL-Liste auffinden können. Ist er nicht dort aufgeführt, auch kein ähnlicher Beruf, so kommt in der Independent-Kategorie eine Bewerbung nicht in Frage. **Achtung:** Die Einschätzungsstellen sind keine Jobagenturen.

Die SOL listet Berufe in Übereinstimmung mit ihrer Bezeichnung im Verzeichnis der »Australian Standard Classification of Occupations (ASCO)« in alphabetischer Reihenfolge auf. Dabei unterscheidet man vier Hauptgruppen:
• Manager und Verwaltungsberufe
• Berufe mit hochgradig spezialisierter Ausbildung
• Berufe mit weniger spezialisierter Ausbildung
• Handwerker und verwandte Berufe

Für jede Tätigkeit wird die ASCO-Nr., die zuständige Behörde und die Punktezahl angegeben, die für den Punktetest ausschlaggebend ist. Es ist Aufgabe des Antragstellers, die für seinen Beruf zuständige Stelle zu suchen und anzuschreiben, um eine Einschätzung zu bekommen. Sollte Ihr Beruf nicht in der Liste enthalten, aber eng mit einer dort aufgeführten Tätigkeit verwandt sein, so nehmen Sie als Antragsteller diese eng verwandte Berufsbezeichnung als die Ihre, lassen sich danach einschätzen und geben diese auch in Ihrem Einwanderungsantrag an. Sie dürfen **nur eine** benannte Tätigkeit zur Anwendung bringen. *Dazu müssen Sie ein Bewerbungsformular (application form) plus Begleitinformation von der Einschätzungsstelle anfordern. Es wird eine Gebühr für die Einschätzung verlangt.* Auf der website *www.abs.gov.au*, dort unter dem link »Publications« und dort unter »Statistical Products and Services« klicken Sie den link »Classifications and Work Manuals« an, dann den link »1220.0 – ASCO – Australian Standard Classification of Occupations«, um noch mehr zu erfahren (in Englisch).

Tipp: Haben Sie Probleme mit der Übersetzung Ihrer Berufsbezeichnung oder englischsprachiger Korrespondenz, so nehmen Sie die Dienste des nächsten professionellen Übersetzungsbüros in Anspruch. Dort können Sie auch die Übersetzung notwendiger Dokumente machen lassen.

In **Teil 7** des booklets (IELTS test centres) finden Sie eine Aufzählung entsprechender Adressen, die für Deutschland sind auf Seite 81, die für die Schweiz auf Seite 90 links, die für Österreich auf Seite 78 links zu finden.

1.2.2 Arbeitgeberunterstützte Einwanderung

Das booklet »Employer Sponsored Migration« umfasst nur 40 Seiten und enthält 6 Teile. Da bestimmte Kapitel sich nicht oder kaum von denen im booklet der »General Skilled Migration« unterscheiden, beschränken wir uns hier auf die Darstellung der Teile 1 und 2. Im Teil 1 geht es zunächst um die Grundanforderungen (basic requirements).

Man unterscheidet vier verschiedene Kategorien von Programmen:
- Employer Nomination Scheme (ENS)
- Regional Sponsored Migration Scheme (RSMS)

- Labour Agreements (LA)
- Regional Headquarter Agreements (RHQ)

Die ersten drei Programme ermöglichen es australischen Arbeitgebern, hoch qualifizierte Berufe anzuwerben, sowohl solche von Übersee, als auch solche, die sich temporär in Australien aufhalten. Der Arbeitgeber muss allerdings nachweisen, dass er auf dem einheimischen Markt oder durch innerbetriebliche Qualifizierungsmaßnahmen keine entsprechenden Arbeitskräfte finden konnte. Das vierte Programm (RHQ) ermöglicht es Firmen, die über eine RHQ-Anerkennung verfügen, Angestellte in Schlüsselpositionen, die wichtig für den Aufbau einer regionalen Tochterfirma in Australien sind, nach dort zu schicken. Weitere Details findet man in Teil 2.

Alle zu erwartenden Bewerber müssen zuerst von einem australischen Arbeitgeber nominiert (benannt) werden. Der Nominierungsantrag muss an eines der DIMIA-Business Centre in Australien gerichtet werden (booklet S.28). Wird der Nominierung zugestimmt, wird der zukünftige Arbeitgeber den Antragsteller davon in Kenntnis setzen. Mehr dazu findet man in Teil 2.

Der von einem australischen Arbeitgeber Vorgeschlagene (nominee) kann sich von Australien aus oder auch von außerhalb bewerben. Wenn er sich innerhalb Australiens bewirbt, muss er bereits ein Visum mit Arbeitserlaubnis haben und

- eine temporäre Wohnerlaubnis (außer Diplomaten, Botschaftsangestellte, Expatriierte und Pensionäre)
- oder ein WHM-Visum (working holiday maker)
- oder ein Studentenvisum, welches für bestimmte fortgeschrittene Studiengänge gewährt wurde und vom Bewerber erfolgreich abgeschlossen wurde (außer solche Studenten, die mit Übersee-Stipendien studieren)
- oder ein bestimmtes Flüchtlingsvisum

In den meisten Fällen muss der Bewerber über beruflich einsetzbares Englisch oder englische Grundkenntnisse verfügen.

Die berufliche Qualifikation muss dann eingeschätzt werden, wenn

- eine Lizenzierung, Registrierung oder Mitgliedschaft in einer Berufsgenossenschaft für die bestreffende Tätigkeit obligatorisch ist
- eine Einzelhandels- oder handwerkliche Tätigkeit von einem »Tradesmen's Rights Regulations Act(TRAA)« (Gesetz) betroffen ist oder auch in eine nicht im TRAA gesetzlich verankerte Berufsgruppe fällt.

Wenn der Bewerber nicht sicher ist, was für ihn zutrifft, sollte er seinen zukünftigen Arbeitgeber fragen. Dazu können die DIMIA Business Centres umfassend auch über Kosten, Formulare und Einschätzungsstellen Auskunft geben.

Kosten und Gebühren

Obwohl alle Angaben in australischen Dollars und zur Zeit der Drucklegung des Buches korrekt waren, können diese Beträge kurzfristig eintretenden Änderungen unterliegen.

Gleichzeitig mit dem Einreichen des Antrages sind auch die Gebühren fällig, die im allgemeinen nicht zurückerstattet werden, wenn der Antrag nicht durchkommt.

Innerhalb Australiens kann man bezahlen
* mit Kreditkarte
* mit Kontokarte (debit card), wie z.b. die ec-card in Europa
* mit Bankscheck
* durch Geldüberweisung (money order)

Außerhalb Australiens erfragen Sie bitte bei der zuständigen Einwanderungsbehörde, wie gezahlt werden soll.

Die Antragsbearbeitungsgebühr kann in keinem Fall zurückerstattet werden. Von außerhalb Australiens beträgt diese 1125 A$, innerhalb Australiens 1670 A$. Unter der Kategorie ENS zahlt auch der Sie nominierende Arbeitgeber eine Gebühr, und zwar in Höhe von 300 A$. Die drei anderen Kategorien sind für den Arbeitgeber gebührenfrei.

Für die notwendige medizinische Untersuchung zahlen Sie als Antragsteller pro Familienmitglied ca. 300 A$. Dies kann aber von Land zu Land verschieden sein. Der Betrag wird direkt an den untersuchenden Arzt gezahlt.

Es kann notwendig sein, an einem IELTS-Test teilzunehmen, um Englischkenntnisse unter Beweis zu stellen. Hierfür entstehen, abhängig vom Testzentrum, etwa 150 A$ Kosten. Sollte ein Berufsenglisch-Test (Occupational English Test, OET) für Ihre Tätigkeit notwendig sein, so entstehen innerhalb Australiens Kosten von 350 A$, außerhalb von 400 A$. Hierzu kann man unter www.sunsite.anu.au/language-australia/ OET Näheres erfahren.

Andere Kosten können sein: Polizeiliches Führungszeugnis, Übersetzungen von Dokumenten und, falls nötig, Einschätzung Ihrer Qualifikation durch eine »assessment authority«.

Auf dem **Merkblatt 990i Charges** finden Sie eine Auflistung aller Gebühren (siehe *www.immi.gov.au*)

Wenden wir uns nun in Teil 2 des booklets näher dem »Employer Nomination Scheme (ENS)« also dem Arbeitgeber-Vorschlagsprogramm zu. Aus Raumgründen und vor allem wegen seiner besonderen Bedeutung für Einwanderer wollen wir uns auf die ausführliche Beschreibung des ENS beschränken.

Im ENS können australische Arbeitgeber vakante Positionen an hochqualifizierte Arbeitnehmer aus dem Ausland vergeben. Sie müssen nachweisen, dass sie dafür keine geeigneten Australier finden konnten. Die Ziele dieses Programms sind:

- Verbesserung der australischen Wettbewerbsfähigkeit weltweit
- Ausgleich von Arbeitskräftemangel in hochqualifizierten Positionen
- Aufrechterhaltung eines vollständigen Einwanderungsprogramms, in dem es Arbeitgebern ermöglicht wird, notwendigen Bedarf auf verwaltungstechnisch unkomplizierte zu decken
- Maximierung von Beschäftigungs- und Ausbildungskapazitäten für Australier
- Verbesserung der Möglichkeiten für Australier, sich neues Fachwissen durch den Transfer von Fachwissen anzueignen
- Absicherung eines gesamtwirtschaftlichen Gewinns für Australien

Die Bearbeitung besteht aus zwei Stufen:
Stufe 1: Nominierung durch den Arbeitgeber
Stufe 2: Visum-Antragstellung durch den Nominierten

Stufe 1: Der Arbeitgeber reicht beim nächstgelegenen DIMIA Business Centre (s. Teil 4) das ausgefüllte Formular 785 »Employer Nomination for a Permanent Appointment« nebst allen erforderlichen Dokumenten ein. Ein Ausdruck dieses Formulars liegt dem booklet bei. Die Entscheidung wird vom DIMIA auf der Grundlage der zur Verfügung gestellten Informationen unter Berücksichtigung der gegebenen Umstände und der gesetzlichen Vorschriften dort gefällt. Die vorgeschriebene Gebühr ist beim Einreichen des Antrags zu zahlen. (s. S.5)

Der Arbeitgeber muss nachweisen können, dass
- eine Notwendigkeit für einen bezahlten Angestellten besteht, die Firma in Australien ansässig ist und vom Arbeitgeber auch tatsächlich geleitet wird,
- der Arbeitsplatz die Einstellung einer fachlich hochqualifizierten Person erfordert. Das bedeutet, dass diese Person eine dreijährige Ausbildung **oder** gleichwertige, gewöhnlich fünfjährige Berufserfahrung hinter sich hat **und** im Anschluss an die Ausbildung oder gleichwer-

tige berufliche Erfahrung weitere drei Jahre Berufserfahrung hat. (Ausnahme: Exceptional appointment, s.u.),
- falls anwendbar, die hochqualifizierte Person für eine notwendige Lizenzierung, Registrierung oder Mitgliedschaft in einer Berufsgenossenschaft in Frage kommt,
- die Position eine Vollzeit- und Festzeiteinstellung von mindestens drei Jahren bedeutet, was die Möglichkeit einer Verlängerung aber nicht ausschließt (Achtung: Wenn es sich um eine »exceptional appointment«, also eine Ausnahme-Anstellung handelt, muss der Bearbeitungsstelle ein dreijähriger Arbeitsvertrag vor Ausgabe des Visums vorgelegt werden),
- dass er über ausreichende firmeninterne berufliche Trainingsmöglichkeiten verfügt oder, im Falle einer neuen Firma, Vorbereitung dafür trifft,
- er keine geeignete Person auf dem australischen Arbeitsmarkt dafür finden konnte,
- die Arbeitsbedingungen in Übereinstimmung mit den Standards für Arbeitsbedingungen der australischen Industriegesetze stehen.

Wird der Nominierung zugestimmt, informiert das DIMIA Business Centre den Arbeitgeber und die zuständige DIMIA-Stelle in Australien oder in Übersee, die dann den Antrag bearbeitet. Gleichzeitig hat der Arbeitgeber seinen vorgeschlagenen Nominierten zu informieren, dass dieser seine Bewerbung innerhalb von 6 Monaten nach der Zustimmung einzureichen hat.

Wird die Nominierung abgelehnt, bekommt der Arbeitgeber schriftlich die Gründe dafür genannt. Dagegen kann vor dem Migration Review Tribunal (MRT) Einspruch eingelegt werden.

Verfehlt der Nominierte (Vorgeschlagene) die erforderlichen Visumkriterien, kann der Arbeitgeber ersatzweise jemand anders zur Nominierung vorschlagen, ohne erneut einen Antrag auszufüllen.

Stufe 2: Der Nominierte muss das Antragsformular **47ES Application for employer sponsored migration to Australia** ausfüllen und einreichen (liegt dem booklet bei) sowie die Antragsgebühr entrichten (siehe »Kosten und Gebühren«). Er hat dazu sechs Monate Zeit.

Die DIMIA-Stelle trifft ihre Entscheidungen auf der Grundlage der vom Antragsteller gemachten Angaben. Sollte sich hier etwas ändern, hat der Antragsteller es der DIMIA-Stelle mitzuteilen.

Folgende Gesichtspunkte werden bei der Entscheidung herangezogen:
- die berufliche Qualifikation muss der zu vergebenden Position entsprechen
- der Nominierte muss der Definition »highly skilled person« genügen

54

- er muss eine Eignung für eine eventuelle Lizenzierung, Registrierung oder Mitgliedschaft in einer Berufsgenossenschaft besitzen
- die in der Nominierung angegebene Beschäftigungsstelle (Position) muss noch vorhanden sein (außer in der Kategorie »exceptional«)
- der Nominierte muss unter 45 Jahre alt sein (außer: »exceptional«)
- er muss »vocational English«-Kenntnisse haben
- er und seine Familie müssen den Gesundheits- und Charakteranforderungen genügen.

Tipp: Achtung! Treffen Sie keine Reisevorbereitungen irgendwelcher Art, bevor Sie nicht schriftlich vom DIMIA mit einem positiven Bescheid benachrichtigt sind.

Exceptional appointments – ENS

Dies bedeutet: außerordentliche Vereinbarung zur Einstellung von Arbeitskräften, die für ungewöhnliche oder hochspezialisierte Positionen in Frage kommen und die kaum die Standard-ENS-Anforderungen würden erfüllen können. Wenn ein geeigneter Mitarbeiter mit einer dreijährigen Berufserfahrung für solch eine Position nicht gefunden werden kann, kann auf diese Berufserfahrung auch verzichtet werden.

In folgenden Fällen kann die Altersgrenze von 45 aufgehoben werden:

- Sind die Arbeitsanforderungen der genannten Position so spezialisiert oder einzigartig, dass, wenn überhaupt, nur wenige Personen unter 45 diesen Anforderungen genügen würden oder
- ist es eine Stelle für einen leitenden Angestellten in einem namhaften Unternehmen oder
- ist es eine Position, die eine Qualifikation auf Grund langjähriger Erfahrung verlangt.

Ein Grund für Ausnahmen beim Kriterium »Vocational English« könnte die besondere Art der Arbeit sein. Dann muss nachgewiesen werden, wie der Betreffende ohne solche Englischkenntnisse diese Arbeit ausführen kann bzw. seine Fähigkeiten anderen australischen Mitarbeitern nahe bringen kann.

Achtung: Wird eine Ausnahmeregelung für mehr als ein Kriterium beansprucht, ist für jedes Kriterium extra eine Rechtfertigung notwendig. Wird einer Ausnahme für nur ein Kriterium stattgegeben, müssen alle anderen Kriterien erfüllt sein.

Zum Schluss dieses Abschnittes gibt es noch einige Hinweise für den Arbeitgeber – Labour market testing (LMT), die sich auf notwendiges

Annoncieren in der Tagespresse und andere Bemühungen beziehen, die dieser bei einer ENS-Nominierung nachzuweisen hat.

Die nachfolgende MODL-Liste ist fast identisch mit der aus dem »General Skilled Migration-booklet«, so dass wir sie hier nicht erneut zeigen müssen.

Unter »Waiver of LMT« wird gesagt, dass die Bemühungen – wie in LMT beschrieben – für die in der MODL-Liste aufgeführten Berufe **nicht** erbracht werden müssen. Auch hier sind Nachweise vom Arbeitgeber zu erbringen, warum LMT für die Nominierung nicht logisch erscheint.

Um »vocational English« (beruflich verwendbares Englisch) zu demonstrieren, werden zwei Wege vorgeschlagen:

* Der Bewerber weist nach, dass er einen akademischen Abschluss, höheren akademischen Abschluss, ein Diplom oder einen Gewerbeabschluss (Handel, Handwerk) besitzt, welche alle ein mindestens zweijähriges Studium bzw. eine Ausbildung zum Inhalt hatten und gänzlich in englischer Sprache abgewickelt wurden.
* Der Bewerber nimmt an einem IELTS-Test teil und erreicht dabei in allen Testbereichen (Sprechen, Lesen, Hören, Schreiben) mindestens 5 von 9 Punkten. Das nächstgelegene IELTS-Zentrum können Sie bei »IDP Australia«, »The British Council« oder der australischen Botschaft Ihres Landes erfahren. Auch in Teil 7 des booklets »general Skilled Migration« sind diese verzeichnet, aber auch unter *www.ielts.org* zu finden.

Als notwendige Dokumente sind vom vorgeschlagenen Bewerber (nominee) mit einzureichen: Pass, Familienstammbuch, Ausweis, zwei Passbilder für jedes in den Antrag eingeschlossene Familienmitglied und für den Hauptantragsteller, Kopien von Geburtsurkunden, Heiratsurkunden, ggf. Sorgerechtsurkunden, ärztliche Untersuchungsergebnisse, polizeiliche Führungszeugnisse, ggf. Adoptionsurkunden, ggf. Bescheinigungen über geleistete Militärdienste und für Bewerber unter »ENS« die Nachweise von Berufsqualifikation und ggf. der australischen Anerkennung davon sowie eine Kopie der ENS-Anerkennung, wenn diese schon erfolgt ist.

Auf S.28 des booklets finden Sie eine Liste der Stellen in Australien, die Sie nur bei Aufenthalt in Australien verwenden sollen.

In Teil 5 »Processing visa applications« ist nichts anderes beschrieben als in dem entsprechenden Teil des »General Skilled Migration«-booklets.

Jobsuche

Erforschen Sie schon von Europa aus zuallererst den Sie persönlich betreffenden australischen Arbeitsmarkt, wenn Sie sich zu einer Auswanderung entschlossen haben.

Hier sind Geduld, Findigkeit und ein guter Draht zu Firmen oder Hilfe durch gute Bekannte gefragt, die schon in Australien wohnen. Nehmen Sie also so früh wie möglich Kontakt auf, schauen Sie, wenn möglich, ins Internet, schreiben Sie Firmen an, wenden Sie sich an Organisationen und Einzelpersonen, die Ihnen weiterhelfen können, wenn es um einen Arbeitsplatz in Australien geht. Die Anschriften und Internet-Adressen (URLs), die wir Ihnen in diesem Buch geben (s. Kapitel »Das Internet als Informationsquelle«), können da eine wertvolle Hilfe sein. Dieses Sich-selber-Engagieren ist überhaupt ganz generell die wichtigste Eigenschaft, die Sie mitbringen müssen. Dabei kommt es aber nicht zuletzt auch auf eine gute Selbstdarstellung an – und die ist auch sehr wesentlich von Ihren Englischkenntnissen abhängig!

Sie können zum Zweck der Jobsuche auch an die *Zentralstelle für Arbeitsvermittlung, Postfach 170545, D-60079 Frankfurt/Main* schreiben, die Ihnen einen weltweiten Service bietet. Sie müssen aber damit rechnen, dass – je nach aktueller Lage – auf dem Arbeitsmarkt Jobs in dem von Ihnen gesuchten Land nicht immer verfügbar sind, auch deswegen, weil nicht alle Betriebe freie Arbeitsplätze an diese Stelle weitermelden: Das ist ähnlich wie bei unseren heimischen Arbeitsämtern.

Eine besonders gute Möglichkeit ist der direkte Weg zu den Firmen. Sie sollten sich dafür direkt an die Niederlassungen großer deutscher und europäischer Firmen in Australien wenden. Wir möchten deshalb an dieser Stelle auf eine Publikation verweisen, die sie bei der Bundesstelle für Außenhandelsinformation (bfai) beziehen können. Sie heißt »Deutsche Niederlassungen in Australien«, umfasst 108 Seiten und kann unter der Bestell-Nr. 3332 bezogen werden bei der *bfai, D-50445 Köln, Postfach 100 522*.

Sollte eine Firma in Australien Sie direkt einstellen wollen, weil Sie über dort gefragte Fähigkeiten verfügen, wird diese Firma Sie über das Einwanderungsministerium anfordern: Das würde Ihre Chancen für eine Einwanderungsgenehmigung enorm erhöhen. Dies gilt natürlich für alle dort ansässigen Unternehmen. So etwas nennt sich »Employer Sponsored Migration« (s. Kap. »Chancenbeurteilung und Antragsverfahren«).

Eine andere Möglichkeit wäre ein Kontakt mit der Deutsch-Australischen Industrie- und Handelskammer (Näheres s. Kapitel »Aufenthalte von Geschäftsleuten«).

Eheschließung mit einem australischen Partner
Wer noch unverheiratet ist, keine in Australien gefragten Fachkenntnisse oder dort lebenden Verwandten hat, kein Geschäftspartner, Pensionär,

Millionär oder Künstler mit herausragenden Talenten ist und auch sonst die Einwanderungsbehörden nicht vom Wert seiner Person für die australische Nation überzeugen kann, der hat dennoch eine Chance, in diesen großen und großartigen Kontinent einzuwandern: Er muss sich dort einen Ehepartner suchen. Das kann im Urlaub geschehen, rein zufällig, oder aber durch eine Zeitungsannonce privat oder durch eine Partnervermittlung. Bei letzterer aber raten wir zur Vorsicht – wegen eventuell überzogener Geldforderungen!

Bitte fordern Sie zum Zwecke der Einwanderung in der Kategorie »Partner Migration« das zugehörige booklet an, das Ihnen alle notwendigen Details vermittelt.

Deutsch-australische Zeitungen im deutschsprachigen Raum
Allen potentiellen Einwanderern sei – zur Vorbereitung und Einstimmung – die regelmäßige Lektüre einer Monatszeitung empfohlen. Sie heißt *Australien-Kurier* und ist eine Art Ableger der in Australien erscheinenden deutschsprachigen Wochenzeitung *Die Woche in Australien*. Der *Australien-Kurier* wird zwar in Sydney gedruckt, aber in seiner gesamten Auflage monatlich nach Deutschland, in die Schweiz und nach Österreich geschickt, so dass Sie ihn ohne hohe Überseeportokosten von folgender Anschrift beziehen können:

Computer Service Ernst Jost GmbH
Postf.140220, Ickstattstr.9
80469 München
Tel. 089 20959101
Fax 089 20028114

Die Zeitung informiert wie eine Tageszeitung über alle Bereiche des täglichen Lebens sowie über Wirtschaft, Politik, Kultur, Sport und Tourismus in Australien. Über den »AK« können Sie auch Inserate platzieren, die in Sydney in der *Woche* erscheinen sollen. Dies ist für alle Einwanderer eine Möglichkeit, noch vor der Ankunft deutschsprachig private, berufliche und/oder geschäftliche Kontakte zu knüpfen.

Das Bundesverwaltungsamt informiert
Weitere kompakte Informationen, allerdings nicht alle auf dem jeweils neuesten Stand, können Sie in den »Merkblättern für Auslandtätige und Auswanderer« nachlesen, die Sie gegen geringe Beträge vom *Bundesverwaltungsamt, Marzellenstr. 50-60, D-50668 Köln,* beziehen können. Sie erhalten dort auch ein Verzeichnis der Beratungsstellen für Auswanderer.

1.3 Aufenthalte von Geschäftsleuten

Erste Informationen einholen
Es ist schon ein Unterschied, ob Sie als angestellte Fachkraft einwandern wollen und sich um einen Arbeitsplatz kümmern müssen, oder ob Sie Ihr eigener Herr sein wollen und können, wenn es ums Geldverdienen geht.

Gehören Sie zu den Glücklichen, die nicht nur sich selbst, sondern auch noch ein Geschäft mit nach Australien bringen, so sollten Sie sich rechtzeitig um die Bedingungen für Geschäftseinwanderer kümmern. Dafür stellt die australische Botschaft das booklet »Business Skills Migration« zur Verfügung. Erhältlich unter der gleichen Prozedur wie schon zu Anfang des Kapitels »Chancenbeurteilung...« beschrieben.

Die Business-Kategorie ermöglicht eine Einwanderung auf der Basis fachlich kompetenter Selbständigkeit. Die Bewerber in dieser Visumklasse müssen ganz selbstverständlich über aktuelle Erfahrungen in der Leitung eines Geschäftes verfügen, etwa als Geschäftsinhaber oder -partner oder als leitender Angestellter einer großen Gesellschaft, und sie müssen entsprechende Fähigkeiten für das Führen einer Firma in Australien mitbringen. Ganz allgemein müssen Sie als Unternehmer das Einwanderungsministerium DIMIA davon überzeugen, dass das von Ihnen in Australien beabsichtigte Unternehmen vielversprechend ist. Der australische Produkt- und Arbeitsmarkt muss einen erkennbaren Nutzen davon haben. Auf Details soll hier nicht eingegangen werden, da es den Rahmen des Buches sprengen würde, jedoch wollen wir kurz eine Übersicht über den Inhalt des booklets geben:

Teil 1: Allgemeine Informationen
(Grundanforderungen, Punktetest, Unterstützung, Kosten und Gebühren, Angehörige, Leben in Australien)
Teil 2: Kategorien
(Kategorie »Geschäftsinhaber«, Kategorie »Leitende(r) Angestellte(r)«, Kategorie »In Australien gegründete Firma«, Kategorie »In einer bestimmten Region in Australien gegründete Firma«, Kategorie »Investitionsgebundene Einwanderung«, Kategorie »Bestimmte, d.h. staatlich gewünschte Investitionen«, Finanzierungsgesellschaften)
Teil 3: Gesundheit und Leumund
Teil 4: Wie Sie Ihren Antrag vorbereiten: (Formulare und Dokumente, Antragsgebühr, Weitere Dokumente, Antrag einreichen)
Teil 5: Bearbeitung der Visumsanträge
Teil 6: Agenturen für Unternehmensförderung
Teil 7: Ausführliche Darstellung notwendiger unternehmerischer Fähigkeiten und Erfahrungen für die jeweiligen Kategorien

Wir weisen darauf hin, dass die erforderlichen Nettovermögen potentieller Geschäftseinwanderer erheblich sein müssen, um zu hinreichenden Punktezielen im Test zu gelangen. Es handelt sich um Beträge zwischen 500.000 A$ und 2.5 Mio. A$. Dafür ist jedoch ein Einwanderungsalter bis zu 54 Jahren möglich.

Tipp: Noch bevor Sie Ihren Einwanderungsantrag ausfüllen, sollten Sie in etwa die Chancen ermitteln, die Ihr Geschäft oder Unternehmen auf dem australischen Markt haben oder nicht haben könnte. Solche Marktanalysen sind um so zielgenauer, je präziser Ihre eigenen Vorstellungen vom Standort und Dienstleistungssegment Ihrer Firma sind. Hierfür sind Recherchen nützlich, die Sie mit Hilfe geeigneter Stellen durchführen können.

Auf jeden Fall bietet sich eine Anfrage an bei der *Bundesstelle für Außenhandelsinformation, Postfach 100522, 50445 Köln.* Sie ist eine Abteilung des Bundeswirtschaftsministeriums und versorgt Geschäftsleute mit einer großen Zahl verschiedener Fachpublikationen, Merkblätter und Broschüren, in denen Informationen über die verschiedensten Bereiche von Handel und Wirtschaft stehen.

Als Beispiele haben wir für Sie ausgewählt:

1. Geschäftspraxis
• Büroeröffnung in Australien, 24 Seiten
• Handelsvertretersuche in Australien, 24 S.
• Marktanpassung ausländischer Erzeugnisse in Australien, 56 S.
• Verkaufen in Australien, 100 S.
• Vertriebswege in Australien, 22 S.

2. Geschäftskontakte
• Auskunfts- u. Kontaktstellen, 92 S.
• Deutsche Niederlassungen in Australien, 134 S.

3. Wirtschaftsklima
• Wirtschaftsdaten (ständig fortgeschrieben), 4 S.

4. Regionen und Sektoren
• Standort New South Wales, 92 S.
• Standort Victoria, 28 S.

5. *Marktanalysen*
- Bekleidung, 4 S.
- Computer-Peripherie, 4 S.
- Gebrauchtmaschinen weltweit, 6 Bände zus. 552 S.,
- Körperpflegemittel und Kosmetika, 4 S.
- Landmaschinen und Ackerschlepper, 32 S.
- Sportartikel, 28 S.
- Wachstumsbranchen – Asien/Pazifik, 106 S.
- Zukunftsmarkt Telekommunikation – Aktuelle Trends, 120 S.

6. *Recht, Einfuhrverfahren, Zoll*
- Das australische Gesellschaftsrecht, 30 S.
- Das australische Handelsvertreterrecht, 50 S.
- Einwanderung nach Australien, 36 S.
- Immobilienerwerb in Australien, 40 S.

7. *Kontaktanschriften*
- Anschriften der Branche Möbel, Heimtextilien, Einrichtungen, 50 S.
- Anschriften von Baufirmen, 4 S.
- Anschriften von Druckereien, 4 S.
- Anschriften von Einzelhandelsunternehmen, 10 S.
- Anschriften von Firmen aus dem Bereich Labor- und Analysegeräte, 34 S.
- Anschriften von Herstellern und Händlern von Musikinstrumenten, Audiogeräten, Tonträgern u. Verlagsprodukten, 88 S.
- Anschriften von Produkt- u. Dienstleistungsanbietern für das verarbeitende Gewerbe, 43 S.
- Anschriften von Unternehmen der Elektro- u. Elektronikbranche, Industrieroboter und -automation, 83 S.

8. *Wirtschaftsentwicklung, Branchen*
- Änderungen bei Telefon- u. Faxnummern, 14 S.
- Lebensmitteleinzelhandel – Umsatz (engl.), 23 S.
- Umweltreport (engl.), 12 S.

9. *Nichttarifäre Handelshemmnisse*
- Elektromagnetische Interferenz-Normen, 88 S.
- Gegenseitige Anerkennung der Konformitätsbewertung, der Bescheinigungen u. Kennzeichnungen, 62 S.
- Normen für Bergwerksmaschinen, 15 S.
- Normenliste Schweißtechnik, 6 S.

- Occupational Health and Safety Regulations, 30 S.
- Principles of Guarding Industrial Robots, 4 S.
- Zertifizierte Anbieter von Sanitärarmaturen u. -ausrüstungen, 6 S.

10. Steuern und Zölle
- Steuersystem (in deutsch), 30 S.

11. Wirtschaftsrecht
- Rechtsverfolgung in NSW und Queensland, 4 S.

Tipp: Die Auswertung der Fülle wertvollen Materials, welches die bfai anbietet, lohnt sich übrigens nicht nur für Kaufleute und Unternehmer!

Zusätzlich bietet die **bfai** eine 14-tägige Zeitschrift mit dem Titel **Wachstumsmarkt Asien** an. Im Internet erreicht man die bfai unter *www.bfai.com* Eine weitere Möglichkeit, sich über die wirtschaftlichen Chancen in Australien zu informieren, ist die

Deutsch-Australische Industrie- und Handelskammer
Level 10, 39-41 York St
Sydney, 2000 NSW
Australia
– auch zu erreichen unter
Suite 2, Level 5, 14 Queens Rd
Melbourne, 3004 Vic.
Australia
– oder in
Liaison Office, Yungaba, 120 Main St
Kangaroo Point, 4169 Qld
Australia
– oder im Internet unter
www.germany.org.au

An die Kammer sind inzwischen rund 600 deutsche und australische Firmen angeschlossen. Die Handelskammer erstellt Marktanalysen, unterstützt Geschäftsgründungen und gewährt auch Rechtsbeistand für ihre Mitglieder. Sie ist zudem auf deutschen Messen vertreten und führt Seminare durch. Die Handelskammer informiert durch drei periodisch erscheinende Schriften – *Kammer-Journal, Newsletter* und *Trade Enquiries* – sowie durch Publikationen wie:

1. »Das Australiengeschäft – 50 Fragen und Antworten« (Oktober 1993)
2. »Der australische Markt« (Oktober 1993)
3. »Das australische Handelsvertreterrecht« (Mai 1993)
4. »German Commercial Agency Law« (1994)
5. »Übersicht über das australische Steuerrecht« (Juli 1993)
6. »Joint Ventures zwischen deutschen und australischen Unternehmern in Australien« (1989)
7. »Das australische Arbeitsrecht« (Juli 1994)
8. »Das australische Gesellschaftsrecht« (1994)
9. »Immobilienerwerb in Australien« (August 1993)
10. »Umweltrecht in Australien« (1994)
11. »Deutsch-australisches Abkommen zur Vermeidung der Doppelbesteuerung« (1993)
12 »Die Produzentenhaftung nach australischem Recht« (1995)
13. «Gewerblicher Rechtsschutz in Australien« (April 1993)
14. »Deutsche Niederlassungen in Australien« (1994)
15. »Investieren in Australien« (1993)
16. »Australien – ein Handbuch für Geschäftsleute«
17. »Starting a Business in Germany«
18. »Vertriebswege in Australien«
19. »The German Packaging Ordinance«
20. »Mitgliederverzeichnis«

Speziell an **Österreicher** wendet sich die:
Österreichische Außenhandelsstelle
19th Floor, 1 York St
Sydney, 2000 NSW
Australia.

Mit Ihrem Schreiben können Sie um genaue Auskünfte hinsichtlich Ihres Vorhabens, Marktanalysen, Wirtschaftlichkeitsberechnungen und andere, für Sie wichtige Informationen bitten. Wenn Sie Unternehmer sind, werden Sie wahrscheinlich wissen, was für Sie noch von Bedeutung sein könnte.

Ganz neu erschienen ist ein Handbuch für Geschäftsleute, das von der australischen Rechtsanwaltsfirma »Freehill, Hollindale & Page« verfasst wurde. Es heißt »Australia – a Business Guide« und kann jetzt auch in deutscher Übersetzung von der deutsch-australischen Handelskammer bezogen werden. Wenn Sie es anfordern, werden Sie darin eine ganze Reihe von Antworten auf Fragen finden, die für Sie wichtig waren.

Weiterhin ist ein Kontakt zu dem für Ihr zukünftiges australisches Bundesland zuständigen Ministerium zu empfehlen. Hierfür nehmen Sie die Anschrift:

Minister for Employment, Labour and Industrial Development
G.P.O. Box
in Sydney, Melbourne, Brisbane, Perth, Adelaide, Darwin
oder Hobart.

Fragen Sie hier auch nach gesetzlichen Vorschriften, erforderlichen Lizenzen oder zu erwartenden Zuschüssen.

Haben Sie sich zu diesem Zeitpunkt noch für kein Bundesland fest entschieden, dann können Sie Ihre Entscheidung von den für Sie günstigsten Investitionsbedingungen abhängig machen.

Es kann weiterhin nützlich für Sie sein, Kontakt zu den Vertretern der verschiedenen australischen Bundesstaaten in Europa aufzunehmen.

Für **New South Wales**:
Agent-General for New South Wales, New South Wales House, 65/72 Strand, London WC2N 5LZ, U.K.
Tel: +44 1 8396651, Fax: +41 1 8395331.

Für **Victoria**:
Office of the Commissioner for the Government of Victoria, Arabela Center, 6. Stock D, Lyoner Str. 44 – 48, D-60528 Frankfurt/Main
Tel: 069 6666028, Fax: 069 6665015.

Für **Queensland**:
Agent-General for Queensland, Queensland Government Office, 392/3 Strand, London WC2R 0LZ, U.K.
Tel: +44 1 8363224, Fax: +44 1 2407667.

Für **Westaustralien**:
Agent-General for Western Australia, Western Australia House, 115 Strand, London WC2R 0AJ, U.K.
Tel: +44 1 2402881, Fax: +44 1 2406637.

Für **Südaustralien**:
Agent-General for South Australia, South Australia House, 50 Strand, London WC2N 5LW, U.K.
Tel: +44 1 9307471, Fax: +44 1 9301660.

Zeitlich begrenzte Aufenthalte für Geschäftsleute
Wer als Geschäftsmann oder leitender Angestellter eines Firma keinen Daueraufenthalt in Australien anstrebt, kann die Möglichkeit einer temporären Tätigkeit in Australien ins Auge fassen.

Hier unterscheiden wir zwei Kategorien, den kurzfristigen Aufenthalt (short stay, bis zu 3 Monaten) u. den langfristigen Aufenthalt (long stay, bis zu 2 oder 3 Jahren). Lesen Sie dazu auch das *Formular u. Merkblatt 456.* Wer darf sich bewerben?

- Sie haben in Australien einen Sponsor, der Ihnen zu diesem Visum geraten hat.
- Sie werden in Australien unter einem Arbeitsabkommen tätig sein und sollen dieses Visum beantragen.
- Sie werden in Australien unter einem sogenannten »Regional headquarters agreement« (RHQ, regionales Abkommen) tätig sein.
- Sie werden in Australien ein Geschäft gründen.
- Sie haben die geschäftliche Vertretung eines Dienstleisters außerhalb Australiens.
- Sie haben eine Empfehlung des australischen Außenministers zum Eintritt ins Land.

Es gibt Möglichkeiten für einen nur einmaligen Aufenthalt oder aber für mehrere, je nach Vereinbarung und Notwendigkeit.

Mit der sogenannten APEC Business Travel Card erhalten Interessenten vereinfachten Zutritt zu den Mitgliedsländern des APEC(Asia Pacific Economic Cooperation)-Forums. Hierzu zählen Länder, die im pazifischen Wirtschaftsraum liegen.

Sie müssen für den Antrag eine Gebühr entrichten (s. Merkblatt 990i). Abhängige Kinder, der Ehepartner und andere von der Familie abhängige Personen über 18 können mit im Antrag erscheinen.

Tipp: Erkundigen Sie sich bei der Botschaft bitte nach evtl. notwendigen medizinischen Untersuchungen.

Wie Sie vorgehen müssen:
Schritt 1
Wenn die Bürgschaft Ihres Sponsors in Australien von der dortigen Behörde anerkannt wurde, muss er Ihnen eine Kopie dieses Papiers (nomination approval letter) und eventuell noch andere notwendige Dokumente übersenden. Diese reichen Sie zusammen mit Ihrem Antrag ein.
Schritt 2
Überprüfen Sie, ob alle notwendigen Reisepässe für die Dauer Ihres geplanten Aufenthaltes Gültigkeit besitzen. Sollten Sie sich schon in Australien befinden, schauen Sie darauf, wann Ihr laufendes Visum erlischt. Sie müssen Ihren Visaantrag dann vorher noch stellen.

Achtung: Sollten Sie schon ein Touristenvisum besitzen und Ihnen daraufhin ein anderes Visum zugesagt werden, so erlischt das erstere damit.
Schritt 3
Füllen Sie dieses Formular in Blockschrift aus. Heften Sie bei nicht genügend Platz ein zusätzliches, mit Datum und Unterschrift versehenes Blatt daran.
Schritt 4
Reichen Sie dieses Formular, die Pässe, und eventuelle Anlagen bei der zuständigen Botschaft ein und bezahlen Sie die Gebühr (Kreditkarte, Scheck, Überweisung oder Bargeld). Sie können persönlich dort vorsprechen oder alles hinschicken.

Nachträgliche Abweichungen bei den von Ihnen im Antrag gemachten Angaben geben Sie der Botschaft bitte so umgehend wie möglich bekannt.

1.4 Gebühren für Visumbearbeitung

Nichts ist kostenlos, das gilt auch für die Bearbeitung der Einwanderungsanträge. Das Merkblatt 990i gibt Ihnen genaue Auskunft über alle in Frage kommenden Gebühren, die von der Botschaft für die unterschiedlichsten Dienstleistungen verlangt werden. Wir haben daraus nun die für Sie wichtigen Gebühren nachfolgend dargestellt. Alle Angaben in A$. Stand: Juli 2002

Beachten Sie bitte, dass diese Gebühren ständigen Veränderungen unterworfen sind.

Bitte also, wenn möglich, im Internet die website *www.immi.gov.au* aufsuchen, dann zuerst »migration«, danach »forms catalogue« und dann »990i« anklicken. Achtung: Der forms catalogue wird mit dem Programm »Acrobat Reader« geladen, das zuvor aktiviert werden muss (in dem erscheinenden Fenster bitte nicht »speichern« anklicken, sondern »öffnen«!)

Temporary Visa (zeitlich begrenzter Aufenthalt)
als Touristen/Besucher:
vom Heimatland aus:

Familienbesucher mit Bürgschaft	65
Kurzaufenthalt bis 3 Monate	65
Langaufenthalt bis 1 Jahr	65
Antrag per Internet (ETA)	kostenlos
von Australien aus:	
Kurzaufenthalt, s.o.	160
Langaufenthalt, s.o.	190

Für Zwecke medizinischer Behandlung
vom Heimatland aus:

gültig für Aufenthalt bis 3 Monate und Reisen bis 1 Jahr	kostenlos
gültig für Aufenthalt von mehr als 3 Monaten und/oder	
für Reisen von mehr als 1 Jahr	40
von Australien aus:	160

Temporary business entry

short stay (bis zu 3 Mon.), vom Heimatland aus	65
short stay, Geschäftsvisum mit Bürgschaft	65
long validity (lange Gültigkeit) mit ETA	65
long stay (3 Mon. bis 4 Jahre)	160

Temporary residence
Aufenthalte aus kulturellen und sozialen Gründen
wenn die Anforderungen der subclass 411 erfüllt sind

vom Heimatland aus	kostenlos
dsgl. von Australien aus	160
wenn die Anforderungen der subclass 416 erfüllt sind	
– Sonderprogramm	160
wenn Anforderungen unter speziellen Vereinbarungen	
erfüllt sind	kostenlos
vom Heimatland aus:	
11 oder mehr Anträge, zusammen eingereicht	1610
weniger als 11 Anträge, pro Antrag	160
Hausangestellte, Ausgebürgerte, Familienangehörige	160
Ruheständler, unterstützte Abhängige	160
zu Ausbildungszwecken	160
Arbeiten im Urlaub (working hoilday)	160
Praktischer Arzt	160
Sportler, Unterhaltungskünstler	160
Beabsichtigte Heirat, temporäres Visum	1175
Studenten	
vom Heimatland aus, in anerkannten Austauschprogrammen	kostenlos
vom Heimatland aus, in anderen Fällen	315
von Australien aus, in anerkannten Programmen	kostenlos
Arbeitserlaubnis	55
Erlaubnis, die (Aus)bildungsinstitution zu wechseln	30
dsgl., wenn die gewählte Institution keinen Ausbildungskurs	
bereithält	kostenlos
andere Fälle	315

Überbrückungsvisa

bridging visa A,C,D,E	kostenlos
bridging visa B	65

Zeitlich begrenzter Aufenthalt (nicht geschäftlich)
mit Bürgschaft

weniger als 11 Anträge, pro Antrag	235
11 oder mehr Anträge, zusammen eingereicht	2330

Antrag auf Nachweis des dauernden Aufenthaltes	70
Antrag auf eine APEC Business Travel Card	150

Rückkehrdokumente für dauernd in Australien
lebende Personen

von Australien aus	120
von außerhalb	120

Permanent Visa (Daueraufenthalt)
Einwanderung – Aufenthaltserlaubnis in Australien:

• Komplette Antragsunterlagen (booklets)	10

Alle Antragsteller für die Einwanderung (Dauervisum) müssen eine Antragsgebühr entrichten. Die erste Rate ist mit dem Einreichen des Antrags fällig. Bewerber in einigen Kategorien müssen später noch eine zweite Rate entrichten.

Die folgende Tabelle auf der gegenüberliegenden Seite gibt einen Überblick über die Antragsgebühren (von Ihrem Heimatland aus).

Von Australien aus eingereichte Anträge sind in der Mehrzahl um 600 A$ höher. In der Klasse *Prospective marriage, spouse* muss der zukünftige australische Ehepartner eine Gebühr von 570 A$ bzw. 720 A$ leisten. Bei *Pflegeperson* und *verwandter Waise* ist die Gebühr dieselbe wie von außerhalb. Die Kosten für die *Revision* (erneute Prüfung) eines abgelehnten Einwanderungsantrags betragen beim »Migration Review Tribunal (MRT)« 1400 A$.

1.5 Der Umzug nach Übersee

Wenn Sie nun zu den Glücklichen zählen, die das Einwanderungsvisum in Händen halten, kommt eine ganze Menge organisatorischer Arbeit auf Sie zu. Zunächst einmal müssen alle die Dinge geregelt werden, die Sie auch bei einem normalen Umzug regeln müssten.

Visaklasse	1. Rate	2. Rate	
Ehepartner, Verlobte, Kinder und gegenseitig Abhängige	1175 1175	keine 1050	(Gesundheitskosten)
Eltern(teile), Hinterbliebene, Verwandte Bejahrte Abhängige, Pflegepersonen	720	1050	(Gesundheitskosten)
Verwandter Waise	720	keine	
Fachkräfte, australiengefördert, sowie unabhängige Fachkräfte	1745	2485	(wenn Ehepartner/Kind über 18 Jahre alt ist und »less than functional English« hat)
Arbeitskräfteprogramm (Skill matching)	keine	2485	(wenn Ehepartner/Kind über 18 Jahre alt ist und »less than functional English« hat), regulär 1745 als 2. Rate
Nominierte Tätigkeit, RSMS u. Arbeitsabkommen	1175	4980	(wenn Antragsteller »less than functional English« hat), zusätzlich 2485 (wenn Ehepartner/Kind über 18 Jahre alt ist und »less than functional English« hat)
Geschäftsauswanderer	3385	4980	(wenn Antragsteller »less than functional English«hat), zusätzlich 2485 (wenn Ehepartner/Kind über 18 Jahre alt ist und »less than functional English« hat)
Besondere Talente, spezielle Eignungen	1175	2485	(wenn Antragsteller »less than functional English« hat), zusätzlich 2485 (wenn Ehepartner/Kind über 18 Jahre alt ist und »less than functional English« hat)

Container organisieren

Die einfachste Art, das Umzugsgut nach Übersee zu transportieren, ist heute der Container, wie er auch für alle möglichen anderen Güter Verwendung findet.

Holen Sie zunächst von mehreren Speditionsfirmen Angebote ein, um die Kosten – und die Leistungen! – miteinander vergleichen zu können. Es sei aber gleich gesagt, dass die Preise nicht so unterschiedlich sind. Legen Sie deshalb besonderen Wert auf den Service. Adressen von Speditionen, die nach Übersee transportieren, finden Sie im Kapitel »Adressen«.

Zu Ihrer Information gebe ich Ihnen an dieser Stelle ein aktuelles Angebot – vom Dezember 1994 – eines großen deutschen Unternehmens wieder, das Niederlassungen in vielen Ländern der Welt betreibt.

- 20-Fuß-Container (5,93 m lang, 2,36 m breit, 2,38 m hoch) = 2100 U$
- 40-Fuß-Container (12,07 m lang, sonst wie oben) = 4000 U$
- jeweils zuzüglich einer Umschlagsgebühr (THC) pro Container = 290 U$.

Dies sind die reinen Verschiffungskosten. Im Zielhafen angekommen, muss Ihr Container noch bis in Ihre zukünftige Wohnung transportiert werden. Diese Kosten sind je nach Entfernung unterschiedlich. Im allgemeinen wird der Weitertransport von der Spedition geregelt, so dass Sie selbst keine weitere Firma dafür anheuern müssen: Das ist der sogenannte Haus-zu-Haus-Service. Trotzdem ist eine genaue Vorabinformation für Sie wichtig!

Größere Firmen haben Niederlassungen in Australien, kleinere arbeiten oft mit Vertragsfirmen vor Ort zusammen.

Es kann vorkommen, dass ein Container vom australischen Zoll untersucht wird – das ist aber eher die Ausnahme. Die Verschiffung dauert vier Wochen. Denken Sie deshalb daran, dass Sie die ersten Wochen ohne Ihren Hausrat in Australien »überleben« müssen. Am günstigsten kann man diese Zeit überbrücken, wenn man über Bekannte mit etwas überschüssigem Wohnraum verfügt, ansonsten ist ein Hotelaufenthalt erforderlich. Für die weniger Betuchten können wir hier die sogenannten »Private Hotels« empfehlen, die in Standard und Preis unseren Privatpensionen vergleichbar sind – allerdings herrscht hier Selbstversorgung beim Essen (s. Kapitel »Auf sich selbst vertrauen«).

Alle mit dem Packen Ihres Umzugsgutes verbundenen wichtigen Details wie etwa das Ausfüllen von Formularen, Packlisten und dergleichen erfahren Sie von Ihrem Spediteur. Wann Ihr Container in Australien eintreffen wird, lassen Sie sich bitte rechtzeitig vorher von Ihrer Spedition mitteilen. An diesem Tag rufen Sie beim Marine Board (Hafenamt) an, ob das Schiff da ist und entladen wurde.

Dann erkundigen Sie sich nach bei der Schifffahrtsgesellschaft oder dem für Sie am Ort zuständigen Agenten Ihrer Spedition (Anschrift von Deutschland mitnehmen!), wo sich Ihr Container befindet und ob der Weitertransport bis zu Ihrem derzeitigen Wohnort wie vereinbart läuft.

Sollten Sie zu diesem Zeitpunkt nur übergangsweise untergebracht sein, müssen Sie für eine Zwischenlagerung des Containers sorgen. Ob Sie selbst zum Zollamt gehen müssen oder dies wieder von Ihrer Spedition übernommen werden kann, klären Sie vorher zu Hause ab.

Für den Fall, dass Sie es selbst tun müssen (kein Haus-zu-Haus-Service): Beim Zoll muss ein Zollantrag ausgefüllt werden. Gleichzeitig muss noch das Quarantäneamt verständigt werden, da die Quarantänefreigabe Voraussetzung für die Zollfreigabe ist. Manchmal machen diese Behörden auch eine Stichprobe.

Vergessen Sie Ihre Packliste nicht, wenn Sie zu diesen Ämtern gehen. Sie ist auch für Schadensfälle wichtig. Schäden sollten Sie auf jeden Fall fotografieren, besonders dann, wenn der Container auch äußerlich beschädigt ist. Alle Schäden sollten Sie in einem Protokoll für die Versicherung festhalten. Verständigen Sie so schnell wie möglich Ihre Spedition und beantragen Sie Schadensausgleich durch die Versicherung – Fotos beifügen!

Ansonsten bekommen Sie nun vom Zoll die Clearance (Freigabe), die Sie bei der Spedition vorlegen, um Ihren Container weitertransportieren zu lassen. Für die Kontrollen durch die Ämter sind nur geringe Gebühren fällig – wenn alles »okay« ist: Bei Beanstandungen fallen sie höher aus.

Was sollte man mitnehmen – was nicht?

Auch bei einem Umzug im Inland wirft man bekanntlich nicht weg, was man noch gebrauchen könnte. Genauso verhalten wir uns bei unserem Überseeumzug. Es lohnt sich wirklich, alle Gegenstände von hoher Qualität und persönlichem Wert mitzunehmen. Dazu zählen sicherlich an erster Stelle Ihre Möbel, aber auch Elektrogeräte und Werkzeug, Fernseher, Videorecorder, HiFi-Anlagen, Video- und Fotokameras, Bücher, Kleidung, Küchengeräte, Geschirr und Hobbyartikel. Es gibt in Australien zwar auch Qualität zu kaufen, die aber muss immer noch höher bezahlt werden als hier im Wirtschaftswunderland oder in unseren Nachbarländern. Das hängt mit langen Importwegen, mit Einfuhrkontingenten und der Größe der Firmen zusammen. Auch die vergleichsweise kleine Bevölkerungszahl spielt eine Rolle.

Erfreulich für Sie als Einwanderer ist, dass Sie fast alles, was auch in Ihrem Heimatland Ihr Eigentum war und was transportabel ist(!), zollfrei in Australien einführen dürfen.

Kleidung

Australien wird gemeinhin als ein warmes Land angesehen, zumal ein großer Teil des Kontinents den Subtropen und den Tropen zugeordnet werden muss. Dennoch sollten Sie nicht den Irrtum begehen, nur leichte Kleidung mitzunehmen. Große Teile des Landes wie der Süden und die Gebiete westlich der »Great Dividing Range« (Großes Wasserscheidengebirge) weisen ausgesprochen kühle bis kalte Perioden und auch große Tag- und Nachtunterschiede auf. Lesen Sie hierzu mehr im Kapitel »Landeskundlicher Überblick«. Nehmen Sie also einfach alles an Kleidung mit, was Ihnen noch gefällt und tragenswert erscheint.

Die Mode wird übrigens in Australien nicht so streng befolgt wie hierzulande. Sie fallen mit »älteren Modellen« im Alltag und auf der Straße nicht unangenehm auf und gelten auch nicht als verarmt oder vielleicht hinterwäldlerisch. Auch hier zeigt sich die großzügige und saloppe Art der Australier von einer Seite, die Ihnen sicher gefallen wird. Dies gilt natürlich auch für andere Konsumgüter wie Autos und dergleichen mehr.

Im Geschäftsleben und in den Büros herrscht eine korrekte Kleidung vor, so wie es bei uns auch üblich ist. Achten Sie mal bei Ihrem Besuch in »down under« auf die durchaus schicken kurzen Anzughosen, die im Sommer vom männlichen Büropersonal zu weißem Hemd und Krawatte getragen werden: Ein für unsere Begriffe ungewohntes – aber durchaus gepflegtes Erscheinungsbild!

Es kann Ihnen auch passieren, dass Sie an einem sonnigen Winternachmittag auf einer Straße gleichzeitig Menschen in Strickjacken, Mänteln oder kurzen Hosen antreffen. Hier gibt es kein Gebot: »Das macht man nicht...«

Haushaltsgeräte und Elektromaschinen

Bei Haushalts- und Küchengeräten sowie allen Elektrowerkzeugen haben Sie keine Probleme, denn die Netzspannung beträgt in Australien einheitlich 240 Volt (50 Hz) – in Deutschland liegt sie jetzt bei 230 Volt (50 Hz). Der kleine Unterschied von 10 Volt kann vernachlässigt werden. Allerdings haben die Geräte andere Stecker für andersartige Steckdosen. Statt der beiden Rundstifte, die bei uns üblich sind, sind in Australien zwei schräg zueinander stehende Flachstifte gebräuchlich, manchmal noch mit einem dritten Stift in der Mitte. Für Reiseaufenthalte gibt es zu Hause und auch in Australien Adapter. Wenn Sie sich in Australien niedergelassen haben, müssen Sie halt alle Stecker umrüsten oder dies durch einen Elektriker besorgen lassen. Eine einmalige, nicht so aufwendige Sache, die sich auf jeden Fall lohnt.

Fernseher, Video, Radio, Phono, Foto, Computer
Da in Australien ebenfalls das 625-Zeilen-PAL-System verwendet wird, ist das Mitbringen eines Fernsehgerätes grundsätzlich kein Problem, jedoch wird dort eine andere Ton-Zwischenfrequenz verwendet. Moderne Geräte verfügen über internationale Mehrfachsysteme. Fragen Sie Ihren Fernsehfachmann danach.

Auch alle Videorecorder (auch hier wegen internationaler Normung fragen), Videokameras, Radios, Kassettenrecorder, Plattenspieler und CD-Player sind in Australien verwendbar – »no problem«. Zum Glück gibt es seit einer Reihe von Jahren Normungen, die weltweit gelten. An diesen Geräten sind nur wieder die Steckeränderungen notwendig.

Fotoausrüstungen sind ebenso ohne Einschränkungen Artikel, die Sie in Australien weiterbenutzen können.

Computer, Schreibmaschinen, Faxgeräte und sonstige persönliche Büroausrüstung sind kein Problem.

Und wenn Sie an Ihren Hobbydingen so hängen, dass Sie sie mitnehmen wollen, dann nehmen Sie getrost auch Ihre elektrische Eisenbahn, Ihr funkferngesteuertes Schiff oder Flugmodell oder Ihre Amateurfunkausrüstung mit. Für letztere müssen Sie allerdings eine neue Lizenz beantragen.

Fahrzeuge
Einen PKW führen Sie lieber nicht nach Australien ein, denn dort müssten Sie ihn früher oder später auf Rechtssteuerung umbauen lassen, und so etwas ist nicht billig. Verkaufen Sie Ihr Fahrzeug deshalb lieber vorher und suchen sich einen passenden neuen oder gebrauchten Wagen in Australien aus. Dann haben Sie auch die Gewähr, dass er den dortigen Sicherheits- und Vorschriftenstandards genügt.

Der eigene Drahtesel ist manchem von uns ans Herz gewachsen und so liebgeworden, dass wir ihn auch mit nach Australien nehmen wollen. Genauso gut kann das ein Motorrad sein, von dem wir uns nicht trennen können. Wer also sein Radl oder seine Harley mitnehmen möchte, dem sei nur gesagt: Hierfür brauchen Sie eine feste Lattenkiste oder ein anderes entsprechendes Behältnis. Fragen Sie nach den Tarifen für die Verschiffung bei Ihrem Spediteur an.

Tipp: Ein oder zwei Fahrräder stören auch in einem Überseecontainer nicht, wenn sie richtig verpackt und befestigt sind.

PKW-Anhänger

Wer auf sein fahrbares Wohnzimmer auch in Australien nicht verzichten möchte, kann seinen Wohnwagen selbstverständlich zollfrei einführen. Dasselbe gilt für Waren- und Bootsanhänger. Allerdings müssen alle Arten von Anhängern mindestens 15 Monate lang schon in Ihrem Besitz und Gebrauch gewesen sein.

Diese werden – wie eingeführte PKW und Motorräder auch – bei der Ankunft vom Quarantänebeamten inspiziert und manchmal einer Dampfreinigung(!) unterzogen, falls pflanzliche Reste oder Erde an ihnen haften. Dies kostet aber nichts. Sie sollten trotzdem – der Einfachheit halber – die Reifen der Fahrzeuge schon zu Hause reinigen.

Mit dieser Maßnahme soll das Einschleppen von Mikroben, Pilzen, Viren und Bakterien verhindert werden, die Australien um weitere Krankheiten bereichern könnten: Hierin sind die Australier pingelig – wie Sie auch an der symbolischen »Desinfektion« des Flugzeuginneren erkennen werden, die im Laufe des Hinfluges vorgenommen wird.

Sportboote

Es liegt geradezu auf der Hand, in das wassersportfreundliche Australien ein Boot mitzunehmen, sei es nun ein Segel- oder ein Motorboot. Allerdings müssen Sie als Einwanderer die Bestimmungen dafür beachten.

Die zollfreie Regelung gilt – wie bei den Anhängern auch –, wenn Sie für Ihre Familie nur ein Boot einführen und folgende Einschränkungen beachten.

Für **Segelboote** gilt:
Maximalgewicht 1 Tonne, bis 2,5 m Breite, kein Hilfsmotor, kein tiefreichender Kiel.

Für **Motorboote** gilt:
Eigengewicht bis 1250 kg, Länge bis 7 m, Breite bis 2,5 m.

Sie müssen zudem garantieren, dass das Boot mindestens zwei Jahre lang in Ihrem Besitz verbleibt, und zu diesem Zwecke eine Kaution in Höhe der normalerweise fälligen Zollgebühren hinterlegen – nach diesem Zeitraum bekommen Sie Ihre Kaution zurück. Also handeln Sie nicht mit eingeführten Booten!

Sollten Sie größere Boote – Schiffe! – einführen wollen, dann werden Sie zoll- und umsatzsteuerpflichtig.

Wasserfahrzeuge, an denen Erde oder Pflanzenreste (Algen) haften, müssen Sie auf eigene Kosten reinigen lassen – abweichend von der oben angeführten Regelung für Anhänger.

Haustiere

Hunde und Katzen dürfen grundsätzlich nicht mit nach Australien gebracht werden – es sei denn, sie hätten seit ihrer Geburt oder mindestens sechs Monate zuvor in Fidschi, Großbritannien, Hawaii, Neuseeland oder Papua-Neuguinea gelebt. Auch dürfen sie in dieser Zeit nicht in Quarantänekäfigen gehalten worden sein. Für diese Länder benötigen Sie, außer von Neuseeland aus, noch eine zusätzliche Bewilligung.

Richten Sie Ihre Anfragen zur Einfuhr von Hund oder Katze aus Europa aber dennoch vorsorglich an Ihre Einwanderungsabteilung oder an folgende Stelle:

Counseller (Veterinary Services)
Australian Embassy,
51/52 Avenue des Arts,
1040 Brüssel, Belgien.

Sollten Sie für Ihren Liebling ausnahmsweise doch eine Einwanderungserlaubnis bekommen haben, dann denken Sie an die Bestellung einer Tierbox für den Transport im Flugzeug. Die Kosten erfragen Sie bitte in Ihrem Reisebüro: Sie dürften einige hundert Euro betragen – für Ticket plus Box.

Notwendiger Papierkram – letzte Vorbereitungen

Sie sind gut beraten, wenn Sie dieses Kapitel so früh wie möglich durcharbeiten, denn vieles an der Organisation ist an Fristen und Wartezeiten gebunden.

Zunächst denken Sie bitte rechtzeitig an die Kündigung Ihrer Arbeitsstelle – oder Sie vereinbaren eine Regelung, die Ihnen eine eventuelle Rückkehr in Ihre alte Position ermöglicht: Das wäre im Falle einer Rückwanderung sehr wertvoll für Sie und Ihre Familie.

Ein nächster wichtiger Schritt ist die Feststellung Ihres Rentenanspruchs durch die Bundesversicherungsanstalt für Angestellte in Berlin – dies gilt natürlich nur für deutsche Auswanderer! In allen größeren Städten finden Sie Vertretungen der BfA: Die Bescheinigung über die Höhe Ihres aufgelaufenen Anspruchs ist später für Sie in Australien wichtig.

Denken Sie rechtzeitig an die Kündigung Ihrer privaten Krankenversicherung, falls vorhanden. Hier sind meist mehrmonatige bis jährliche Fristen einzuhalten. Falls dies wegen der Ungewissheit über Ihre Einwanderungserlaubnis Probleme macht, einigen Sie sich mit Ihrer Versicherung über ein »gentleman agreement«, das Ihnen im Hinblick auf Ihre Auswanderung kurzfristigeres Ausscheiden ermöglicht.

Wohnen Sie in einer Mietwohnung, so denken Sie auch hier an die rechtzeitige Kündigung. Bisher gilt bei normalen Verträgen ohne festgelegte Mietlaufzeit: Bis fünf Jahre Wohnzeit vierteljährliche, fünf bis zehn Jahre Wohnzeit halbjährliche Kündigungsfrist: Prüfen Sie Ihren Mietvertrag daraufhin genau. Verlangen Sie auch die von Ihnen eventuell gezahlte Mietkaution zurück.

Haben Sie dagegen ein eigenes Haus, dann wägen Sie rechtzeitig ab, ob Sie es behalten und vermieten wollen, oder ob Sie es besser verkaufen sollten. Vor- und Nachteile gibt es bei beiden Lösungen: Bei Vermietung auf Zeit würden Sie bei einer Rückkehr wieder über das Haus verfügen, an das Sie gewohnt waren. Dafür bekommen Sie aber eventuell einen Mieter, der Ihr Haus »in Grund und Boden wohnt«, so dass Sie es hinterher nicht mehr wiedererkennen werden. Damit muss man rechnen. Der Verkauf würde diese Brücke zwar abbrechen, bewahrte Sie jedoch vor unliebsamen Mietern und versähe Sie wahrscheinlich mit beträchtlichem Eigenkapital, das Sie für einen Hauskauf in Australien gebrauchen könnten.

Während die Aufrechterhaltung eines Girokontos mit laufenden Gebühren verbunden ist, ist das bei einem Sparkonto (Sparbuch) nicht der Fall. Lassen Sie also Ihr Sparkonto bei der Bank bestehen und verwenden Sie es für Zahlungen, die auch nach Ihrer Auswanderung noch fällig werden, oder zum Einkauf deutscher Waren, die Sie sich nach Australien schicken lassen oder durch Freunde oder Verwandte mitbringen lassen wollen.

Auch Daueraufträge müssen rechtzeitig gekündigt werden.

Vergessen Sie nicht, der Post einen Nachsendeauftrag für alle später noch eintreffenden Sendungen an Sie zu geben – er gilt für sechs Monate. Dennoch sollten Sie alle für Sie in Frage kommenden Stellen und Personen rechtzeitig mit Ihrer neuen Anschrift versehen.

Ein detaillierte Packliste für Ihren persönlichen Gebrauch erleichtert Ihnen beim Auspacken und Einräumen die Arbeit. Kartons und Verpackungen sollten Sie von außen markieren und diese Markierungen für Ihre Liste benutzen. Für den Zoll benötigen Sie noch eine »packing list« in englischer Sprache, worüber Sie Ihr Spediteur informiert.

Denken Sie daran, sich beim Einwohnermeldeamt abzumelden, eventuell aber eine deutsche Ersatzadresse anzugeben, um Vorteile bei einer eventuellen Rückwanderung zu haben. Erfragen Sie hierzu Details bei den Behörden.

Ihre Flugtickets sollten Sie so früh wie möglich bestellen und mit dem Spediteur absprechen, wann für Sie der beste Abreisezeitpunkt sein wird – bezogen auf die Abholung Ihres Umzugscontainers.

Kaufen Sie entweder »one way tickets« oder – falls Verkauf der Rückreise an andere Personen möglich und empfehlenswert – »return tickets«. Erkundigen Sie sich darüber bei Ihrem Reisebüro.

Die Abmeldung der Tageszeitung, des Telefons, der Radio- und Fernsehgenehmigung sowie die Ablesung und Abmeldung von Strom, Gas und Wasser sei hier nur der Vollständigkeit halber erwähnt.

Ihre Kinder müssen Sie ebenfalls von der Schule abmelden, falls das für Sie zutrifft.

Es kann auf keinen Fall schaden, wenn Sie von allen mitgenommenen Dokumenten und Papieren Fotokopien anfertigen, die Sie an getrennter Stelle aufbewahren. So könnten Sie für den Verlustfall gesichert sein. All diese Dokumente kommen ins Handgepäck oder in den Koffer für das Flugzeug.

1.6 Wissenswertes über Zoll und Quarantäne

All denjenigen, die es ganz ausführlich lieben, empfehle ich die Broschüre »Australische Zollinformationen«, die Sie bei der Einwanderungsbehörde oder der australischen Zollbehörde in Europa bekommen:

The Australian Customs Representative
Canberra House, Maltravers Street off Arrundel Street, Strand
London WC2
U.K.

Das Wichtigste daraus soll hier jedoch angesprochen werden. Wie schon weiter oben erwähnt, dürfen Sie fast alles aus Ihrem Besitz nach Australien mitbringen, ohne Zoll dafür bezahlen zu müssen. Um den Zollbeamten die Übersicht zu erleichtern – und zu Ihrem eigenen Vorteil –, machen Sie bitte von allen Dingen, die Sie bei sich haben, und auch vom Umzugsgut, das sich im Container befindet, eine Packliste in Englisch – natürlich mit mehreren Kopien. Führen Sie darin nicht jeden einzelnen Gegenstand auf, sondern ordnen sie die Dinge nach Sammelbegriffen wie Unterwäsche, Bettwäsche, Geschirr, Werkzeug und dergleichen mit Mengenangaben, bei geringen Mengen mit genauer, bei größeren mit abgerundeter Stückzahl. Beim Zoll anzugeben sind:

- jegliche Kleidungsstücke aus Pelzen,
- alle Arten explosiver Schusswaffen und Munition,
- auch alle anderen gefährlichen Waffen,
- Betäubungsmittel, Halluzinationen hervorrufende Amphetamine und Barbiturate,
- persönliche Gepäckstücke, die vorweg- oder nachgesendet werden,
- Reitausrüstungen,
- Möbel und Haushaltsgegenstände,
- Waren, die für kommerzielle Zwecke bestimmt sind,
- Waren, die anderen Personen gehören als Ihrer Familie,
- alle Waren, die der Quarantäne unterliegen,
- zollpflichtige Waren und zollfreie Waren in Übermengen.

Berufsmäßiger Kontakt zu Tieren und Fleischwaren

Dem Zoll angeben müssen Sie auch, wenn Sie in den zurückliegenden drei Monaten in der Fleischverarbeitung oder auf einem Bauernhof tätig waren oder sonstwie mit Tieren aus der Viehhaltung in Kontakt waren, zum Beispiel in Hähnchenmästereien, Geflügelfarmen, Schweine- oder Rinderhaltung, Schlachtereien, in der Fleischverpackung, im Schlachthof oder dergleichen.

Verbotene Einfuhr

Wegen der Gefahr des Einschleppens neuer Krankheiten besteht zunächst ein grundsätzliches Importverbot für folgende Dinge:
- Katzen, Hunde, Kleintiere anderer Art,
- Vögel und deren Produkte,
- Fische, andere Wassertiere und Wasserpflanzen,
- Mikroorganismen, Zellkulturen, Tiersamen und -eier,
- Pflanzensaat, Stecklinge, Knollen, Blumenzwiebeln,
- Molkereiprodukte,
- Obst und Gemüse (im Rohzustand),
- andere Lebensmittel aus dem Flugzeug oder dem Schiff.

Wer dennoch einige Dinge aus dieser Liste einführen will, muss vor seiner Einreise bei den Quarantänebehörden anfragen und um eine Ausnahmegenehmigung ersuchen.Folgende Dinge können zwar eingeführt, müssen aber beim Zoll deklariert werden:
- Babynahrung,
- Gegenstände aus Bambus und Zuckerrohr,
- Blumensamen,
- Felle und Lederartikel,

- Gegenstände aus Holz,
- Nüsse,
- Trophäen und
- sogenanntes heiliges Wasser (aus religiösen Gründen).

Für gefährliche Schlag- und Stichwaffen und Rauschdrogen aller Art existiert ein generelles Einfuhrverbot.

Tipp: Achtung, auf Drogenimport steht lebenslange Haft!

Garten- und Blumenliebhaber sollten beachten: Auch so harmlose Dinge wie Muttererde, Heu und Stroh dürfen nicht eingeführt werden. Ebenso Obst- und Gemüsekisten, die zu Verpackung verwendet werden könnten.

Achten Sie beim Einpacken Ihrer Habe darauf, dass Sie kein Heu oder Stroh zum Auspolstern verwenden! Holzwolle und Sägespäne dagegen sind erlaubt.

Wer gegen die Quarantänevorschriften verstößt, muss mit einer Strafe von bis zu 50 000 A$ und/oder zehn Jahren Haft rechnen!

Schusswaffen

Schußwaffen dürfen logischerweise nicht im Passagierraum Ihres Flugzeugs transportiert werden. Sie können nur nach vorheriger polizeilicher Genehmigung eingeführt werden und müssen einen Test bestehen. Ihr Besitz und Gebrauch unterliegen in allen australischen Bundesstaaten staatlicher Kontrolle.

Jagdtrophäen und Trommeln

Alle Arten von präparierten oder ausgestopften Tieren bedürfen der Genehmigung der Zollbehörden. Dazu zählen auch Gegenstände, die aus Tierhaut oder anderen tierischen Körperteilen verfertigt wurden, aber auch solche, bei deren Herstellung Pflanzenteile verwendet wurden.

Fellbespannte Trommeln (nicht solche mit nackter Tierhaut) müssen nachweislich mindestens fünf Jahre alt und ebenso lange in Ihrem Besitz sein, wenn Sie sie einführen wollen.

Möbel und Hausrat

Auch Möbel, Geschirr, Bestecke, Bettwäsche unterliegen den Quarantänevorschriften und können überprüft werden, da diese Dinge mit Stoffen pflanzlicher oder tierischer Herkunft in Kontakt waren oder daraus bestehen. Eventuell müssen auch Truhen oder Holzkisten desinfiziert werden, bevor man sie nach Australien hineinlässt.

Sie ersehen daraus: Die australischen Zoll- und Quarantänebehörden behalten sich eine Vielzahl von Kontrollen vor, um keine zusätzlichen Krankheitserreger ins Land zu lassen, da sie dort großen Schaden anrichten könnten. Wie es heißt, ist Australien bis heute frei von der Maul- und Klauenseuche.

Bleibt noch darauf hinzuweisen, dass pro Person kleine Mengen von Tabakwaren und Alkoholika zollfrei eingeführt werden können. Dies dürfte aber für Sie als Einwanderer nicht von Belang sein.

1.7 Als Student in Übersee: Studienaufenthalt in Australien

Grundfragen

Bei diesem Thema handelt es sich natürlich nicht um eine echte Auswanderung, sondern um einen temporären Aufenthalt zu einem bestimmten Zweck. Dennoch erschien es uns angeraten, im Rahmen dieses Buches grundlegende Informationen und Tipps für Auslandsstudenten zu geben, da sich immer wieder eine ganze Reihe von Studenten für ein Auslandsstudium interessiert. In Gesprächen wird dann deutlich, dass hier oft entscheidende Informationen fehlen, die wir den Interessierten in diesem Buch deswegen vermitteln wollen.

Die wichtigsten Fragen, die Sie sich als Student stellen und beantworten müssen, bevor Sie sich entscheiden, ein oder mehrere Semester an einer australischen Hochschule zu studieren, sind:

1. Wird meine Zugangsqualifikation zu einer deutschen Hochschule auch von einer australischen Hochschule akzeptiert?
2. An welcher australischen Hochschule möchte bzw. kann ich studieren?
3. Werden dort die für mich geeigneten Kurse angeboten?
4. Sind meine derzeitigen Englischkenntnisse ausreichend, um dort erfolgreich zu sein?
5. Wie finanziere ich das Auslandsstudium?

Sowohl die australische Botschaft in Berlin als auch deutsche Hochschulen, die mit australischen Hochschulen Austauschprogramme durchführen, können hilfreiche Informationen vermitteln, ebenso in vielen Fällen die akademischen Auslandsämter der deutschen Hochschulen.

Beim »Education Information Service« der australischen Botschaft gibt es eine Bibliothek der australischen Hochschulen mit Handbüchern und anderen wichtigen Unterlagen, die man zu den Öffnungszeiten durchstöbern kann.

Detaillierte Auskünfte zu allen Fragen erhalten Sie bei:
Australian Embassy
Education Information Service
Philip Johnson House, 6th Floor
Friedrichstr. 200
D-10117 Berlin
Tel: 030 8800880
Fax: 030 880088351

Deutscher Akademischer Austauschdienst (DAAD)
Referat 214
Kennedyallee 50
D-53175 Bonn
Tel: 0228 882-441 (nur vormittags)
E-Mail: auslandsstudium@daad.de
Homepage: www.daad.de
Weitere Adressen finden Sie im Anhang.

Um gleich auf die Frage 1 zurückzukommen, kann gesagt werden, dass das deutsche Zeugnis der Hochschulreife, die österreichische Reifeprüfung und die schweizerische Maturität in Australien zu einem Hochschulstudium berechtigen. Andere Sekundarschulabschlüsse müssen als Zugangsberechtigung jeweils mit der betreffenden australischen Hochschule abgeklärt werden.

Ganz allgemein sollten Sie sich so früh wie möglich mit der Hochschule Ihrer Wahl in Verbindung setzen (siehe Adressen im Anhang), um hierüber und über andere Fragen Auskunft einzuholen.

Studentenvisa
Studentenvisa werden vom DIMIA für Vollzeitstudiengänge gewährt, die mehr als drei Monate dauern. Dabei spielt es prinzipiell keine Rolle, ob man an einer Hochschule oder einer anderen Bildungseinrichtung eine Ausbildung machen möchte. Der Ausdruck »study« ist also hier verglichen mit dem deutschen Sprachgebrauch nicht so wörtlich zu nehmen.

Dieses Visum kann auch verlängert werden, wenn weiterstudiert werden soll. Dazu ist eine Erlaubnis der nächstgelegenen DIMIA-Stelle in Australien einzuholen. Dasselbe gilt auch für einen Wechsel der Bildungsinstitution bzw. des Studienortes.

Ist das Studium beendet, so hat das Studentenvisum keine Gültigkeit mehr. Um sich anschließend in Australien niederzulassen, müsste dann ein Überbrückungsvisum (bridging visa) beantragt werden, währenddessen man einen Antrag auf Daueraufenthalt stellen kann.

Zur Erlangung aller wichtigen Informationen für den Visumsantrag empfehlen wir zunächst die Lektüre des *Merkblatts 1160i – »Applying for a student visa«, PDF-Datei*. Die Gebühr dafür beträgt zur Zeit 205 Euro.

Das DIMIA weist gleichzeitig auf eine Länderliste (»Country Assessment Level Table«, PDF-Datei) hin, auf der jedem Land für jede der sieben Studentenvisa-subclasses eine bestimmte Punktezahl zugeordnet wird. Dies dient dazu, den Bildungsstandard und damit die Eignung von Studenten aus den unterschiedlichsten Ländern im Vorhinein generell einzuschätzen.

Für jede subclass gibt es ein eigenes booklet:
- 1168 AusAID or Defence Sponsored
- 1173 Independent ELICOS (English Language Intensive Course for Overseas Students)
- 1174 Schools
- 1175 Vocational Education and Training
- 1176 Higher Education
- 1177 Masters and Doctorate
- 1178 Non-award Foundation Studies / Other

Der Deutsche Akademische Austauschdienst weist darauf hin, dass ein Studentenvisum eine Arbeitserlaubnis von bis zu 20 Wochenstunden beinhaltet.

Dem Visumsantrag sind beizufügen:
- eine Bestätigung der australischen Hochschule, dass Sie dort ab (Datum) eingeschrieben sind (Provider Code, Course Code und duration of enrolment sollten darin enthalten sein.)
- Bescheinigungen über (vertragsärztliche) Untersuchung(en): bei 3 bis 6 Mon. eine Röntgenuntersuchung, bei 6 bis 12 Mon. zusätzlich eine allgemeine Untersuchung
- Nachweis hinreichender Geldmittel für die Zeit des Aufenthaltes (eigene Bankbürgschaft oder regelmäßiges Einkommen der Eltern oder BAföG oder Stipendium), zusätzlich die elterliche Garantie, für alle Kosten aufzukommen
- ein gültiger Reisepass
- bei Aufenthalt von mehr als 12 Monaten ein polizeiliches Führungszeugnis

Die erforderliche Antragsgebühr für das Visum ist mit der Antragstellung fällig und nicht rückerstattungsfähig.

Diejenigen, die ein Praktikum in Australien ableisten wollen, müssen mit teilweise gleichen Aufnahmeanforderungen rechnen wie reguläre Studenten. Eine schriftliche Zusage der Praktikumsstelle ist vorzulegen. Das zuständige DIMIA in Australien genehmigt auf Antrag des Praktikumsgebers (Formular 913, Nomination for Occupational Training). Liegt diese Genehmigung in Deutschland (Österreich, Schweiz) vor, kann auch die australische Botschaft in Berlin zustimmen.

Förderung und Studentenaustausch

Der DAAD weist auf seine jährlich neu erscheinende Broschüre »Studium, Forschung, Lehre im Ausland – Förderungsmöglichkeiten für Deutsche« hin, die jährlich aktualisiert wird. Auch bei der »Stipendiendatenbank des DAAD« (unter *www.daad.de* erreichbar) gibt es weitergehende Informationen.

In bestimmten Fällen gibt es sogar im Rahmen des BAföG eine Studienförderung für Auslandsstudiengänge. Auch für manche Praktika kann Förderung beantragt werden.

Das Besorgen eines Praktikumsplatzes allerdings ist Sache des Interessierten, z.B. über die gelben Seiten der australischen Telefonbücher, Kontakte zu deutsch-australischen Firmen oder die Deutsch-australische Handelskammer (siehe Adressenliste).

Für Studenten der Betriebs- oder Volkswirtschaft ergibt sich die Möglichkeit, ein Ferienpraktikum von zwei bis drei Monaten Dauer abzuleisten. Anfragen dazu richten Interessierte bitte an »Deutsches Komitee der AIESEC e.V.« (über *www.daad.de* oder auch über die eigene Hochschule).

Studenten technischer und naturwissenschaftlicher Studiengänge können Fragen nach einem Praktikumsplatz an das »Deutsche Komitee der IAESTE« (über *www.daad.de* oder die akademischen Auslandsämter oder örtlichen Komitees von IAESTE) richten.

Studenten der Medizin nach dem dritten klinischen Semester und der sechswöchigen Famulatur können als Famulus an einem australischen Krankenhaus tätig werden. Anfragen an »Deutscher Famulantenaustausch (DFA)« (über *www.daad.de*) oder den Fachbereich Medizin der jeweiligen Hochschule.

Wissenschaftler sowie Fremdsprachenassistenten werden über den »Pädagogischen Austauschdienst« vermittelt. Wer das erste Staatsexamen in Anglistik absolviert hat, Studienreferendar oder -assessor ist, kann als Fremdsprachenassistent an einer australischen Hochschule arbeiten.

Für Realschul- und Gymnasiallehrer mit dem Fach Englisch ergibt sich die Möglichkeit eines Lehreraustausches.

Seit 1993 existiert ein deutsch-australisches Abkommen über Studentenaustausch, welches die gegenseitige Anerkennung von Zugangsbedingungen, akademischen Graduierungen und Studiengebühren regelt. Damit gibt es eine Kooperation von einer Reihe deutscher und australischer Universitäten auf dem Boden gemeinsamer Austauschprogramme.

Daraus ergibt sich für die daran interessierten Studenten eine Vereinfachung und oft auch Studiengebührenfreiheit. Die akademischen Auslandsämter und einzelnen Fachbereiche können dem Interessierten über bestehende deutsch-australische Hochschulpartnerschaften Auskunft geben. Siehe dazu den »Hochschulkompass« (*www.daad.de*)

Sprachkenntnisse
Eine wichtige Voraussetzung für ein erfolgreiches Studium in Australien ist vor allem Ihre Kenntnis des Englischen im passiven und im aktiven Gebrauch. In der Regel hat man als Mitteleuropäer im Englischen keinen so hohen Qualifikationsstand, dass man damit in Australien und noch dazu an einer Hochschule zurechtkäme.

Dafür aber gibt es in Europa Trainingsprogramme, die zu bestimmten – in Australien anerkannten – Abschlüssen führen. Das eine nennt sich TOEFL (Test of English as Foreign Language), das andere IELTS (International English Language Testing Service). Man kann auch in Australien an einem Sprachkurs teilnehmen. Unter den Bezeichnungen ELICOS und ULCA haben sich Institute zusammengeschlossen, die Trainingskurse anbieten. Ein zehnwöchiger Kurs kostet etwa 2000 bis 3000 A$.

Informationen zum TOEFL erhalten Sie bei:
CITO
P.O. Box 1203
NL-6801 BE Arnhem
Tel. +31 2635 21480
E-Mail: registration@cito.nl

und zum IELTS bei:
IELTS Administrator
The British Council
Teaching Centre
Hackescher Markt 1
10178 Berlin
Tel: 030 311099-31
Fax: 030 311099-33

IELTS-Test-Zentren gibt es in Berlin, Bremen, Köln, Hamburg, München und Saarbrücken. (Adressen unter www.ielts.org)

Krankenversicherung

Kranksein kostet Geld, deshalb beachten Sie bitte: Im Unterschied zum Studenten müssen Sie als Praktikant selbst für eine Auslandskrankenversicherung sorgen. Reguläre Studenten nehmen automatisch am OSHC-Programm teil – OSHC bedeutet »Overseas Student Health Cover«: Das Programm wird durch die »Medibank Private« organisiert und sichert Ihre medizinische Grundversorgung ab. Schon mit einem vierteljährlichen Beitrag von z.Zt. ca. 80 A$ ist diese abgedeckt.

Für Zahnbehandlungen(!) müssen Studenten eine Zusatzversicherung abschließen, wenn sie nicht bar bezahlen wollen oder können.

Die Kosten für OSHC liegen derzeit zwischen 63 A$ (bis 3 Monate) und 231 A$ (9 bis 12 Monate).

Wohnen und Leben

Zu den Mietkosten kann gesagt werden, dass sie denen bei uns in etwa vergleichbar sind. Die Anmeldung für das Wohnen in Studentenwohnheimen (mit Verpflegung oder Küchenbenutzung) sollten Sie so früh wie möglich vornehmen. Hierfür ist jedoch ein Vollzeitstudium Voraussetzung. Hier muss man mit Kosten von 100 bis 160 A$ pro Woche rechnen.

In Gästehäusern (boarding houses oder private hotels) kann man ebenfalls preiswert mit oder ohne Verpflegung wohnen. Private, möblierte Studentenzimmer (full board/home stay) kosten ca. 180 bis 250 A$ pro Woche, Verpflegung inklusive. Auch der örtliche Studienberater (Student Counsellor) kann hier helfen. Ansonsten schaue man unter »accomodation vacant« oder »to let« in die Tageszeitungen.

Die eigenen Lebenshaltungskosten (ohne Miete) können etwa 1000 bis 1200 A$ im Monat erreichen, je nach persönlichem Lebensstil auch mehr.

Studiengebühren

Auch an australischen Hochschulen werden Studiengebühren verlangt, und zwar nicht zu knapp! Sie liegen überwiegend im Bereich von 15 000 bis 20 000 A$ pro Jahr und werden meist semesterweise im voraus erhoben. Medizinstudiengänge sind meist noch teurer, und naturwissenschaftliche Studiengänge sind – wohl auch wegen der kostspieligen Geräte und Materialien – teurer als geisteswissenschaftliche.

Die Anschriften von australischen Hochschulen finden Sie im Anhang.

1.8 Ruhestandseinwanderung

Um es gleich vorweg zu sagen: Diese Visaklasse (gleich Unterklasse) ist im juristischen Sinne keine Einwanderung, sondern eine zeitlich erweiterte Aufenthaltsgenehmigung für Personen anderer Nationalität. Sie nennt sich »Retirement (Temporary)«, und es gelten folgende Regelungen:

Sie fordern von der Australischen Botschaft in Berlin bzw. bei Australia Shop World in München (s. Kap. »Chancenbeurteilung...«) das Antragsformular 147 an, »Application for the Grant of a Visa for Temporary Residence«.

Auf dem Merkblatt 1044i »Temporary residence in Australia – Retirement« bekommen Sie alle wichtigen Fakten genannt, die Sie für eine Ruhestandseinwanderung kennen müssen.

Bedingungen für diesen (fortgesetzten) temporären Aufenthalt sind:

- Sie dürfen keinerlei Arbeit nachgehen
- Sie müssen gesund sein und einen einwandfreien Leumund haben
- Sie müssen über eine adäquate Krankenversicherung verfügen

Dem Antrag liegt ein deutschsprachiges Merkblatt bei, das auf die wichtigsten Punkte hinweist, unter anderem auf das Eintrittsalter für einen Retirement-Aufenthalt. Es liegt für den Hauptantragsteller bei mindestens 55 Jahren. Außerdem dürfen keine abhängigen Personen (Kinder, pflegebedürftige Eltern) vorhanden sein. Dasselbe gilt auch für den Ehepartner oder De-facto-Partner, falls aus früheren Beziehungen solche vorhanden sind.

Wichtig: Der Antragsteller muss über transferierbares Kapital von 650.000 A$ verfügen **oder** über 200.000 A$ und ein regelmäßiges Jahresmindesteinkommen von 45.000 A$. Wenn in Australien ein nicht-abhängiger Sohn oder eine Tochter lebt, reduzieren sich die Beträge auf 600.000 A$ bzw. 180.000 A$ + jährlich 42.000 A$. Sach- und Wertgegenstände in Australien können zum Zwecke des Kapitalnachweises nicht berücksichtigt werden.

Nachweispapiere:

- beglaubigter Vermögensnachweis
- beglaubigte Rentenbescheinigung
- Zinserträge
- offizielle Schätzungen von Sach- und Wertgegenständen durch einen unabhängigen Sachverständigen (wenn diese zum Zwecke des Kapitaltransfers verkauft werden sollen).

Wenn der Antrag genehmigt wurde, bekommt man zunächst eine für vier Jahre gültige Aufenthaltserlaubnis, die man für gewöhnlich bei Einhaltung der notwendigen Kriterien um weitere zwei Jahre verlängern lassen kann. Danach wird dann immer alle zwei Jahre verlängert.

Wichtig ist der Hinweis, dass Sie für Ihre Krankenversicherung selbst sorgen müssen, da Sie für das australische MEDICARE nicht in Frage kommen. Dies kann durch eine Versicherung aus dem Heimatland oder aber eine private Versicherung in Australien geschehen.

Natürlich können Ruhestandseinwanderer auch keine Sozialfürsorge (social benefit) erhalten.

Auch ein Hauskauf in Australien ist möglich. Dazu sollten Sie sich aber bei folgender Stelle erkundigen:

Foreign Investment Review Board
C/- The Treasury
Canberra, ACT 2600
Australia
Tel: +61 2 6263-2111
Fax: +61 2 6263-2940
Internet: www.treasury.gov.au

1.9 Temporäre, nicht-geschäftliche Aufenthalte

Sie können unter dem Oberbegriff »Temporary Residence« (Merkblatt 47 und Formular 147) natürlich noch eine ganze Reihe anderer zeitlich begrenzter Aufenthalte beantragen. Hierfür wurde eine Reihe von Klassen und Unterklassen (subclasses) eingerichtet. Die Visa-Gebühr beträgt zur Zweit 105 Euro. Wie Sie vorgehen müssen:

1. Schritt
Sehen Sie in der nachstehenden Tabelle nach, welche Unterklasse für Sie die zutreffende ist. Besorgen Sie **vor** Antragstellung alle notwendigen Schreiben wie »letter of support«, »written invitation«, Bürgschaftszusage oder Nominierung (Details dazu im Kapitel »Chancenbeurteilung...«)

2. Schritt
Reichen Sie diese Papiere mit ein. Füllen Sie das Formular 147 in Blockschrift aus. Falls der Platz nicht reicht, heften Sie ein Zusatzblatt an. Bitte für alle im Antrag genannten Personen 2 aktuelle Passfotos mit jeweiliger Unterschrift auf der Rückseite des Fotos mit einreichen.

3. Schritt
Reichen Sie Ihren Antrag nebst Pässen und eventuellen Beifügungen bei der zuständigen australischen Botschaft ein und bezahlen Sie die Antragsgebühr.

Visumklasse	Unterklasse
Praktischer Arzt	422 Praktischer Arzt
Kulturelle und	411 Exchange (Austausch)
soziale Tätigkeiten	416 Special Program
	(Erweiterung beruflicher Erfahrung und
	Jugendaustauschprogramm)
	420 Entertainment (Unterhaltung)
	421 Sport
	423 Media & Film Staff (Medien- und
	Filmpersonal)
	424 Public Lecturer (öffentliche Vorträge)
	428 Religious Worker (Kirchliche Dienste)
Botschaftsangestellt	426 Diplomatische Vertretung
	oder Konsulat
	427 Leitende Angestellte in Übersee
Bildung	415 Ausländische Regierungsstellen
	418 Bildung
	419 Akademischer Aufenthalt
	442 Training für eine berufliche Tätigkeit
Ausgebürgerte	432 Ausgebürgerte
Familiäre Beziehungen	425 Familiäre Beziehungen
Ruhestand	410 Ruhestand
Unterstützte Abhängige	430 Unterstützte Abhängige
Arbeitsurlaub	417 Arbeitsurlaub

Visa-Unterklassen mit erforderlicher Unterstützung

Außer in den Visaunterklassen 410 (Ruhestand) und 417 (Arbeiten im Urlaub) ist für alle folgenden Unterklassen eine Befürwortung Ihrer Bewerbung durch eine australische Stelle, Person, Institution oder einen dortigen Arbeitgeber erforderlich. Sponsorship (Bürgschaft), nomination (Benennung, Anforderung) oder written invitation (schriftliche Einladung) sind dabei die jeweiligen Formen, die Ihren Antrag unterstützen sollen. Folgende Unterklassen sind betroffen:

411 Austausch: letter of invitation (Einladungsschreiben von der für Sie in Frage kommenden Organisation)

415 Ausländische Regierungsstellen: statement of support (Unterstützungszusage) für Aufenthalte bis zu 3 Monaten und bei British Council, Alliance Francaise, Goethe-Institut und Italian Cultural Institute; ansonsten ist eine sponsorship (Bürgschaft) erforderlich

416 Special Program (Arbeits- u.Jugendaustauschprogr.): letter of support erforderlich

418 Bildung: letter of appointment (vertragliche Zusage) bei bis zu 3 Monaten Aufenthalt, darüber hinaus: sponsorship

419 Akademischer Aufenthalt: letter of invitation; keine Erlaubnis für ein Honorar durch eine Austr. Institution

420 Unterhaltung: sponsorship erforderlich, außer man kommt im Rahmen eines bilateralen Abkommens

421 Sport: sponsorship und/oder letter of invitation erforderlich, je nach Art und Länge des Aufenthaltes

422 Praktischer Arzt: generell ist sponsorship erforderlich

423 Medien- und Filmpersonal: letter of support bei bis zu 3 Monaten Aufenthalt, darüber hinaus: sponsorship

424 öffentliche Referenten (z.B. auf Vortragsreisen): letter of invitation bei bis zu 3 Monaten, darüber hinaus: sponsorship

425 Familiäre Beziehungen (Besuche bei Verwandten oder engen Freunden): letter of invitation; bezahlte Tätigkeit ist nicht erlaubt

426 Angestellte (dipl. und konsular.Personal): letter of support vom DFAT(Außen- und Handelsministerium)

427 Botschaftsangestellte (leitendes Personal Übersee): sponsorship, wenn der Arbeitgeber gesponsort wird, ansonsten akzeptabler Anstellungsvertrag

428 Kirchliche Tätigkeiten: sponsorship, eine Beschreibung der geplanten Tätigkeit ist zu erbringen

430 Unterstützte Abhängige: letter of support von der in Australien wohnenden, unterstützenden Person

432 Ausgebürgerte: schriftliche Erklärung der Wohlfahrtsorganisation, Arbeitsverbot

442 Training für eine berufliche Tätigkeit: nomination durch die betr. Firma/Organisation in Australien, wo trainiert wird

Bei allen temporären Arbeitsverhältnissen darf die Stelle nicht ohne vorangegangene Erlaubnis gewechselt werden. Wenn die Organisation ihre Tätigkeit in Australien beendet, hat auch der Antragsteller kein Recht mehr, länger in Australien zu bleiben.

1.10 Arbeitsurlaub in Australien (WHM)

Immer wieder gibt es eine Reihe von Interessenten für eine zeitlich begrenzte Tätigkeit in Australien, die man mit einem ausgedehnten Urlaub verbinden möchte. Sei es, um zwei Fliegen mit einer Klappe zu schlagen

– Urlaub und Kennenlernen der australischen Arbeitswelt, sei es, um auf diese Weise den Urlaub (mit) zu finanzieren. Die australischen Behörden sind durchaus an dieser Bewerbergruppe interessiert, fördert dies doch – auch aus offizieller Sicht – beiderseitige Interessen. Alle für einen Arbeitsurlaub erforderlichen Reglements sind im »Australia's Working Holiday Scheme« niedergelegt. Die Visa-Unterklasse ist die Nr.417. Die Bewerber werden als »working holiday maker« (WHM) bezeichnet.

Wie man dem »fact sheet« entnehmen kann, unterhält Australien Arbeitsurlaubsarrangements auf Gegenseitigkeit mit Kanada, Irland, Japan, Korea, Malta, den Niederlanden, Großbritannien und seit zwei Jahren auch Deutschland. Es wird jedoch extra darauf hingewiesen, dass dies keinen Abbruch an den Möglichkeiten für Teilnehmer aus anderen Ländern tun soll, sich um ein WHM-Visum zu bewerben.

Visakriterien
- Das Alter der Bewerber muss zwischen 18 und 25 liegen.
- Hauptgrund des Aufenthaltes muss der Urlaub sein, dessen Mitfinanzierung die Arbeit gelten soll.
- Der Antrag muss im Heimatland eingereicht werden.
- Man darf sich während dieser Zeit nicht für ein Studium in Australien einschreiben
- Man muss ein Rückflugticket oder ausreichende Mittel dafür und für den ersten Teil des Aufenthaltes nachweisen
- Man muss mindestens 6500 A$ eigene Mittel nachweisen
- Man darf keine abhängigen Kinder haben
- Man muss verständlich machen, dass der Arbeitsurlaub sowohl für einen selbst als auch für Australien vorteilhaft wäre
- Für Bewerber aus den WHM-Vertragsländern: Sie können sich auch noch bis zum Alter von 31 bewerben.

Die Visa-Gebühr beträgt zur Zeit 105 Euro.

Arbeitsbedingungen
Hinsichtlich der Art der Tätigkeit gibt es keine Einschränkungen. Länger als insgesamt 3 Monate darf nicht gearbeitet werden. Es können Vollzeit-, Teilzeit- oder Gelegenheitsarbeiten ausgeübt werden. Die WHMs sollen nicht ihre ganze Urlaubszeit über arbeiten. Ein Hinweis an die Arbeitgeber: Die WHMs sollen auch nach den herrschenden Maßstäben und Bedingungen bezahlt werden. Ob sich alle daran halten?

Erfahrungen aus dem WHM-Programm
Im Zeitraum von 1994 bis 1998 sind die Arbeitserlaubnisse für solche

Aufenthalte von 35 000 auf 57 000 angestiegen. Der weitaus größte Teil kam aus Großbritannien.

Ein Bericht der zuständigen Behörde gab für das Jahr 1995 an, dass das Working Holiday Scheme einen bedeutenden Nutzen für Australien erbrachte. Besonders im Obstanbau, in temporären kirchlichen und anderen Arbeitsvermittlungen, in Hotels, Geschäften und Restaurants. Für diese Tätigkeiten konnten Australier kaum gewonnen werden, da sie zeitlich begrenzt sind. Der Verdienst lag zwischen 200 und 300 A$ pro Woche.

Die Gruppe der WHMs steht allerdings, und das sollte man sich vor Augen halten, in Konkurrenz zu den Langzeitarbeitslosen, die mit Teilzeitjobs und zeitlich begrenzten Jobs in das Berufsleben zurückkehren sollen bzw. wollen.

1.11 Das Internet als Informationsquelle

In den letzten Jahren hat es auf dem Sektor der sogenannten elektronischen Medien eine derartige Zunahme an Informationsmöglichkeiten gegeben, dass auch unser Thema »Auswandern nach Australien« davon nicht unberührt geblieben ist. Ich kann also all denjenigen unter Ihnen, die im Besitz eines PC und eines Internetzugangs sind, nur empfehlen, sich in diesen Informationskanal mit einzuschalten.

Nachfolgend finden Sie eine Auflistung interessanter und kennenswerter homepages bzw. websites, die sich entweder auf Australien beziehen und/oder australischen Ursprungs sind. Da täglich Neues hinzukommt, kann diese Liste nur eine kleine, begrenzte Auswahl darstellen.

Vielleicht achten Sie im Internet auch einmal auf solche websites, in denen bereits Ausgewanderte über sich und ihre Familie berichten. Da der Aspekt »Landschaftlich e Reize des Kontinents« nicht ganz außer acht gelassen werden soll, haben wir auch einige Reiseberichte mit aufgenommen.

www.australien-info.de
(Australien-Info-website, u. v. a. lesenwert: Schwarzes Brett)

www.australienbuch.de
(Australien-website des Verfassers)

www.dfat.gov.au
(australisches Außen- und Handelsministerium)

www.immi.gov.au
(Einwanderungsministerium DIMA – umfassende englischsprachige Information für Auswanderungswillige)

www.australian-embassy.de
(Australische Botschaft in Berlin)

www.ielts.org
(English Language Testing System)

www.germany.org.au
(Deutsch-Australische Handelskammer, deutsche Firmen u. Jobs)

www.theaustralian.com.au
(»The Australian Online«)

www.monsterboard.com.au
(Jobsuche)

www.citysearch.com.au
(Städtemagazin Australien – Tipps, Veranstaltungen, Jobs)

www.daad.de
(Deutscher Akademischer Austauschdienst)

http://anglo-german.com.au
(Übersetzungen, alle bekannten Sprachen)

www.smca.com.au
(Study and Migration Center of Australia, Einwanderungsagent, gute Informationen, auch in deutsch)

http://ourworld.compuserve.com/homepages/AUSTRALIA–Connections
(Bernd Koss, Australia-Connections, Berlin)

www.schenk-verlag.de
(auf Australienbücher spezialisierter Verlag)

www.twains.com/australia/index.htm
(»Ralf Schumanns Australien homepage«)

www.holidaynq.com.au
(Urlaub in North Queensland)

www.wilmertown.com/oz
(Outback-Führer online)

www.tased.edu.au/tot/java
(Infos über Tasmanien)

www.iinet.net.au/~treffwa
(deutsche Zeitung »Treff WA«, Westaustralien)

www.icq.com
(E-Mail-Briefpartnerschaften und mehr)

www.westernaustralia.net
(W.A. Tourist Commission)

http://machno.hbi-stuttgart.de/~jupe
(Michael Jupe gibt Tipps für Praxissemester in der Fachrichtung
 Informations- u. Bibliothekswesen)

www.rfds.org.au
(Royal Flying Doctor Service)

http://nicomichel.de
(Nico Michel berichtet von einem wiss. Praktikum und gibt
allgemine Infos)

www.yothuyindi.com
(Aboriginal Rockband »Yothu Yindi«)

www.lonelyplanet.com
(Reiseinfos und mehr, weltweit)

www.goethe.de/melbourne
(Goethe-Institut Melbourne, z.B. German Network in Australia
u.v.m.)

www.goethe.de/sydney
(Goethe-Institut Sydney)

www.bfai.com
(Bundesstelle für Außenhandelsinformation, interessant für Geschäftsleute u. Fachkräfte)

www.blue.net.au/german
(Hilfe für deutsche Unternehmen in Australien)

www.australien-immobilien.de
(Deutscher Makler für Immobilienkauf in Australien)

www.pathtours.de
(Outbacktouren auf Entdeckerpfaden)

www.ljhooker.com.au
(Australischer Immobilienmakler L. J. Hooker)

www.theadvertiser.news.com.au
(Anzeigenzeitung »The Advertiser«)

www.taxreform.ato.gov.au
(Neues australisches Steuersystem)

www.germanschoolsydney.com
(Deutsche Schule Sydney)

www.abc.net.au/ra
(Radio Australia im Internet)

www.smh.com.au
(»The Sydney Morning Herald«)

http://auswandern-heute.de
(Infoseite »Auswandern heute« mit Austr.-/NZ-Forum)

www.councilexchanges.de
(CIEE – arbeiten, studieren, Sprachen lernen, Unterrichten)

www.raphaels-werk.de
(Raphaels-Werk, Auswanderer-Beratung, Zentrale in Hamburg)

http://auswandern-aktuell.de/laender/australien/info.html
(Auswanderer-Infos)

www.australien-team.de
(Infos Auswandern)

www.australien.com
(Infos Australien)

www.australien-gala.de
(Infos Auswandern)

www.dir4u.de/australien
(Suchkatalog Australien)

www.australian-guide.com
(Australienführer)

www.liveinaustralia.com
(Einwanderungsberatung)

www.yellowpages.com.au/se
(Gelbe Seiten, Telefonbuch)

www.infobahnaustralia.com.au
(Deutsche Gruppierungen und Firmen in Australien)

www.stephan-burghardt.de/australien/links.htm
(Interessante u. nützliche Australien-Links)

www.ratgeber-australien.de
(Infos)

www.studiesinaustralia.com/goodguides/main/index/php
(Studien-Infos)

www.study-in-australia.org
(Studien-Infos)

www.cia.gov/cia/publications/factbook/geos/as.html
(CIA – The World Factbook 2002, Australia, Daten und Fakten)
www.backpackers.com
(Preiswerte Hostels für Rucksacktouristen, weltweit)

www.abs.gov.au
(Australian Bureau of Statistics)

www.cybercafe.com
(Internet-Cafès, weltweit)

www.csu.edu.au/australia
(Charles-Sturt-Uni, alle wichtigen Links zu australischen
Regierungsstellen)

www.aussie-info.com
(Australien-Führer)

www.sbs.com.au
(Special Broadcasting Service, viele ethnische Programme,
darunter auch ein deutsches Programm)

www.mediamonster.de/piau.htm
(Sämtliche Presseorgane in Australien)

2. Die neue Heimat

2.1 Auf sich selbst vertrauen

Zugegeben – die Überschrift klingt vielversprechend. Aber Hand aufs Herz: Ob Australien wirklich zu Ihrer neuen Heimat wird, kommt ganz auf Sie an.

Im Laufe der Jahre bekamen wir Erfahrungsberichte von vielen Auswanderern in die Hand. Manche fröhlicher und optimistischer – und andere, die mehr von Enttäuschungen und Misserfolgen erzählen.

Es hängt ganz entscheidend von Ihnen selbst ab, wie Ihre Zukunft in Australien aussehen wird – ob Sie weiter Erfolg haben werden, nachdem Sie die erste Hürde der Einwanderungserlaubnis schon genommen haben.

Wir sprachen ja davon, über welche Merkmale Sie verfügen sollten, um sich Aufgaben zu stellen oder Tätigkeiten auszuüben, die den Beginn Ihrer australischen Karriere auf sichere Füße stellen – und das muss sich keineswegs zwangsläufig in Ihrem erlernten Beruf abspielen: Viele Einwanderer wollten oder mussten eine andere Tätigkeit wählen, in der zum Zeitpunkt ihrer Einwanderung leichter eine Stelle zu bekommen war. Da wären Sie nicht der erste. Das können manchmal berufsverwandte oder aber auch gänzlich andere Fähigkeiten sein, die Ihnen dabei zugute kommen. Es ist also sehr nützlich, flexibel zu sein.

Wir wünschen Ihnen auch, dass Sie recht genau wissen, wie Sie mit den Menschen umzugehen haben, von denen Sie mehr oder weniger abhängig sein werden: Tun Sie das auf eine geschickte und kluge Art, und beweisen Sie Einfühlungsvermögen in das, worauf es in Ihrem zweiten – dem australischen – Leben ankommt, dann werden Sie mit 99%er Wahrscheinlichkeit auch erfolgreich sein. Trotzdem ist es Ihr gutes Recht, auch mal Fehler zu machen. Aber machen Sie bitte nicht zuerst die »bösen Australier« dafür verantwortlich, sondern seien Sie selbstkritisch.

Erfolg lässt sich nicht immer nur an hohen Geldbeträgen messen. Erfolg bedeutet auch, durchzuhalten, harte Zeiten zu überstehen, in der Familie zusammenzuhalten. Da kann der hart erarbeitete Erfolg des »kleinen Mannes« durchaus schwerer wiegen als die durch gute Marktkenntnis relativ leicht erwirtschaftete Umsatzmillion des Unternehmers: Beide verdienen Respekt und Beachtung.

Seien Sie also – getreu den Zehn Geboten – nicht neidisch auf die Erfolge anderer Menschen: Oft haben die auch mehr riskiert als Sie. Und außerdem macht Geld allein ja auch nicht glücklich – es sei denn, Sie sind nur des Geldes wegen nach Australien gekommen.

2.2 Übergangswohnen

Wenn Sie nun aus dem Flugzeug gestiegen sind und die ersten tiefen Atemzüge australischer Luft eingesogen haben, sollte Ihnen schon klar sein, wohin Sie jetzt fahren werden: entweder zu Freunden oder aber in ein Hotel, eine Pension oder etwas Ähnliches. Weiter oben wurde schon darauf hingewiesen, dass man für eine Übergangszeit sehr günstig in einem sogenannten »Private Hotel« wohnt, was durchaus preiswert und ordentlich ist. Hier können Sie häufig auch längere Zeit wohnen, bis Sie Ihr Haus oder die passende Wohnung gefunden haben. Natürlich können Sie sich für eine Übergangszeit auch eine möblierte Wohnung mieten.

Sie sollten sich sicherheitshalber schon von der Heimat aus bei einem Private Hotel oder ähnlichem anmelden, wenn keine Unterbringung bei Freunden möglich ist. Adressenhinweise finden Sie im Anhang.

Denken Sie an die Zwischenlagerung Ihres Hausrates, falls erforderlich.

2.3 »Aussies« näher kennen lernen

Nach diesen einstimmenden Gedanken wollen wir unser Augenmerk nunmehr auf die ersten Schritte lenken, die Sie – allein oder mit Ihrer Familie – auf australischem Boden tun. Für einige ist er plötzlich fort, der Traum vom »lucky country« – ganz weit entschwunden: Hinter jeder falschen Adresse, jedem fehlgeschlagenen Weg, jeder Falschinformation, die Sie jetzt sammeln, weil Sie das Australische nicht richtig beherrschen oder Ihnen die richtigen Hinweise fehlen, rückt er ein Stück weiter weg. Lassen Sie sich davon nicht verunsichern: Sie stehen ja erst ganz am Anfang.

Keine Angst: Sie werden ihn wieder einholen, Ihren Traum – darum sind Sie ja gekommen. Sie werden sich ein Stückchen oder gar ein ganzes Stück von der australischen Torte abschneiden – ganz behutsam und mit viel Geduld und einer Prise Humor und »coolness«, wie man heute sagt. Mit »it'll be allright«, wie der Aussie sich auszudrücken pflegt, werden auch Sie Ihre Anfangsprobleme meistern. Nur nicht nervös werden...!

Gehen Sie, bevor Sie all zuviel Behördliches hinter sich gebracht haben, erst einmal in einen richtigen australischen Pub, eine Bar, ein Café oder was es sonst an Treffpunkten gibt. Lassen Sie sich von irgend jemandem einen Tipp geben, wenn Sie solche Kneipen noch nicht kennen, oder laden Sie Ihren Hotelbesitzer, Vermieter oder jemand anderen, den Sie gerade kennen gelernt haben, auf ein Glas Bier ein. Er wird Sie in den richtigen Pub (»public bar«) führen. Und dann kommen Sie erst einmal mit dem privaten Aussie ins Gespräch – und Sie werden feststellen, was er für ein Pfundskerl ist.

Sprechen Sie mutig Ihr erstes »Gidday!«, und Sie werden bald schon ein »Gidday, mate! Wot's on?« (Guten Tag, Kumpel! Was gibt's Neues?) erwidert bekommen. Daran merken Sie, dass Sie aufgenommen wurden in die fröhlich-unbekümmerte Schar der Menschen, die sich selbst »Aussies« und ihren Kontinent noch kürzer »Oz« nennen.

Aber geben Sie auf keinen Fall mit Ihren Erfolgen an, und erzählen Sie nicht vom dem, was Ihnen persönlich an Deutschland besser gefällt, sondern schimpfen Sie lieber auf den Autoverkehr oder die Politiker in Ihrem Heimatland, auf die alten oder neuen Behörden oder die Frauen, wenn Sie männlich sind – sonst umgekehrt, auch wenn es Ihnen übertrieben erscheint. Bei solch einem lockeren Gespräch lernen Sie auch den »australischen Grundwortschatz« (s. Kapitel: »Aussie-Slang«) kennen, der Ihnen in Zukunft noch manche Brücke bauen wird.

Reden Sie von sportlichen Höhepunkten, von Boris Becker und anderen Tennisgrößen, von Crocodile Dundee, vom Bier, von Ihren Hobbies, und seien Sie ganz Mann oder ganz Frau: Dann sind Sie auch ganz plötzlich zu einem »mate« geworden.

Dies alles können Sie natürlich nur dann, wenn Sie schon so einigermaßen Englisch sprechen. Deshalb betone ich nochmals, dass Sie schon im Heimatland mit dem Englischtraining beginnen sollten, falls das notwendig ist: Auf diese Weise sind Sie schon von vornherein nicht ganz hilflos und können sofort Kontakte knüpfen.

2.4 Die ersten wichtigen Schritte

Arbeit suchen in Australien

Hier gilt zunächst das, was wir schon unter dem Kapitel »Jobsuche« geschrieben haben, nämlich auch das Internet als Informationsquelle heranzuziehen, wenn Sie eine Möglichkeit dafür haben.

Eine konventionelle Möglichkeit ist, sich an die zuständigen Behörden zu wenden. In den größeren Städten finden Sie sogenannte »Career Center«, die zur Arbeitsbehörde gehören. Hier bekommen Sie Rat und Hilfe, an welche Firmen Sie sich in Ihrem Beruf oder in der von Ihnen gewünschten Tätigkeit wenden sollten. Vielleicht lässt sich von hieraus schon ein Job für Sie vermitteln. Zumindest sollten Sie sich beim Migrant Resource Center, der Einwanderer-Arbeitsvermittlung, in die Vermittlungsliste eintragen.

Wie schon gesagt, sollten Sie grundsätzlich nicht an Ihrem erlernten Beruf »kleben«, sondern immer offen für andere Tätigkeiten sein, die Sie sich ebenfalls zutrauen würden oder mit Ihrem Beruf verwandt sind.

Und wie bei uns auch: Beziehungen und Bekannte sind oft hilfreicher als die offiziellen Wege. Hier sind der Pub in der Nähe, der Sportverein oder der Besuch von Evening Classes (Volkshochschule) gute Kontaktmöglichkeiten, die Sie nutzen sollten. Nicht vom Rande der Gesellschaft her, sondern mitten drin wird man erfolgreich sein!

Es könnte ebenfalls lohnend sein, regelmäßig bei dem zum Arbeitsamt gehörenden Job Center vorzusprechen oder nachzuschauen, welche Stellenangebote dort ausgehängt sind. Diese Stellen unterliegen – man sollte es nicht glauben! – einer nationalistischen Reglementierung: So werden zuerst britische Staatsangehörige und danach erst Einwanderer berücksichtigt, mit anderen Worten – die unbeliebten Jobs dürfen nichtbritische Einwanderer übernehmen. Dass dieser Umstand der Abhilfe bedarf, erklärt sich wohl von selbst.

Eine noch bessere Möglichkeit bietet sich durch Überprüfen von Annoncenangeboten in den Zeitungen. Mitte der Woche oder in den Wochenendausgaben finden sich – wie bei uns auch – entsprechende Stellenangebote.

Tipp: Vermeiden Sie, sich gleich zu Anfang als Deutscher zu erkennen zu geben. Es gibt immer noch Vorurteile – leider.

Anzumerken ist noch, dass Australien ähnliche Arbeitslosenquoten hat wie Mitteleuropa.

Wenn Sie ein passendes Angebot gefunden haben, sollten Sie sich schriftlich in englischer Sprache darauf bewerben. Zu einer Bewerbung gehören – wie auch zu Hause – das Bewerbungsschreiben, der Lebenslauf mit beruflichem Werdegang und Angaben über Ihre Familie und schließlich alle in Frage kommenden Zeugnisse: natürlich in Englisch.

Übersetzungen werden, wie schon weiter oben beschrieben, vom Interpreter Service der Einwanderungsbehörde kostenlos für Sie vorgenommen. Dort können Sie auch Ihre komplette Bewerbung übersetzen lassen, dies aber wahrscheinlich nur gegen Bezahlung.

Noch eine australische Besonderheit sollte nicht übersehen werden: Es wird von den Firmen gern gesehen, wenn ein Bewerber bei einer Stelle persönlich vorspricht, noch bevor er Nachricht bekommen hat. Nehmen Sie einfach eine Kopie Ihrer Bewerbung mit und bitten um ein Gespräch mit der Personalabteilung. Sollte dies nicht sofort möglich sein, lassen Sie sich nicht abweisen, sondern bitten wenigstens um einen Gesprächstermin (»appointment«, Verabredung).

Hier noch einige englische Begriffe, die Sie bei einer selbstgeschriebenen Bewerbung verwenden können.

Annonce	advertisement
Bewerbung	application
Stelle	position
sich bewerben	to apply for
Berufserfahrung	working experience
Lebenslauf	résumé
Bildung	education
beigefügt	enclosed
Personal	staff
Angestellter	employee
Beschäftigung	employment
freie Stelle	vacancy

Anmelden bei Medicare

Seit 1984 stellt Medicare die gesetzliche Form der Krankenversicherung dar. Da grundsätzlich alle permanent in Australien ansässigen Personen (und ihre Angehörigen) Anspruch auf eine Mitgliedschaft bei Medicare haben, kann nur empfohlen werden, sich dort baldmöglichst anzumelden. Der Beitrag liegt bei 1,5 Prozent des zu versteuernden Einkommens der Familie. Eine schnelle Mitgliedschaft wird angeraten, obwohl sie nicht zwingend ist, wenn man Medicare noch nicht nutzt. Es ist nämlich möglich, schon zurückliegende, bezahlte Arztrechnungen erstattet zu bekommen, wenn man Medicare erst einmal beigetreten ist! Man hat in diesem Falle die Kosten vorgestreckt und bekommt sie nach Eintritt zurück.

Aufnahmeformulare gibt's in jedem Postamt, oder man geht zu einem der Medicare-Büros in den Städten. Notwendiges Dokument ist der Pass. Im Antrag müssen die üblichen Angaben (Adresse, Einkommen bzw. Vermögen) gemacht werden.

In einem Zeitraum von etwa drei Wochen erhält man per Post die Medicare-Card (wie eine Scheckkarte), die dann auch allen anderen Familienmitgliedern zur Verwendung offen steht. Wird man vor Erhalt der

Karte krank, muss man wieder vorstrecken und kann später die Erstattung bekommen. Hier gibt es eine dreimonatige Wartefrist für Neumitglieder. Ganz so schnell kommt das Geld also nicht zurück!

Was Medicare nicht übernimmt, sind Kosten für Krankentransporte, Physiotherapie, berufliche Therapien, Sprach- und Augentherapien, psychologische Behandlungen und Fußpflege. (Einige weitere Angaben zu Medicare im Kap. 2.15 »Gesundheitswesen,...«)

Hilfe von der Einwanderungsbehörde
Ein Gang zum »Department of Immigration and Multicultural and Indigenious Affairs« (DIMIA) ermöglicht Ihnen die Inanspruchnahme kostenloser Hilfe in einer Reihe von Dingen, die aber hier nicht alle aufgezählt werden können.

Nehmen Sie bitte auf jeden Fall folgende (übersetzte!) Dokumente mit, wenn Sie dort erscheinen:
- Schulabschlusszeugnis
- Facharbeiter-/Gesellen-/Gehilfen-/Meisterbrief
- Fachhochschul-/Hochschuldiplom
- Promotionszeugnis (Doktorgrad)
- Beurteilungen der letzten (bis zu drei) Arbeitgeber
- Lebenslauf und beruflicher Werdegang
- Bankreferenz
- Führerschein
- Bescheinigung über Kfz-Schadenfreiheitsrabatt
- Schulzeugnisse der Kinder
- Sonstige wichtige Unterlagen

Für alle noch nicht Englisch sprechenden Einwanderer gibt es hier auch Auskunft über den kostenlosen Dolmetscherdienst (Interpreter Service). Die Beamten werden auch Ihre Anmeldung zu einem Vollzeit-Englischkursus (»AMEP«) für Erwachsene in die Wege leiten, der einige Monate dauern kann.

Auch wenn Ihr Container noch nicht eingetroffen ist und Sie eventuell Fragen zu den Zoll- und Quarantäneprozeduren haben, bekommen Sie hier Auskunft.

Fragen nach dem Schulbesuch Ihrer Kinder werden ebenfalls beantwortet. Falls Ihre Kinder das Englische noch nicht beherrschen, müssen sie vorher an einer besonderen Schule unterrichtet werden; das nennt sich »Child Migrant Education«. Termine zu Gesprächen und Anmeldungen wird die Einwanderungsbehörde für Sie organisieren.

Nachfolgend die Anschriften der regionalen Einwanderungsbehörden, aus denen Sie bitte die für Sie nächstgelegene auswählen:

Regional Director
Department of Immigration and Ethnic Affairs
* Chifley Square, Sidney, 2000 NSW
* 86/88 Market St, Wollongong, 2500 NSW
* 1st Floor, 2/4 Pacific St, Newcastle, 2300 NSW
* Cnr.Spring and Latrobe St, Melbourne, 3000 Vic
* 61 Brougham St, Geelong, 3220 Vic
* 14th Floor, 167 Eagle St, Brisbane, 4000 Qld
* 440 Flinders St, Townsville, 4810 Qld
* 1260 Hay St, West Perth, 6005 W.A.
* 6th Floor, 150 North Terrace, Adelaide, 5000 S.A.
* 188 Collins St, Hobart, 7000 Tas
* Block 6, Mitchell St, Darwin, 5790 N.T.

Die Adresse der obersten Einwanderungsbehörde finden Sie im Hauptstadtterritorium:
The Secretary
Department of Immigration and Ethnic Affairs
Benjamin Offices, Chan St
Belconnen, 2617 ACT

Bankkonto eröffnen
Natürlich ist einer Ihrer ersten Schritte die Eröffnung eines Bankkontos, denn leider gilt für viele Arbeitgeber und auch Banker, wie Sie wissen, die ungeschriebene Regel: Wer kein Konto hat, ist kein vertrauenswürdiger Kunde – und wer nicht vertrauenswürdig ist, bekommt auch kein Konto.

Um diesen Teufelskreis zu durchbrechen, gibt es für Sie zwei Möglichkeiten: Entweder überweisen Sie zugunsten Ihrer australischen Bank Geld von Ihrem alten Heimatkonto, oder Sie zeigen Ihrer Bank den Arbeitsvertrag mit Ihrem neuen australischen Arbeitgeber.

Wenn Sie als Unternehmer einwandern, kommt sowieso nur der erste Fall in Frage.

Als Angestellter einer Firma ist es häufig praktisch, wenn Sie bei derselben Bank Kunde werden wie Ihr Arbeitgeber. Er hat einen Vertrauensvorsprung, von dem Sie profitieren können: Etwa dann, wenn Sie Geld für einen Hauskauf (»home loan«) aufnehmen wollen.

Viele Banken bieten für Einwanderer auch fremdsprachliche Beratung an, so dass Ihnen der Einstieg als Bankkunde erleichtert wird. Darüber hinaus gibt es bei großen Banken sogar eine umfangreiche Einwandererberatung, was die ersten wichtigen Schritte im neuen Land betrifft.

Es gibt in Australien 32 Banken, 18 davon sind ausländisch. Über alle wacht die australische Zentralbank. Als Beispiele für Banken nennen wir Ihnen zunächst die größten australischen Banken:
- Commonwealth Bank (die einzige staatliche),
- ANZ-Bank,
- National Australia Bank,
- Westpac Banking Corporation.

Ausländische Banken mit Vertretungen in Australien sind zum Beispiel die Bank of Singapore, Royal Bank of Canada, Barclays Bank (London), Bank of Tokyo, Deutsche Bank, Chase Bank (USA), Lloyds Bank (London).

Seit einigen Jahren bieten auch die meisten Bausparkassen (»Building Societies«) normalen Bankservice an.

Ein Girokonto nennt sich in Australien ein »cheque account«, ein Sparkonto heißt »savings account«. Neuerdings gibt es auch Vereinfachungen mit dem sogenannten »streamline account«, welches kontenübergreifend wirkt. Nach den Bedingungen erkundigen Sie sich bitte vor Ort.

Vergessen Sie nicht, die Flexiteller Card (Scheckkarte) zu beantragen, mit der Sie – wie zu Hause – Geld aus dem Automaten ziehen können.

Beispiele:
1) **Melbourne, Commonwealth Bank**: Wer ein sogenanntes »savings investment account« (Spar- und Investmentkonto) einrichtet und darauf mindestens 10 000 A$ Spareinlage hat, bekommt alle Vorgänge darauf gebührenfrei!

   In diesem Falle ist auch kein Cheque Account mehr nötig, da die Überweisungen per Bank Cheque von diesem Konto getätigt werden.
2) Auch die **Suncorp Bank** (Beispiel Adelaide) arbeitet für Sie gebührenfrei mit einem Access Account (Zugangskonto), das unserem Girokonto entspricht und sogar noch (derzeit) 2,5 Prozent Guthabenzinsen gewährt.
3) V 2+ account heißt ein Konto bei der **ANZ-Bank** und bietet das gleiche wie das Savings Investment Account bei der Commonwealth Bank. Die Zinsen schwanken – je nach Marktlage – zwischen 5 und 8 Prozent!

Erkundigen Sie sich auf jeden Fall nach der für Ihre Zwecke und finanziellen Spielräume günstigsten Möglichkeit. Verweisen Sie dabei auch auf die Vorzüge der Konkurrenz. Damit zeigen Sie, dass Sie informiert sind und sich nichts vormachen lassen.

Das alles hört sich doch nicht schlecht an, finden Sie nicht auch? Auch wenn die goldenen Zeiten vorbei sind, als es noch Zinsen von bis zu 18 Prozent für Geldeinlagen gab. Dies war vor Jahren eine ungesunde Entwicklung auf dem australischen Geldmarkt, die keine langen Überlebenschancen hatte: Solche Guthabenzinsen führen ja immer auch zu sehr hohen Kreditzinsen, die den Investitionssektor so belasten, dass es zu immensen Preisanstiegen bis hin zu Firmenzusammenbrüchen kommt.

Dazu kamen Kreditvergaben durch Banken, die durch nicht rückzahlungsfähige Kreditkunden mit in den Abgrund gezogen wurden. Vorerst scheint diese Entwicklung gestoppt und der australische Finanzmarkt wieder stabil geworden zu sein.

2.5 Ihr neues Zuhause

Australische Häuser

Wohnen in Australien ist gar nicht so anders als das Wohnen in Mitteleuropa. Dennoch gibt es Unterschiede, die ihre Bedeutung haben.

Klimatisch ist Australien recht unterschiedlich – von gemäßigt bis tropisch. Diesem Umstand trägt natürlich eine gewisse bautechnische und architektonische Vielfalt Rechnung. Da aber auch in den gemäßigten Zonen – um Perth sowie in Victoria, Tasmanien und oben in Canberra – recht heiße Sommer herrschen können, findet man eigentlich überall in den besiedelten Gebieten des Kontinents eine leichte Bauweise vor.

Die tragenden Teile bestehen aus Holzrahmenkonstruktionen. Die Außenwände können ebenfalls in Holzvertäfelungen oder aber in massiven Klinkerwänden (»brick veneer«) ausgeführt sein. Als Dachbedeckung findet man – abweichend von Dachziegeln aus Ton – häufig das Blechdach. Fensterglas ist fast immer einfach und wird nur für den Lärmschutz doppelt verglast verwendet. Alle Anbauten sind ebenso wie das Hauptgebäude ohne jeden unnötigen Firlefanz zweckmäßig, aber dennoch ansprechend gebaut.

Daraus erkennt man, dass Bauen in Australien klimabedingt vom Material her wesentlich kostengünstiger ist als bei uns.

Nach Norden hin – in Queensland und im Northern Territory –, wo es zunehmend wärmer wird, stehen die traditionellen hölzernen Gebäude häufig auf Stelzen. Dadurch wird sowohl eine Luftzirkulation von unterhalb als auch ein gewisser Schutz gegen unliebsames Getier wie Schlangen oder Insekten gewährleistet.

Dazu kommen breite Veranden, die mitunter um das ganze Haus herumlaufen: Auf diese Weise kann man sich in der heißen Zeit draußen im

Schatten aufhalten, ja sogar draußen nächtigen. Teilweise werden unterhalb dieser Gebäude Autos abgestellt oder irgendwelche Dinge und Materialien gelagert, wodurch ein Schuppen entbehrlich wird.

Solche Häuser sind natürlich nicht so kostspielig und können, natürlich abhängig von ihrer Lage, teilweise sehr günstig erstanden werden.

Besonders im Süden des Landes finden wir die ebenerdig gebauten Bungalows, ebenfalls aus Holz, aber auch in »brick-veneer«-Ausführung (Steinhaus). Diese Bauweise schlägt sich natürlich im Preis nieder.

Das Steinhaus ist heute vom Süden bis zur Mitte des Kontinents ein gängiger Haustyp – allerdings ohne Kohlen- oder Kartoffelkeller, denn beides wird nicht gelagert.

Aber auch das Haus aus Holz oder anderen Fertigplatten (»weatherbord«) ist hier oft anzutreffen. Es verfügt im Durchschnitt über ein Wohnzimmer, drei Schlafzimmer (Elternschlafzimmer und Kinderzimmer), Küche, Bad, WC und separate Waschküche.

Geheizt wird, falls notwendig, mit Öl, Gas oder Strom(!), und dies in Form von Öfen, Wandheizern oder zentralen Brennern, die ihre Heißluft mit Ventilatoren über Luftschächte und Öffnungen in Decke oder Fußboden in die Zimmer blasen. Den Luxus dieser Zentralheizung (»ducted heating«) leisten sich zwar nur wenige, er wäre aber nach unseren europäischen Maßstäben für die kühleren Regionen wie Victoria, Südaustralien und Tasmanien durchaus flächendeckend angebracht. Nun, der Australier denkt da eben etwas anders und lebt oft mit einer nach unseren Maßstäben improvisierten Heizmöglichkeit.

Der Warmwasserboiler sitzt gewöhnlich an der hinteren Außenseite des Hauses und bringt es auf fast kochend heiße Temperaturen.

Wäsche wird nach australischer Vorliebe überwiegend kalt und mit recht aggressiven Waschmitteln gewaschen. Warum das (noch) so ist, darüber können nur Vermutungen angestellt werden. Häufig sind zwei Wasseranschlüsse hinter der Waschmaschine vorhanden: einer für Kalt- und einer für Warmwasser – es kann also auch warm gewaschen werden.

Umweltmäßig ist dies keine schlechte Idee, wenn die Waschmittelaktivität auf die vorhandenen Temperaturen abgestimmt sind. Hier scheint aber immer noch ein Mangel zu herrschen. Man beschränkt sich meist auf kaltes Waschen. Verschmutzte Kleidung wird, wie wir ausprobierten, bei Kaltwäsche aber bei weitem nicht so sauber, auch mit den scharfen Mitteln nicht.

Es gibt in Australien auch die uns vertrauten Waschmaschinen zu kaufen, die eine elektrische Heizung besitzen. Sie können also Ihre guten europäischen Traditionen fortsetzen, wenn Sie möchten (na Gott sei Dank!).

Eine Garage gehört auch zu einem neuen Haus nicht unbedingt dazu. Oft steht das Auto nur vor der Tür, irgendwo unter Bäumen oder in einem Carport.

Wohnung oder Haus mieten

Suchen Sie in den Tageszeitungen unter der Rubrik »to let« (zu vermieten) nach Mietobjekten.

Denken Sie daran, dass Ihre Wohnung nicht zu weit draußen liegen sollte, möglichst aber in der Nähe einer Bahnstation oder Bushaltestelle. Und falls Sie Kinder haben, sollte die Schule gut erreichbar sein.

Wenn Sie sich über den Stadtteil Ihres zukünftigen Wohnens noch nicht sicher sind, machen Sie einige Besichtigungstouren. Es gibt teurere und billigere Stadtteile, je nach Bevölkerung, Art und Alter der Häuser, die dort stehen. Faustregel: Je neuer, desto weiter draußen, je näher am Meer und an der City, desto teurer.

Hier die wichtigsten Begriffe und Abkürzungen für das Studium der Zeitungsanzeigen:

bedrm	bedroom
BV	brick veneer (Steinhaus)
IG Pool	in ground pool (swimming pool in der Erde)
AG Pool	above ground pool (s.p. über der Erde, also aufgestellt)
LU Garage	lock-up garage (verschließbare Garage)
BIR	built in robes (Einbaukleiderschränke)
DH	ducted heating (Umluftheizung, sehr gut!)
Mod.Kit.	modern kitchen
WB	weatherboard (Holzhaus)
WI Pantry	walk-in pantry (begehbare Speisekammer)
WW Carps	wall-to-wall carpets (Teppichboden)
unit	Reihenhaus
raked ceiling	schräge Decke (je nach Dachneigung ein Vorzug!)
slate	Schieferplatten (häufig als Fußboden in Küche und Essraum)
flat	Wohnung

Falls Sie sich für eine von einem Makler (Real Estate Agent, Property Agency) angebotene Mietwohnung oder ein zu mietendes Haus interessieren, werden Sie überwiegend ohne seine Begleitung das Mietobjekt besichtigen können. Ihnen werden dann gegen eine Kaution nur die Schlüssel zwecks Besichtigung ausgehändigt.

Sollte es Probleme beim Mietvertrag geben, so können Sie sich an eine der Mieterberatungen (»Tenant's Advisory Service«, »Housing Assistance Service« oder ähnliches) wenden. Das Mietrecht variiert von Staat zu Staat. Im Prinzip ist alles so wie bei uns: Es gibt Kündigungsfristen, Instandhaltungsbedingungen, Mietkautionen und andere Konditionen, die zu beachten sind.

Tipp: Wer selbst eine Wohnung oder ein Haus vermieten will, denke an die unstete Wohnart der Australier. Viele wollen bereits nach einem halben Jahr wieder ausziehen und tun dies auch – häufig ohne die vereinbarten Verträge zu beachten! Auch hörten wir immer wieder von der mangelnden Sorgfalt, das Eigentum des Vermieters in Ordnung zu halten und vor Schäden zu bewahren. Vermieten kann also durchaus ein teures Abenteuer mit offenem Ende werden.

Als Mieter bewahren Sie sich und Ihren Vermieter vor Ärger und eventuell teuren Gerichtsprozessen, indem Sie sich entsprechend verhalten. Als Vermieter sollten Sie sich mehr auf die Vermietung von Ferienwohnungen verlegen, da hier ein anderes Wohnverhalten vorherrscht – die Wohnung wird im Urlaub meist nicht zum Aggressionsobjekt!

Wenn Sie eine passende Wohnung gefunden haben, sollten Sie im Grunde genauso vorgehen wie in Ihrer Heimat auch. Bei einer ausführlichen Besichtigung sollten Sie alle vorhandenen Mängel möglichst im Beisein des Vermieters (»landlord«) notieren und als Mängelprotokoll unterschreiben lassen, damit sie Ihnen bei Auszug nicht angelastet werden können und der Vermieter nicht auf deren Beseitigung durch Sie besteht.

Die Miete ist in der Regel 14 Tage im voraus fällig. Häufig wird auch eine Mietkaution (»bond«) verlangt. Vereinbaren Sie schriftlich, ob und welche Renovierungsarbeiten von Ihnen durchgeführt werden – oder eben nicht. Verlangen Sie vom Vermieter eine gründliche Reinigung der Wohnung (»flat«) vor Einzug.

Makler verlangen eine Vertragsgebühr, die aber viel niedriger liegt als bei uns. Darüber hinaus ist noch eine Registrierungsgebühr bei der zuständigen Gemeinde fällig.

Eine andere Möglichkeit, wenn man gar nichts Passendes gefunden hat, ist das Anmieten einer Ferienwohnung (»holiday flat«), die ebenfalls möbliert und in der Preislage anderen möblierten Wohnungen vergleichbar ist.

Personen mit geringem Einkommen können bei der State Housing Commission günstig ein Haus mieten. Häufig liegen diese staatlichen

Häuser jedoch weit draußen an den Stadträndern und werden von vielen Interessenten gesucht, so dass man mit mehrmonatiger bis jahrelanger Wartezeit rechnen muss, wenn man sich auf die Warteliste setzen lässt. Vorteil dieser Häuser sind bis zu 50 Prozent niedrigere Mietkosten.

Als letzter Ausweg sei das Mieten von ein bis zwei Wohnwagen in einem »caravan park« genannt – gewissermaßen ein Hauch von Camping-, Zigeuner- oder Outdoorleben, wie es der Australier schätzt. Sommerliche Hitze kann Ihnen hier natürlich zusetzen, aber dennoch: Raum ist in der kleinsten Hütte, wie es ja schließlich heißt.

Für alle möblierten Objekte gilt: Bettwäsche, Eß- und Kochgeschirr sind nicht dabei! Kaufen Sie für diese Fälle einige campingtaugliche Sachen, die Sie hinterher weiterverwenden können, und versehen Sie sich mit einem Satz Bettwäsche zusätzlich.

Nicht vergessen: Einige Tage vor Einzug in die neue Wohnung sollten Sie die Elektrizitätsbehörde (»Electricity Authority«) verständigen! Die Adresse erfahren Sie beim Vermieter oder Makler.

Wenn Sie einen Telefonanschluß anmelden, sollten sie persönlich bei der nächsten Telecom-Vertretung vorsprechen und dort einen schriftlichen Antrag ausfüllen. Bei einem Neuanschluss müssen Sie mit rund 200 A$, bei einer Übernahme mit etwa 50 A$ Kosten rechnen.

Hauskauf

Hauskauf ist Vertrauenssache – diesen Werbeslogan kennen Sie. Vertrauen ist gut, Kontrolle ist besser, sagt man. Dem würden auch wir uns anschließen, wenn Sie beabsichtigen, in Australien ein Haus zu kaufen oder nach Katalog oder Architektenangebot bauen zu lassen.

Der Privatkauf eines Hauses stellt hier eher die Ausnahme dar: Die meisten Hausverkäufe werden von Immobilienmaklern (»Real Estate Agents«) abgewickelt. Da diese in Australien eine besonders qualifizierte Ausbildung mit Staatsprüfung besitzen und strengen staatlichen Zulassungsbedingungen unterworfen sind, können Sie sich ohne große Bedenken einem dieser Makler anvertrauen. Sie finden sehr viele mit guten Fotos angereicherte Angebote in den Schaukästen und Schaufenstern der Maklerfirmen.

Außerdem gibt es noch die Möglichkeit, über Auktionen ein Haus zu ersteigern.

Grundsätzlich gilt:
Beide Parteien – der Käufer und der Verkäufer – schalten für den Besitzerwechsel eines Hauses ihre Anwälte ein. Gebräuchlich ist eine Anzahlung von 10 Prozent, die bei Kaufabsicht vom Käufer auf ein Treuhand-

konto überwiesen wird. Danach legen die Vertragspartner ihre Verträge bei ihren Anwälten vor und tauschen diese nach etwa drei Wochen aus. Im Anschluss daran prüft der Anwalt des Käufers das Objekt noch einmal auf Herz und Nieren, ob nicht irgendwelche Mängel, Lasten oder Rechte anderer auf den Käufer übergehen könnten. Erst wenn alles »astrein« ist, wird bezahlt und erworben. Eine weitere Wartezeit wie bei uns (Grundbuchamt) gibt es nicht.

Lesen Sie alles genau durch und lassen Sie sich jeden unverständlichen Begriff übersetzen, bevor Sie Verträge abschließen und unterschreiben. Für diesen Zweck gibt es auch deutsche oder deutschsprechende Anwälte und Beratungsfirmen in Australien (s. Kapitel: »Adressen«).

Häuser können Sie ab 100 000 A$ kaufen: Diese Summe reicht zum Beispiel für ein älteres, einfach ausgestattetes und auf dem Lande liegendes Haus. Der Preis richtet sich – wie bei uns auch – nach Lage, Größe, Ausstattung und Alter des Objektes. Ein durchschnittliches Haus (3 bedrooms) auf ca. 600-700 m≈ Grundstück näher an der City (z.B. Sydney oder Städte an der Gold Coast) liegt dann schon bei 200 000 A$ bis 300 000 A$.

Mittlerweile hat sich in Richtung Küste eine starke Nachfrage nach Häusern und Grundstücken entwickelt. Der Küstenort Byron Bay nimmt z.Zt. einen der Spitzenplätze ein. Hier zahlt man für ein kleines Haus im Ortszentrum bereits 500 000 A$, jedoch sind auch Preise von 1 000 000 A$ hier keine Seltenheit mehr.

Diese Nachfrage- und Preisentwicklung strahlte auch auf die Umgebung von Byron Bay aus, wo sich unter 280 000 A$ auch auf dem Markt gebrauchter Häuser kaum etwas machen lässt. Nach Einschätzung von Immobilienexperten aus der Gegend wird sich dieses Preisniveau aller Wahrscheinlichkeit nach stabilisieren.

Kaufen Sie nicht zu weit draußen, wo Sie und Ihre Familie zu Arbeitsstätte und Schule zu weite Wege haben. Natürlich werden Sie, besonders wenn Sie als Angestellter bei einer Firma tätig sind, Ihre Wirkungsstätte nicht direkt neben oder in Ihrem eigenen Domizil haben. Sie müssen also fast immer mit Fahrtstrecken rechnen.

Nach Quadratmeterangaben der Wohnfläche werden Sie vergeblich suchen. Das interessiert den Australier nicht so sehr. Wichtig ist allein die Zimmerzahl.

Dafür wird öfter die Grundstücksgröße angegeben, besonders, wenn diese attraktiv ist. Nicht selten werden Sie am Rande der Städte und auf dem Land auf Grundstücke von mehreren »acres« – teilweise mehr als 10 – stoßen (1 acre = 4000 m≈ = 0,4 ha). Dies sind häufig früher landwirtschaftlich genutzte Flächen.

Achten Sie darauf, ob Ihr zukünftiges Haus ein Blechdach haben darf: Bei Regen wird's darunter recht laut!

Wichtig ist auch, ob das Haus an die öffentliche Wasserleitung und Stromversorgung angeschlossen ist. Weiter ab von den Ortschaften – es gibt viele Häuser in Einzellage, zum Teil im Wald – ist dies keine Selbstverständlichkeit. Dann muss eine Regenwasserversorgung (Tank), ein Bach (Vorsicht, er muss nicht immer Wasser führen), eine Quelle oder ein »dam« (Stauteich) vorhanden sein. Um Trinkwasserqualität zu bekommen, muss solches Wasser meist aufbereitet werden. Mit Grundwasser sieht es nicht gut aus, weil es durch Bodensalze häufig nicht genießbar oder aber gar nicht vorhanden ist (Felsuntergrund).

Strom kann mit einem Generator (Windrad, Diesel zum Beispiel) erzeugt werden.

Ob Sie's glauben oder nicht: Sie können in Australien nur wenige Kilometer von der nächsten Ortschaft entfernt mitunter »wie Robinson« leben! Wollten Sie das nicht immer schon mal? Sie müssen aber nicht, denn es stehen in der Regel genügend andere Wohnmöglichkeiten zur Verfügung.

Ein sehr breit gefächertes Angebot erhalten Sie, wenn Sie einen Blick in die teilweise kostenlosen Maklermagazine werfen. Man bekommt sie im Handel, an vielen Ladentheken oder direkt vor oder in den Büros der Makler (»Real Estate Agents«). Fast alle Häuser sind mit Fotos und Preisangabe versehen. Versuchen Sie dennoch, den Preis herunterzuhandeln. In diesen Magazinen inserieren meist mehrere Makler einer bestimmten Region.

Es gibt in Queensland viel ältere, aber gut erhaltene Holzhäuser, die Charakter haben und dem Liebhaber ein stilvolles Wohnen ermöglichen. Diese Objekte sind häufig recht erschwinglich, auch in guter Lage, beispielsweise in Strandnähe. Dafür sind die sanitären Anlagen darin meist nicht so up-to-date. Das gilt in ähnlicher Weise auch für das übrige Australien.

Viele Rentner ziehen aus dem kälteren Süden herauf in den warmen Norden, wo es auch im Winter meist nicht unter 18 °C warm ist (der Sommer kann dagegen im Süden manchmal heißer sein – bis 40 °C – als im subtropischen Norden). Außer einem kleinen Elektroheizer für einige kühle Tage kann man in den nördlicheren Landesteilen getrost auf eine Hausheizung verzichten und wird diese auch kaum eingebaut finden.

Achtung allerdings: Seit kurzem spielt auch das australische Klima zeitweise verrückt.

Für Ihre tägliche Fahrt vom neuen Domizil zur Arbeit sollten Sie wissen: Die Großstädte Australiens weisen von alters her ein durchweg gutes Verkehrssystem auf, das auch ohne den Einsatz des Privatautos schnelle Verbindungen garantiert und häufig sogar schneller ist. Busse und vor allem die S-Bahnen fahren in weitverzweigten Netzen und erschließen auch die äußeren Randbezirke: 20 bis 40 km sind durchaus nichts Ungewöhnliches. Und Sie werden morgens und abends auf freundliche Mitfahrer treffen, mit denen Sie bald in Kontakt kommen. Zu sehr späten Abendstunden sollte man öffentliche Verkehrsmittel aber meiden und lieber mit dem Taxi oder dem eigenen Wagen fahren. Aufgeschlitzte Sitzpolster und Schmierereien zeugen in den letzten Jahren auch in Australien von jugendlicher Aggressivität, Alkohol- und Drogenproblemen und familiärem Unfrieden. Sie sehen schon: Auch Australien ist kein Paradies irgendwo am Ende der Welt...!

Haben Sie sich nun zum Kauf eines Hauses entschlossen, dann geht es auch schon ans Bezahlen. Aber stopp: Erst einmal holen wir noch das Letzte raus, was rauszuholen ist und *handeln*, was das Zeug hält. Setzen Sie Ihre Marke möglichst weit unten an und kommen Sie Ihrem Geschäftspartner nur sehr langsam und zögerlich entgegen! Finden Sie Mängel, wo es nur geht, und stellen Sie diese als preismindernd dar. Irgendwo ist sicher etwas schief, etwas ungenau, etwas vergessen worden oder etwas nachzubessern. Dabei auch nicht das Grundstück übersehen: Kaputte Zäune, Außenlampen, Gehwegplatten oder Trittsteine gibt es überall.

Wenn Sie dann zum vereinbarten Kaufpreis noch etwa 3,5 Prozent an Nebenkosten hinzurechnen, liegen Sie in etwa beim Endpreis. Dies sind Kosten für Anwälte und Registrierung. Baufirmen, die genormte Haustypen nach Katalog anbieten, arbeiten meist mit Anwälten und Maklern zusammen. Fragen Sie hier nach der Höhe der Nebenkosten und lassen Sie sich so etwas schriftlich geben. Am besten, Sie nehmen einen australischen Bekannten mit, der sich mit so etwas auskennt und Ihnen die richtigen Tipps gibt. Ein deutsch sprechender Helfer wäre natürlich am besten.

Achten Sie bei Fertigobjekten auf das Vorhandensein einer Einbauküche und von Teppichböden oder Bodenfliesen, die normaler Neubaustandard sind. Von Baufirmen angebotene Neubauten liegen zusammen mit dem Grundstückspreis im allgemeinen preislich niedriger als ein Neubau in eigener Regie auf einem vorher gekauften Grundstück. Dies beruht auf Rabatten, die die Baufirmen aufgrund größerer Einkäufe an ihre Kunden teilweise weitergeben können.

Wer ein Haus bauen (lassen) möchte, dem sei geraten, sich rechtzeitig mit einer Qualitätsversicherung oder Qualitätskontrollorganisation in Verbindung zu setzen. Wir können hier die Adresse zweier solcher Unternehmen in Victoria nennen, die sich darum kümmern, ob die von

Links:
Tropisches Queensland: Sogar auf dem Autokennzeichen wirbt der heiße Norden um Touristen.

Unten:
Sechsspurige Ausfallstraßen, wie hier in Adelaide, sind in Citynähe Standard.

Frischfisch aus dem südlichen Ozean – im Hafen von Hobart.

Hausboote auf dem Noosa River kann man auch mieten.

Man muß nicht Crocodile Dundee sein, um in Australien seiner Off-Road-Leidenschaft frönen zu können. Strandpisten garantieren – wie hier bei Adelaide – ein besonderes Vergnügen.

Diese Fähre an der Rainbow Beach setzt über nach Fraser Island, der größten Sandinsel der Welt.

Melbournes traditionsreicher Zentralbahnhof: Flindersstreet Station.

Wer es sich leisten kann: Melbournes teuerste Shoppingmeile – die Collins Street.

In den »Rocks«
findet man noch
typische Beispiele
für die Archi-
tektur aus
Sydneys Grün-
derzeit.

Überwältigender Ausblick: den bietet der 300 m hohe Centerpoint oder Sydney Tower

Wer kennt es nicht: das Sydney Opera House – immer unter vollen »Segeln«.

Ausblick vom Taronga Zoo auf die Skyline von Sydney

Hat was für sich: der Queensland-Baustil.

Da hält man's aus: Winter an der Küste bei Adelaide.

Ihnen gewählte Baufirma Mitglied der Gesellschaft ist und den gesetzlichen Bestimmungen entsprechend arbeitet, also keinen Pfusch liefert,
und Sie zum Beispiel bis zu sieben Jahre lang gegen etwaige Mängel
versichert. Sichern Sie sich also besser ab!

Housing Guarantee Fund Ltd.
478 Albert St,
East Melbourne, 3002 Vic
Tel: 03 96606111

HIA Home Check,
Pre-Purchase Inspection Referral Services Pty Ltd
Melbourne
Tel: 92808200

Über die Finanzierung Ihres Hauses sprechen Sie wie üblich mit Ihrer
Bank. Die Hypothekenzinsen liegen z. Zt. (Dez.2002) zwischen 5 und
6 Prozent. Lange Darlehensbindungen wie hier zu Lande üblich kennt
man in Australien nicht, da der Australier sein Haus nicht als eine einmalige lebenslange Geldanlage ansieht, sondern häufiger seinen Wohnort
wechselt. Durchschnittlich wohnt er nur etwa 6 Jahre in ein und demsel-
ben Objekt. Darlehenskontrakte von 1 bis 5 Jahren sind üblich.

Sollten Sie sich bereits von Europa aus für eine Immobilie in Australien interessieren, sei es als Investition oder um nach Ihrer Auswanderung selbst darin zu wohnen, kann Ihnen diese erfahrene Immobilien-
firma weiterhelfen:

Ausimmo Deutschland
Dorfstr. 28
82382 Weilheim
Tel: 0881 4178726
Fax: 0881 4178216
Handy: 0172 8329059
E-Mail: juergenhuber@ausimmo.com
Internet: www.australien-immobilien.de

Versorgung (Wasser, Strom, Gas)

Am Beispiel Melbourne lässt sich ersehen, dass diese Kosten recht erschwinglich sind. Eine vierköpfige Familie zahlt alle drei Monate etwa
160 A$ für Trinkwasser und Abwasser, wobei das Abwasser prozentual
am meisten kostet. Die Rechnung setzt sich aus Grundpreis (»service
charge«) und Wasserverbrauch (»water usage«) zusammen. Der Kubik-
meterpreis (»kilolitre«) liegt bei 65 Cents.

Die Kilowattstunde kostet 11,87 Cents. Die Stromkosten belaufen sich auf 1 bis 1,5 A$ pro Tag. Dazu sei ergänzend festgestellt, dass der größte Stromverbraucher der Familie der Elektroherd ist. Ein elektrischer Wäschetrockner würde den Verbrauch erhöhen.

Die Kosten für Erdgas liegen im Winter bei etwa 70 A$ für zwei Monate. Mit Gas werden eine Wandheizung im Wohnzimmer sowie die Warmwasserzubereitung versorgt. Diese Wandheizung ist mit den bei uns früher üblichen Gas-Außenwandöfen vergleichbar.

Der Gaspreis wird nach dem gelieferten Wärmewert in Megajoule errechnet, wobei die verbrauchten Kubikmeter mit dem Heizwert des Gases und dem Druckfaktor multipliziert werden. Die ersten 4000 Megajoule (mj) sind zu einem günstigeren Preis (0,67 c/mj) zu haben als das, was darüber hinaus verbraucht wird (0,86 c/mj). Sparen wird also belohnt. Kein Mengenrabatt wie bei uns!

Bei allen erstellten Rechnungen der Versorgungsunternehmen fällt auf, dass darauf jedes Mal ein Verbrauchsdiagramm der letzten fünf bis sechs Monate abgedruckt ist – eine, wie wir meinen, durchaus nachahmenswerte Dienstleistung.

Einmal jährlich fallen Kosten in Höhe von derzeit knapp 700 A$ für Müllabfuhr und Grundsteuer des Hauses an.

In Queensland sind Wasser, Abwasser und auch die Müllabfuhr bisher noch in der jährlichen Grundsteuer enthalten. Demnächst sollen jedoch, wie wir hörten, hier und in anderen Bundesstaaten Wasseruhren und eine getrennte Abrechnung eingeführt werden.

Die Stromkosten liegen in Queensland ähnlich hoch wie in Melbourne: bei etwa 1 A$ pro Tag. Hier sind die Warmwasserzubereitung für das Haus und sogar eine elektrische Zusatzheizung für den Swimmingpool enthalten. Diese arbeitet, wenn die Sonnenkollektoren in der Übergangszeit nicht ausreichen.

Wohnen und Sicherheit

In vielen Vororten der Großstädte findet man »neighbourhood watch«. Oft sitzt ein kleines Schild unter dem Straßenschild mit der Aufschrift »This area is under neighbourhood watch«. Oder es wird darauf hingewiesen, dass auch die Grundschule in diesem Bereich liegt.

Die Nachbarschaftsbeobachtung ist eine Einrichtung der sozialen Selbsthilfe der Anwohner: Ein oder mehrere Personen eines bestimmten Gebietes werden bei der Polizei mit dem nötigen Wissen ausgestattet und unterrichten ihrerseits bei Bürgertreffen die Bevölkerung darüber, auf was sie zu achten hat, um Verbrechen vorzubeugen. Hiermit sind jedoch keine Streifengänge mit Hunden und dergleichen verbunden, wie das teilweise in den USA üblich ist: Es geht lediglich um die Beobachtung auffälliger Verhaltensweisen und Vorkommnisse, die aus dem Rahmen der in der Nachbarschaft üblichen Lebensweise fallen. Beispielsweise ist auffällig, wenn immer wieder um eine bestimmte Zeit und/oder an einer bestimmten Stelle ein Auto parkt und der Fahrer nicht aussteigt.

Mit dieser Einrichtung wird einerseits die Polizei entlastet, andererseits wird potentieller Gefahr vorgebeugt, da jede Familie aufpasst. Inwieweit das auch die innerfamiliären Dinge (Gewalt in der Familie) betreffen kann, darüber konnten wir nichts in Erfahrung bringen.

2.6 Arbeitsleben und Berufe

Obwohl sich die Tätigkeiten in einem Industrieland wie Australien nicht grundsätzlich von denen bei uns unterscheiden, gibt es doch Unterschiede in der Art und Weise zu arbeiten. Wer dies von vornherein im Auge behält, ist gut beraten. Man erwartet von Ihnen als Einwanderer auch eine gewisse Anpassungsfähigkeit und fragt sich, wenn das nicht der Fall ist: Warum ist der nur nach Australien gekommen, wenn er hier doch so deutsch bleiben will?

Der typische Besserwisser, der Perfektionist, der Übergenaue und Überpünktliche ist in »down under« nicht gefragt. Versuchen Sie also, die von Ihnen erwartete Leistung so zu erbringen, wie das die anderen auch tun. Schauen Sie ihnen beobachtend zu, damit Sie australische Besonderheiten entdecken können. Eine langsamere Gangart wird dem australischen Arbeitsstil im allgemeinen nachgesagt. Stellen Sie fest, dass das auch in Ihrem Betrieb so ist, so hangeln Sie sich bitte etwas von der mitteleuropäischen Geschwindigkeit herunter: Das schont auch Ihre Nerven, erspart Ihnen Ärger – und den Herzinfarkt!

Die meisten Australier empfinden Arbeit als notwendiges Übel und betonen Freizeit und Lebensfreude am Feierabend. Aber ist das bei uns nicht ähnlich? Wir trauen uns nur nicht, das so ehrlich zu zeigen.

Arbeitsbedingungen

In etwas älteren Büchern über Australien kann man noch davon lesen, dass dieses Land einst eine Art Paradies – daher der Begriff »lucky country« – für Arbeiter und Angestellte war. Aber Streiks und Arbeitsniederlegungen ohne Ende, Anrufe beim örtlichen Gewerkschaftsboss bei jeder Kleinigkeit, vor der Arbeiterschaft zitternde Arbeitgeber und Politiker, betont faules Arbeitstempo und dergleichen – das gehört heute der Vergangenheit an. Seit erhöhte Arbeitslosigkeit im eigenen Land, hohe Staatsverschuldung, Dominanz fremden Kapitals und teilweise verlorengegangene europäische Märkte der Bevölkerung gezeigt haben, dass man sich auch in Australien nicht nur sorglos in die Sonne legen kann, hat sich das Klima wesentlich verändert.

Und außerdem muss man jetzt auch dem asiatischen »Tiger« die Zähne zeigen – und der ist sehr fleißig. Da ist es besser, mit ihm zusammenarbeiten, damit sich ein möglichst hoher Nutzen für Australien daraus ergibt. Australien hat sich selbstbewusst dem asiatisch-pazifischen Raum zugewendet: Und das hat sich auch auf die Arbeitsmoral ausgewirkt.

Vertiefen wir uns in einschlägige Abhandlungen über die Bedingungen, unter denen in Australien heute gearbeitet wird, so erfahren wir Folgendes:

Die Arbeitsbedingungen und Mindestlöhne werden durch Schiedsverfahren und Gesetze geregelt. Dies geschieht in etwa 80 Prozent der Fälle durch die Anrufung der unabhängigen bundesstaatlichen Schiedsgerichte, die ihrer Entscheidung durch Schiedssprüche Ausdruck verleihen, nachdem sie die Konfliktparteien angehört haben. Manche Gerichte sind sogar ermächtigt, vereinbarten Abkommen zwischen Arbeitnehmern (Gewerkschaften) und Arbeitgebern Gesetzeskraft zu verleihen.

Das Bundesparlament in Canberra wird nur dann aktiv, wenn es sich um Streiks handelt, die auf mehrere australische Bundesstaaten übergreifen.

Das Prinzip »gleicher Lohn für gleiche Arbeit« gilt grundsätzlich auch für die Geschlechter, wenn die Praxis mitunter auch davon abweicht. Die Löhne von Frauen liegen im Durchschnitt um ein Drittel niedriger, was sich aber durch die große Zahl weiblicher Teilzeitbeschäftigungen erklärt: 42 Prozent aller beschäftigten Frauen haben keinen »full time job«. Jugendliche allerdings erhalten im allgemeinen nur einen bestimmten prozentualen Anteil eines Erwachsenenlohnes, der von Jahr zu Jahr ansteigt.

In gut gehenden Branchen wird auch übertariflich bezahlt.

In jüngster Zeit ist man dazu übergegangen, Löhne flexibler zu gestalten, also an die jeweilige Produktivität eines Betriebes zu koppeln. Die vereinbarten Löhne dürfen in den vom Bundessystem betroffenen Betrieben die von den Gerichten festgelegte Höhe zwar nicht unterschreiten – aber überschreiten.

Arbeitsmarkt

In Australien sind gegenwärtig etwa 8,5 Mio. Personen erwerbstätig, rund 6 Mio. davon in Vollzeitstellen. Knapp zwei Drittel aller Arbeitnehmer arbeiten in den Bereichen Groß- und Einzelhandel, Fertigung,

Baugewerbe und kommunale Dienstleistung. Die Arbeitslosigkeit lag Anfang 1995 bei circa 9 Prozent.

In dem in Österreich erscheinenden Organ »Der Standard« wird berichtet, dass seit 1997 das Wirtschaftswachstum von 3,8 auf 4,8 Prozent gestiegen ist und die Quote der Arbeitslosen im 2. Quartal 1999 auf 7,2 zurückgegangen ist.

Betrachten wir einmal die folgende Tabelle aus dem – wenn auch nicht mehr ganz aktuellen – *Australian Yearbook 1986*, so können wir auf diese Weise einen Überblick über den australischen Arbeitsmarkt gewinnen und sehen, wie sich die Beschäftigung auf die verschiedenen Branchen verteilt.

Branche	Männer x 1000	Wochen-Std.	Frauen x 1000	Wochen-Std.
Landwirtsch., Forsten, Fisch., Jagd	284,7	51,3	109,0	28,6
Bergbau	86,5	38,8	7,2	33,3
Produktion	841,5	39,0	295,5	32,4
davon: Nahrung, Getränke, Tabak	123,6	38,2	51,7	32,0
Metallprodukte	175,2	38,6	28,0	30,7
andere Prod.-Zweige	542,7	39,4	215,7	32,7
Elektrizität, Gas, Wasser	121,9	34,7	11,1	30,6
Bauwesen	422,8	39,3	62,2	20,3
Groß- und Einzelhandel	738,8	41,1	579,7	28,9
Transport u. Lagerung	308,7	39,4	57,1	30,2
Nachrichtenwesen	107,0	34,7	39,8	30,0
Finanz-, Vermög.- u. Geschäftsdienstl.	351,2	39,6	301,1	30,1
Öffentl. Verwaltung u. Verteidigung	202,9	35,2	121,0	31,5
Wohlfahrtsdienste	425,3	36,8	715,6	28,7
Freizeit, private u. andere Dienstl.	192,4	39,5	249,4	28,1
Gesamtzahl bzw. Durchschnitt	4083,8	39,7	2548,5	9,3

Gewerkschaften

Die Entstehung der australischen »unions« (Gewerkschaften) ist sehr eng mit der Gründung der »Australian Labor Party« (Arbeiterpartei) verbunden. Beide gingen aus dem 1871 gegründeten »Trades and Labor Council« hervor.

Da die australischen Bundesstaaten viel autonomer sind als etwa die deutschen Bundesländer, haben sich auch viel mehr regionale Gewerkschaften bilden können als hier: Es gab einmal über 400.

Zur Zeit gibt es noch 167 kleine – mit zwischen 1000 und 50 000 Mitgliedern – sowie 21 große Gewerkschaften. Insgesamt haben sie über 3 000 100 Mitglieder (Quelle: *Australian Yearbook 1995*).

Der Dachverband aller australischen Gewerkschaften ist der »Australian Council of Trade Unions« (ACTU), dem alle großen Gewerkschaften angehören.

Um ihre Ziele durchzusetzen, benutzen die Gewerkschaften verschiedene Strategien. Diese reichen von der direkten Aktion (Streiks) über politische Aktivität und über Verhandlungen (Schlichtungen) bis hin zur Anrufung der Schiedsgerichte und staatlichen Gerichte (»conciliation and arbitration«). Die hohe Anzahl von Streiks ist im Laufe der letzten Jahre deutlich zurückgegangen, da die Sozialpartner gemerkt haben, dass die australische Volkswirtschaft nicht zum Spielball von einseitigen Interessenskämpfen gemacht werden kann, ohne nachhaltigen Schaden zu erleiden. Diese Einsicht ist auch in entsprechenden Abkommen wiederzufinden.

Man kann die Gewerkschaften in drei große Gruppen aufteilen: industrielle, gewerbliche und allgemeine Gewerkschaften. Die meisten von ihnen sind berufsorientierte Gewerkschaften und teilen sich nach Industriezweigen auf.

Die Mitgliedschaft in einer Gewerkschaft ist zwar nicht obligatorisch, wird aber gern gesehen, um mehr Unterstützung für die Interessen der Arbeiterschaft zu gewinnen. Zur Zeit sind nur noch etwa 38 Prozent aller Arbeitnehmer gewerkschaftlich organisiert – Tendenz: rückläufig.

Seit 1983 gibt es ein Preis- und Lohnabkommen zwischen dem ACTU und der Bundesregierung. Dadurch wurde das Missverhältnis zwischen Löhnen und Gewinnen überwunden, das in den 70er und 80er Jahren der australischen Wirtschaft sehr zusetzte. So gab es wieder ein größeres Wachstum in der Beschäftigung, und die Investitionen nahmen Ende der 80er Jahre zu.

Von 1983 bis 1990 konnten über 1,4 Mio. neue Arbeitsplätze geschaffen werden. Bis Ende 1992 ging die Inflation auf 0,3 (!) Prozent zurück; Anfang 1993 lag sie dann bei 2 Prozent.

Mittlerweile gibt das österreichische Organ »Der Standard« für 1999 eine Inflationsrate von 1,5 Prozent an.

Arbeitszeiten, Urlaub, Lohn
Wo gearbeitet wird, muss es auch Pausen und Unterbrechungen geben. Das ist in Australien nicht viel anders als in Mitteleuropa.

Durchschnittlich arbeiten Australier in den meisten Branchen 38 Stunden pro Woche und bekommen vier Wochen Jahresurlaub. Schon 1948(!) wurde die 40-Stunden-Woche eingeführt, in Südaustralien gibt es den 8-Stunden-Tag bereits seit 1873 – hätten Sie das für möglich gehalten? Also doch ein »lucky country«!

Für den Jahresurlaub gewährt der Arbeitgeber ein Urlaubsgeld in Höhe von 17,5 Prozent des Lohnes, was nicht wenig ist.

Es gibt Zulagen für Schichtarbeit und betriebsnotwendige Überstunden, wobei es eine gewisse Grenze für zumutbare Überstunden gibt.

Darüber hinaus werden zehn bezahlte gesetzliche Feiertage gewährt, eine Woche bezahlten Krankheitsurlaub und in manchen Betrieben eine gewisse Zahl von Urlaubstagen für familiäre Zwecke.

Für langjährige Treue – 10 Jahre – zum Betrieb wird ein dreimonatiger vollbezahlter Sonderurlaub gewährt (»Long Service Leave«). Nach weiteren 10 Jahren gibt es erneut Sonderurlaub.

Berufsgruppe	männlich	weiblich	total
Management u. Verwaltung (leitende Ang.)	921	665	870
höherqualifizierte akadem. Berufe	804	581	696
nichtakademische höherqual. Berufe	705	537	626
Handwerker	565	360	541
Büroangestellte	560	421	457
Verkaufsrepräsentanten und dienstleistende Arbeitnehmer (Hotel, Touristik, Körperpfl.)	464	291	351
Fabrikarbeiter	623	388	592
einfache, ungelernte Arbeiter	446	301	390
Durchschnitt aller genannten Gruppen	621	414	526

Eine Statistik aus dem *Australian Yearbook 1995* gibt uns das Durchschnittseinkommen – in Netto pro Woche und in A$ – verschiedener Berufsgruppen an:

In der Bundesstatistik lag das Durchschnittseinkommen aller Berufe 1992 bei A$ 477 netto. In Australien gibt es immer noch eine breite Schicht mittlerer Einkommen, wenig Reiche und wenig Arme.

Eine Veröffentlichung des »Australian Bureau of Statistics« mit dem Titel »Labour – Statistics in Brief« gibt Auskunft über die aktuelle Lage auf dem Arbeitsmarkt. In der Ausgabe von 1993 fanden wir einige interessante Diagramme und Tabellen.

So betrug der durchschnittliche wöchentliche Verdienst aller australischen Arbeitnehmer im Jahre 1992:

Männer	670 A$
Frauen	533 A$
Alle	621 A$

Die schulische Vorbildung von Personen ab dem 15. Lebensjahr, die im Februar 1992 beschäftigt waren, verteilt sich folgendermaßen:

nach der Schulzeit weiterqualifiziert	3 830 200 =	50,6 %
nach der Schule nicht weiterqualifiziert	3 599 500 =	47,5 %
den höchsten Schulabschluss erreicht	1 102 500 =	14,6 %
nicht den höchsten Schulabschluss erreicht	2 471 900 =	32,6 %
nie die Schule besucht	11 600 =	0,2 %
besuchen derzeit noch die Schule	141 500 =	1,9 %

Beschäftigtenzahlen in der Industrie (August 1992):

Bergbau	77 700 =	1,3 %
Produktion	900 700 =	15,4 %
Strom, Gas, Wasser	101 400 =	1,7 %
Baugewerbe	256 600 =	4,4 %
Groß- und Einzelhandel	1 193 300 =	20,4 %
Transport und Lagerung	264 500 =	4,5 %
Nachrichtenwesen	116 100 =	2,0 %
Finanzen, Vermögens- u. Geschäftsdienstl.	761 200 =	13,0 %
Verwaltung und Verteidigung	321 000 =	5,5 %
Wohlfahrt	1 382 900 =	23.7 %
Erholung, persönl. und andere Dienste	460 600 =	7,9 %

Auf die Darstellung von freien Stellen in den verschiedenen Branchen verzichten wir lieber, da diese ständigen Schwankungen unterworfen sind. Besorgen Sie sich die aktuellen Daten bei den Behörden, oder lesen Sie sie im aktuellen *Australian Yearbook* nach, und fragen Sie nach dem neuesten Faltblatt. Auch in den Universitätsbibliotheken können Sie diese Angaben leicht bekommen. Sehen Sie im Computer nach unter »Labour Statistics« beziehungsweise »Census«.

Wenn Sie detaillierte Informationen haben möchten, wenden Sie sich an eine der folgenden Stellen:

Box 796 GPO
Sydney, NSW 2001
Tel: 02-2684425

Box 9817 GPO
Brisbane, Qld 4001
Tel: 07-2226195

Bos K881 GPO
Perth, WA 6001
Tel: 09-3235120

Box K881 GPO
Adelaide, SA 5001
Tel: 08-2377466

Box 66A GPO
Hobart, Tas 7001
Tel: 002-205909

Box 3796 GPO
Darwin, NT 0801
Tel: 089-815222

Box 10 PO
Belconnen, ACT 2616
Tel: 062-2526313

Box 2796Y GPO
Melbourne, Vic 3001
Tel: 03-6157802

Um regelmäßig statistische Daten über die Bevölkerung zu bekommen, werden Erhebungen durchgeführt (»Census«), wobei die Geheimhaltung aller persönlichen Angaben zugesichert wird (nach dem »Census and Statistics Act«).

Die anonymen Daten können nach Veröffentlichung von allen privaten Personen, Organisationen und Behörden eingesehen werden.

Arbeitsplatz-Beispiel:
An dieser Stelle beschreiben wir beispielhaft den Arbeitsplatz eines Druckers in einem mittleren Druckunternehmen in einer australischen Großstadt. Es hat zur Zeit (1995) fast 150 Mitarbeiter. In diesem Betrieb werden im Tiefdruckverfahren Lebensmittelverpackungen bedruckt. Es stehen mehrere Druckstraßen zur Verfügung. Die Druckmaschinen stammen unter anderem aus Italien und Japan. Kleinste Ungenauigkeiten im Druck werden als fehlerhafte Bahnen ausgemustert, da die Kunden darin sehr pingelig sind.

In der großen Halle riecht es nach Verdünnungsmitteln für die Farbe. Der Maschinenlärm ist mäßig, aber unüberhörbar – und unvermeidlich.

Geräuschschutz zu tragen ist vorgeschrieben, er dämpft aber nur die höheren Frequenzen.

Die leicht azeton- beziehungsweise nitrogeschwängerte Luft wird über große Gebläse über das Dach ins Freie geblasen. Unser Drucker arbeitet mit noch über zehn Kollegen zusammen, und es unterstehen ihm mehrere Lehrlinge zur Ausbildung. Dies hat mit seiner Qualifikation auf diesem Gebiet zu tun. Die Lehrlinge haben eine vierjährige Ausbildungzeit, besuchen nebenher die Berufsschule und bekommen nach bestandener Prüfung ein Abschlusszertifikat. Der Drucker lernt auch ungelernte Arbeiter an der Maschine an.

Seine Qualifikationsstufe lässt sich am besten mit »Facharbeiter im Tiefdruck« umschreiben.

Seine Wochenstundenzahl beträgt 38 Stunden, die Arbeit wird im Schichtbetrieb geleistet. Er arbeitet entweder von 6 bis 14 Uhr oder von 14 bis 22 Uhr, ganz selten – etwa einmal im Monat – in Nachtschicht von 22 bis 6 Uhr.

Der wöchentliche Brutto-Grundlohn beträgt rund 800 A$, dazu kommen 30 Prozent Schichtzulage.

Als Abzüge vom Lohn fallen etwa 30 Prozent für Lohnsteuer, »superannuation« (Altersrente) und Gewerkschaftsbeitrag an.

Die Mitgliedschaft in einer Gewerkschaft wird von unserem Gewährsmann als empfehlenswert eingeschätzt: Sie stellt ein Stück Solidarität mit den Kollegen dar und bietet noch andere Vorteile wie zum Beispiel eine gewisse Beteiligung an bestimmten Arztkosten.

Der Betrieb verfügt über eine eigene Kantine mit gutem, preiswertem Essen, aber ohne Alkoholausschank. Kaffee, Tee und Mineralwasser erhalten die Mitarbeiter kostenlos.

Die Urlaubszeit beträgt fünf Wochen pro Jahr. Als Krankheitsurlaub wird gesetzlich eine Woche unter Vorlage eines Attestes zugestanden. Nach 20jähriger Betriebszugehörigkeit werden drei Monate Sonderurlaub gewährt.

Entschädigung bei Unfall oder Tod

Verletzt sich ein Arbeitnehmer auf dem Weg zur Arbeit oder während seiner Arbeitszeit, so hat er gegenüber seinem Arbeitgeber einen Entschädigungsanspruch. Dieser sichert sich durch die Mitgliedschaft in einer Unfallversicherung dagegen ab. Darin sind Behandlungs- und Pflegekosten ebenso eingeschlossen wie ein wöchentlicher Pauschalbetrag für den Lebensunterhalt. In vielen Fällen muss der Arbeitgeber in den ersten 26 Wochen der Arbeitsunfähigkeit sogar die Differenz zwischen der Entschädigung und dem normalen Lohn zahlen.

Darüber hinaus gibt es eine ganze Anzahl von gesundheitlichen und sicherheitstechnischen Vorschriften für den Schutz der Arbeitnehmer, so zum Beispiel die Gewerbeaufsicht.

Berufsbezeichnungen

Um Ihnen Hilfe bei Arbeitssuche und allgemeiner Berufsinformation zu vermitteln, geben wir hier eine Liste der gängigsten Berufe wieder, von denen man die meisten auch in einem guten Wörterbuch findet. Wenn Sie Zeitungsinserate studieren, können diese Angaben für Sie nützlich sein. Dabei haben wir aus Gründen der Übersichtlichkeit auf die jeweils gesonderte Angabe der weiblichen Berufsbezeichnung verzichtet – es heißt hier also nur »Buchhalter«, und nicht »Buchhalter/Buchhalterin«.

Accountant	Buchhalter
Accounting Technician	Kontorist in Rechnungswesen, Buchführung
Administrative Assistant	Verwaltungsangestellter
Advertising Artist	Werbezeichner
Agricultural Engineer	Agraringenieur
Agriculturalist	Beruf in der Landwirtschaft
Architect	Architekt
Auditor	Revisor
Auto Mechanic	Kfz-Mechaniker
Automotive Electrician	Kfz-Elektriker
Baker	Bäcker
Barber	Herrenfriseur
Barrister	Rechtsanwalt (für höhere Gerichte)
Biologist	Biologe
Bookkeeper	Buchhalter
Bookseller	Buchhändler
Bricklayer	Maurer
Bus Driver	Busfahrer
Butcher	Schlachter
Cabinet Maker	Kunst-, Möbeltischler
Chamberperson	Zimmermädchen
Care Worker	Fürsorger, Sozialarbeiter
Carpenter	Zimmermann
Carrier	Spediteur
Chemist	Chemiker
Childcare Occupant	Fürsorger (Kinder)
Civil Engineer	Ingenieur/Techniker im öffentl. Dienst

Claim Adjuster	Schadenssachverständiger
Clerk	allgemeine Bezeichnung für Büroberufe
Community Planner	Planer auf Gemeindeebene
Cosmetologist	Kosmetikerin
Craftsman, Artisan	Handwerker (allgemein)
Dental Assistant	Zahnarzthelferin
Dentist	Zahnarzt
Denturist	Zahntechniker
Dietician	Diätspezialist(in)
Dishwasher	Küchenhilfe
Draftsperson	Zeichner
Dressmaker	Damenschneiderin
Drywaller	jemand, der Trockenausbau macht
Economist	Wirtschaftsberater
Electrician	Elektriker
Editor	Redakteur
Electrician Engineer	Elektroingenieur
Employment Counsellor	Berufsberater
Farmer	Landwirt
Farm Worker	landwirtschaftlicher Gehilfe
Florist	Blumenhändler
Food Technologist	Lebensmitteltechnologe
Furniture Maker	Möbelmonteur
Glazier	Glaser
Greengrocer	Gemüsehändler
Hairdresser	Friseur
Heavy Duty Mechanic	Schwerfahrzeug-Mechaniker
Heavy Equipment Operator	Schwerfahrzeugführer
Homemaker	Haushälterin, Betreuer
Industrial Engineer	Industrie-Ingenieur
Insurance Salesperson	Versicherungsvertreter
Interior Designer	Dekorateur
Janitor	Hausmeister
Joiner	Tischler
Labourer	Arbeiter
Lawyer	Rechtsanwalt
Librarian	Bibliothekar
Life Sciences Technologist	Technologe in Zoologie, Land- und Forstwirtschaft
Locksmith	Schlosser
Logger	Fahrer für Holztransporte

Machinist	Maschinenschlosser und vergleichbare Berufe
Maintenance Person	Wartungsmonteur
Major Appliance Repairer	Haus- und Elektrogeräte-Reparateur
Mason	Maurer
Master	Handelskapitän
Mechanical Engineer	Maschinenbauingenieur
Medical Laboratory Technician	Medizinisch-technischer Assistent
Miner	Bergwerksarbeiter
Mortician	Leichenbestatter
Notary Public	Notar
Nurse	Krankenschwester, Kindermädchen
Nursery Teacher	Kindergärtnerin
Nursing Assistant	Krankenpfleger
Nutritionist	Ernährungsberater
Optician	Optiker
Pa(e)diatrician	Kinderarzt
Painter	Maler, Lackierer
Paperhanger	Tapezierer
Personnel Officer	Verwaltungsbeamter
Pharmacist	Apotheker
Physician	Praktischer Arzt
Plasterer	Verputzer
Plumber	Klempner
Podiatrist	Fußpfleger
Practitioner	Praktischer Arzt
Priest	Pfarrer, Priester
Procurement Officer	Versorgungsbeamter
Pump Attendant	Tankwart
Purchasing Officer	Einkäufer (öffentlicher Dienst)
Radio- & TV Mechanic	Radio- und Fernsehtechniker
Real Estate Agent	Immobilienmakler
Receptionist	Empfangstelefonist
Refrigeration Mechanic	Kühltechnik-Mechaniker
Researcher	Forscher
Salesperson	Verkäufer
Sales Representative	Handelsvertreter
Secretary	Sekretär
Security Guard	Wachmann
Service Station Attendant	Tankwart
Sheet Metal Worker	Blechschlosser

Shop Assistant	Verkäufer
Social Worker	Sozialarbeiter
Solicitor	Rechtsanwalt
Surveyor	Landvermesser
Survey Assistant	Assistent des Landvermessers
System Analyst	Systemanalytiker (Computer)
Teacher	Lehrer
Teller/Cashier	Bankangestellter/Kassierer
Tile Setter	Fliesenleger
Tree Harvester	Holzfäller
Truck Driver	LKW-Fahrer
Typesetter	Schriftsetzer
Typist	Maschinenschreiber
Upholsterer	Polsterer, Tapezierer
Underwriter	Versicherungsagent
Veterinarian	Tierarzt
Vicar	Pastor
Welder	Schweißer
Warehouseperson	Lagerverwalter
Watchmaker	Uhrmacher

Andere als vorgenannte Begriffe können – je nach dem aktuellem Sprachgebrauch – ebenfalls existieren. Desgleichen ist diese Liste natürlich nicht vollständig.

2.7 Autofahren

Die australische Nation ist – wie die amerikanische und inzwischen auch die deutsche – zum »fahrenden Volk« geworden: Praktisch fährt jeder Australier ein eigenes Auto, in manchen Familien sind zwei bis drei Fahrzeuge angemeldet.

Aber Achtung: Australien gehört zu den Ländern, in denen noch immer Linksverkehr herrscht! Demzufolge befindet sich die Lenkung aller PKW, LKW und Busse rechts.

Hier heißt es für den Einwanderer: umdenken und umgewöhnen. Bei australischen Autos steigen Sie rechts ein, und auch der Schalthebel sitzt jetzt quasi auf der anderen Seite, so dass Sie die Gänge mit der linken Hand schalten müssen, wenn Sie nicht über Automatik verfügen. Natürlich erfordert auch dies Gewöhnung, die man – vorsichtig! – auf Nebenstrecken »erfahren« sollte. Womit wir schon beim Fahren wären.

Führerschein

In den ersten drei Monaten dürfen Sie dies noch mit Ihrem alten oder einem internationalen Führerschein – danach benötigen Sie eine neue »drivers licence« (Fahrerlaubnis). Da die Regelungen dafür von Bundesstaat zu Bundesstaat unterschiedlich sind, erkundigen Sie sich bitte gleich zu Anfang beim »Immigration Department«, wie dies vonstatten geht. Hier wird auch Ihr deutscher Führerschein übersetzt. Sie können auch eine Anfrage an das »Police Headquarters« (Polizeiamt) richten.

Einwanderer müssen erneut eine theoretische Prüfung ablegen. Die Fahrlizenz gilt nur für einen bestimmten Zeitraum (ein bis fünf Jahre) und wird dann jedesmal durch Entrichtung einer kleinen Gebühr erneuert.

Als Neuling müssen Sie ein »P« neben Ihrem Kennzeichen führen, was die anderen Verkehrsteilnehmer auf Ihre geringe Fahrpraxis hinweist: Es steht für »provisional licence« und beinhaltet auch besondere Regelungen, denen Sie im ersten Jahr unterworfen sind.

Jeder Führerscheininhaber in Australien hat anfangs ein Bonuskonto von 12 Punkten, das mit jedem Verstoß oder Vergehen innerhalb von drei Jahren schrumpft. Ist das Konto aufgebraucht, wird Ihnen der Führerschein für eine gewisse Zeit entzogen, und Sie müssen eine Nachschulung absolvieren: Also aufgepasst beim Auto(s)pass!

Es gilt eine Toleranzgrenze von 0,5 Promille Alkohol, für Personen unter 21 sogar nur 0,2 Promille.

F., der seit 1982 in Australien lebt, weiß Interessantes zu berichten: *Es gibt hier zwar so etwas wie die Flensburger Strafpunktekartei, aber wer in einem anderen Bundesstaat, in dem er nicht wohnt, eine Übertretung begeht, erhält keine Strafpunkte. Der Grund liegt darin, dass die Staaten nicht zusammenarbeiten. Gewitzte Lastwagenfahrer haben Führerscheine von allen Staaten, in denen sie fahren.*

Gebrauchtwagenkauf

Ein gebrauchter Wagen ist sicherlich für Sie als Fahranfänger im Linksverkehr die ratsamste Investition auf dem Fahrzeugsektor.

Schauen Sie also in die Sonnabendausgaben der Zeitungen oder in eine Anzeigenzeitung (zum Beispiel die *Melbourne Trading Post*) und suchen Sie nach etwas Passendem.

Dabei werden Sie sofort über einige Abkürzungen stolpern:
- »rwc« = Roadworthy Certificate – Bescheinigung, dass das Fahrzeug verkehrs- und fahrsicher ist; gilt nur 30 Tage
- »reg« = meist verbunden mit einer Angabe wie »reg 9/94« oder »reg 4 months« – bedeutet »registered«, also noch zugelassen für die angegebene Zeit

- »ute« = utility car – PKW mit Ladefläche (Pickup)
- »panel van« PKW-Kastenwagen

Sind Sie nach erstem telefonischen Kontakt beim Anbieter eingetroffen, dann sehen Sie sich den angebotenen Wagen zunächst einmal sehr genau an. Dazu zählt:
- Kilometerstand ablesen (kann dennoch manipuliert sein)
- Reifenprofil prüfen, an den Rädern wackeln (Radlager dürfen nicht klappern)
- Motor/Getriebe von unten betrachten (zur Not auf einem Stück Pappe oder Folie darunterrobben!) Sind sie verölt? Dann lieber nicht kaufen!
- Stoßdämpferprobe (Wagen an allen vier Kotflügeln leicht herunterdrücken und prüfen, ob er beim Hochschnellen nicht nachfedert: Er muss sofort oben bleiben!)
- Motor laufen lassen: ist anormales Auspuffgeräusch zu hören oder Qualmentwicklung zu beobachten? Bei Qualm liegt Motorschaden vor, es sei denn, es ist ein Diesel – und der darf nur zu Beginn kurz qualmen
- Beleuchtung, Blinker und Bremslichter kontrollieren
- Scheibenwischer und Hupe kontrollieren

Probefahrt (im Beisein des Besitzers) machen. Fahren Sie selbst, um festzustellen, ob die Lenkung klappert, zuviel Spiel hat, und ob die Bremsen richtig funktionieren. Auch die Handbremse testen.

Hören Sie sich nach der Probefahrt von etwa 5 bis 10 km den Motor erneut im Leerlauf an. Klappern kann von zu losen Ventilen oder Lagerschäden stammen. In beiden Fällen verzichten Sie besser auf den Kauf – sonst gibt's eventuell ein böses Erwachen für Sie.

Sehen Sie auf den »registration sticker« (Zulassungsplakette) an der Windschutzscheibe: Sie sollte auf jeden Fall noch gültig sein, damit Sie keine Scherereien mit einer Neuzulassung bekommen.

Nach diesem kleinen privaten TÜV dürfen Sie einigermaßen sicher sein, keine »vergurkte Mühle« gekauft zu haben. Häufig ist der erste Eindruck auch schon viel wert, jedoch macht er Ihren gründlichen Check nicht überflüssig!

Sind Sie sich über den endgültigen Preis einig geworden (beim Runterhandeln alles anführen, was Sie an kleinen Fehlern entdecken, die aber nicht die Fahrsicherheit betreffen dürfen), dann schreiten Sie getrost zum Besitzerwechsel.

Der Verkäufer muss Ihnen jetzt das »RWC« vorlegen. Vielleicht hat er auch schon die beiden Formulare »Letter of Disposal« (oder: »Transfer of Registration«) sowie den »Letter of Acquisition« zur Hand

– sonst bei der Polizei besorgen. Die Verträge werden ausgefüllt zusammen mit dem »RWC« bei der nächsten Polizeidienststelle (ländliche Gebiete) oder beim »Department of Transport« vorgelegt: Hier wird die Ummeldung vollzogen.

Ergänzend sei darauf hingewiesen, dass ein privater Kauf grundsätzlich auch ohne Vertrag funktioniert – kaufen Sie aber beim Händler, ist ein Vertrag erforderlich.

Neuwagenkauf

Wer nach dem Motto verfahren möchte: Lieber neu und gut als alt und schlecht, dem sei folgendes angemerkt: Da europäische Importwagen wegen des hohen Einfuhrzolls – teilweise mit Luxussteuer-Aufschlag von bis zu 96 Prozent – sehr teuer sind, empfiehlt sich beim Kauf eines Neuwagens eine in Australien produzierte Automarke.

Die wichtigsten australischen Marken sind Holden (General Motors), Ford und Toyota.

Unfallrisiko

Die Zahl der Unfallopfer fiel in den letzten Jahren auf den niedrigsten Stand seit 1954, was auf Anschnallpflicht, verbesserte Fahrzeugsicherheit, besseren Straßenzustand und härteres Vorgehen gegen Alkohol am Steuer zurückgeführt wird. Dennoch kann es in den besten Familien und auf den besten Kreuzungen krachen. Deshalb: Bei einem Unfall, der trotz aller Vorsicht vorkommen kann, gibt es – auch hinsichtlich der Versicherung – Abweichungen vom deutschen Recht. Liegt Fremdverschulden vor, so können Sie bei Fahrzeugschäden dennoch leer ausgehen, wenn die andere Partei nicht unfallversichert war und den Schaden an Ihrem Fahrzeug nicht selbst bezahlen kann oder will (Rechtsstreit!). Die »Third Party Insurance« (Pflichtversicherung) deckt nämlich nur Personenschäden der anderen Partei ab. Man kann allerdings eine zusätzliche Haftpflichtversicherung gegen Fahrzeugschäden – wie sie bei uns vorgeschrieben ist – abschließen: Man muss aber nicht – man kann! Das ist äußerst empfehlenswert, denn es dient der Abdeckung der Schäden der anderen Partei und beugt einer privaten Haftung aus Ihrer Tasche bei Unfällen vor.

Kfz-Steuern und Versicherungsbeiträge sind ebenfalls je nach Bundesstaat verschieden, im Durchschnitt liegen sie bei einem Mittelklassefahrzeug zusammen bei etwa 350 A$ pro Jahr.

Eine Vollkasko-Versicherung (Beispiel Queensland) kostet für ein Fahrzeug mit 4-Liter-Motor ohne Selbstbeteiligung nur 390 A$ im Jahr, mit Selbstbeteiligung etwa 300 A$! Sie lohnt also auf jeden Fall, wenn man keine Scherereien haben will.

Das Autokennzeichen bleibt immer beim Fahrzeug, auch bei Eigentümerwechsel, außer er verzieht oder verkauft es in einen anderen Bundesstaat.

Straßen, Verkehrsregeln und Verkehrszeichen

In Australien sind rund neun Millionen Fahrzeuge registriert, die auf einem Straßennetz von rund 810 000 km Länge dahinrollen. Davon bilden die örtlichen Straßenverbindungen mit 685 000 km den weitaus größten Anteil.

Das Problem ist allerdings, dass rund 80 Prozent des Straßenverkehrs sich auf nur 20 Prozent des Straßennetzes konzentrieren, worunter auch die 18 500 km nationaler Fernstraßen fallen. Dies bedeutet eine große Beanspruchung dieser Straßen mit entsprechendem Verschleiß der Fahrbahnen durch recht hohe Verkehrsdichte.

Die australische Regierung beabsichtigt bis, Ende 1996 2,5 Mrd. A$ für die Erneuerung und Instandhaltung der Fernstraßen auszugeben.

In Australien unterscheidet man folgende Arten von Straßen:
- die »Freeways« (wie unsere Autobahnen; meist nur bei Großstädten)
- die »Highways« (Hauptverbindungsstraßen, unseren Bundesstraßen entsprechend)
- die »Mainroads« (»sealed« = geteert oder »unsealed« = ungeteert)
- die »Minor Roads« (ungeteert)
- die »4-Wheel-Drive-Only«-Pisten (nach längerem Regen nicht befahrbar, höchstens mit Allradautos)

Seien Sie beim Fahren auch auf Highways und Mainroads auf Überraschungen wie plötzliche Straßenverengungen gefasst. In ländlichen Gebieten sind diese Straßen nur in den Ortschaften breiter und mit Mittelstrich versehen, außerhalb sind es häufig nur einspurige Teerstraßen mit beidseitig breiten Randstreifen aus Lehm oder Sand. Hier ist mit Steinschlag durch entgegenkommende oder vorausfahrende Fahrzeuge zu rechnen – Sprünge in den Windschutzscheiben belegen das.

Bei neueren Fahrzeugen findet man aus diesen Gründen auch durchgehende Plexiglasabdeckungen über den Frontscheinwerfern und dem Rand der Motorhaube. Scheiben kann man teilweise mit Drahtgittern schützen, die aber die Sicht behindern.

F., der mit seinem Wohnmobil bereits den ganzen Kontinent (rund 20 000 km) umrundet hat, berichtet weiter:

Australien ist stolz auf den Highway No.1, der rund um Australien asphaltiert ist, und das wohl mit Recht, denn bei den weiten Entfernungen und der geringen Anzahl der Steuerzahler ist das eine enorme Leistung. Dieser Highway (Hwy) hat in den verschiedenen

Bundesstaaten unterschiedliche Namen: etwa »Bruce Hwy« in Queensland oder »Princess Hwy« in Victoria.

In entlegenen Gegenden ist dieser Highway wie viele andere Straßen nur einspurig(!) – bei Gegenverkehr wird auf die planierten Seitenstreifen ausgewichen!

Auch viele Brücken sind einspurig und ohne Geländer. Verkehrsschilder regeln die Vorfahrt.

Auf den Straßen in ländlichen Gebieten gibt es an manchen Stellen sogenannte »grids« (Gitter): Das sind in die Fahrbahn eingelassene, quer verlaufende Eisenstäbe, die verhindern sollen, dass das Vieh die Farmgrenze überschreitet – die Tiere scheuen vor dem Betreten dieser Gitterroste zurück. Diese Grids sind nicht immer in gleicher Höhe mit der Fahrbahn, speziell nicht in Queensland und New South Wales (NSW) – also runter mit der Geschwindigkeit! Grids und Überflutungsbetten (»flood ways«) werden rechtzeitig durch Verkehrsschilder angezeigt.

In weiten Teilen des Kontinents, besonders im Westen und im Norden, haben die Farmen keine Zäune entlang den Straßen. Das Vieh überquert sie und hält sich nachts mitunter auf der noch sonnenwarmen Fahrbahn auf, was tödliche Gefahr bedeutet – auch durch Känguruhs: Nachtfahrten also unbedingt vermeiden. Mitunter liegen tote Rinder und reihenweise tote Schafe mitten auf der Straße, umgemäht von den »road trains«, den großen Überlandtrucks mit bis zu 100 Meter Länge und Ladungen von 200 Tonnen Vieh. Wenn einem so einer entgegenkommt, kann man nur noch an die Seite fahren und warten, bis sich der Staub gelegt hat.

Im »outback« – dem australischen Busch im Landesinnern – gibt es überwiegend Staubstraßen. Große Tafeln warnen: »Kein Wasser, kein Benzin auf den nächsten 500 km!«

Tipps: Bei Fahrten ins Outback Trinkwasser und Benzinreserve mitnehmen und bei der letzten Tankstelle oder Polizeistation mit Zielangabe abmelden. Wer nicht ankommt, wird per Flugzeug gesucht. Bei Pannen stets im Auto bleiben. Als letzte Rettung am Spätnachmittag einen Reifen verbrennen: Der Rauch wird in der Ferne von Farmern gesichtet, die auf dem Heimweg sind.

Auf entlegenen Strecken ist selbst der Hwy No.1 menschenleer. Es kann eine Stunde dauern, bis einem mal ein Auto entgegenkommt, und jeder Fahrer grüßt, weil er sich freut, endlich eine Menschenseele zu sehen.

Vorsicht beim »roundabout« (Kreisverkehr): Sehr viele Australier wissen nicht, wer Vorfahrt hat, da die Kringel erst in den letzten Jahren gebaut wurden – Vorfahrt hat, wer im Kreis drin ist!

Eine Kuriosität findet man im Zentrum Melbournes: An vier Kreuzungen muss man sich ganz links einordnen, um rechts abzubiegen – das ist aber durch Hinweisschilder angezeigt. Soweit unser Australienkenner.

Natürlich ist hier nicht der Platz für eine Erörterung aller wichtigen Regeln im australischen Straßenverkehr. Auf eine Regel aber wollen wir hinweisen: Auch in Australien gilt: *rechts vor links* – trotz Linksverkehr!

Als Fußgänger sollten Sie sich sofort umgewöhnen, sonst könnte es gefährlich werden. Schauen Sie also beim Überqueren der Straße fortan immer zuerst nach rechts und dann erst nach links. Aus eigener Erfahrung können wir berichten, wie sehr man sich erschrecken kann, wenn man nur nach links geschaut hat – und es kommt dann plötzlich ein Fahrzeug von rechts!

Als Höchstgeschwindigkeiten gelten innerhalb geschlossener Ortschaften 60 km/h, außerhalb 100 km/h.

Wie bei uns besteht auch hier die Vorschrift, sich anzuschnallen.

Hier die Bedeutungen einiger wichtiger Schilder:

Crest	Bergkuppe
Crossing	Kreuzung, kreuzen
Detour	Umleitung
Dip, Floodway	Wasserlauf quer über die Straße (Hochwasser)
Do not enter	Verbot der Einfahrt
Falling rocks	Steinschlag
Emergency stopping lane	Notfall-Haltespur
Flagman ahead	Baustelle voraus
Freeway	mit unserer Autobahn zu vergleichen
Give way	Vorfahrt achten
Highway	Schnellstraße
Keep clear	freihalten
Limit	Geschwindigkeitsbegrenzung
Loose stones	Steinschlag von Schotter
No left/right turn	Verbot, links/rechts abzubiegen
No standing	Parkverbot
Pedestrians	Fußgänger
Parallel/angle parking	parallel/quer zur Straße parken
Prepare to stop	bereit sein zum Anhalten
Reduce speed	Geschwindigkeit vermindern
Road plant	Straßenbaustelle
Side track	Umleitung um Hindernis wie Baustelle
Traffic island	Verkehrsinsel

| Traffic hazard | Gefahrenstelle |
| Workmen ahead | Straßenbauarbeiter voraus |

Entfernungen zwischen Großstädten (in km)

Adelaide–Perth	2730
Adelaide–Alice Springs	1700
Brisbane–Mackay	1050
Brisbane–Cairns	1930
Sydney–Melbourne	890
Sydney–Brisbane	1000
Sydney–Cairns	2900
Sydney–Canberra	300
Sydney–Adelaide	1630
Sydney–Perth	4000 (über Broken Hill)
Sydney–Alice Springs	3130 (über Adelaide)
Sydney–Darwin	4670 (über Adelaide)
Melbourne–Canberra	660
Melbourne–Adelaide	930
Melbourne–Perth	3650
Perth–Broome	2430
Darwin–Broome	2180

Dies sind nur die Strecken zwischen den wichtigsten Großstädten, alle anderen Entfernungen können den Straßenkarten entnommen werden. Achten Sie auf die Unterschiede zwischen Meilen und Kilometern, falls verzeichnet.

Tanken

Seit 1987 ist in Australien das Tanken von bleifreiem Benzin gesetzlich vorgeschrieben. Fahrzeuge, die für den Betrieb mit diesem Kraftstoff geeignet sind, auch wenn sie vor 1987 zugelassen wurden, müssen damit auch betankt werden, andernfalls macht sich der Fahrer oder Halter strafbar.

Katalysatoren (»catalysts«) sind (noch) nicht Vorschrift, werden in Neufahrzeugen aber zunehmend angeboten. In den Regionen der Ostküste ist Benzin billiger, in abgelegenen Gebieten (Alice Springs) genauso teuer wie hier. Der Benzinpreis liegt zwischen 60 und 80 Cents pro Liter, also halb so hoch wie bei uns.

Unverbleites Benzin gibt es jetzt überall an den Tankstellen, teilweise aber nur mit niedriger Oktanzahl (Normalbenzin).

Ein Teil der privaten PKW und die Taxis benutzen Gas (Erdgas) als Brennstoff, das an vielen Tankstellen erhältlich ist. Dadurch wird zwar die

Leistung des Motors geringer, aber der Fahrbetrieb wird langfristig preiswerter und sehr viel sauberer (Großstädte!), was die Abgase anbetrifft. Der Benzinantrieb im Fahrzeug wird durch die Umstellung auf Gas nicht außer Betrieb gesetzt, sondern bleibt benutzbar, was ebenfalls Vorteile hat.

Für den Gasbetrieb werden eine 80-Liter-Flasche sowie eine Anwärm- und Düsenvorrichtung für das unterkühlt aus der Flasche in den Motor strömende Gas benötigt. Die Kosten liegen bei etwa 1500 bis 2000 A$.

Nachteilig ist der Platzbedarf für die Flasche: Sie belegt einen Teil des Kofferraums.

Landesweit – also auf dem ganzen Kontinent – führen PKW mit Gasantrieb ein kleines rotes Quadrat im Nummernschild.

Automarken

Ein Blick in die Anzeigenseiten der Zeitungen verrät, dass Australien auch auf dem »Blechsektor« durchaus multikulturell ist.

Neben allen japanischen Automarken (Toyota, Nissan, Mazda, Mitsubishi, Subaru...) finden Sie auch die deutschen (Volkswagen, Audi, Mercedes-Benz, BMW, Porsche...), die englischen (Rover, Rolls Royce...), andere europäische (wie Renault, Citroen, Fiat) und natürlich vor allem auch die australischen Verwandten unseres Opel (Holden), die britische Variante davon (Vauxhall) und Ford-Fahrzeuge sowie andere amerikanische Marken (wie etwa Chrysler).

Bei den australischen und amerikanischen Marken finden sich ausschließlich großvolumige Maschinen mit ebensolchem Benzindurst. Sie sind aber deswegen auch anspruchslos (Normalbenzin) und unverwüstlich – wird zumindest behauptet. Auch Gebrauchtersatzteile dafür sind auf Schrottplätzen (»junk yards« oder »scrap yards«, »wreckers«) leicht zu bekommen.

Rost kennt man kaum oder erst bei sehr alten Fahrzeugen, da die Klimabedingungen hier anders sind als bei uns. Testen Sie also beim Gebrauchtwagenkauf vor allem die Technik.

Automobilclubs

Die Mitgliedschaft in einem Automobilclub kann nützlich sein, sonst gäbe es sie ja gar nicht: So ist es auch in Australien.

Gehörten Sie bereits in Deutschland, Österreich oder der Schweiz einem nationalen Automobilclub an, so können Sie schon als Tourist die Vorteile kostenlosen Services (Landkarten, Ratgeber, Pannenhilfe, Schätzen von Fahrzeugen) in Anspruch nehmen, wenn Sie Ihren

Clubausweis vorlegen: Sie sind dann »affiliated member« (assoziiertes Mitglied).

Jeder Bundesstaat hat seinen eigenen Club, und für den, der schon in der Heimat eine solche Mitgliedschaft hatte, wird sie auch in Australien attraktiv sein.

Für ganz Australien wird ein »Australian National Tourguide« herausgegeben – ein Streckenhandbuch oder Straßenatlas, wie wir ihn kennen.

Für Ihren Gebrauch hier die Anschriften der Clubs:

Victoria: RACV, 422 Little Collins St, Melbourne, 3000 Vic
NSW: NRMA, 151 Clarence St, Sydney, 2000 NSW
Queensland: RACQ, 300 St. Pauls Tce, Fortitude Valley, 4001 Qld
N.T.: AANT, 79 – 81 Smith St, Darwin, 8000 N.T.
W.A.: RACWA, 228 Adelaide Tce, Perth, 6000 W.A.
Tasmania: RACT, Murray/Patrick Sts, Hobart, 7000 Tas

Reparaturwerkstätten

Verlassen Sie sich bei notwendig werdenden Reparaturen nicht auf die Werbung einer Firma. Die Aussage »Specialist for XYZ-Autos« muss nicht bedeuten, dass dieser Betrieb alle Probleme Ihres Autos auch wirklich lösen kann. Das hat auch damit zu tun, dass das Kfz-Handwerk keiner so strengen staatlichen Kontrolle unterliegt wie etwa Elektriker oder Klempner. Lassen Sie sich also lieber von Freunden, denen Sie vertrauen können, eine Empfehlung geben, wo Sie Ihr Auto reparieren lassen.

Die Bezeichnung »body shop« bedeutet übrigens Karosseriewerkstatt, nicht Fitness-Institut! Andere Bezeichnungen für Werkstätten sind »motor shop«, »automotive«, »smash repair«.

Weiterhin ist zu beachten, dass alle Reparaturen, die ausgeführt werden sollen, ausdrücklich genannt und aufgeschrieben werden. Automatisch – wie häufig bei uns – wird nichts mitrepariert, was nicht ausdrücklich in Auftrag gegeben wurde. Dies hat, wie man erkennen kann, den Vorteil, dass die Kosten nicht in die Höhe getrieben werden. Der Nachteil aber ist, dass Sie selbst genau wissen müssen, was kaputt ist oder sein kann. Meist kann man dies allerdings auch hören, riechen oder sonstwie spüren – die allermeisten Fehler kommen nicht von heute auf morgen, sondern kündigen sich durch Symptome an.

Wie fast alles andere auch sind die Preise der Werkstätten erschwinglich. Beispiel Adelaide: Die Inspektion für einen Geländewagen Nissan 4WD »Patrol« kostet 139 A$ und beinhaltet Ölwechsel und Abschmieren; Brems- und Hydraulikflüssigkeit kontrollieren; Unterbrecherkontakte, Zündkerzen und Scheibenwischergummis erneuern.

Dasselbe kostet für einen Mittelklasse-PKW (1,8 l) nur 85 A$.

Motorradfahren

Ähnlich wie bei Gebrauchtwagen findet man in Anzeigenblättern wie der *Trading Post* ein ausreichendes Angebot auch von Motorrädern. Sie sind meist gut erhalten – auch wenn sie schon etwas älter sind.

Achten Sie beim Kauf darauf, dass das »Certificate of Ownership Registration« auf den Namen des Verkäufers ausgestellt ist.

Auch Motorräder tragen in Australien einen »Registration Sticker«, in Victoria auch das »RWC« (Roadworthy Certificate), das jede Werkstatt ausstellt.

Zwecks Zulassung fährt man mit dem »Certificate of Registration of Motor Vehicle« zum »Department of (Motor) Transport«, wo man die Steuer bezahlt – nur einige Dollar pro 100 A$ Kaufpreis.

Dann geht's zur »Road Transport Authority«, die den Registration Sticker nach zwei bis drei Wochen an Ihre Adresse schickt.

Da auch Motorräder gesetzlich nur gegen Personenschäden Dritter versichert sind, empfiehlt sich eine Zusatzversicherung für Sachschäden, die bei einem Unfall an den Fahrzeugen Dritter hervorgerufen werden könnten. Hierüber erhält man bei den »Motorcycles Riders Associations (MRA)« Auskunft.

Wie bei uns auch ist ein Sturzhelm erforderlich. Als Fahrbekleidung wird für die südlichen Bundesstaaten durchaus feste, warme Motorradkleidung (Lederkombi, Wachstuchanzug) empfohlen, da trotz hoher Sonneneinstrahlung durchaus mit sehr kühler Luft zu rechnen ist.

Die MRA ist der Motorradfahrer-Verein schlechthin, dem Sie als echter »biker« auf jeden Fall angehören sollten: Hier gibt's kostenlose Rechtsberatung, günstige Versicherungsangebote, Beratung bei Unfällen, Tourenplanung, Infos über Veranstaltungen und eine Liste von Händlern, wo Sie als Mitglied Rabatt erhalten. Mit landesweit rund 50 Büros, einem Pannendienst und einem eigenen Motorradmagazin hat sich die noch recht junge Vereinigung inzwischen bei über 20 000 Mitgliedern beliebt gemacht.

2.8 Essen, Trinken, Lebensart

Wenn's um die Wurst geht

Wenn Sie schon einmal einen Urlaub in Australien verbracht haben, wird Ihnen nicht entgangen sein, dass es – was Essen und Trinken anbetrifft – einige Unterschiede gibt.

Fangen wir mit unseren typischen Eßgewohnheiten und Vorlieben an: Sie werden es nicht leicht haben, unser heimisches Schwarzbrot,

Knäckebrot, Vollkornbrot, runde Brötchen, Torten, Hefestücke, Schinken, Kassler, Bratwurst, Mettwurst, Leberwurst, saure Gurken, Sauerkraut und andere gewohnte Esswaren zu entdecken. Wenn Sie aber längere Wege in Kauf nehmen, werden Sie auf diesen oder jenen aus dem deutschen Sprachraum eingewanderten Bäcker oder Schlachter treffen, der Ihnen diese Produkte anbieten kann (s. auch Kapitel »Adressen«).

Australien ist eben doch anders – natürlich: Es kann ja schließlich nicht alles so sein wie zu Hause in Deutschland, in Österreich oder in der Schweiz!

Wenn Sie also auf die heimischen Eß- und Geschmacksgewohnheiten, die ja durchaus richtig und gesund sein können, nicht verzichten wollen, dann fangen Sie selbst an zu backen. Beim Wurstmachen allerdings dürfte es schon eher Schwierigkeiten geben: Da suchen Sie sich lieber einen deutschen Metzger und legen sich einiges in die Gefriertruhe.

Manches europäische oder typisch deutsche Produkt werden Sie aber auch in den Supermärkten finden, besonders im großstädtischen Einzugsbereich. Wir nennen hier nur die Namen »New World« und »Woolworths«. Wenn Sie in den Regalen Wurst nach deutschem Rezept oder aus deutscher Produktion suchen, achten Sie auch auf die Produktnamen »Hans« oder »Don«. »Endlich mal wieder ein richtig kräftiges Schwarzbrot oder eine Semmel mit Mettwurst« – werden Sie sagen, wenn Sie dies lange nicht gegessen haben.

Vollkornprodukte, Haferflocken, Getreide, Sojaprodukte und ähnliches gibt es in Naturkostläden (»health food stores«) zu kaufen.

Eine kleine Übersicht über Kaufhäuser, Märkte und Ladenketten, die man überall in den Städten findet, wird Ihnen fürs erste das Zurechtfinden erleichtern:

- »David Jones« ist ein exklusives Kaufhaus, ähnlich dem »KaDeWe« in Berlin
- »Grace Brothers« ist mit »Karstadt« vergleichbar
- »Coles« ist ein Lebensmittel-Supermarkt
- »K-Mart« ist ein »Non-food-Markt«
- »IKEA« ist eine Möbelhauskette, die auch bei uns verbreitet ist
- »Franklin« ist der australische »Aldi«
- »Myer« entspricht »Grace Brothers«, sie sind teilweise beide vereint
- »Woolworths« führt in Australien sowohl große Lebensmittelmärkte (etwa »The Fresh Food People«) als auch »Non-food-Märkte«
- »Dymax« und »Angus & Robertson« sind große Buchhandlungen

Was der Australier isst

Australier und Neuseeländer essen wie Amerikaner, Kanadier, Engländer und andere Nationen ihr Fleisch lieber gegrillt (vom Barbecue) oder gebraten als Steak. Sie geben sich nicht soviel Mühe damit, dass schließlich eine schmackhafte Wurst dabei herauskommt – warum auch: Die bleibt den Einwanderern aus dem deutschen Sprachraum überlassen!

Das heißt nicht, dass es in den Supermärkten keine australische Wurst zu kaufen gäbe – im Gegenteil, nur hat diese eine andere Tradition und lässt sich mit unserer heimischen Wurst nur dem äußeren Eindruck nach vergleichen. Der Australier liebt wenig Gewürze, nicht nur in der Wurst. Er mag sein »corned beaf« oder andere Sorten Frühstücksfleisch wie »lunch 'n meat« und Ähnliches. Und dann gibt's noch den »bacon« (Schinkenspeck) bei »bacon and eggs« früh am Morgen – für den, der's mag. Eigentlich eine Kost für den Sattel weichreitende Cowboys (australisch »stockmen«) und nicht für Büroarbeiter und Schreibtischtäter – dafür aber traditionell englisch. Man ißt natürlich auch gern alle Arten von »burgers« sowie Hähnchen-, Steak- oder Lamm-Fleischteile zwischen Weißbrothälften (»sandwiches«). Ebenso die »rolls« (längliche Brötchen mit Salatblatt und unterschiedlichem Belag, ähnlich Baguettes). Diese »rolls« kann man überall an Imbissständen bekommen, hygienisch und appetitlich in Folie verpackt – ebenso natürlich die bekannten Sandwiches.

»Fish 'n chips«, ein typisch britisches Essen, gibt es in Australien natürlich auch, häufig unter Verwendung von Haifisch (»flake«), womit wir schon bei den Meeresfrüchten wären, von denen aufgrund der Lage am Pazifischen und Indischen Ozean eine reiche Auswahl preiswert zu haben ist. Als Süßwasserspeisefisch ist der »Barramundi«, eine mit unserem Barsch (Zander) verwandte Art, sprichwörtlich »in aller Munde« und wird gern selbst geangelt.

»Meat pies« (Fleischpasteten) sind mit Hackfleisch, Huhn, Gemüse, Fisch und auch mit Äpfeln gefüllt und sehr beliebt, ebenso die mit Gemüsebrei gefüllten »pasties«. Und sie schmecken tatsächlich gut und sättigen.

Aufgrund des warmen Klimas, der Traditionen und der Arbeitszeiten isst der Australier mittags überwiegend kalt und nimmt erst abends ein warmes »dinner« oder »lunch« zu sich – das nennt er dann »tea«!

Australiens traditionelle und beliebte Hauptgerichte setzen sich aus Rind- oder Lammfleisch zusammen – häufig in Form von Steaks mit Spiegelei und gelben (Kürbis, Karotten) oder grünen (Bohnen, Erbsen, Spinat) Gemüsebeilagen sowie Pommes frites zusammen.

Die besten Steaks heißen »porterhouse«, »T-bone« und »filet«. Auch eine Hammelkeule ist nicht zu verachten.

Gern und häufig wird draußen mit Freunden gegrillt, entweder in Parks und auf öffentlichen Grillplätzen oder zu Hause im eigenen Garten. So etwas nennt sich »barbecue« (abgekürzt »BBQ«).

Um die australische Küche einmal kennenzulernen, sollten Sie mal in einem »Pub« (Gaststätte) in der Zeit zwischen 12 und 14 Uhr oder 18 und 20 Uhr ein »counter meal« bestellen, das sowohl reichhaltig als auch preiswert ist. Es wird mit Rohkostsalatbeilagen und Pommes (»chips«) serviert, die im Preis mit enthalten sind.

Natürlich gibt es auch Selbstbedienungsrestaurants, Imbissstände an den Tankstellen und »take away shops«: Hier erhält man aber nur die übliche »fast food«.

Das australische Frühstück ist abhängig vom jeweiligen Lebensstil und Wohnort. Während Städter das auch bei uns in Europa übliche Frühstück zu sich nehmen, beginnt den Tag auf dem Land eher mit traditioneller »Kraftnahrung« aus Schinken, Speck, Eiern, Steaks, Lammteilen, gebackenen Bohnen oder Würstchen. Diese kräftige Nahrung schon am frühen Morgen – weil man ja den ganzen Tag auf dem Pferd unterwegs sein wird – geht auf das harte Leben der Pioniere zurück und bedeutet weniger Genuss als vielmehr Notwendigkeit.

Nicht vergessen wollen wir an dieser Stelle den in Australien produzierten Brotaufstrich, das sogenannte »vegemite«. Es ist eine hefehaltige braune Masse, die aus Überresten der Bierherstellung stammt (ursprünglich) und einen eigenartigen, gewöhnungsbedürftigen maggi- und sojaartigen Geschmack hat. Vorsicht, nur ganz dünn aufstreichen! Wer das deutsche Reformhausprodukt »Vitam-R« kennt, wird eine gewisse Ähnlichkeit damit feststellen. »Vegemite«: Das Wort bedeutet soviel wie »Kraft aus Pflanzen«. Es ist sicher nicht ungesund – aber gewöhnungsbedürftig. !

Das großstädtisch geprägte Leben – die meisten Australier leben in Großstädten – hat im Laufe der Zeit einen Wandel in den Eßgewohnheiten herbeigeführt, und so ist das heutige Essen, das in den Restaurants angeboten wird, genauso multikulturell wie die Gesellschaft selbst.

Sie können zum Vietnamesen, Chinesen, Japaner, Griechen, Italiener und zum Deutschen (jawohl!) oder auch zum Libanesen oder Türken gehen und dort schmackhafte, mehr oder weniger exotische Gerichte zu sich nehmen. Ob »eat-in« oder »take-away«: Sie haben die Wahl – und sehr preisgünstig, wenn Sie einmal durch die Einkaufspassagen in Sydney, Melbourne, Perth oder anderen großen Städten bummeln.

In Australien herrscht wie in wohl keinem anderen Land absolute Weltoffenheit, und auch Sie können dazu beitragen.

Tipp: Haben Sie schon mal darüber nachgedacht, ob Sie nicht Ihre Fähigkeiten als Hobbykoch kommerzialisieren und sich mit einem Imbissstand oder einem kleinen Restaurant eine neue Existenz aufbauen könnten? Viele vor Ihnen haben dies getan. Vielleicht findet sich ja auch ein Partner für dieses Vorhaben.

Getränke

Was wäre der Aussie ohne sein Bier? Keine Frage: Er wäre kein richtiger. Dennoch steht er im Bierverbrauch nur an dritter Stelle und schaut neidisch zu uns Deutschen auf dem ersten Platz hinauf.

Bier wird natürlich anders zubereitet als bei uns: Neben den Grundbestandteilen Gerste, Hopfen und Wasser gibt's da noch allerlei Chemikalien beizumischen, damit es besser oder anders schmeckt und sich länger hält (wenn es nicht vorher getrunken wird).

Bekannte Biermarken sind »Fosters«, »Victoria Bitter«, »Tooheys«, »Castlemaine XXXX«. Der Alkoholgehalt liegt um 5 Prozent – wie zu Hause auch.

Wenn Sie zum ersten Mal in Australien in einem Pub ein Bier bestellen, werden Sie sich wundern und vergeblich den Schaum darauf suchen: »Is nich...« – das Bier wird so eiskalt gezapft, dass der Schaum sich vor Angst verkriecht und Sie Ihr »schales« Bier zum vollen Preis genießen müssen. Und so liebt's der Australier. Ein großes Bier nennt sich »schooner«, ein kleines »middie«. Für eine Flasche steht häufig der Ausdruck »stubby«.

Das Bier – es schmeckt bei der Kälte kaum danach – wird in randvollen Gläsern serviert, da es keinen Eichstrich gibt. Wenn man in einer Runde zusammensitzt, wird nicht einzeln bezahlt, sondern rundenweise (eine Runde nennt sich »shout«).

Tipp: Lassen Sie das Bier eine Weile stehen, bis es sich etwas erwärmt hat. Dann schmeckt man auch den Unterschied zum heimischen Bier: Es ist süßlicher, weicher. Wer ein Bier sucht, das geschmacklich dem heimischen ähnelt, dem sei »Victoria Bitter« empfohlen.

Wein ist durchaus eine australische Spezialität, denn hier herrschen für den Weinbau die besten klimatischen Bedingungen. Fahren Sie mal in ein Weinanbaugebiet und machen Sie eine Weinprobe bei den einzelnen »wineries«: Da können Sie auch die Kellereien besichtigen und obendrein kostenlos probieren. Nicht nur im Barossa Valley oder im Hunter Valley

– auch in anderen Gegenden, zum Beispiel westlich von den Blue Mountains in der Gegend von Mudgee (NSW), in Victoria, südlich von Adelaide und anderswo gibt es Weinanbau. Es werden Ihnen die verschiedensten Sorten – von schwerem Portwein bis zu leichtem Weißwein – serviert, mitunter 15 Sorten und mehr. Nehmen Sie aber für eine solche Tour einen nüchternen Taxifahrer mit!

Manche Restaurants tragen draußen ein Schild mit der Aufschrift »B.Y.O.«. Es bedeutet »bring your own« – frei übersetzt: »Bring dein eigenes Getränk mit«. Diese Lokale besitzen keine teure Alkohol-Ausschanklizenz, so dass man eigene – wohlgemerkt: alkoholische – Getränke mitbringen muss, wenn man diese zum Essen trinken will. Man kauft sie in den überall anzutreffenden »liquor stores«. Gern stellt Ihnen dann der Wirt die mitgebrachten Flaschen kalt. Tischweine kann man zum häuslichen Verbrauch auch in praktischen Pappkanistern (»casks«) kaufen.

Ein Wort zum Leitungswasser – es ist ja bekanntlich auch ein Getränk: Wasser aus der öffentlichen Leitung kann je nach Gebiet mehr oder weniger stark gechlort sein, was in den wärmeren Zonen eine desinfizierende Wirkung hat. Australien verfügt aufgrund der Bodenbeschaffenheit über sehr wenig trinkbares Grundwasser. Häufig kommen größere Anteile von Bodensalzen mit an die Oberfläche, die das Wasser bitter, ja ungenießbar machen. Aus diesem Grunde ist man auf Oberflächenwasser angewiesen, das dann mit Chlor antibakteriell aufbereitet werden muss. Es wird in großen Stauseen am Rande der Gebirgsketten aufgefangen.

So kann also Ihr selbstgekochter Kaffee oder Tee durchaus nach Chlor schmecken, wenn Sie ihn mit Leitungswasser aufgebrüht haben. Man kann sich aber durch Verwendung von Mineralwasser oder aufgefangenem Regenwasser helfen, was auch viel getan wird.

In Melbourne und Sydney ist das Leitungswasser im Geschmack etwa wie bei uns, also nicht sehr stark gechlort.

Beachten Sie bitte: Eine Einladung »zum Tee« bedeutet nicht, dass Sie zum Nachmittagstee – vergleichbar unserem Kaffee – eingeladen sind: Es ist vielmehr eine Einladung zu einem (meist warmen) Abendessen. Beachten Sie das bitte auch, wenn Sie selbst jemanden zum Tee einladen – er könnte sonst das Wesentliche vermissen.

Lebensart allgemein

Auch auf die Gefahr hin, dass Sie abweichende Beobachtungen machen werden, nennen wir einige typische Verhaltensmerkmale der australischen »Mr. und Mrs. Everyone«, die uns sowohl in persönlichen Begegnungen als auch in Beschreibungen immer wieder auffielen.

Der Australier telefoniert sehr gern und sehr häufig. Er berichtet sich dabei gegenseitig auch von ziemlich unwichtigen Dingen des täglichen Lebens: Man will einfach in Kontakt bleiben mit seinen Familienmitgliedern, Freunden und Bekannten. Hierbei spielen die neuen mobilen Telefone eine zunehmend wichtige Rolle.

Der Australier fährt gern Auto, obwohl es auch andere Verkehrsmittel gibt. Jede Familie verfügt über mindestens ein Fahrzeug, oft über zwei.

Der Australier interessiert sich nicht für Politik, sondern nimmt sie als notwendiges Übel hin.

Der Australier feiert oft und gern Partys und lädt gern Freunde zum Übernachten ein. Er ist sehr gastfreundlich, auch Fremden gegenüber – sie werden recht schnell ins Familienleben integriert.

Der Australier liest, statistisch gesehen, soviel wie weltweit kaum ein anderer: Zeitungen, Zeitschriften und Bücher – zumindest kauft er sie!

Der Australier liebt besonders Sportveranstaltungen aller Art und/oder treibt selbst Sport.

Der Australier liebt sein Bier oder sein Glas Wein und seinen Barbeque.

Der Australier bevorzugt das Leben vor der Tür (»outdoor life«) – im Garten, im Park, am Strand: Er ist ein Freizeitmensch.

Der Australier liebt sein Häuschen »im Grünen«, wenn er es sich leisten kann. Dadurch dehnen sich die Großstädte flächenmäßig immer weiter aus.

Der Australier ist ein praktischer Mensch: Er kann improvisieren und tut dies auch oft. Er benötigt keine Perfektion. Ein Stück alten Pioniergeists lebt in ihm weiter.

Der männliche Australier ist noch immer »Herr im Haus«, wenn es um die letzte Entscheidung in einer Sache gilt – er ist also im Grunde wertkonservativ.

Australier gruppieren sich – nach angelsächsischer Tradition – bei Partys, in Pubs und anderswo noch immer gern »getrenntgeschlechtlich«: Männer bleiben unter sich, Frauen ebenso. Das liegt an den Gesprächsthemen. Hauptthema der Männer: die Frauen! Hauptthema der Frauen: die Männer!

2.9 Freizeit und Sport

Sportbegeistertes Australien
In der Einführung war schon von den Neigungen der Australier und ihren Freizeitgewohnheiten die Rede. Wir wollen uns nun etwas ausführlicher

dem Thema Freizeit zuwenden und allem, was im weitesten Sinne damit zusammenhängt.

Womit wir schon beim Sport wären, den man als die wichtigste Freizeitbeschäftigung in Australien ansehen kann.

Es könnte durchaus sein, dass auch Sie an einer typisch australischen Sportart Gefallen finden – auch wenn Sie sich bisher noch nicht sonderlich sportlich betätigt haben. Im übrigen kann man ein guter »mate« der Aussies werden, wenn man Vereinskamerad oder Hobbykollege ist – nicht zu vergessen auch die beruflichen Aspekte, die ja häufig über solche privaten »Schienen« laufen.

Das Meer direkt vor der Haustür, 300 Tage Sonne im Jahr und ein sehr milder Winter in den meisten Gebieten des Kontinents haben Australien zu einem sportbegeisterten Land werden lassen. Die idealen klimatischen Bedingungen verführen geradezu zum Freiluftleben (»outdoor life«, »beach life«), zum Surfen, Segeln, Schwimmen, Strandlaufen, aber auch zum Angeln, zu Tennis, Golf, Rugby, Reiten, Joggen, Campen, Picknicken, »bush walking« oder was es auch immer sein mag – »lucky country«!

Schon früh werden die zukünftigen Australier auf dieses Leben vorbereitet, denn auch die Schule trägt dazu bei: Es werden reichlich Sport und Bewegung an frischer Luft betrieben. Nicht zuletzt der breiten öffentlichen und auch vereinsmäßigen Sportförderung ist die hohe Rate an international bekannten australischen Spitzensportlern zu verdanken. Allerdings ist Australiens große Zeit im internationalen Sport schon vorbei, wenn man an die Erfolge der Schwimmer und Tennisspieler in den 50er und 60er Jahren denkt. Vermutlich hat auch im Sport der zunehmende Wohlstand eine gewisse Trägheit und Sättigung hervorgebracht, so dass die Richtung heute nicht mehr so sehr in Richtung Spitzensport, sondern mehr in Richtung Breitensport geht: Und gerade deswegen ist ein mit dem Rad ins Büro flitzender Versicherungsagent oder Banker oder Büroangestellter, der während einer Lunchpause durch Park oder Straßen joggt, durchaus nichts Ungewöhnliches.

Etwa 6,5 Mio. Australier – ein Drittel der Gesamtbevölkerung – sind in mehreren Tausend Sportvereinen organisiert. Und mehr als 100 000 Zuschauer verfolgen jeweils das Endspiel um die australische Fußballmeisterschaft in Melbourne.

Seit 1984 setzt sich die nationale Sportkommission für eine noch stärkere Beteiligung des weiblichen Geschlechts im Sport ein, obwohl Australien schon immer überdurchschnittlich viele Wettkämpferinnen hatte. Und vergessen wir nicht, dass Sydney im Jahre 2000 der Austragungsort der Olympischen Spiele war, nachdem diese Ehre Melbourne schon 1956 zukam.

Surfen

Das »Surfin' Australia« steht dem »Surfin' USA«, wie es die Beach Boys besangen, in nichts nach und wäre ein Schlagwort, das die von Wasser umgebene Nation auf einen Nenner bringt. Man gleitet über die Wellen und sinngemäß über alles, was kommt und wieder geht: Das ist australischer Lebensstil par excellence – »easy goin' life«!

Das Brandungssurfen, obwohl nicht ohne Gefahr, zählt zu den beliebtesten Sportarten der Australier und der sportlich aktiven Touristen. Damit ist das echte Wellenreiten gemeint – das bei uns sehr bekannte Windsurfen nennt sich in Australien »board gliding«.

Obwohl auch an vielen anderen Küstenabschnitten möglich, hat das Surfen besonders einen Abschnitt zwischen Sydney und Brisbane an der australischen Ostküste bekannt und beliebt gemacht und ihm seinen Namen gegeben: »Surfers Paradise«.

Der »surf«, so wird gesagt, sei in dieser Gegend der beste Australiens. Damit ist die Höhe der Wellen gemeint, die hier nach ihrer langen Reise über den Pazifik am Strand auflaufen und sich besonders gut zum Surfen eignen.

Anzuraten ist das Surfen aber nur, wo es bewachte Strände gibt. Auch der Surfer ist Gefahren durch bestimmte Wellen und Strömungen oder aber durch Haie ausgesetzt – Gefahren, die es nicht zu verniedlichen gilt. Allerdings ist die Chance, dass man als Surfer mit einem Hai zusammentrifft, der gerade hungrig ist, zwar real, sollte aber nicht zu sehr hochgespielt werden. Hin und wieder werden Surfer oder Schwimmer davon aber schon betroffen, wie man ja auch in der Presse lesen kann.

Eine andere Gefahr droht Schwimmern und Surfern von den »sea wasps«, einer Quallenart – auch »blue bottles« genannt –, die jahreszeitlich an bestimmten Stellen der Küste auftritt. Das Nervengift an ihren Tentakeln kann zum Tode führen, wenn ärztliche Hilfe zu spät kommt. Auch hierfür werden bestimmte Hinweise gegeben oder Vorsichtsmaßnahmen durchgeführt.

Wegen all dieser Gefahren haben sich verantwortlich denkende Menschen schon vor 90 Jahren zu einer Organisation zusammengefunden, die sich »Life Savers« (Lebensretter) nennt. Man kann sie mit der deutschen DLRG vergleichen. Sie sind an allen bekannten Stränden vertreten und kümmern sich um die Sicherheit von Badenden und Wassersportlern. Beachten Sie deshalb bitte als Schwimmer und Surfer die Signalflaggen und Bekanntmachungen an den belebten und bewachten Strandabschnitten. Suchen Sie immer einen jener Strandabschnitte auf, die zwischen zwei Fahnenstangen liegen und damit als bewacht gekennzeichnet sind.

Wenn Gefahr droht, geben die Life Savers rechtzeitig Warnhinweise oder retten Personen aus gefährlichen Strömungen oder vor herannahenden Haien, die sie mit Motorbooten vertreiben. Ursprünglich liefen oder schwammen die Retter, einen an einem Rettungsseil hängenden Gürtel um den Leib, zu der in Not geratenen Person hin, was auch heute noch vorkommt. Dieses Seil spult sich dabei von einer Rolle (»life saving reel«) ab und ist bis zu 500 Meter lang.

Die Organisation besteht aus freiwilligen jungen Leuten, die eine gründliche Ausbildung erfahren. Heute gibt es etwa 78 000 dieser mutigen und wichtigen »Feuerwehrleute des Strandes«, und sie treten nicht nur schwimmend, sondern auch mit Ruder- und Motorbooten, mit Hubschraubern und Flugzeugen in Aktion. Spenden der Bevölkerung und Zuschüsse des Staates finanzieren ihre Unkosten an Material und Fahrzeugen: Es ist eine ganz wichtige und darum auch von allen Australiern hochangesehene Vereinigung.

Die Life Savers treffen öfters zu Wettbewerben (»Life Savers' Carnival«, »Iron Men Championships«) zusammen, in denen sie ihr Können – teilweise in historischen Schwimmkostümen – auf, im und unter dem Wasser zeigen: Als Zuschauer ein empfehlenswertes Ereignis, das Sie sich ansehen sollten.

Dass Surfen nicht nur ein Hobby, sondern auch eine ernst zu nehmende Sportart ist, erkennt man an nationalen und internationalen Wettkämpfen: Heute zählt Australien zu den führenden Nationen des Surfsports, und der hat hier tatsächlich eine lange Tradition. Die Anfänge reichen bis ins Jahr 1915 zurück, führten aber erst nach Ende des Zweiten Weltkriegs zum echten Volkssport.

Im Jahre 1964 gab es die erste australische Meisterschaft im Surfen, und seit dieser Zeit stellte die Nation nicht weniger als 15mal den Weltmeister. Es war Mark Richards, der zwischen 1979 und 1982 viermal hintereinander diese Trophäe nach Hause trug.

Segeln

So mancher Skipper, der auf seiner Weltumsegelung in Australien Station machte, hat auf diese Weise die Schokoladenseite des vielfältigen Kontinents kennen- und lieben gelernt. Für Segler sind die Küstengewässer Australiens mit ihren zum Teil heftigen Winden und Meeresströmungen ein idealer Raum.

Schon im ersten Drittel des 19. Jahrhunderts gab es die ersten Segelclubs und Wettfahrten. Von Australien eingeführte Wettbewerbsklassen wurden von der übrigen Welt übernommen. Segeln avancierte neben anderen Sportarten zu einer »nationalen Sportart«, seitdem das Land 1983 zum ersten Male den »America's Cup« gewann. Mit 41 Sekunden Vorsprung hatte die Yacht »Australia II« des Multimillionärs Alan Bond den Sieg davongetragen und die Nation in einen nie gekannten Siegesrausch versetzt.

Als der Cup 1987 durch die »Kookaburra III« verteidigt werden sollte, entstanden durch den Zustrom der Touristen und das damit verbundene Anwachsen des Dienstleistungssektors kurzfristig 14 000 neue Arbeitsplätze. Leider wurde der Cup dann knapp verfehlt.

Das eigentlich wichtigste Segelereignis des Kontinents ist das alljährlich am 26. Dezember stattfindende »Sydney to Hobart Race«, das – wie der Name schon sagt – von Sydney nach Hobart, der Hauptstadt Tasmaniens, führt. Ungünstige Wetterbedingungen, die in dieser Gegend auf hoher See herrschen, haben diesem Ereignis den ihm eigenen rauen Anstrich gegeben und erschweren den Wettkampf der Yachten derartig, dass es immer wieder zu Ausfällen unter den Booten dieser Regatta kommt: Es kommen nie alle Boote ins Ziel.

Wenn Sie schon nicht an diesem Yachtereignis für besonders Wagemutige teilnehmen, was für die meisten von Ihnen zutreffen wird, dann sehen Sie sich aber auf jeden Fall einmal das samstägliche Ausfahren all der kleinen und größeren Segel- und Motorboote aus dem Hafen von Sydney an, das besonders im Sommer durch die Vielzahl der kleineren und größeren Wasserfahrzeuge zu einer regelrechten Bootsschau wird.

Schwimmen

Schwimmen ist für die meisten Leute kein Leistungssport, sondern ein Freizeitvergnügen. Es gibt hier eine Unzahl von einsamen Stränden und Buchten, wo Sie Robinson spielen können – mit feinstem Korallensand bedeckt, aber nicht immer ungefährlich. Insofern ist es am sichersten, einen nicht so einsamen, dafür aber bewachten Strand für Ihr Vergnügen zu wählen.

Wenn Sie also zu den Sicherheitsbewussten gehören, überzeugen Sie sich davon, ob nicht Warnschilder, Flaggen oder dergleichen zu sehen sind, die vor dem Baden warnen. Lesen Sie auch die Hinweise weiter oben (s. Kapitel: »Surfen«). An unbewachten Stränden übernehmen Sie die volle Verantwortung für sich selbst.

Das Schwimmen als Wassersportart ohne »Zutaten« ist in Australien von je her beliebt gewesen. Der erste bekannte Schwimmwettkampf fand schon um die Mitte des 19. Jahrhunderts im Port Jackson statt, dem Hafen von Sydney. Die erste nationale Schwimmmeisterschaft der Männer war dann 1894, die der Frauen 1930.

Bei Olympischen Spielen und Weltmeisterschaften nehmen australische Wassersportler fast immer Spitzenplätze ein.

Die Life Savers haben natürlich auf Grund ihrer Aufgabe unter den australischen Schwimmern eine herausragende Stellung.

Tennis

Tennis ist seit Boris Becker und Steffi Graf auch bei uns zu einer Sportart geworden, die im Mittelpunkt breiten öffentlichen Interesses steht. In Australien ist dies aber schon seit vielen Jahrzehnten der Fall: Die berühmten »Australian Open« gibt es bereits seit dem Jahre 1905, wo sie sich noch »Australian Singles Championship« nannten. Bis heute finden sie in Melbourne statt, doch schon in den 80er Jahren des vorigen Jahrhunderts spielte man in »down under« Tennis.

Eine besonders glanzvolle Zeit voller Turniersiege waren die 60er Jahre, als australische Tennisspieler fast alle Wimbledon-Finales für sich entschieden. Tennis ist in Australien aber auch ein beliebter Massensport, spielt man ihn doch am liebsten bei gutem Wetter draußen.

Golf

Wie hieß es früher immer? Menschen in gehobener Stellung spielen Golf – daran ist auch heute noch etwas Wahres; inzwischen nimmt ja auch bei uns in Mitteleuropa die Zahl der Golfspieler und der Golfplätze zu. Wie überall auf der Welt ist auch in Australien das Golfspiel nicht nur ein sehr beliebter, sondern auch gesellschaftlich besonders angesehener Rasensport: Man spielt nicht nur Golf, sondern man trifft sich vor allem beim Golf – Golf als vornehme Nebensache, sozusagen. Man trifft sich mit Leuten, die man mag oder die man braucht, also mit Freunden, Kollegen und Geschäftspartnern. Auch im Golf gibt es »Australian Open« – sie werden bereits seit Beginn unseres Jahrhunderts ausgetragen. Insgesamt gibt es weit über 1000 Golfclubs mit über einer Million Mitgliedern.

Radfahren

Wer sein Radl liebt, der ... kann diesem Hobby natürlich auch in »down under« weiter frönen – und wer gar regelrechten Radsport betreibt, liegt hier ebenfalls goldrichtig. Radfahrwege wird man meist vergeblich suchen, dafür aber sehr reizvolle Langstrecken, wenn man die befestigten Straßen benutzt. Im Hinterland der großen Städte und in den einsameren ländlichen Gegenden muss man mit unbefestigten Straßen rechnen, die nicht für Rennräder geeignet sind: Hier sind Mountain-Bikes und All-Terrain-Räder gefragt. Wenn man sich aber mit gutem Kartenmaterial versorgt, ist man vor Überraschungen sicher.

Schon häufig gewannen australische Rennradfahrer internationale Titel, sowohl als Amateure wie auch als Profis.

Aber denken Sie daran: Als Radfahrer besteht für Sie in jedem Fall Helmpflicht!

Cricket

Was dem Deutschen sein Fußball, das ist dem Australier sein Cricket. Es ist einfach eine Institution, ganz so wie in England auch. Lesen Sie das Folgende einmal nach, um wenigstens informiert zu sein, wenn Sie jemand nach Ihrer Meinung über Cricket fragt.

Es gibt zwei Mannschaften zu je 11 Spielern. Sie spielen abwechselnd als Feld- und als Schlagmannschaft. Es geht darum, ein aus hölzernen Stangen aufgebautes Tor umzuwerfen oder eben zu verhindern, dass dies geschieht. Der Ball muss von den mit Schutzkleidung und Schlägern versehenen beiden Verteidigern der Schlagmannschaft aufgefangen werden, wenn die Feldmannschaft ihn zu einem der beiden Tore (»wickets«) geschleudert hat. Sie laufen zwischen den beiden Toren hin und her, um sie zu verteidigen, und schlagen den Ball jedes Mal möglichst weit ins Spielfeld hinein. Dieser Mannschaftssport wird hier wohl am häufigsten ausgeübt und findet seine Ursprünge in den frühen Jahren der Besiedelung durch englische Sträflinge.

Cricketmeisterschaften werden schon seit etwa 100 Jahren unter den Mitgliedern des alten Commonwealth of Nations abgehalten, bei denen diese Sportart weit verbreitet ist – also vor allem in Großbritannien, Australien, Neuseeland, Südafrika, Kanada und Indien.

Rugby

Wer sich für die raue Ballsportart mit dem ledernen Ei begeistert, sollte sich auf jeden Fall einmal ein Rugbyspiel anschauen. Obwohl es Regeln unterworfen ist, erweckt es bei Nichtkennern und Zartbesaiteten eher den Eindruck einer wüsten Rauferei, deren eigentlichen Grund man nicht zu erkennen glaubt: Jedenfalls hat es so den Anschein. In den öffentlichen Parkanlagen der australischen Großstädte wird man hier und da eine lockere Gruppe von Rugbyfreunden finden, die sich einfach so zu einem kleinen Match nach Feierabend zusammengefunden haben.

Die ersten Anfänge des Rugby gehen schon auf das erste Viertel des 19. Jahrhunderts zurück, als die »Rugby Union« entstand. Anfang unseres Jahrhunderts bildete sich aus dieser dann die Profivereinigung »Rugby League« heraus und ging eigene Wege. Seitdem gibt es zwei Dachorganisationen im australischen Rugby: die alte Rugby Union (»Wallabies« genannt) und die neuere Rugby League (»Kangaroos«).

Die Kangaroos gewannen achtmal den Worldcup und sind damit die bisher erfolgreichste nationale Organisation weltweit.

Soccer

Das uns allen bekannte Fußballspiel nach europäischen Regeln heißt hier »soccer«. Es hat zwar ebenfalls eine lange Tradition, Australien gehört aber erst seit Ende der 50er Jahre zum Weltverband »FIFA«. Bisher qualifizierte sich die australische Nationalmannschaft erst einmal – 1973 – für die Weltmeisterschaft.

Hockey

Wie die meisten anderen Sportarten auch, hat das Hockey in Australien eine hundertjährige Geschichte.

Einst von Offizieren der königlich britischen Navy nach Australien importiert, hat es im Laufe der Jahre seinen Platz unter den anderen »open air sports« erobert und in der Gegenwart eine der weltbesten Nationalmannschaften hervorgebracht: Sie ist und war – ohne Ausnahme – immer unter den ersten drei Mannschaften zu finden.

Pferderennen

Was für Motorsportbegeisterte die Formel-1-Weltmeisterschaft, ist für Anhänger des Pferderennsports in Australien der jährliche »Melbourne Cup«. Er findet jeweils am ersten Dienstag im November statt und gilt als bedeutendstes Galopprennen der Welt.

Man kann sich die Begeisterung, die an diesem Tage herrscht, kaum vorstellen: Die drei Minuten des Hauptrennens sind so etwas wie die jährlichen Gedenkminuten für ganz Australien, denn in dieser Zeit verfolgt jeder wirkliche Australier das Ereignis am Fernsehschirm – ganz gleich, ob er zu der Zeit arbeitet oder nicht.

Der Grund ist, dass so gut wie alle Australier eine Wette abgeschlossen haben, deren Ausgang sie nun erfahren wollen. Gesamtwetteinsätze in dreistelliger Dollar-Millionenhöhe sind an diesem Tage normal.

Außer diesem großen Galopprennen finden noch weitere statt. Der sogenannte »Caulfield Cup« (Steher) kommt in der Bedeutung gleich an zweiter Stelle. Auch Trabrennen sind an der Tagesordnung.

Hunderennen

Seit den 30er Jahren dieses Jahrhunderts gibt es in Australien die »greyhound races«, die viel Anklang finden. Bei der »Lucky Dog National Sprint Championship« werden hohe Wettumsätze eingefahren und dementsprechend hohe Preisgelder gezahlt.

Skilaufen

Was man beim ersten Blick auf die Weltkarte nicht vermutet, ist aber doch wahr: Australien ist nicht nur ein heißes Land, sondern auch ein Land, in dem Schnee fällt – nur dass dies überwiegend in den Monaten Juni bis August vonstatten geht (Südwinter).

Rund eine halbe Million Skisportler suchen jährlich die Wintersportorte – wie Threbo, Falls Creek und andere – in NSW, Victoria und Tasmanien auf.

Als das »Snowy Mountains Project« 1954 den Bau von Stauseen, verbunden mit der Erzeugung von Elektrizität aus Wasserkraft, in Gang setzte, wurde in den 60er Jahren infolge dieses gigantischen Bauprogramms durch die Einrichtung des Nationalparks auch der Skisport in Australiens Schneegebirge fest etabliert.

Bezeichnend daran ist, dass die meisten Skigebiete von Europäern – hauptsächlich Österreichern – für den Tourismus erschlossen wurden.

Ski-Resorts finden Sie in:
- Victoria: Falls Creek, Lake Mountain, Mt. Baw Baw, Mt. Buffalo, Mt. Buller, Mt. Donna Buang, Mt. Hotham
- NSW: Blue Cow, Charlottes Pass, Guthega, Mt. Selwyn, Perisher Valley, Smiggin Holes, Thredbo
- Tasmanien: Ben Lomond, Mt. Mawson

Außer dem allseits bekannten Abfahrtslauf findet nun auch zunehmend der geruhsame Langlauf Anklang – als Gegenstück zum sommerlichen »bush walking«. Die Langlauf-Loipen in Ben Lomond, Charlottes Pass, Guthega, Lake Mountain, Mt. Hotham und Mt. Selwyn eignen sich hierfür besonders.

»Lawn Bowls« (Rasen-Bowling)

Diese Sportart ist dem in Italien verbreiteten Boccia sehr verwandt, wird allerdings auf einem kurzgeschnittenen Rasen gespielt. Vor allem wegen der gemächlichen Gangart bevorzugen Senioren diesen Sporttyp. Auch das Bowling hat eine lange australische Tradition und stammt aus den 40er Jahren des vorigen Jahrhunderts.

Camping

Während man unter Camping noch vor 30 Jahren überwiegend das Übernachten in Zelten verstand, ist es heute auf die Stufe moderner Outdoor-Ferien mit hohem technischem Komfort gestiegen: Diesen Komfort kann nur der voll eingerichtete Wohnwagen (»caravan«) oder das Wohnmobil (»motorhome«, »camper van«) bieten.

Dabei ist es gar nicht mal notwendig, über einen eigenen Wohnwagen zu verfügen, wenn man die auf den Caravanparks vorhandenen Mietwohnwagen (sogenannte »on-site-vans«) zum Übernachten nutzt. Häufig liegen diese Plätze an landschaftlich reizvollen Stellen oder sogar in Nationalparks. Sie verfügen meist auch über warme Duschen, Waschküche und Bügelraum, manchmal sogar über eigene »barbecues« (Grills).

Der Preis bewegt sich – je nach Saison und Größe des gemieteten Wagens – um 20 bis 40 A$ pro Tag.

Obwohl meist nicht verboten, wird das »wilde« Campen außerhalb geschlossener Plätze wegen der damit verbundenen Gefahr von unbeabsichtigten Buschfeuern nicht gern gesehen. Der verantwortungsbewusste Camper achtet natürlich beim wilden Kampieren oder Biwakieren darauf – wenn es nicht anders möglich ist –, dass er in jedem Falle ein Lagerfeuer nur an sicherer Stelle entzündet (keine Pflanzenbewuchs in der Nähe) und Zivilisationsabfall nicht liegen lässt.

Auf jeden Fall sollten Sie nie in einem zeitweilig trockenen Flussbett kampieren, denn ganz überraschend kann sich in relativ kurzer Zeit von Ferne eine Wasserflut heranwälzen, ohne dass Sie nur im entferntesten darauf vorbereitet wären: Plötzliche Gewitterregen füllen diese Flussläufe deswegen so schnell, weil der ausgetrocknete Boden in so kurzer Zeit nicht im Stande ist, das Wasser aufzunehmen.

Im Norden Australiens – im sogenannten »top end« –, wo die Krokodile zu Hause sind, ist es ratsam, nicht am Flussufer oder in Flussnähe zu zelten, weil Sie sonst plötzlich und ganz überraschend Besuch von den vierbeinigen und scharfzähnigen Anwohnern bekommen könnten. Diese Süßwasserkrokodile heißen in Australien »freshies« – im Gegensatz zu den »salties« am Meer.

»Bush Walking« (Wandern)

Für das Wandern in Australien gelten in etwa die gleichen Regeln wie bei uns auch: Man versieht sich mit festen, aber schon vorher benutzten Wanderschuhen und jahreszeitlich angepasster (Wetter-) Kleidung. Für längere Touren braucht man einen gefütterten Schlafsack und ein kleines Zelt mit Miniausrüstung, Verbandszeug, Fahrtenmesser, Vielzweck-Taschenmesser, Angelschnur, Bindfaden, Kompass und wasserfeste Streichhölzer (»green lites«). Dies ist schon eine kleine Überlebensausrüstung, wenn man noch eine Überlebensfolie (gegen Überhitzung, Unterkühlung und Austrocknung) und etwa fünf Liter Wasser mitnimmt. Wasserbehälter lassen sich aus den Weinkarton-Folienbeuteln herstellen, die in die Behälter eingeschweißt sind. Fertig gekaufte Wasserbehälter sind natürlich professioneller und robuster.

Wichtig: Bei Touren in einsame Gegenden melden Sie sich auf jeden Fall bei den örtlichen Behörden (Polizei, Gemeinde) oder Ihrem Vermieter oder Hotelier ab, damit später eventuell nach Ihnen gesucht werden kann, wenn der von Ihnen angegebene Rückkehrtermin überschritten ist. Dass dieser Fall jemals eintritt, wollen wir allerdings keinem wünschen. Das Abmelden ist aber wegen der dünnen Besiedelung und des teilweise extremen Klimas in Australien eine notwendige Sicherheitsmaßnahme.

Jagen und Angeln

Sollten Sie passionierter Jäger oder Angler sein, steht auch dieser Leidenschaft in Australien nichts weiter als eine käuflich zu erwerbende Lizenz im Wege. Bei der Polizei erhält man einen Grundschein für die Jagd auf Kleingetier wie Kaninchen, Vögel und ähnliches. Er gilt für Touristen ein Jahr. Zusatzgenehmigungen braucht man für die Jagd auf Rehwild.

In Südaustralien bekommt man – für drei Jahre – einen Waffenschein (»shooter's licence«) nach Teilnahme an einem TAFE-Kurs (»Technical And Further Education«) und Prüfung bei der Polizei. Eine spezielle Jagdlizenz (»hunter's licence«) wird nur mit schriftlicher Zustimmung des Grundbesitzers gewährt, auf dessen Besitz die Jagd erfolgen soll. Formulare dafür gibt's beim Postamt.

In Victoria gilt: Ein Gewehr für die eigene Sicherheit zu kaufen stellt keinen hinreichenden Grund dar. Gründe wären aber das Ausüben der Jagd oder die eigene Gefährdung – wenn jemand zum Beispiel Geschäftsmann ist und regelmäßig viel Geld zu transportieren hat. Der Waffenschein gilt für ein Jahr und muss danach verlängert werden.

Angelscheine erhalten Sie in den einschlägigen Fach- und Sportgeschäften. Sie haben immer nur für den jeweiligen Bundesstaat Gültigkeit, in dessen Flüssen und Seen Sie angeln wollen. Für das Hochseeangeln ist natürlich keine Lizenz erforderlich.

2.10 Kultur

Dass Kunst und Kultur auf dem fünften Kontinent kein Fremdwort sind, erkennt man auch an ihrem wirtschaftlichem Ertrag – der stolzen Summe von etwa 14 Mrd. A$ jährlich. Etwa 200 000 Menschen finden im Kulturbereich Arbeit.

Kino und Film

Was Sie als deutscher Einwanderer sicher überraschen wird, ist, dass Sie in ein – wenn nicht das – Pionierland des Films kommen. Australische Filmemacher produzierten die ersten bedeutenden Spielfilme der Welt. Der im Jahre 1906 gedrehte Film »The Story of the Kelly Gang« soll der älteste Kinofilm der Welt sein. Er behandelt das abenteuerliche und kriminell-freibeuterische kurze Leben des wohl berühmtesten australischen »bushrangers« (Siedler, der im Busch lebte) Ned Kelly aus Glenrowan in Victoria.

Dusik schreibt in »Richtig reisen – Australien« über den australischen Film »...der Film hatte hier sehr viel bessere Startbedingungen als andere Bereiche von Kunst und Kultur. Er sprach von Anfang an ein weitaus breiteres Publikum an, ...er war eher Sensation und Amusement für das einfache Volk.«

Schon Ende des letzten Jahrhunderts, 15 Jahre vor Hollywood, wurden in Australien die ersten Stummfilme gedreht.

Erst mit Aufkommen des Tonfilms übernahmen amerikanische Produzenten die führende Rolle in der Filmwelt. Mit diesem Umschwung – und später durch die Einführung des Fernsehens in Australien (1956) – wanderten australische Filmschaffende in die USA aus. Einige von ihnen wie Mel Gibson, Erol Flynn und Peter Finch wurden weltbekannt.

Als es dann mit dem australischen Kinofilm in den 60er und 70er Jahren wieder aufwärts ging, war dies vor allem der öffentlichen Förderung dieses Genres durch die neugegründete Australian Film Commission zu verdanken. Die bekanntesten Filme aus dieser Zeit sind »Picnic at Hanging Rock« (1975, deutsch: »Picknick am Valentinstag«), »The Chant of Jimmy Blacksmith« (1978, deutsch: »Die Ballade von J.B.«) und »Mad Max« (1979) sowie »MAD MAX II« und »Mad Max III« (1981 und 1986).

Gallipoli« (1981, handelt vom Kriegseinsatz im Ersten Weltkrieg), »The Year of Living Dangerously« (1983, deutsch: »Ein Jahr in der Hölle«) und endlich »Crocodile Dundee« (1986, deutsch: »Ein Krokodil zum Küssen«) mit Paul Hogan in der Hauptrolle – viele von Ihnen werden ihn kennen.

1992 wurde der Film »Strictly Ballroom« in Cannes preisgekrönt, und »Das Piano« brachte der Produzentin ebenfalls einen Preis.

Wenn Sie ein australisches Kino besuchen, werden Sie vorwiegend englische, amerikanische oder australische »movies« verfolgen können. Im Bereich der großen Städte kann man Lichtspielhäuser für bestimmte ethnische Gruppen antreffen, wo Filme in der jeweiligen Heimatsprache gezeigt werden – zum Beispiel in Griechisch oder Italienisch.

In jüngster Zeit erlebt Australien einen Einspielboom bei australischen Filmproduktionen. Dies ist wohl nicht zuletzt auf die öffentliche Förderung und die steuerliche Begünstigung von Investitionen zurückzuführen, von denen australische Autoren, Verleger und Filmproduzenten profitieren. Filmliteratur und Filmkunst werden aber auch durch private Sponsoren unterstützt.

Musik

Im Bereich der »popular music« denken wir natürlich zuerst an die Bee Gees, die mit ihren Eltern Anfang der 60er Jahre aus England einwanderten und wenige Jahre danach zu australischem und bald zu Weltruhm gelangten. Oder an die Easybeats, die so etwas wie eine australische Ausgabe der Beatles waren und auch vom damaligen Beatles-Manager unter Vertrag genommen wurden: Auch sie wurden weltbekannt.

Genannt sei in diesem Zusammenhang auch Rolf Harris, der zusammen mit Bibi Jones Ende der 60er Jahre eine auch in Deutschland ausgestrahlte Fernsehshow moderierte und von dem der Hit »Tie me Kangaroo Down Sport« stammt – der unmögliche Versuch, ein Känguruh am Springen zu hindern!

Moderne australische Rockgruppen – wie AC/DC (sogenannter Heavy Metal Rock), INXS (= »In Excess«), Midnight Oil (politischer Rock), Icehouse, Mental As Anything, Men At Work und der Solist John Farnham – sind in der Tradition der frühen Pop- und Rockmusik mit vielfältigen stilistischen Abwandlungen die Nachfolger geworden.

Das musikalische Schaffen der Ureinwohner gewinnt in dem Maße an Bedeutung, wie diese sich ihrer wichtiger werdenden Rolle in der australischen Gesellschaft bewusst werden. Dennoch zählen Musiker der Gruppen Yothu Yindi und Gondwanaland (einer gemischten Gruppe) zu den privilegierten Mitgliedern der alteingesessenen Bevölkerung, die ein gutes Stück sozialer Angleichung an die weiße Gesellschaft dafür hingenommen haben. Inwieweit sie mit ihrer Musik einen Beitrag zum Fortschritt ihrer Volksgruppen geleistet haben, bleibt abzuwarten.

Natürlich treten auch Formationen aus dem Ausland regelmäßig in Australien auf – diese alle aufzuzählen, würde allerdings den Rahmen des vorliegenden Buches übersteigen.

In der Klassik erlebten australische Künstler das, was es auch in anderen Kunstrichtungen gibt: Der Prophet gilt zunächst nicht viel im eigenen Land. Die Opernsängerinnen Nellie Melba (1861-1931) – nach ihr ist übrigens die Geschmacksrichtung bei Desserts, Pralinen und ähnlichem benannt – und Joan Sutherland (geboren 1926) wurden zunächst in Übersee bekannt, bevor die australische Musikwelt von ihnen Notiz nahm.

Die Gründung der Australian Opera Company im Jahre 1956 schließlich führte zu einer Neueinstufung des australischen Musikschaffens. Sie hat ihren Sitz im berühmten Sydney Opera House, bereist regelmäßig die anderen Großstädte und produziert Rundfunk- und Fernsehaufführungen. Alle Opernaufführungen kann man auf CD und Video kaufen. Darüber hinaus besitzen die Bundesstaaten eigene Opernensembles.

Weiterhin sind auf dem klassischen Parkett acht große Sinfonieorchester zu nennen, die in Australien und für Australier spielen. Sie werden von der staatlichen Rundfunkgesellschaft ABC getragen und erhalten bei ihren jährlich Hunderten von Konzerten regelmäßig Verstärkung durch ausländische Gastdirigenten und -solisten.

Von der Vereinigung Musica Viva Australia, die 1995 ihr 50-jähriges Bestehen feiert, werden sowohl herausragende Ensembles aus dem Ausland hereingeholt als auch australische Gruppen zu weltweiter Bekanntheit gefördert – zum Beispiel das Sydney String Quartet und das Australian Chamber Orchestra, das Australische Kammerorchester.

Das Nationalballett der australischen Ballettschule gibt regelmäßige Vorstellungen im In- und Ausland. Auch ausländische »Truppen« sieht man häufig auf Tournee durch Australien.

Obwohl es eine ganze Reihe bekannter australischer Volkslieder gibt, möchten wir Ihnen hier den Text des in Australien bekanntesten und inzwischen auch in anderen Ländern beliebten »songs« wiedergeben, der so etwas wie die heimliche Nationalhymne geworden ist.
Natürlich sprechen wir von nichts anderem als von »Waltzing Matilda«.

Das ursprünglich von schottischen Einwanderern mitgebrachte Lied »Thou Bonnie Wood o' Craigielea« wurde 1894 von dem jungen Rechtsanwalt und Schriftsteller Banjo Paterson mit einem australischen Text versehen, der auf die Erlebniswelt des ländlichen Farmlebens zurückgeht: Der Inhalt beschreibt, wie ein umherziehender Wanderarbeiter (»swagman«) beim Verzehr eines gestohlenen Schafbocks ertappt wird und sich mit Selbstmord durch Ertränken seiner Bestrafung entzieht.

Der »jolly swagman« ist seitdem zu einer Art Nationalheld avanciert, der stellvertretend für die sogenannten »bushrangers« des vorigen Jahrhunderts das (gesetz-) freie Leben der frühen Siedler glorifiziert.

Der Begriff »waltzing« geht auf das deutsche Wort »Walz« zurück, welches das Umherwandern der Handwerksburschen beschreibt. Und »matilda« ist ein volkstümlicher Ausdruck für die Schlafdecke, die der swagman immer bei sich trägt und die ihn auf seiner Walz begleitet.

Waltzing Matilda

Refrain: Waltzing Mathilda, Waltzing Matilda,
Who'll come a-waltzing Matilda with me?
(hier die 4. und 5. Zeile jedes Verses)
Who'll come a-waltzing Matilda with me?

1. Once a jolly swagman
Camped by a billabong,
Under the shade of a Coolabah tree.
And he sang as he watched
And waited till his billy boiled,
Who'll come a-waltzing matilda with me?

2. Down came a jumbuck
To drink at the billabong,
Up jumped the swagman and grabbed him with glee.
And he sang as he stowed
That jumbuck in his tuckerbag ,
Who'll come a-waltzing Matilda with me?

3. Down came the squatter,
Mounted on his thoroughbred,
Up jumped the troopers, one, two, three:
«Where's that jolly jumbuck
You've got in your tuckerbag?
You'll come a-waltzing Matilda with me!»

4. Up jumped the swagman
And leaped into the billabong,
«You'll never take me alive», he said.
And his ghost may be heard
As you pass by the billabong:
«Who'll come a-waltzing Matilda with me?»

Gestaltende Kunst und Malerei

Der Kunstliebhaber kann in über 1000 Museen das Schaffen der weißen und auch der eingeborenen Künstler Australiens bewundern. In den Metropolen findet er Kunstzentren und Kunsthallen, die auch der zeitgenössischen Kunst einen bedeutenden Teil ihrer Ausstellungsfläche widmen.

Als bedeutendste unter diesen seien das Victorian Arts Centre in Melbourne, das Festival Centre in Adelaide, die Art Gallery of NSW in Sydney sowie die Civic Art Gallery und das Queensland Cultural Centre mit Kunstgalerie, Museum und Bibliothek in Brisbane genannt.

Darüber hinaus gibt es in allen größeren Städten spezielle Galerien und Geschäfte, in denen Gegenstände und Bilder aus der Kunst der australischen Ureinwohner (»Aborigines«, häufig auch »Aboriginals«) zu sehen und zu kaufen sind.

In den letzten Jahren ist das Interesse an den Werken der Aborigines sehr stark gewachsen, und die Preise dafür sind entsprechend gestiegen. Inzwischen haben sich Maler der weißen Bevölkerung daran versucht, Motive und Darstellungsweisen aus dieser uralten mythischen Kunst, die ja immer einen praktischen Sinn hatte, zu übernehmen, zu kopieren und nachzugestalten: nicht ohne Erfolg. Eingeborenenkunst ist heute »in« und kommt mittlerweile in ihren Symbolen und Figuren auch auf den europäischen Markt. Betrachten Sie nur einmal die modernen Modedesigns und die Dekors und vergleichen Sie diese mit den – wie wir sagen würden – »naiven« Mustern der Eingeborenenkunst, natürlich auch derjenigen aus Afrika und anderen Regionen: Sie werden einige Parallelen feststellen – »back to the roots!«

Eine etwas andere Geschichte ist folgende: Durch einen ganz eigenen Werdegang wurde ein Aboriginal aus dem Stamm der Aranda mit Namen Albert Namatjira in Australien und später auch in anderen Teilen der Welt bekannt. In der Hermannsburger Mission in Zentralaustralien geboren und aufgewachsen, wurde er mit 30 Jahren durch engen Kontakt mit einem weißen Kunstmaler zum Malen in der europäischen Technik angeregt und unterrichtet. Schon bald malte er mit erstaunlichem Geschick selbst wundervolle Naturlandschaften und baute mit großer Gestaltungskraft den Stil der Weißen zu einer ihm eigenen Malweise und Meisterschaft aus. Sogar Königin Elizabeth empfing ihn. Leider wurde er dann durch seine zunehmende Berühmtheit und viel Geld im Laufe der Jahre zwischen den Kulturen zerrieben, geriet letztlich durch Alkoholmissbrauch in Konflikt mit den Gesetzen der Weißen und fand 1959 mit 57 Jahren im Gefängnis von Alice Springs ein tragisches Ende. Seine herausragend schönen Landschaftsbilder können Sie in einschlägigen Museen bewundern.

Heute werden Bilder von Albert Namatjira mit bis zu 10 000 A$ gehandelt.

Die Geschichte einer eigenständigen Malerei der Weißen in Australien begann Ende des vorigen Jahrhunderts mit der sogenannten »Heidelberg School« (heute ein Vorort von Melbourne). Die Maler dieser Künstlerkolonie verwirklichten als erste die ganz andersartigen Eindrücke der australischen Landschaft in ihren Bildern, wobei sie vom französischen Impressionismus profitierten. Ihre Gemälde finden sich heute in allen wichtigen Galerien des Landes. Achten Sie bei Ihren Besuchen auf die Namen Arthur Streeton, Charles Conder, Thomas W. Roberts und den des Deutschen Hans Heysen.

Etwas später betreten Maler des Expressionismus und des Surrealismus die australische Kunstszene: Arthur Boyd, Sidney Nolan, Albert Tucker. In ihren Bildern finden wir eine Hinwendung zu den großen sozialen Themen der Zeit, die um die Mitte unseres Jahrhunderts auftreten. Sie erringen weltweite Beachtung und sind in den großen Kunstgalerien der Welt ausgestellt.

Literatur

Eine eigenständige australische Literatur, die sich nicht mehr mit dem kolonialen Aspekt der Welt der deportierten Strafgefangenen beschäftigte, entstand erst Ende des 19. Jahrhunderts. Zunächst ging es in Balladen und Kurzgeschichten um die schwierigen Lebensumstände und die Kameradschaft der frühen Siedler, später – als die ersten Städte entstanden – um das soziale Elend der Benachteiligten. Der wohl bekannteste Dichter aus dieser Epoche ist Andrew Barton (Banjo) Paterson, der nicht nur den Text der »Waltzing Matilda«, sondern auch den 1982 verfilmten Roman »The Man from Snowy River« verfasste. Auch die Kurzgeschichten des berühmten Henry Lawson sind nach wie vor sehr gefragt.

Um sich einen Zugang zur zeitgenössischen australischen Literatur zu verschaffen, sollten Sie zunächst auf deutsche Übersetzungen der Werke so bekannter australischer Autoren wie Patrick White (»Zur Ruhe kam der Baum des Menschen nie«, »Voss«, »Der Maler«, »Im Auge des Sturms«), Morris West (»Nacktes Land«), Colleen McCullough (»Die Dornenvögel« – auch verfilmt) und Nancy Cato (»Der ewige Baum«) zurückgreifen.

2.11 Die Medien

Zeitung, Buch, Hörfunk, Fernsehen – das sind in Australien wie in Europa gleichermaßen wichtige Mittel der Nachrichtenweitergabe.

Während die Rolle der Druckmedien sich nicht wesentlich von der in der übrigen Welt unterscheidet, nehmen die Funkmedien hier einen anderen Platz ein, denn das Radio ermöglichte schon in seinen frühen

Tagen die Verständigung über die riesigen Entfernungen des Kontinents hinweg. Heute ist der Anschluss des fünften Kontinents an den Rest der Welt via Satellit eine Selbstverständlichkeit. Aber auch der weltweite Kurzwellenrundfunk spielt nach wie vor eine Rolle: Mit ein wenig Geduld und Geschick können Sie hier in Europa die Stimme von »Radio Australia« hören – und umgekehrt in Australien das Programm der »Deutschen Welle«.

Wie wichtig dem Australier sein Rundfunkprogramm ist, wird schon an der großen Hörbeteiligung (99 Prozent der Bevölkerung) sichtbar. Aber auch Zeitunglesen und Fernsehen liegen landesweit bei mehr als 95 Prozent.

Eine Vielzahl von öffentlich-rechtlichen, gemeinnützigen und kommerziell finanzierten Programmen versorgt die aus allen Teilen der Welt bunt gemischten Bevölkerungsgruppen, die in Australien ihre erste oder zweite Heimat fanden: Wie die Nation selbst ist auch ihre Medienlandschaft multikulturell geprägt.

Zeitungen

Australier gehören weltweit zur Spitzengruppe unter den Zeitungslesern. Die 10 großstädtischen und 38 regionalen Zeitungen haben eine Gesamtauflage von mehr als 3,5 Mio. Daneben gibt es rund 400 weitere kleine Zeitungen, die wöchentlich oder zweimal wöchentlich erscheinen – davon gibt es etwa 120 Zeitungen für 40 verschiedene Volksgruppen.

Für die deutsche Volksgruppe erscheint wöchentlich *Die Woche in Australien* (in Sydney) und 14-täglich die *Neue Heimat und Welt* (in Melbourne).

Die größeren australischen Tageszeitungen sind im Besitz von nur knapp einer Hand voll Medienbesitzern, die nicht nur Milliardenumsätze machen, sondern auch entsprechenden Einfluss auf den Inhalt der Blätter haben.

An der Spitze steht die Unternehmensgruppe »News Corporation« des Medienzars Rupert Murdoch, der mittlerweile auch das weltweit größte Medienimperium führt.

Höchste Auflagenziffern erreichen *The Daily Telegraph Mirror* (Sydney) und *The Herald Sun* (Melbourne). Weltweite Bedeutung haben auch *The Sydney Morning Herald* und *The Age* (Melbourne). Weitere wichtige Organe sind *The Australian* und *The Australian Financial Review*, die für den ganzen Kontinent berichten.

Die Tageszeitungen (wochentags) in den Bundesstaaten:
New South Wales:
- *The Sydney Morning Herald*
- *The Daily Telegraph*
- *The Daily Mirror*
- *The Sun*
- *The Australian Financial Review*

Victoria:
- *The Age*
- *The Herald*
- *The Sun News-Pictoral*

Queensland:
- *The Courier Mail*
- *The Telegraph*

South Australia:
- *The Advertiser*
- *The News*

Western Australia:
- *The West Australian*
- *The Daily News*

Northern Territory:
- *Northern Territory News*

Australian Capital Territory:
- *The Canberra Times*

Darüber hinaus erhalten Sie in allen Bundesstaaten noch zusätzliche Sonntagszeitungen wie *Sunday Telegraph* (NSW), *Sunday Observer* (Vic), *Sunday Sun* (Qld), *Sunday Mail* (SA), *The Sunday Times* (WA) und andere mehr.

Auch der Zeitschriftenmarkt hat große Bedeutung, sind doch die Australier auf diesem Sektor Weltmeister: Es finden sich über 1200 verschiedene Titel auf dem Markt, wovon die drei führenden eine Auflage von je über einer Million erreichen.

Man hat den Eindruck, die Kultur findet in Australien überwiegend zu Hause statt!

Hörfunk

Nachdem 1923 der Rundfunk in Australien auf kommerzieller Basis gestartet war, entwickelte sich Anfang der 30er Jahre mit der zusätzlichen Einführung des öffentlich-rechtlichen Rundfunks – der »Australian Broadcasting Commission« – ein zweigleisiges System, das bis heute Bestand hat.

Schon 1936 gab es über 70 private Rundfunkbetreiber. Um eine gewisse Ordnung und Kontrolle in den »Wellensalat« zu bringen, entschloss man sich 1949 zur Gründung einer Kontrollbehörde, die aber vom Staat unabhängig war. Daraus entstand 1977 das »Australian Broadcasting Control Board«, das befristete Sendelizenzen vergibt und über die Einhaltung des Rundfunkgesetzes wacht.

Inzwischen ist die Zahl der privaten Sender auf 116 angewachsen. Sie strahlen ihre Programme jeweils für einen begrenzten Raum aus und senden auf Lang- und Mittelwelle. Weitere 30 Sender arbeiten auf UKW. Eine Besonderheit ist, dass auch auf Mittelwelle in Stereo gesendet wird.

UKW-Stationen, anfangs wohl wegen der begrenzten Reichweite und der für den Empfang erforderlichen Richtantennen für nicht marktfähig gehalten, nehmen besonders im großstädtischen Ballungsraum mehr und mehr an Zahl und Bedeutung zu.

Rundfunkgebühren für öffentlich-rechtliches Radio und Fernsehen kennt man in Australien nicht.

Radio Australia strahlt auf Kurzwelle sowohl Landesprogramme als auch einen Überseedienst aus. Letzterer arbeitet je nach Tages- und Jahreszeit und Ausbreitungsbedingungen auf allen KW-Bändern von 49 m bis 16 m aus und kann auch hier in Europa gehört werden.

Insgesamt produziert die ABC unter der Bezeichnung Radio National ein anspruchsvolles Hörfunkprogramm für den ganzen Kontinent. Uns liegt eine aktuelle Programmübersicht vor, die vier verschiedene Sparten beinhaltet:

«News and Analysis«, »People and Society«, »Arts and Entertainment« und »Education« – auf Deutsch: Nachrichten und Analysen, Volk und Gesellschaft, Kunst und Unterhaltung, Bildung. Die tägliche Sendezeit geht von 5 Uhr morgens bis nach Mitternacht.

Radio Australia strahlt sein Landesprogramm über insgesamt 235 Sender aus, davon 213 UKW- und 22 Mittelwellensender. Die Hauptstationen in den Städten Adelaide, Brisbane, Darwin, Hobart, Melbourne, Sydney und Perth senden jeweils auf Mittelwelle.

Neben den beschriebenen Diensten von »ABC« entstand in den 70er Jahren eine dritte, allerdings recht kleine öffentlich-rechtliche

Sendeschiene, der sogenannte »Special Broadcasting Service«, auch »SBS Radio« genannt. Bisher gibt es nur die Stationen »2 EA« (Sydney, Newcastle, Wollongong) und »3 EA« (Melbourne), wobei »EA« für »Ethnic Australia« steht.

Immerhin nehmen diese wenigen Stationen eine wichtige Stellung ein, senden sie doch als multikultureller Kanal in über 50 verschiedenen Sprachen für viele verschiedene Bevölkerungsgruppen, darunter natürlich auch in Deutsch.

Die Mitarbeiter in den SBS-Stationen erfüllen in den Ballungsräumen eine wichtige Aufgabe, wenn man bedenkt, dass hier bis zu 30 Prozent der Einwohner aus nichtenglischen Sprachgebieten eingewandert sind und die Traditionen ihrer Herkunftsländer fortsetzen möchten.

Das Nebeneinander vieler unterschiedlicher Kulturen und Sprachen ist es, was das moderne Australien ausmacht. Ohne Übertreibung kann man sagen, dass es praktisch ein Land ohne Ausländer ist, weil die Ausländer die Inländer stellen. Dies zu fördern ist auch ein Anliegen der australischen Innenpolitik.

Als drittes Element des Hörfunks gesellte sich 1972 das »Public Broadcasting« (Gemeinschaftsrundfunk) hinzu. Dies wurde durch eine Liberalisierung der Rundfunkgesetze möglich, die auf die neue Regierung Gough Whitlam zurückging.

Bei uns steckt die Bewegung des Bürgerradios immer noch in den Kinderschuhen!

129 solcher Radiostationen werden heute in Australien gezählt: Sie sind auf die Mitarbeit von etwa 20 000 ehrenamtlichen Helfern angewiesen und verfügen nur über wenige hundert festangestellte Mitarbeiter.

Auf diesen Kanälen ist jegliche Werbung untersagt. Die »Public Radios« tragen sich allein durch Spenden und Beiträge der jeweiligen Gemeinschaften.

Die Wurzeln dieser Bürgerradio-Bewegung findet man in vier gesellschaftlichen Gruppierungen:
• Nichtenglischen Nachkriegseinwanderern der 50er und 60er Jahre
• Anhängern der klassischen Musik mit Interesse an Stereosendungen
• Studenten und Lehrern der höheren Fachschulen und Universitäten mit Interesse an Programmen für die Erwachsenenbildung
• politischen Gruppen und Bürgerinitiativen der 60er bis 70er Jahre mit dem Anliegen einer Demokratisierung von unten.

Es begann mit der Erwachsenenbildungs-Abteilung der Universität von Adelaide, die Radio »5 UV-AM« 1972 ins Leben rief. Mittlerweile ist sie eine der größten Public-Radio-Stationen Australiens, die vom frühen Morgen bis nach Mitternacht auf Sendung ist. Im Jahre 1974 folgten die Klassik-Sender »2 MBS-FM« in Sydney sowie »3 MBS-FM« in Melbourne. Die erste kommunale Station war Radio »3 CR« in Melbourne, die von verschiedensten Interessengruppen wie Gewerkschaften, ethnischen Gruppen, Bürgerinitiativen und Künstlern gestartet wurde.

Während die weiter oben genannten, seit 1975 für ethnische Gruppen sendenden SBS-Stationen »2 EA« und »3 EA« von der Regierung finanziert werden, arbeiten andere Volksgruppen mit Bürgerradios zusammen wie zum Beispiel der Station »4 EB« in Brisbane.

Allgemein lässt sich feststellen, dass trotz aller Vielfalt von Programminhalten und Trägerschaften Public Radios in Australien eine basisdemokratische Struktur besitzen und auf jegliche Produktwerbung verzichten. Sponsoren dürfen lediglich Sendungen unter ihrem Namen ankündigen: Das wäre sicherlich auch für Deutschland eine gute Sache...

Allein in Sydney senden 14 verschiedene Bürgerradios, unter denen Radio »2 RPH« eine Besonderheit darstellt. RPH bedeutet »Radio for the Print Handicapped« (Radio für Lesebehinderte) und sendet speziell für die Bedürfnisse der rund 300 000 sehgeschädigten Menschen im Raum Sydney. Von früh bis spät werden auf dieser Welle Artikel aus Zeitungen und Zeitschriften vorgelesen.

Sogar Gefangene, Drogenabhängige, Ökofreaks und auch Aboriginalgruppen des Stadtteils Redfern betreiben ihre eigene Welle. Das Aussteiger-Radio »2 BBB« sendet seit 1984 aus dem Ort Bellingen im Regenwald 500 km nördlich von Sydney sein alternatives Programm. Und nicht vergessen möchten wir »Radio 8 KIN«, den Ureinwohnersender aus Alice Springs, der von der Mediengesellschaft der »Aborigines« betrieben wird und in mehreren Eingeborenensprachen sowie in Englisch sendet.

Wer also interessierter Radiohörer ist, der wird – gleich wo er wohnt – in Australien eine bunt gemischte Programmvielfalt auf Mittelwelle, Kurzwelle und auf UKW vorfinden, entweder vom öffentlichen ABC, von Bürgervereinen oder von kommerziell arbeitenden Sendern angeboten. Mittlerweile gibt es rund 350 Rundfunkstationen in Australien, davon je etwa 40 Prozent ABC- und kommerzielle Stationen.

Aus eigener Erfahrung können wir sagen, dass man im Bereich der Großstädte aufgrund der Vielzahl der gleichzeitig arbeitenden Stationen mit Interferenzen rechnen muss, so dass man frequenzmäßig dicht nebeneinanderliegende Sender nicht immer klar voneinander trennen kann.

Fernsehen

Fernsehen begann in Australien im Jahre 1956. Das heutige Farbfernsehen benutzt seit 1975 das in Deutschland entwickelte und in Europa verbreitete PAL-System. Die kommerziell arbeitenden TV-Stationen müssen eine Mindestanzahl australischer Produktionen senden. Es werden viele englische und amerikanische Filme und Serien gezeigt.

Anders als bei uns verfuhr man von Anfang an zweigleisig – kannte also öffentlich-rechtliches neben privatem Fernsehen. Neben einer Vielfalt privater Sender, in den Großstädten mit je drei vertreten, gibt es nur die beiden staatlich finanzierten Programme der ABC und des SBS. Die »Australian Broadcasting Corporation« (ABC) sendet im VHF-Bereich (entsprechend unseren früheren ersten Fernsehprogrammen), der »Special Broadcasting Service« (SBS) im UHF-Bereich. Wie im Hörfunkbereich auch sendet SBS Programme in 46 verschiedenen Sprachen.

Heute gibt es rund 250 Fernsehstationen im Lande, davon rund 75 Prozent ABC-, 20 Prozent kommerzielle und etwa 5 Prozent SBS-Stationen. Unter den ABC-Sendern sind einige Satellitenumsetzer zur Versorgung entlegener Gegenden (»Aussat«). Das Programm »Australian Television International« sendet für das Ausland.

Fernsehempfang wird ganz überwiegend noch über Antenne abgewickelt, da Kabelfernsehen bis jetzt nicht vorgesehen ist und Satellitenprogramme in den dichter besiedelten Küstenregionen wegen hoher Anschaffungskosten nicht populär sind.

Empfangsbeispiel Großraum Melbourne:
* Channel 7, 9, 10 als kommerzielle Programme
* Channel 2 (SBS) als staatliches Programm

Australien hat mit der technischen Entwicklung standgehalten und durch den Einsatz von Nachrichtensatelliten die Möglichkeit für einen Empfang von Programmen weit draußen im Outback geschaffen. Hierfür zeichnet die staatliche Satellitenrundfunkgesellschaft »Aussat Pty. Ltd.« verantwortlich. Kerry Packer war es, der Besitzer des kommerziellen »Channel 9 TV«, der die Idee dazu hatte. Nach einer achtjährigen politischen und wirtschaftlichen Vorbereitungsphase wurden 1985 die ersten beiden Aussat-Satelliten mit dem amerikanischen Space Shuttle in den Orbit befördert, ein dritter 1987 mit der europäischen Ariane-Rakete.

Den größten Teil des Übertragungsspektrums nehmen Fernsehprogramme ein. Die Aufteilung sieht folgendermaßen aus:
* ein nationales ABC-Programm für den ganzen Kontinent: »National Beam«

- vier Zonenprogramme für vier verschiedenen »beams«: »Western«, »Central«, »South East« und »North East Beam«

«Beam« bedeutet Strahlrichtung des Satelliten. Damit können alle Regionen Australiens sowie der südwestliche Pazifik (zwischen Papua-Neuguinea und Tahiti in west-östlicher sowie den Marshall-Inseln und Neuseeland in nord-südlicher Ausdehnung) ausgeleuchtet werden.

Den »Central Beam« leiten die Aborigines in eigener Verwaltung; sie strahlen das von ihrer eigenen Fernsehgesellschaft »Imparja TV« produzierte Programm für ihre ethnische Gruppe aus.

Für spezielle Interessengruppen gibt es sogenannte »VAEIS-Dienste« (»Video and Audio Entertaiment and Information Services«), die von Interessenten nur mit speziellen Empfangseinrichtungen gesehen und gehört werden können. Hierbei handelt es sich um Unterhaltungsprogramme für Clubs, Sportprogramme und Datenübertragungsdienste.

Wie sehen die Radio- und TV-Programme aus?
Die australischen englischsprachigen Programme sind überwiegend auf Unterhaltung aufgebaut, werden aber auch mit Sachthemen, Dokumentarfilmen und Magazinsendungen angereichert. Nachrichtensendungen bringen regelmäßig auch weltweite Neuigkeiten. Die Programme beginnen teilweise schon frühmorgens.

Deutschsprachige Programme in Australien:
Über den Dienst der Deutschen Welle werden sowohl Hörfunk- als auch Fernsehbeiträge, die für die deutsche Sprachgruppe gedacht sind, an die australischen Sender als Bandaufnahmen verschickt oder über Satellit gesendet. Besonders beliebt ist die Kriminalserie »Derrick«, die man inzwischen auf der ganzen Welt kennt. Die SBS-Stationen in Sydney, Melbourne und Adelaide und einige Public Radios übermitteln diese Sendungen in ihren jeweiligen deutschen Sendestunden.

Beispiel Adelaide: Hier sendet ein Public TV mit dem Namen »ACE TV«. Schwerpunktmäßig werden darin Bildungsprogramme, lokaler Sport, Auto- und Fahrradrennen, Ureinwohnerfragen und Probleme innerhalb der Gemeinde und ihrer Umgebung übermittelt.

2.12 Verkehrsmittel

Die großen Entfernungen zwischen den Städten Australiens erfordern einen hohen Aufwand für Wartung und Ausbau der Straßenverbindungen. Viele Straßen sind durch Schwerverkehr- und Massenverkehr überlastet und überbeansprucht und stammen in ihrer Konzeption aus vergangenen Jahrzehnten. Zweispurige Highways sind eben nicht mehr zeitgemäß, und meist passen sich diese dem Landschaftsprofil so genau an, dass man auf manchen Streckenabschnitten an eine Seefahrt erinnert wird.

Wer kein Auto besitzt oder es nicht immer benutzen möchte, ist auf Bus, Bahn oder Flugzeug angewiesen. Der öffentliche Personennahverkehr, wie er in jeder größeren Stadt existiert, muss hier wegen seiner Ähnlichkeit zu Europa nicht detailliert beschrieben werden. Meist gibt es sowohl Einzelfahrscheine als auch 10er- und Wochenkarten. In Sydney bilden Bus, S-Bahn und Fähre einen Verkehrsverbund.

Es hat durchaus etwas Reizvolles, wenn man in aller Morgenfrühe die Herren Büroangestellten und Geschäftsleute in ihren kurzen Anzughosen und eleganten Blazern auf schwimmenden Warteplattformen auf die Fähre warten sieht, die sie zur City auf die südliche Hafenseite bringt. Nicht minder schick natürlich die Damenwelt, die sich auf einen neuen – mehr oder minder abwechslungsreichen – Bürotag in irgendeiner Hochhausetage vorbereitet hat und den Parfümduft der großen weiten Welt verströmt.

Wer mit der Schnellbahn – in Melbourne heißt sie »Light Train« oder »Met« – in die City fährt, ist gut beraten, denn erstens verkehren diese in sehr kurzfristigem Rhythmus und zweitens gibt es damit keine Staus. Pünktlichkeit und billige Tarife sind weitere Vorteile. Für eine 15 km lange Strecke in Sydney (zum Beispiel Burwood – Circular Quay) zahlt ein Erwachsener nach 9 Uhr morgens weniger als 4 A$ für die Rückfahrkarte, vor 9 Uhr etwa das Doppelte. Langzeitkarten sind dann günstiger, wenn man jeden Tag fahren muss.

In Melbourne sind die Tarife ähnlich günstig. Für die Fahrt von Belgrave (Endstation) bis Flinders Street Station (City) – eine Strecke von etwa 40 km – zahlt eine Person 10 A$ (eine ganze Familie nur knapp 20 A$) für die Rückfahrkarte und hat zusätzlich noch alle anderen Fahrten während dieses Tages frei, da diese Karte alle drei Entfernungszonen beinhaltet. Rückfahrkarten innerhalb einer Zone und zwei Stunden kosten pro Person 1,5 A$. Wer einmal morgens mit dem Auto oder dem Taxi in den Riesenstädten unterwegs war, weiß die Vorteile der Schnellbahnen zu schätzen.

Müssen oder wollen Sie größere Strecken über Land zurücklegen, dann stehen Sie vor der Frage nach der Wahl des für Sie richtigen Verkehrsmittels.

Überlandbus

Das billigste ist der Überlandbus: Er verbindet alle wichtigen Städte des Kontinents miteinander. Hier können Sie unter den Linienverbindungen (»Service No. ...«) der verschiedenen privaten Busunternehmen Ihre Strecke auswählen. Bekannte australische Busunternehmen sind »Ansett Pioneer«, »Greyhound Australia«, »Australian Pacific« und »McCafferty's«. Für längere Reisen empfiehlt es sich, einen sogenannten »bus pass« (Netzkarte) zu kaufen, den man für eine Dauer von zwischen 7 Tagen und 2 bis 3 Monaten bekommt.

Preisbeispiel: Von Brisbane nach Melbourne kostete der Greyhoundbus für eine Person 69 A$ (Touristenpreis) für die einfache Fahrt: Entfernung etwa 1000 km, Fahrzeit etwa 14 Stunden mit durchgesessenem Hinterteil(!), Mahlzeiten muss man sich selbst besorgen.

In den Bussen sitzt man eng, aber die Stimmung ist meist gut, denn der Busfahrer bringt dann und wann seine fetzigen Sprüche übers Mikrofon und hält Sie mit Musik bei Laune. Klimaanlage, Waschraum und Toilette sind normaler Standard. Auf den langen Strecken werden bei Abend- und Nachtfahrten Videoprogramme angeboten.

Zwischenstopps gibt es an bestimmten Haltepunkten für Aus- oder Zusteiger und für Frühstück, Mittag- oder Abendessen an einer Tankstelle mit »coffee lounge« oder »sandwich bar« beziehungsweise einem Motel – je nach Abfahrtszeit des Busses. Nächtliche Busverbindungen sind etwas schneller.

Wer sich nachts aus natürlichem Bedürfnis über den zufällig freien Nebensitz ausbreitet, muss mit Zurechtweisung durch den Fahrer rechnen, wie es uns passierte: »Sit upright please and put your feet to the ground where they belong!« Wahrscheinlich werden durch das Liegen im Bus irgendwelche Sicherheitsbestimmungen verletzt. Die Rüttelei und Schaukelei über die welligen australischen Highways ist auch nicht jedermanns Sache und hinderte mich an echtem Schlaf – meiner Familie ging es nicht besser.

Die Eisenbahn

Das relativ langsamste Verkehrsmittel ist – wegen der Haltepunkte und des Bodenreliefs – die Bahn, die über kein so weit verzweigtes Streckennetz (nur rund 40 000 km) verfügt, aber auf den Hauptstrecken an der ganzen Ost- und Südküste von Cairns bis Perth verkehrt, mit einer

Abzweigung nach Alice Springs und einer Parallelstrecke über Broken Hill. Nachteilig wirkt sich die immer noch unterschiedliche Spurweite der einzelnen Staatsbahnen aus.

Die Durchschnittsgeschwindigkeit wird mit 56 km/h angegeben. Man reist geruhsam und sicher und sieht unterwegs viel. Die Nachtzüge verfügen über Klimaanlage, Duschen und Schlafkabinen sowie einen Speisewagen. Man kann bis zu 80 kg Gepäck ohne Aufpreis mitnehmen.

Für längere Erkundungsreisen mit der Bahn sind – wie auch bei den Buslinien – Netzkarten empfehlenswert. Innerhalb eines gewählten Zeitraums gibt es dann keine Kilometerbegrenzung. Sie gelten meist auch auf den – den Staatsbahnen angeschlossenen – regionalen Bahngesellschaften.

Berühmte Reisezüge sind der »Indian Pacific«, ein echter Luxusreisezug (Sydney – Perth in 65 Stunden) und der »Ghan« (Adelaide – Alice Springs in 22 Stunden). Inzwischen wurde von der Regierung ein Bahnerneuerungsprogramm verabschiedet, das auf einen Ausbau und eine Vereinheitlichung des Streckennetzes abzielt.

Das Flugzeug

Das schnellste und auch teuerste Verkehrsmittel ist das Flugzeug, mit dem man praktisch alle Punkte des Kontinents erreichen kann – bis hin zur abgelegenen Outback-Station. Rund 80 Prozent aller Langstreckentouren auf dem Kontinent werden mit ihm zurückgelegt. Auf den Hauptrouten werden heute durchweg Düsenflugzeuge eingesetzt, während man die kleineren Orte bis hin zur »cattle station« mit der kleinen Propellermaschine oder dem Buschflugzeug erreicht.

Seit Aufhebung der staatlichen Regulierung im Jahre 1990 wurden neue Gesellschaften gegründet, während bestehende in Konkurs gingen. Ein harter Preiswettkampf setzte ein. Der allerdings wirkte sich für den Kunden positiv aus, denn seither ist das Fliegen preislich recht erschwinglich geworden. Für Urlauber gibt es zusätzliche Ermäßigungen, ebenfalls für Studenten unter 26 Jahren.

Bekannte Linien für große Entfernungen sind »Ansett«, »QANTAS«, »Australian Airlines« und »East-West Airlines«. Darüber hinaus gibt es viele regionale Fluglinien.

Ein Preisbeispiel: Mit QANTAS kostete uns der einfache Flug von Sydney nach Melbourne (750 km) pro Person 148 A$, ebenfalls Touristenpreis. Zum Flugpreis gehört eine kleine Zwischenmahlzeit.

2.13 Telefon und Postverkehr

Wie bei uns inzwischen auch sind Telefondienst und Postdienst in Australien voneinander getrennt. Das eine verwaltet die »Telecom«, das andere die »Australia Post« (rot mit weißer Schrift).

Telefon anmelden

Gehen Sie persönlich zur nächsten Geschäftsstelle der Telecom und füllen Sie dort den Antrag aus. Neuanschlüsse sind wesentlich teurer als Ummeldungen vorhandener Anschlüsse.

Telefonieren

Australier sind geradezu besessene Telefonierer, wenn man die jüngsten Erfahrungen von Touristen hört. Durch die moderne Telefontechnik mit mobilen Funktelefonen sind drahtlose Gespräche von überall nach überall möglich geworden, und das scheint im Kontinent der großen Entfernungen seinen besonderen Reiz zu haben.

Das Telefonieren funktioniert wie woanders auch. Es gibt einen Abend- und einen Nachttarif. Der Nachttarif gilt wie bei uns auch am Wochenende. Überseegespräche sind von Australien aus billiger als von hier: Gespräche nach Mitteleuropa kosten nur etwa die Hälfte unserer Gebühren. Für Vieltelefonierer von beispielsweise Deutschland nach Australien lohnt sich die Mitgliedschaft in einem ausländischen Servernetz (Rückruftechnik), da die deutsche Telekom teuer ist.

Telefonzellen, die die Aufschrift »STD« (»state dialling«) tragen, sind für Ferngespräche innerhalb Australiens, solche mit der Aufschrift »ISD« (»international state dialling«) für Überseegespräche tauglich. Sehr praktisch ist die Verwendung einer Telefonkarte, die man beim »News Agent« (Zeitschriftenladen mit Lotto, Pferderennen, Grußkarten und dergleichen) bekommt.

Überseegespräch von Australien aus: Wählen Sie zunächst die 0011, dann die Landesvorwahlnummer (z.B. Deutschland: 49), danach die Vorwahlnummer ohne die Null (!) und dann die Teilnehmernummer.

Von Mitteleuropa aus ist es ähnlich:

Zuerst die Landesvorwahl für Australien: 0061, danach die Vorwahl ohne die Null, dann die Teilnehmernummer. Aufpassen bei Tasmanien: Da Hobart zwei Nullen in der Vorwahlnummer hat, muss dann eine (!) Null von hier aus mitgewählt werden.

Die Notdienste (Polizei, Feuerwehr und Krankenwagen) haben die landeseinheitliche Nummer 000, außer Darwin: hier bei Krankenwagen die 27900 wählen!

Die Telefonauskunft bekommt man über 013 (national) und 0103 (international).

Bitte an den Zeitunterschied zwischen Europa und Australien denken. Australien ist zeitlich 7 bis 9 Stunden weiter. Die Spanne ergibt sich aus den drei Zeitzonen, bei Westaustralien sind es 7, bei Ostaustralien 9 Stunden Unterschied zu uns. Zählen Sie diesen Betrag zu Ihrer aktuellen Anrufzeit hinzu, dann haben Sie die australische Zeit. Abweichungen von einer weiteren Stunde können sich wegen einer dort regional vereinbarten Sommerzeit (»daylight saving time«) ergeben, sind aber nicht so entscheidend. Wichtig ist nur, dass man nicht Leute mitten in der Nacht aus dem Bett holt, wie wir das wiederholt von Australiern zu hören bekamen.

Postsendungen

Die australische Post arbeitet genauso gut und schnell wie unsere – nur ist sie preiswerter. Ein Luftpostbrief von Australien (10 g) kostet nur 1,20 A$, bei uns inzwischen 1,50 €. Bei Berücksichtigung des aktuellen Wechselkurses ist das mehr als das Doppelte!

Ein weiterer australischer Vorteil ist die Möglichkeit, eine Briefsendung als SAL-Post (»surface air lifted«) zu verschicken und somit bei schwereren Sendungen Geld zu sparen. Dies ist bei uns nur mit Paketen möglich. SAL bedeutet, dass der Inlandsluftweg in der Transportkette vom Absender zum Adressaten eingespart wird: Zeitlich ist das kein großer Nachteil.

Für häufige, aber nicht so umfangreiche Mitteilungen nach Übersee empfiehlt sich auch das Aerogramm (Luftpostleichtbrief).

Die Briefkästen der Australia Post sind in Australien rot.

- »GPO« bedeutet »General Post Office« (Hauptpostamt).
- »P.O.Box No. ...« bedeutet »Post Office Box No.« (Postfach Nr. ...)
- »Poste Restante« bedeutet »postlagernd«.

In ländlichen Gegenden findet man – wie in den USA – diese länglichen, oben gewölbten Blechkästen, die bisweilen in einer langen Reihe nebeneinander befestigt sind. Hier wohnen viele Anwohner »mitten in der Wallachei« und haben dem Postboten damit die Zustellung erleichtert.

Suchen Sie eine passende Verpackung für Ihre Postsendung, so können Sie in der Schalterhalle der Post unter einer großen Anzahl vorgefertigter Kartonagen und Umschlägen – vom Polsterumschlag bis zum großen Paket – wählen und brauchen nicht den Weg zum Schreibwarenhandel zu machen.

Außer den rein postalischen Angelegenheiten werden in den Poststellen auch Antragsformulare für die Steuerrückerstattung und

Formulare für die Ausstellung eines Passes bereitgehalten: auch Überweisungsformulare für die nächste Bank fanden wir dort.

Man sollte es nicht glauben: In den Poststellen kann man auch Modellautos der Postfahrzeuge und andere schöne kleine Dinge kaufen – fast ein Geschenkladen, die Australia Post!

2.14 Schule und Ausbildung

Kinder anmelden

Wenn Sie eine Wohnung gefunden haben, sollten Sie Ihr(e) Kind(er) so bald wie möglich in der nächsten Schule anmelden. Sie werden sie durch Befragen der Nachbarschaft, bei Behörden oder durch Nachschauen im Stadtplan finden, wenn Sie nicht schon vorher durch australische Bekannte informiert worden sind.

Grundschulen werden in der Regel nahe Ihrem Wohngebiet liegen, höhere Schulen können mit dem Fahrrad oder mit den öffentlichen Verkehrsmitteln erreicht werden.

Sie können Ihr Kind auch an einer Privatschule anmelden. Diese befinden sich ganz überwiegend in kirchlicher – meist römisch-katholischer – Trägerschaft und verlangen Schulgebühren. Es wird gesagt, das Ausbildungsniveau an diesen Schulen läge über dem der öffentlichen. 28 Prozent aller australischen Kinder besuchen eine Privatschule.

Es finden sich unter den Privatschulen auch solche, die der Pädagogik Rudolf Steiners oder Maria Montessoris folgen. Sehen Sie in den Telefonbüchern der großen Städte nach.

Bringen Sie alle Zeugnisse Ihres Kindes, möglichst schon übersetzt, zur Anmeldung mit. Sprechen Sie mit dem »School Principal« (Rektor) auch darüber, ob es an der Schule besondere Klassen für noch nicht englischsprechende Kinder gibt. Wenn das nicht der Fall ist, könnte es günstiger sein, wenn Sie für Ihr Kind eine andere Schule wählen.

An allen Schulen in den Einzugsbereichen der Großstädte, besonders in Melbourne und Sydney, finden sich Schüler verschiedenster Nationalitäten – insofern ist auch Ihr Kind dort nichts Besonderes.

Je nach Art der Schule, Unterrichtsmethode und Stand der Englischkenntnisse wird es Ihr Kind leichter oder schwerer haben, sich an die neue Schulsituation anzupassen. Wie wichtig die Beherrschung der englischen Sprache (mit seinen typischen australischen Ausdrücken und Abkürzungen) im Alltagsleben ist, zeigt sich nicht nur beim Lernen, sondern auch im Umgang mit den Kameraden: Unterstützen Sie Ihr Kind darum bei allen auftretenden Problemen, indem Sie mit ihm

Englisch sprechen und sich bei Problemen gegebenenfalls an die Lehrkräfte wenden.

Auch der frühzeitige private Kontakt unter den Kindern ist nützlich. Die Einladung eines australischen Kindes zu sich nach Hause, das Mitgehen zu einer Sportveranstaltung, eine Einstandsfeier oder noch andere Anlässe können sehr hilfreich sein. Was für die Integration Erwachsener gilt, gilt genauso auch für die Kinder.

Anteile staatlichen und privaten Schulbesuchs in Schülerzahlen (1994):

Bundesstaat	staatlich	privat
NSW	755 771	296 078
Vic	520 328	252 866
Qld	403 234	145 297
SA	181 640	64 371
WA	223 105	76 307
Tas	64 061	21 298
NT	26 934	7 212
ACT	39 865	21 013

Australische Schulen sind – teilweise – anders

Das Bildungsideal in Australien – wie in anderen von England geprägten Ländern auch – zeigt Abweichungen vom Bildungsideal im deutschsprachigen Raum mit möglichst universeller Bildung.

Man ist mehr auf praktisches Wissen, berufsverwendbare Inhalte und auf sportliches und soziales Training ausgerichtet. Abstrakte Strukturen wie grammatisch und orthographisch richtiges Schreiben spielen nicht die absolut erste Rolle beim Lernen: Das ist eigentlich eher positiv zu bewerten, da die Schüler – ohne all zuviel Ballast – mehr auf die praktischen Anforderungen des Lebens vorbereitet werden.

Eine solche schulische Bildung ist für Berufe des unteren und mittleren Niveaus auch ein Vorteil, für zukünftige Studenten an »Colleges of Advanced Education« (Fachhochschulen) und Universitäten aber ein Nachteil, wie man immer wieder hört. Denn hier gelten nach wie vor die strengen Gesetze absoluter Korrektheit im mündlichen und schriftlichen Ausdruck. Häufig müssen die Studienanfänger deshalb noch nebenher richtiges schriftliches Englisch trainieren, während sie ansonsten über gute fachliche Vorkenntnisse verfügen.

Abgesehen von dieser allgemeinen Tendenz gibt es doch eine Vielzahl von Unterschieden zwischen den verschiedenen Schulen einer Großstadt oder einer Region. Dies bezieht sich zunächst auf die Erziehungsstile der Lehrer, die manchmal eher konservativ oder eher progressiv sind. Die Eltern können übrigens in manchen Schulen bei der Auswahl der Unterrichtsinhalte und Lehrfächer mitbestimmen.

Ein weiteres Merkmal ist die Prägung der Schule durch ihre Nationalitätengruppen: Sind dort zum Beispiel viele griechisch sprechende Schüler, wird dort auch in Griechisch unterrichtet – zumindest in einem Teil der Unterrichtsstunden. Für Kinder von deutschen Einwanderern dagegen gibt es bisher nur wenig deutschen Unterricht – meist nur in Form von Samstagsschulen mit wenigen Wochenstunden.

Wir möchten hier deshalb auf die Deutsche Schule »Johannes Gutenberg« in Sydney hinweisen, die seit einigen Jahren als erste deutsche Vollzeitschule besteht und deren Klassen noch ausgebaut werden. Es ist eine private Schule, die durch Schulgeld, einen Schulverein und öffentliche Stellen getragen wird (s. Kapitel »Schulbeispiele«).

Eine leider traurige Gemeinsamkeit mit deutschen wie auch allen anderen Schulen in den Industrieländern sind die Drogenprobleme an australischen Schulen. *The Australian* vom 31.8.94 berichtete unter der Überschrift »Die meisten Schulen sind mit Drogengebrauch konfrontiert« über dieses Thema. Darin wurde festgestellt:

Wie in einer Erhebung unter 500 Primar- und Sekundarschulen in Victoria festgestellt wurde, haben fast zwei von drei Sekundarschulen mit Marihuanakonsum unter ihren Schülern zu tun. Tabakkonsum unter Schülern wird bei einer von vier Grundschulen in den Klassen 1 bis 6 beklagt. Auch ist Alkoholkonsum von Kindern außerhalb der Schule vielen Lehrern bekannt. Schlechte Elternvorbilder und mangelnde Konsequenz in der schulischen Aufarbeitung dieser Themen seien die Ursachen, meint man. 56 Prozent der untersuchten Schulen hätten keine regulären Unterrichtsprogramme zum Thema Drogen.

Schulkosten

Als Eltern von Schulkindern kommen auch noch einige Kosten auf Sie zu, die Sie von zu Hause nicht gewohnt sind. Die australischen Bundesstaaten zahlen ihren Schulen nämlich nur gewisse Beträge für Ausstattung, Lehrmaterial und sonstige Kosten: Deswegen sind die Schulen auf die Mithilfe der Eltern einfach angewiesen.

Zusätzliche Kosten entstehen Ihnen durch
* die Schuluniform (einschließlich Regen- und Sportbekleidung)
* anteilige oder volle Fahrtkosten für den Schulweg mit Bus oder Bahn

- Beiträge für die Bibliotheksnutzung
- Beiträge für die Benutzung der Sportplätze, Schwimmbecken und dergleichen
- Beiträge für Sportfeste und andere Schulveranstaltungen
- Fahrtkosten für Schulbus oder Bahn
- Kosten für die tägliche Mahlzeit in der Schule

Für die Sommeruniform sind etwa 100, für die Winteruniform etwa 150 A$ (mancherorts bis 300 A$!) anzusetzen. Die Sportuniform liegt in der Grundausstattung bei etwa 100 A$, und bei speziellen Anlässen wie Summer Cricket oder Winter Football wird wieder andere Kleidung getragen, die dann zwischen 30 und 130 A$ liegt.

An Grundschulen fallen einige Anlässe weg, so dass hier mit geringeren Kosten zu rechnen ist. Wegen des körperlichen Wachstums können die Uniformen etwa zwei bis vier Jahre getragen werden, danach werden sie an den Schulladen für etwa ein Drittel (!) des Anschaffungspreises zurückverkauft. Für den Kauf von Schulbüchern sind etwa 150 A$ pro Jahr zu rechnen.

In einer Staatsschule können Sie mit Kosten von etwa 1500 A$ pro Jahr und Kind rechnen, in Privatschulen liegen die Beträge zwischen 2000 und 5000 A$ – je nach Schulform und Art.

Andere Kosten – wie beispielsweise für Schreibmaterial und Material für den Werkunterricht – sind Ihnen sicher nicht neu; sie fallen ebenfalls von Zeit zu Zeit an.

Schuluniformen kann man auch gebraucht erstehen (siehe oben). Sie sind bis heute ein traditioneller Bestandteil des Schullebens und deshalb an fast allen Schulen vorgeschrieben. Erkundigen Sie sich aber trotzdem bei den Behörden nach Zuschüssen, die Sie für diese Kosten erhalten können. Je nach Bundesstaat wird Schülern Kostenbeihilfe für die verschiedenen Schulstufen gewährt – sie hängt aber vom Einkommen der Eltern ab, teilweise auch davon, ob ein Schüler sehr weit außerhalb wohnt.

College-Studenten sind häufig gezwungen, nebenbei zu arbeiten, um ihren Lebensunterhalt zu decken. Nur sehr Bedürftige bekommen Stipendien.

Eltern helfen mit

In den letzten Jahren kam eine Bewegung in Gang, die auf mehr Autonomie der einzelnen Schulen setzt – sie wird auch vom Staat unterstützt: Nicht ohne Nebengedanken, denn Schulen kosten Geld. Immer da, wo neue oder zusätzliche Unterrichtsmittel, Sportgeräte, Schulmöbel,

Computer, Videogeräte, Aquarien, Werkzeug und andere Dinge angeschafft werden müssen, die der öffentliche Etat nicht hergibt, sind die Eltern gefragt. Eigens zu diesem Zweck wurden und werden Elternvereine und Bürgerkomitees ins Leben gerufen, die die benötigten Mittel aus Mitgliedsbeiträgen und Spenden aufbringen.

Die Mitverantwortung erstreckt sich in manchen Schulen auch auf die Mitbestimmung von Erziehungsstilen, Unterrichtsinhalten und Lehrfächern, meist aber auf die aktive Mithilfe bei Schulveranstaltungen und bei den täglichen Schulmahlzeiten.

Ansätze für diese Entwicklung werden angesichts leerer Kassen und schlechter werdender Unterrichtsversorgung derzeit auch in Deutschland sichtbar, wie die vielen Aktivitäten der Schulelternräte und neugegründeten Schulvereine belegen. In Australien wurden solche Entwicklungen wie zum Beispiel auch die Bürgerradios wegen des anderen gesellschaftlichen Selbstverständnisses des Einzelnen und der geringeren Scheu vor unternehmerischem Denken viel früher sichtbar.

Die Gliederung des Schulwesens

Zählt man den Besuch eines Kindergartens dazu, so beginnt die Bildungszeit des australischen Kindes im Alter von 3 Jahren. In die Zeit vom 3. bis zum 5. Lebensjahr fällt auch die sogenannte Vorschule, in der – wie bei uns auch – grundlegendes soziales Training in der Gruppe, oft auch schon die ersten Zahlen und das Alphabet spielerisch eingeübt werden. Mithilfe der Eltern gibt es auch hier. Der Besuch von Kindergarten und Vorschule ist aber nicht vorgeschrieben.

Die Grundschule (»Primary Education«) besucht ein Kind in der Regel ab dem 5. oder 6. Lebensjahr. Der Unterricht findet von montags bis freitags in der Zeit zwischen 9 und 15 Uhr statt. In die Unterrichtszeit sind tägliche Sportintervalle zwischen die Stunden geistigen Trainings gestreut. Die Unterrichtsintervalle sind jeweils nur 20 bis 30 Minuten lang. Bei der konservativen Lehrplangestaltung unterrichtet ein Lehrer im Normalfall alle Fächer in einer Klasse von 20 bis 30 Kindern.

Neue und progressive Ansätze sehen den Einsatz mehrerer Lehrkräfte für eine Großgruppe vor, die wiederum in Kleingruppen für je ein Arbeitsthema eingeteilt werden, oder aber auch in Gruppen nach Leistung und Lerntempo. Das kann man mit den bei uns seit einiger Zeit laufenden Modellversuchen »offenen Unterrichts« vergleichen. Das Schlagwort heißt »Individualisierung des Lernfortschritts« – sie ist in der Waldorf-Pädagogik seit langem ein Begriff.

Die Grundschule verlässt ein Kind nach 6 oder 7 Jahren, was vom einzelnen Bundesstaat abhängt. Sie bietet den Eltern zu diesem

Zeitpunkt mehrere weiterführende Schulen zur Auswahl an (Victoria: 3), die in Rangfolge gewünscht werden können – mit etwas Glück bekommt man die Schule seiner ersten Wahl zugeteilt.

Die Secondary Education (Sekundarschule), auch »High School« und neuerdings auch »College« genannt, beginnt also in Australien erst mit dem 7. oder dem 8. Schuljahr. Mit dem Abschluss des 10. Schuljahres hat der australische Schüler seiner Schulpflicht Genüge getan – das könnte man dem deutschen Hauptschulabschluss gleichsetzen.

Die überwiegende Zahl der High Schools ist »comprehensive«, hat also ein umfassendes Fächerangebot. Es gibt auch spezialisierte High Schools – zum Beispiel für die landwirtschaftliche oder die technische Ausbildung: Hier wird nicht nur Theorie, sondern auch entsprechende Praxis geübt. Neben den berufsbezogenen Fächern wird natürlich auch die allgemeine Bildung in den normalen Schulfächern vermittelt. Solche Schulen können auch als »Boarding Schools« (Internate) organisiert sein.

Er/sie kann jetzt entweder eine ungelernte Arbeit aufnehmen, eine berufliche Ausbildung als Lehrling in einem Unternehmen beginnen oder aber an einer berufsbildenden staatlichen oder privaten Berufsfachschule für eine bestimmte Berufsrichtung weiterlernen (»TAFE: Technical And Further Education«).

Wer die volle High-School-Zeit bis zum 12. Schulbesuchsjahr absolviert, legt eine Prüfung ab (»High School Certificate«) und erwirbt damit die Zugangsberechtigung zu einer Fachhochschule oder einer Universität. Dieses Zertifikat könnte man schulrechtlich mit dem deutschen Abitur vergleichen. Im Bundesstaat Victoria wird es VCE (»Victorian Certificate of Education«) genannt. In den Tageszeitungen findet man Anzeigen von Nachhilfelehrern oder -schulen, die Schülern Trainingskurse zum Bestehen dieser wichtigen Abschlussprüfung anbieten.

Auch Schüler, die vorzeitig die High School verlassen und anschließend eine Berufsfachschule besucht haben, können an der Berufsfachschule nach einem ersten »Certificate« für weitere 1 bis 2 Jahre bleiben und damit ein »Advanced Certificate« erwerben, das sie zum Besuch einer Fachhochschule mit Diplomabschluss befähigt.

Das erworbene Wissen in den einzelnen High Schools ist von Fall zu Fall unterschiedlich – je nach Spezialisierung, die früher oder erst in den letzten Jahren einsetzt. Schüler, die die Schule nach zehn oder erst nach zwölf Jahren verlassen, werden von der Berufsberatung der Erziehungsministerien hinsichtlich ihrer möglichen weiteren Ausbildung beraten.

Schulbeispiele

Da Praxis bekanntermaßen jeder Theorie überlegen ist, wollen wir an dieser Stelle einige Schulbeispiele für Sie bringen.

Als erstes wenden wir uns einer Privatschule zu, der zur Zeit einzigen deutschsprachigen Vollzeitschule in Australien. Sie heißt:

Deutsche Schule »Johannes Gutenberg« (Sydney)
74 Belmore St, Ryde, NSW 2112
Tel: 02-809 5001,
Fax: 02-809 5603.

Den Stadtteil Ryde erreicht man von der City aus über den Hwy No. 32 (»Great Western Highway«), biegt nach etwa 10 km nach Norden in die »Concord Road« ab, überquert nach weiteren 5 km den »Parramatta River« und hält sich dann links in Richtung Stadtteil »Meadowbank«, wo die Schule sich in der Nähe der Bahnstation befindet.

Die Gutenberg-Schule wird von einem Schulverein getragen, der »Public Company Ltd. by Guarantee ›German School Johannes Gutenberg‹«, und erhält Förderung durch das deutsche Bundesverwaltungsamt und den Bundesstaat New South Wales. Darüber hinaus kommen regelmäßige Gelder in Form von Schulgeld in die Kasse.

Der Unterricht begann im Jahre 1989, nachdem sich ein Jahr zuvor ein Schulverein zu diesem Zweck gegründet hatte.

Die Schulausbildung ist in ihrem Aufbau nach deutschem Vorbild organisiert und geht zur Zeit bis zum 10. Schuljahr, da die Schule bis zum Abitur noch nicht ausgebaut ist. Wann dies sein wird, ist eine Frage ausreichender Schülerzahlen und Lehrkräfte.

Einschließlich Vorschule (3./4. Lebensjahr) und Kindergarten (5. Lebensjahr) besuchen zur Zeit 135 Schüler die Einrichtung. Sie werden von zwölf Lehrkräften, vier Erzieherinnen und zwei Pastoren betreut: Das ist kein schlechter Schnitt, wenn man Schüler- und Lehrerzahl aufeinander bezieht.

Die Schüler der Deutschen Schule »Johannes Gutenberg« kommen derzeit aus folgenden gesellschaftlichen Gruppen:
- 38 Prozent sind »Expertenkinder«, also Kinder von Eltern, die über einen Zeitvertrag – mit »Temporary Visa« – in deutschen Firmenfilialen und Instituten arbeiten
- 54 Prozent sind Kinder von Einwanderern
- 8 Prozent sind Kinder von nicht deutschsprachigen Eltern

Um den Anteil der letztgenannten Gruppe zu erhöhen und dadurch auch stabilere Klassenstärken zu bekommen, wurde die »Pre-School«

(deutschsprachiger Kindergarten) gegründet: So können Kinder schon ab einem sehr frühen Lebensalter an deutsche Sprache und Kultur herangeführt werden.

Auf dem Schulgelände stehen vier Pavillons mit je drei Klassenräumen sowie ein Gebäude für Pre-School und Schulbibliothek, ein Verwaltungsgebäude und ein Sanitärblock.

Nähere Einzelheiten zum Unterricht entnehmen wir einer Schuldokumentation von 1995, in der es unter anderem heißt:

»... Der Unterricht wird in deutscher Sprache erteilt und orientiert sich an den Richtlinien innerdeutscher Lehrpläne. Unterrichtsthemen aus den Lehrplänen von New South Wales werden angemessen berücksichtigt.«

Die Pre-School unterliegt dem Patronat der evangelisch-lutherischen Kirchengemeinde. In ihr wird Deutsch gesprochen, obwohl auch nicht-deutschsprachige Kinder sowie Kinder anderer Konfessionen aufgenommen werden. Es gibt 2-, 3- und 5-Tagegruppen pro Woche, so dass Sie als Eltern wählen können, für wie lange Ihr Kind wöchentlich an der Pre-School teilnehmen soll.

Der »Kindergarten« (deutschsprachige Vorschule) für fünfjährige Kinder schließt sich der Pre-School zeitlich an.

»... Ziel des Kindergartens wie auch der Pre-School ist es, die Kinder so weit in der deutschen Sprache auszubilden, dass sie dem deutschsprachigen Unterricht in Klasse 1 folgen können.«

In der Grundschule wird in allen Klassen 30 Stunden pro Woche unterrichtet. Das sind im Schnitt erheblich mehr Stunden als in deutschen Grundschulen erteilt werden. Der Stundenüberhang wird jedoch für zusätzlichen Förderunterricht in Deutsch und Englisch ab Klasse 1 benötigt.

Wie in den meisten deutschen Bundesländern auch gibt es in den Klassen 5 und 6 eine Orientierungsstufe, die sich hier »Beobachtungsstufe« nennt: In dieser Stufe wird nach gymnasialen Richtlinien unterrichtet. Am Ende der Klasse 6 wird für jeden Schüler eine Empfehlung für die weiterführende Schulart (Hauptschule, Realschule oder Gymnasium) gegeben – ganz wie in Deutschland auch. Die Eltern können dieser Empfehlung folgen – falls nicht, dürfen sie in der Entscheidung für ihr Kind nicht mehr als eine Schulform nach oben abweichen, was auch vernünftig ist.

In der Sekundarstufe ab Klasse 7 werden aus Gründen der noch zu geringen Schülerzahl die Haupt-, Real- und Gymnasialschüler in gemeinsamen Klassen geführt. Mit innerer Differenzierung werden die einzelnen Lehrgänge dabei aber voneinander leistungsmäßig abgekoppelt, so dass jeder Schüler seiner Schulform-Zuordnung und Leistung entsprechend lernen kann.

Eine ähnliche Form – der Abteilungsunterricht – existierte früher bei uns in den kleinen Dorfschulen: Hier wurden mehrere Klassenstufen gleichzeitig in einem Raum unterrichtet.

Interessant an der Gutenberg-Schule ist die Regelung nachträglichen Wechsels:

«».. Die Klassenkonferenz kann eine Umstufung des Schülers in eine andere Schulform am Ende des 7., 8. und 9. Schuljahres durchführen...«

Fachbegriffe, die im Unterricht auftauchen, werden zweisprachig vermittelt. Der Englischunterricht lehnt sich stark an das australische Curriculum an.

Unterrichtszeit ist von 9 bis 16 Uhr, unterbrochen von nur drei (!) Pausen von 20, 30 und 20 Minuten Länge. Zurzeit ist aber nur bis jeweils 14.10 Uhr – also bis zur 6. Stunde – Unterricht. Der Samstag ist frei.

Die Schule verfügt über eigene Schulbusse, die den Schülertransport übernehmen.

Da eine Privatschule sich selbst tragen muss, wenn man von der Förderung durch die genannten Stellen einmal absieht, muss von den Eltern für jedes Kind Schulgeld verlangt werden. Die jährlichen Kosten liegen bei etwa 3000 bis 6000 A$, je nach Ihrem Aufenthaltsstatus in Australien. Familien mit Daueraufenthaltserlaubnis (Permanent Resident Permit) bezahlen nur etwa die Hälfte von dem, was Familien mit zeitlich begrenzter Aufenthaltserlaubnis (Temporary Permit) zahlen müssen.

Zusätzlich fallen 1600 A$ Busgeld, Kosten für Schulbücher und Klassenfahrten an. Alles in allem keine Kleinigkeit, und für die meisten von uns von zu Hause her ungewohnt. Dafür ist aber der Besuch einer australischen Privatschule, wie gesagt wird, von besserer Qualität als der einer öffentlichen Schule.

Als erstes Beispiel einer Staatsschule wollen wir das Glenfern College in Burwood Highway, Upper Ferntree Gully, 3156 Vic (Groß-Melbourne) vorstellen.

Es liegt nur drei Fußminuten von der Bahnstation entfernt – für weiter auswärts wohnende Schüler wichtig! – und wird sowohl von einem Vertragsbus als auch von öffentlichen Buslinien angelaufen. Es ist eine Sekundarschule mit berufsbezogenen Kursen und zusätzlichem tertiären Sektor (Hochschule) in Sozialwissenschaft mit einem Vorexamen (»associate degreee«), mit dem man an der Swinburne University den Bachelor-of-Arts-Abschluss erreichen kann.

Im Sekundarbereich wird unterschieden zwischen der Schule mit den Klassen 7 bis 10 (Schulpflichtende) und der sich anschließenden VCE-

Schule mit den Klassen 11 und 12. An berufsbezogenen Kursen können die Collegestudenten in den VCE-Klassen folgendes wählen:

Kfz-Technik, Krankenhauswesen und Betreuung, Gartenbau, Elektronik, kaufmännische Bildung, Kunst, Informatik (Computer), Metallbearbeitung, Grafik.

Durch ein sogenanntes »Multi-Modal Learning Centre« ist das College der »Swinburne University of Technology« angegliedert, die mehr in Citynähe liegt. Dadurch wird in bestimmten Außenbezirken Melbournes vielen Schülern oder Studenten eine wohnortnahe – aber dennoch anspruchsvolle und umfassende – Ausbildung angeboten.

In der Broschüre der Schule wird stolz hervorgehoben, dass man in den letzten Jahren an der vordersten Front der Ausbildungsreform stand und 1990 als Pilotschule für die Einführung des VCE ausgewählt wurde.

Das College besteht seit 1954 und wird zur Zeit von 285 Schülern besucht, könnte aber laut Aussage der Rektorin bis zu 600 aufnehmen, wie es in früheren Zeiten auch der Fall war. Viele Schulen kämpfen zur Zeit wegen rückläufiger Schülerzahlen ums Überleben: Sie geben große Annoncen in der Zeitung auf, worin sie um neue Schüler werben.

Das Kollegium besteht aus 13 Lehrkräften. Der Einzugsbereich der Schule umfasst 17(!) Schuldistrikte dieser Region, und jeder Schuldistrikt hat wieder 32 Schulen.

Das Schuljahr beginnt mit dem Ende der Sommerferien am 30. Januar und ist in vier »terms« – jeweils einem Vierteljahr entsprechend – aufgeteilt. Die tägliche Unterrichtszeit erstreckt sich von 9.00 bis 15.15 Uhr. Von 10.36 bis 11 Uhr ist Vormittagspause, von 12.36 bis 13.34 Uhr Mittagspause. Die Unterrichtsstunden werden als »sessions« bezeichnet.

Ausführlich wird in der Informationsbroschüre auf die Schuluniform mit all ihren Einzelteilen eingegangen: Dies reicht von den weißen oder schwarzen Socken der Mädchen bis zum weißen Sporthemd der Jungen mit Kragen.

Zusätzliche Angaben gibt es für den Sportdress. Nur VCE-Studenten (Klasse 11 und 12) sind von der Schuluniform ausgenommen, nicht aber von der genormten Sportkleidung.

Bei Krankheit während des Unterrichts muss der Betreffende beim stellvertretenden Rektor der Schule um Urlaub nachsuchen. Auch beim Zuspätkommen hat man bei ihm um nachträglichen Einlass zu bitten. An zwei Wochentagen gibt es im Anschluss an die Unterrichtszeit spezielle Nachsitzklassen.

Während der zweistündigen Mittagspause kann sich der Schüler mit einer Reihe von Freizeitaktivitäten beschäftigen, so zum Beispiel mit Arbeiten am Computer – man nennt dies das »lunchtime program«.

Es gibt ein sogenanntes »home group system«, in welchem ein Lehrer jeweils eine bestimmte Schülergruppe betreut. Dabei geht es um die Kontrolle des regelmäßigen Schulbesuchs, um das Wohlergehen des Einzelnen, um Disziplinprobleme und Sorgen und Nöte der Schüler. Hierfür gibt es morgens vor dem Unterricht und nach der Mittagspause jeweils fünf Minuten Besprechungszeit.

In der Anfangsphase der Klasse 7, wenn die Kinder gerade frisch von der Grundschule kommen, gibt es eine besondere Betreuung durch einen ‚Home Group Teacher' mit einer Extrastunde pro Woche. Der Übergang soll auch durch eine möglichst geringe Zahl von Lehrern für den Schüler der Klasse 7 erleichtert werden.

Weiterhin werden zu Beginn der Klasse 7 für alle Neulinge »camps« durchgeführt, in denen Lehrer und Schüler sich näherkommen und Vertrauen aufbauen können – sie sind mit unseren Klassenfahrten vergleichbar.

Jeden zweiten Donnerstag wird ein »newsletter« an die Eltern herausgegeben.

Jeder Schüler führt ein sogenanntes »student diary« (Tagebuch). Im hinteren Teil sind heraustrennbare Seiten für Mitteilungen an die Eltern enthalten – eine durchaus praktische Sache.

Es wird sehr auf persönliche Sicherheit und positives Verhalten untereinander Wert gelegt: Gewalttätigkeiten und Flüche sind verboten (»unacceptable«), ebenso alle gefährlichen Spiele, das Radfahren ohne Helm und das Mitbringen von Skateboards.

Unterrichtet werden die Fächer Englisch, Mathematik, Naturwissenschaft, Kunst (einschließlich Musik und Theater), Japanisch, Gesundheit & Leibeserziehung (Sport), Gesellschaft und Umwelt, Technologie (hier: Informationstechnologie, Holz-, Metall- und Kunststoffbearbeitung sowie textiles Gestalten).

Zwei Zeugnisse – »written reports« – sowie zwei mündliche Besprechungen – »formal interviews« – mit den Eltern geben regelmäßig über den Lernfortschritt eines jedes Schülers Auskunft.

Zunächst erfolgt eine Zensur in den Fächern nach S (»satisfactory« – zufriedenstellend erledigt), N (»not satisfactory« – nicht zufriedenstellend erledigt) und NA (»not applicable« – nicht beurteilt, zum Beispiel bei Neueingeschulten oder längerer Krankheit). Sodann werden spezielle »assessment tasks« (Prüfungsarbeiten) geschrieben, die nach einem Zehnerschema mit den Buchstaben A+, A, B+, B, C+, C, D+, D, E+, E sowie gegebenenfalls mit UG (nicht zufriedenstellendes Ergebnis) oder NA (nicht beurteilt) zensiert werden. Auf der Grundlage dieser »Zeugnisarbeiten« werden die »reports« erstellt.

In einer »education week«, die jedes Jahr abgehalten wird, zeigen Schüler und Studenten des Glenfern College der Öffentlichkeit, was sie im Unterricht eingeübt, gelernt und trainiert haben. Dazu gehören Umweltschutz-Aktionen, Musical-Aufführungen und Ausstellungen der künstlerischen Arbeiten.

Werfen wir noch einen Blick auf eine in der Nähe des Glenfern College gelegene Grundschule.

Sie nennt sich »Mountain Gate Primary School«, und ihre Adresse ist Adele Avenue, Ferntree Gully, 3156 Vic.

Was uns auffiel ist, dass sich das »curriculum« (Lehrplan) nicht von dem eines College unterscheidet. Unterrichtet werden die gleichen Fächer, nur auf einfacherem Niveau. Zusätzlich gibt es an dieser Schule spezielle Fächer wie Schwimmen, Zeltlager und Ausflüge, Fahrradtraining, Lesen und dergleichen.

Die Einbeziehung der Eltern ist hier ungleich stärker als an der höheren Schule. Dies zeigt sich in den verschiedenen Komitees, die für Finanzen, Ausbildung, Grundstücke und Gebäude, PR-Arbeit, außerschulische Aktivitäten sowie Uniform und Kantine zuständig sind.

Stolz wird auf die Spielgeräte-Ausstattung auf dem Junior- und Senior-Spielplatz hingewiesen, die durch Unterstützung der Eltern angeschafft werden konnte. Die Schule wirbt nicht nur mit einem breiten Fächerangebot, einer fürsorglichen Gemeinschaft und einer engagierten Elternschaft, sondern auch mit einer positiven Lernumgebung. Diese wird nach Aussagen der Schule durch verschiedene Faktoren ermöglicht: zum Beispiel durch ein Belohnungssystem, die Schuluniform, ein Übergangsprogramm vom Kindergarten zur Schule, ein Freizeitprogramm (morgens vor und nachmittags nach dem Unterricht!), einen vierzehntägigen Elternrundbrief, einen Schülerrat, eine Schulzusammenkunft und anderes mehr. Durch die Organisation außerschulischer Aktivitäten für die Kinder können vollberufstätige Eltern mit ruhigem Gewissen arbeiten – ihre Kinder werden am Nachmittag ja betreut.

Häufig ist das Schulgelände in einer »neighbourhood watch area« gelegen. Dies ist ein Gebiet, in dem die Anwohner über die Vorgänge innerhalb ihrer Siedlung wachen, so dass der Kriminalität auch ohne Polizeieinsatz vorgebeugt werden kann. Zu diesem Zweck werden die Eltern in besonderen Veranstaltungen durch die örtliche Polizei ausgebildet.

Wie aus dem Schulwerbeprospekt hervorgeht, wurden alle Schulräume kürzlich neu gestrichen und mit Teppichboden versehen. Außerdem wurden in den Außenanlagen neue Sträucher und

Schattenbäume gepflanzt und Wege gepflastert. Es gibt einen Fitnesskurs, Basketballplätze, einen Computerraum und einen Mehrzweckraum.

Die Kantine wird durch eine Managerin sowie helfende Eltern an fünf Tagen der Woche in Betrieb gehalten. Ein Schuluniformladen hält den kompletten Satz Schuluniformen für jedes Kind bereit.

Im allgemeinen ist Elternmithilfe in der Grundschule weit verbreitet, während sie – wie bei uns auch – in den höheren Schulformen fast ganz verschwindet.

Fachhochschulen und Hochschulen

Wir bezeichnen die »Colleges of Advanced Education« hier als Fachhochschulen, weil man sie nach der Intensität ihrer fachlichen Ausbildung und ihrer berufsorientierten Ausrichtung mit diesen in etwa vergleichen kann. Hier sind Abschlüsse mit dem »Bachelor Degree« und nach einer weiteren Studienzeit mit dem »Master Degree« möglich.

Diese Colleges können sehr spezialisierte Bildungseinrichtungen sein, die unter Umständen nur ein bestimmtes Berufsfachgebiet vermitteln, so zum Beispiel nur landwirtschaftliche Berufe oder Lehrerausbildung. Häufig sind sie aber größere Institutionen mit einer Reihe verschiedener Studiengänge oder sogar mit einer Vielzahl – also polytechnisch. Landesweit gibt es knapp 300 Berufsfachschulen und Colleges.

An den Universitäten erwerben Studenten je nach ihrer Fakultät zunächst den schon erwähnten Bachelor Degree, und zwar entweder als »Bachelor of Arts« (Geisteswissenschaft) oder als »Bachelor of Science« (Naturwissenschaft). Die nächsthöheren Abschlüsse sind dann »Master of Arts« beziehungsweise »Master of Science«. Bei besonders guten Leistungen kann man ein »Honour Degree« erwerben. An der Spitze akademischer Studienabschlüsse steht der »Doctor of Philosophy«, der nur nach dem »Master« erworben werden kann.

Die Studienzeiten für die einzelnen Degrees lassen sich mit denen an unseren Hochschulen vergleichen und sind natürlich individuell unterschiedlich: Man muss – je nach Grad und Fachrichtung – im Durchschnitt mit vier bis sechs Jahren rechnen.

Australien besitzt zurzeit etwa 40 öffentliche Hochschulen, von denen die meisten Universitäten sind, also viele oder alle Studiengänge anbieten. An Studiengebühren fallen einige hundert A$ pro Jahr an, dazu kommen die Kosten für Clubs und Veranstaltungen der Studentengemeinschaften.

Wie zu Hause auch gibt es eine staatliche Studienförderung in Form eines Kredites, der später – bei Erreichen einer gewissen Einkommenshöhe – zurückgezahlt werden muss. Seit 1988 überwiegt an den Hochschulen der Anteil der Frauen.

Lehrer studieren drei bis vier Jahre bis zu ihrem Abschlussdiplom. Wer an einer Sekundarschule unterrichten will, benötigt meist ein zusätzliches Pädagogikdiplom.

Lehre als Facharbeiter

Facharbeiter bezeichnet man in Australien als »tradesmen« (trade = Handel, Handwerk). Prinzipiell verläuft die Ausbildung zum Facharbeiter (Handwerker) so wie bei uns auch: Praktisches Lernen im Betrieb wird von Unterricht an einer Berufsfachschule begleitet.

Zurzeit wird von den australischen Bundesstaaten ein neues einheitliches Ausbildungssystem erarbeitet, das einen in ganz Australien anerkannten Qualifikationsstandard hervorbringen soll. Damit soll nicht zuletzt eine Verbesserung der Produktivität und damit die internationale Wettbewerbsfähigkeit australischer Unternehmen erreicht werden.

Die Ausbildungszeit oder Lehrzeit dauert in der Regel drei bis vier Jahre und schließt an den Besuch der Sekundarschule an. Grundsätzlich kann eine Lehre schon nach einer dreijährigen High-School-Zeit beginnen, häufig sind es heute aber fünf Jahre, weil dann bessere fachliche Kenntnisse vorhanden sind.

Anders als bei uns bekommt der Lehrling schon einen bestimmten Satz des zukünftigen Lohnes ausgezahlt, der im letzten Lehrjahr häufig auf bis zu 85 Prozent ansteigt.

Anerkennung nichtaustralischer Facharbeiterbriefe

Eine kleine Gruppe von Facharbeitern, die nach Australien einwandern, kann ihre ausländischen Berufsabschlüsse von den australischen Behörden anerkannt bekommen, wie es im »Tradesman's Rights Regulation Act« niedergeschrieben ist. Andere Berufsgruppen müssen sich der Prüfung ihrer Qualifikationen durch die »Trades Committees« unterziehen (s. auch Kapitel: »Chancenbeurteilung und Antragsverfahren«) und abwarten, ob ihre berufliche Tätigkeit anerkannt, eingeschränkt oder gänzlich untersagt wird. In diesem Fall müsste durch eine Nachschulung ein neuer australischer Abschluss erlangt werden. Danach sollten Sie sich im jeweiligen Einzelfall erkundigen.

Sollten Sie sich ungerecht behandelt fühlen, können Sie beim zuständigen »Employment Discrimination Committee« beschweren, welches Fälle von Benachteiligung wegen Rasse, Hautfarbe, Religion, Geschlecht, Alter, körperlicher Behinderung und politischer Einstellung verfolgt.

2.15 Gesundheitswesen, Versicherungen, Renten, Steuern

Sehr verallgemeinert lässt sich behaupten: Gesund ist oder bleibt derjenige, der sich wohl fühlt, nicht zu viel oder zu wenig arbeitet, nicht zuviel Stress hat, mäßig Sport treibt, sich vernünftig ernährt, genügend Schlaf bekommt, mit Alkohol, Tabak und anderen Rauschmitteln vorsichtig umgeht und nicht verunglückt. Ganz im Ernst sollten Sie – bis auf den letzten Punkt, den Sie nicht in der Hand haben – auch in Australien auf diese Dinge achten, liebe Leser...

Weil die komplette Erfüllung dieser Bedingungen meist nicht gelingt und auch ererbte Faktoren bei der Gesundheit eine Rolle spielen, gibt es Ärzte, Krankenschwestern, Pfleger und Krankenhäuser.

Der medizinische Standard in Australien ist sehr hoch, auf bestimmten Gebieten sogar führend, zum Beispiel in der Forschung. Die Ausbildung von Ärzten ist sehr an der Praxis orientiert, die Behandlungsmethoden und die Ausstattung der Krankenhäuser sind »up to date«. Dennoch gibt es auch hier Engpässe und Unterkapazitäten – wenn man den Klagen vieler Medicare-Versicherter glaubt, die bei anstehenden Operationen lange Wartezeiten in Kauf nehmen müssen.

Die Gründe liegen auch hier im Mangel an Pflegepersonal. Im Bereich der privaten Kliniken ist dies natürlich gänzlich anders: Da stimmt's halt mit der Bezahlung.

Es ist sicherlich normal, dass kein System perfekt funktioniert, so auch in Australien nicht. Dennoch fallen Sie als Einwanderer in Australien auch dann nicht durchs Netz öffentlicher Absicherung, wenn Sie nicht zu den Besserverdienenden gehören sollten, die sich private Behandlung und private Versicherungen leisten können.

Gesundheitswesen in Zahlen

Auf etwa 16 000 Einwohner kommt ein Krankenhaus, zwei Drittel der Krankenhäuser sind öffentliche Einrichtungen. Die Bettenzahl beträgt viereinhalb Betten pro 1000 Einwohner.

Landesweit praktizieren rund 38 000 Ärzte für Allgemeinmedizin, 6700 Zahnärzte, 38 000 Apotheker, Beschäftigungstherapeuten, Optiker, Physiotherapeuten, Sprachtherapeuten, Chiropraktiker, Osteopathen, Fußpfleger, Röntgenologen und andere Spezialisten. Etwa ein Drittel der Ärzte arbeitet als private Fachärzte, und ein Fünftel ist in Krankenhäusern angestellt. Landläufig gilt für »Arzt« die Bezeichnung »Health/Medical Practitioner«. Die große Mehrzahl der Zahnärzte praktiziert privat.

Hier die wichtigsten medizinischen Berufe in Englisch:

medical practitioner	Allgemeinarzt
ophthalmologist, eye-doctor	Augenarzt
dentist	Zahnarzt
surgeon	Chirurg
gynecologist	Frauenarzt
specialist in internal diseases	Internist
optometrist	Optiker
podiatrist	Fußpfleger
chiropractor	Chiropraktiker
pharmacist	Apotheker

Die Krankenhäuser verfügen über insgesamt etwa 188 000 Krankenschwestern und -pfleger, 38 000 davon arbeiten in der häuslichen Pflege, in Ambulanzen und Gemeindeeinrichtungen (alle Zahlen von 1991).

Für die Zahnvorsorge arbeitet – wie bei uns auch – ein schulzahnärztlicher Dienst, darüber hinaus ist in den meisten Bundesstaaten dem Trinkwasser Fluor beigesetzt, eine – nicht nur bei uns – immer noch umstrittene Maßnahme.

Kostenlose Krebsvorsorgeuntersuchungen für Frauen sind ebenso selbstverständlich wie bei uns.

Medicare

Was bei uns die sogenannten gesetzlichen Krankenkassen sind, ist in Australien seit 1984 das Medicare-Programm. Es ist eine allgemeine Krankenversicherung für alle, die Krankenhauskosten, Arztkosten und Optikerkosten trägt. Sonstige ärztliche und medizinische Leistungen werden zu 85 Prozent eines festgelegten Satzes erstattet.

Personen mit niedrigem Einkommen (Arbeitslose, Sozialhilfeempfänger und Rentner) sind kostenlos versichert, die übrigen bezahlen dafür zur Zeit einen Anteil von 1,5 Prozent ihres Einkommens, der sich aber – wie man hört – in Zukunft ganz sicher erhöhen wird, da die eingehenden Beträge die anfallenden Kosten nicht decken.

Fragen Sie den Arzt auf jeden Fall vor der Behandlung, ob er direkt mit Medicare abrechnet (»bulk billing«) oder die Rechnung an Sie schickt. Die »Australian Medical Association« (AMA) hat feste Sätze, nach denen sich die Ärzte richten sollen oder können: Das ist aber nicht immer der Fall. Wenn Ihr Arzt das nicht tut, fragen Sie vorher nach der Höhe der Zuzahlung, die von Ihnen zu leisten ist, falls Sie nicht privat versichert sind.

Wer zum Spezialisten will, muss sich vom Allgemeinarzt (»medical practitioner«) überweisen lassen.

Als Privatpatient kann man Medicare – zum Beispiel für den Zahnarzt oder den Physiotherapeut – nur insofern in Anspruch nehmen, als es für viele privatärztliche Rechnungen einen gewissen Anteil hinzubezahlt (s. auch Kapitel »Die ersten wichtigen Schritte«).

Ungewohnt wird für viele von Ihnen sein, dass manches aus eigener Tasche bezahlt werden muss, so etwa die Kosten für einen Krankentransport (s. nächstes Kapitel) und die Konsultation eines ambulant arbeitenden Arztes. Allgemein sind Beträge von 30 A$ in Bargeld für eine Standarduntersuchung fällig. Untersuchungen kosten aber im allgemeinen nur ein Viertel bis ein Drittel von dem zu Hause Üblichen.

Private Krankenversicherungen

Längere Wartezeiten auf vorgesehene stationäre Behandlungen, keine Möglichkeit der freien Arztwahl, stationäre Behandlung ausschließlich in öffentlichen Krankenhäusern und fehlende Abdeckung der Zahnarztkosten sind Nachteile, die der Medicare-Patient auf sich nehmen muss.

Wer diese Nachteile nicht in Kauf nehmen möchte, muss sich privat versichern. Das geht in Australien genau wie bei uns auch und ist dazu noch preiswerter, wie ein Blick in die Broschüren der privaten Versicherungen zeigt.

Wir beziehen uns auf Exemplare von »Mutual Community« und »Medibank Private«, jeweils in der Ausgabe 1995 für Südaustralien.

Bei Medibank Private bekommt man verschiedene Deckungsstufen angeboten, so dass man je nach Höhe seines Beitrages mehr oder weniger Leistungen erhält. Die Einstufungen heißen alle »Blue Ribbon«, wovon die beste – und teuerste – die Klasse »Hospital Cover« ist, gefolgt von »Excess« und »Saver« – der billigsten. Man kann wöchentlich, vierzehntägig, monatlich, vierteljährlich, halbjährlich und jährlich seine Beiträge bezahlen!

Bei Mutual Community gibt es Jahreshöchstbeträge für Arztkosten. Auch hier gibt es Billigsätze mit Selbstbeteiligung in verschiedenen Stufen.

Alle für den Versicherten in Frage kommenden Beiträge und verschiedenen Leistungsabstufungen hier aufzuführen, würde den Rahmen dieses Buches sprengen: Es sind einfach zu viele.

Wie es den Anschein hat, sind die von zu Hause abweichenden Kostenerstattungen auch bei den privaten Versicherungsweisen darauf ausgerichtet, die Kosten im Gesundheitswesen zu bremsen, da die Selbstbeteiligung ab einer bestimmten Höhe der Arztkosten dazu anspornt, nicht wegen jeder Kleinigkeit zum Arzt zu laufen, und dazu ermuntert, sich den günstigsten Arzt auszusuchen. Auch Ärzte sind frei konkurrierende Unternehmer!

Hier ein Beispiel für eine private Zusatzversicherung für Zahnarztkosten:

Der Betreffende ist nur durch Medicare abgesichert, bekommt also seine Zahnarztkosten nicht erstattet: Für monatlich 15 A$ kann er seine vierköpfige Familie zahnärztlich versichern, wobei die »Medibank Private Dental« für 80 Prozent der anfallenden Zahnbehandlungskosten aufkommt. Als Gewerkschaftsmitglied erhält der Betreffende weitere 10 bis 15 Prozent, so dass für eine hinreichende Deckung gesorgt ist.

Ausnahme: Arbeitslose, Sozialhilfeempfänger und Rentner erhalten von Medicare kostenlose Zahnbehandlung einschließlich Zahnersatz: Hierfür gibt es staatliche Dentalkliniken.

Darüber hinaus empfiehlt sich Nur-Medicare-Versicherten, eine »ambulance insurance« abzuschließen, die etwaige Krankentransporte bezahlt. Dies ist einer vierköpfigen Familie für etwa 40 A$ im Jahr möglich. Tut man dies nicht, kann ein Krankentransport zu einem mitunter recht »teuren Spaß« werden, wenn es um weite Wege geht.

Andere gängige Versicherungen
Nicht nur für neue Autos ist eine Vollkasko-Versicherung in Australien sehr zu empfehlen, denn man weiß nie, ob die Gegenseite versichert ist. Für einen Mittelklassewagen wie etwa einen Subaru Station, 1,8 l, 62 kW, kostet das nur rund 400 A$ pro Jahr (Beispiel Victoria).

Eine Hausratsversicherung (»contents insurance«) über eine Summe von beispielsweise 20 000 A$ kostet etwa 110 A$ pro Jahr (Beispiel Victoria).

Die Gebäudeversicherung (»house insurance«) ist wichtig auch bei Buschbränden und kostet zum Beispiel bei 80 000 A$ Deckung – das ist außerhalb der Städte ein gängiger Hauspreis ohne Grundstück – etwa 100 A$ jährlich.

Renten
Vor kurzem ist zwischen Deutschland und Australien ein Rentenversicherungsabkommen in Kraft getreten. Eine zweisprachige Broschüre kann man sich vom Bürgerservice des Auswärtigen Amtes schicken lassen bzw. diese auch als PDF-Datei bekommen. Das Wichtigste daraus wollen wir hier wiedergeben.

Das gegenseitige Abkommen verfolgt mehrere Ziele, zum einen die Gleichbehandlung von Staatsangehörigen beider Länder, zum anderen die Möglichkeit, dass nun in Deutschland und auch in Australien erworbene Ansprüche aus Beitragszeiten addiert werden sowie Rentenzahlungen nach Übersee möglich werden.

- Wer in Deutschland Rentenbeiträge bezahlt hat und nun in Australien lebt, hat seinen Rentenanspruch in der Höhe, die sich aus den Beitragszeiten für ihn ergibt. Stirbt er oder sie, so geht der Anspruch auf den hinterbliebenen Ehepartner über. Auch Nichtdeutsche, die eine Zeit lang in Deutschland eingezahlt haben und nach Australien übergesiedelt sind , besitzen diesen Anspruch.

- Was die Versicherungspflicht anbetrifft, so kommt das Recht des jeweiligen Staates zur Anwendung, in dem der Betreffende lebt. Temporär in Australien arbeitende Personen, die von ihrer Firma dorthin gesandt wurden und dort auch weiterhin für ihren deutschen Arbeitgeber arbeiten, werden nach deutschem Recht weiterversichert. Hierzu gibt es die BfA-Information Nr. 24.

- Eingezahlte Beiträge können pauschal erstattet werden, wenn der/die Betreffende zum Zeitpunkt der Antragstellung auf eine Erstattung nicht mehr der deutschen Versicherungspflicht und auch nicht der freiwilligen Möglichkeit dazu unterliegt. Wer also freiwillig von Australien aus weiterhin seine deutschen Rentenbeiträge zahlt, kann keinen Antrag auf Erstattung stellen.

- Kehrt jemand, der lange Jahre in Australien verbracht hat, wieder nach Deutschland zurück und kann (logischerweise) allein mit den vor seiner Auswanderung erbrachten deutschen Beitragszeiten sowie den nach seiner Rückkehr zurückgelegten Beitragszeiten seine Rente (erforderlich: mindestens 35 Jahre für Vollrente) allein nicht abdecken, so können auch die zwischenzeitlich in Australien zurückgelegten Beitragszeiten berücksichtigt werden. Er hat ja dort auch eingezahlt. War der/die Betreffende pflichtversichert, so zählen aber nur die »australischen« Jahre, in denen er/sie tatsächlich gearbeitet hat. Umgekehrt kann jemand, der zurückkommt, nach mindestens 10 Jahren Wohnzeit in Australien, davon mindestens 5 ununterbrochen, eine australische Rente in Deutschland beanspruchen. Dabei werden wiederum deutsche Versicherungszeiten mit berücksichtigt.

Wichtig: Australische Renten sind per Definition sogenannte Bedürftigkeitsrenten. Das bedeutet: Gezahlt wird je nach Bedürftigkeit. Um diese zu ermitteln, wird ein Einkommens- und Vermögenstest durchgeführt, wobei Einkünfte des Ehepartners sowie deutsche Rentenzahlungen eine Rolle spielen. Genauere Informationen erhält man bei »Centrelink International Services« in Hobart (TAS).

- Rentenzahlungen aus Deutschland sind sowohl an Auswanderer mit australischer als auch solche mit beibehaltener deutscher Staatsangehörigkeit gleich hoch.
- Rentenzahlungen sind erst dann möglich, wenn die Voraussetzungen dazu erfüllt sind, d.h. das Erreichen eines bestimmten Lebensalters (im Regelfall 65), eine bestimmte Anzahl geleisteter Beiträge und das rechtzeitige *Stellen eines Rentenantrags.*

Rentenarten sind:

- Rente wegen teilweiser oder vollständiger Erwerbsminderung (BfA Information Nr.5)
- Altersrente nach Erreichen des 65.Lebensjahres oder des 63. oder 62. Lebensjahres (für ab Nov. 1949 Geborene)
- Rente für Schwerbehinderte (nach deutschem Recht, ab 63 bzw. 60 Lebensjahren für vor dem 1.1.1951 Geborene)
- einige weitere Rentenarten, deren Beschreibung Sie in der BfA Information Nr. 6 nachlesen können

Wichtig: Hier zitieren wir wörtlich aus der Broschüre:
«Nach dem Abkommen wird *auf Antrag* die Möglichkeit einer Neufeststellung Ihrer bisherigen deutschen Rente bestehen. Dies ist vor allem für australische Staatsangehörige von Bedeutung, da sie dann die erhöhte Rente wie Deutsche erhalten können. Der Neufeststellungsantrag kann formlos gestellt werden. Er muss innerhalb von *vier Jahren* nach dem In-Kraft-Treten des Abkommens gestellt sein, damit keine Nachteile hinsichtlich des Beginns der Leistungen entstehen. Ein Antrag kann auch bei jedem Centrelink Büro in Australien gestellt werden.«

Vergessen Sie nicht, Ihre Versicherungsnummer und – wenn vorhanden – das Bearbeitungskennzeichen mit anzugeben. Wer noch keine Versicherungsnummer hat, teilt seinen Namen, ggf. auch Geburtsnamen, Geburtsort sowie seine Staatsangehörigkeit mit. Dies ist wichtig, damit alle deutschen Versicherungszeiten erfasst werden können.

Angestellte schreiben an:
Bundesversicherungsanstalt für Angestellte (BfA)
10704 Berlin
Fax 030-8652 7240
Tel. 030-8651
Internet: www.bfa.de

Arbeiter schreiben an:
Landesversicherungsanstalt Oldenburg-Bremen
Postfach 2767
26017 Oldenburg
Fax: 0441-927 563
Tel. 0441-9270
Internet: www.lva-oldenburg-bremen.de

Angehörige knappschaftlicher Rentenversicherung schreiben an:
Bundesknappschaft
44781 Bochum
Fax: 0234-304 5205
Tel. 0234-3040
Internet: www.bundesknappschaft.de

Verbindungsstelle zu den obengenannten Institutionen ist:
Centrelink International Services
GPO Box 273
Hobart, TAS 7001
Australien
Fax: 03-6222 2808
Tel. 0800-1802 482
Internet: www.centrelink.gov.au

Steuern

Da das australische Steuersystem recht kompliziert ist und in jüngerer Zeit oft geändert wurde, empfehlen wir generell, sich bei allen Fragen der Einkommensteuer an einen Steuerberater (»income tax agent«) zu wenden.

Grundsätzlich ist zu sagen, dass die Einkommensteuer nicht von den Bundesstaaten, sondern von der Regierung in Canberra eingezogen wird.

Um trotz der Vielfalt wenigstens einen Überblick über die wichtigsten Fakten zu geben, die man im Zusammenhang mit der Einkommensteuer kennen sollte, gehen wir nachfolgend auf einige wesentliche Punkte ein.

Sie sollten den Begriff PAYE (»Pay As You Earn«) kennen, der eine sinnfällige Abkürzung für die monatlich oder wöchentlich vom Arbeitgeber einbehaltene Lohnsteuer darstellt. Diese Beträge führt der Arbeitgeber für Sie regelmäßig an das Finanzamt (»Tax Office«) ab.

Am Ende des Steuerjahres (30. Juni) bekommt jeder Angestellte einer Firma ein sogenanntes »group certificate« (Abrechnung), in dem sein Jahresgehalt, die Jahreslohnsteuer, Beiträge für die Altersversorgung (»superannuation contributions«), Gewerkschaftsbeiträge (»union levies«) und sonstige Abzüge aufgeführt sind. Diese Bescheinigung ist wichtig für Ihren Antrag auf Steuerrückerstattung. Auch die »tax on Medicare« (Medicare-Beitrag), die Sie bezahlt haben, wird zur Lohn-/Einkommensteuer hinzugezählt.

Hier die wichtigsten Steuerbegriffe, die auf Sie zukommen können:

- »Tax for married couples« (Steuer für Ehepaare): Sind in Australien beide Ehepartner berufstätig, werden sie getrennt besteuert.
- »Individual rate scales, personal tax«: Wie bei uns gilt auch in Australien, dass Sie um so mehr Steuern zahlen, je mehr Sie verdienen. Hierfür besorgen Sie sich die entsprechenden Steuertabellen oder fragen Sie Ihren Steuerberater.
- »Tax return deadline«: Letzter Abgabetermin für die Steuerrückerstattung ist immer der 31. August. Wenn man aber einen Steuerberater (»tax agent«) hinzuzieht, kann dieser Ihren Antrag auch noch zu einem späteren Zeitpunkt einreichen, da er besondere Abmachungen mit der Behörde hat.
- »Company tax rate«: Wer ein Unternehmen in Form einer Gesellschaft (»company«) starten will, muss derzeit mit einem Steuersatz von 36 Cents pro Dollar rechnen. Dieser Prozentsatz entspricht dem höchsten Besteuerungssatz bei Angestellten.
- »Provisional tax-payers«: Wer selbständig ist, neben seiner normalen Angestelltentätigkeit auf selbständige Art etwas hinzuverdient oder Dividenden aus Investmentgeld kassiert, kann in diese Steuerklasse (Provisionssteuer) fallen, wenn ein bestimmter Betrag pro Jahr (1988: A$ 1000) überschritten wird. In diesem Falle müssen Sie aufpassen, denn als provisional tax-payer haben Sie Ihre Steuern im voraus zu entrichten. Dies kann für Einwanderer, die ihr eigenes Geschäft eröffnet haben, nach den ersten 18 Monaten zur bösen Überraschung werden – wenn sie nämlich feststellen, dass sie nicht nur die Steuern für die Umsätze der vergangenen 18 Monate zahlen müssen, sondern auch noch die für das folgende Jahr, die nach den Anfangsumsätzen im voraus geschätzt werden.
- »Tax on foreign investments«: Hierunter fallen alle Auslandsinvestitionen, aus denen Sie ein Einkommen oder Gewinne beziehen, die Ihnen innerhalb oder außerhalb Australiens ausgezahlt werden. Das »General Foreign Tax Credit System« von 1987 zwingt Sie, Steuern für Ihre Einkommen – aus jeglichen Quellen! – zu bezahlen. Für das jeweils folgende Jahr werden Ihnen die zu erwartenden Steuern zunächst kreditiert, Sie können sie also nachträglich entrichten, wenn

Sie wissen, welches Einkommen Sie im Ausland erzielt haben.

- »Capital gains tax«: Ab 1985 sind alle Gewinne aus Veräußerungen von Kapital und Vermögen steuerpflichtig, ausgenommen Ihr Eigenheim.
- »Tax on dividends«: Dividenden, die Sie von Gesellschaften erhalten, die ihren Gewinn voll versteuert haben, sind für Sie steuerfrei – es sind sogenannte »fully franked dividends«. Ist dies nicht der Fall, wird der von der Gesellschaft in Anspruch genommene Steuerfreibetrag proportional auf die Aktionäre verteilt. Dividenden an Nicht-Australier sind der Quellensteuer (»withholding tax«) nicht mehr unterworfen, vorausgesetzt, die Gesellschaft hat ihre Gewinne voll versteuert.
- »Fringe benefits tax«: Vor einigen Jahren wurde diese Steuer eingeführt, die der Unternehmer für alle Sondervergünstigungen zu bezahlen hat, die er seinen Angestellten gewährt. Dies können zum Beispiel Dienstwagen zu privater Nutzung, kostenfreie Kredite oder freies Wohnen sein.
- »Sales tax«: Diese Umsatzsteuer wird auf Güter erhoben, die im Großhandel vertrieben werden. Die Prozentsätze schwanken zwischen 5 und 30 Prozent. Manche Waren unterliegen auch einer Einzelhandelssteuer, die auf den Verkaufspreis aufgeschlagen wird. Häufig sind dies 11 oder 21 Prozent.

2.16 Politische Struktur, Wahlen und Parteien

Historische Wurzeln

Wenn Sie in einem neuen Land leben wollen, werden Sie eines Tages auch wählen müssen – oder wollen. Dann nämlich, wenn Sie sich entschieden haben, die australische Staatsbürgerschaft anzunehmen. Hierfür wird zur Zeit in staatlichen Anzeigenkampagnen geworben wie nie zuvor. Wen und was Sie da wählen und wer Sie regiert, davon soll in diesem Kapitel die Rede sein.

Hand aufs Herz – wer von Ihnen weiß wirklich genau, wie unsere Demokratie organisiert ist? Nur der, der sich dafür interessiert und sich nicht alle vier Jahre lediglich als Stimmvieh an die Wahlurne zwingen lässt. Damit Sie eines Tages nicht zum australischen Stimmvieh werden, sondern ein mündiger Bürger dieses nach westlichen Freiheitsidealen regierten Staatenbundes, wollen wir hier ein wenig auf Staatsbürgerkunde eingehen.

Wie hatte alles angefangen? Mit einigen tausend Gefangenen und deren Wärtern, die 1788 mit der »First Fleet« (ersten Flotte) nach Terra

Australis kamen. Diese errichteten die ersten primitiven Holzhäuser, gruppierten sich in Siedlungen und bildeten daraus eine Kolonie.

Und als die Zeit reif dafür war, als also die Siedlungsstrukturen sich entsprechend verfeinert hatten, als das Selbstbewusstsein der Kolonisten und das Bedürfnis nach besserer sozialer Organisation zugenommen und damit auch ihr Bewusstsein vom gemeinsamen Handeln zum Wohle aller entstanden war, da eigentlich war das heutige Australien schon geboren.

Der gemeinsame politische Lebenswille drückte sich im Wunsch nach einer eigenen Staatsordnung – einer Verfassung – aus. Sie wurde entsprechend ausgearbeitet und trat an der Schwelle des 20. Jahrhunderts, am 9. Juli 1900, in Kraft. Mit einigen Abänderungen gilt sie noch bis heute.

Die sechs britischen Kolonien, brave Untertanen Ihrer Majestät der Königin von England, hießen schon so wie heute: New South Wales, Victoria, Queensland, Western Australia, South Australia und Tasmania. Schon an den Namen der drei erstgenannten erkennt man die Treue, sagen wir lieber: die Abhängigkeit von der britischen Monarchie. Die restlichen Territorien kamen später hinzu.

Und nun, im Jahre 1902, machten die bundesweite Wahl und ein besonderes Gesetz der englischen Krone aus den Kolonien plötzlich Bundesstaaten: Geboren war der australische Staatenbund, ein neues Mitglied im britischen »Commonwealth of Nations«. Das formelle Oberhaupt war weiterhin der englische König oder die Königin. Deren oberster Vertreter in Australien war der »Governor General« in der (späteren) Bundeshauptstadt Canberra und ist es bis heute. Unter sich hat er weitere sechs Governors aus den Bundesstaaten. Alle miteinander sind aber nur die Vertreter der konstitutionellen Monarchie in Australien. Sie repräsentieren ähnlich wie unser Bundespräsident – nicht mehr.

Die eigentliche Politik wird von den »Handwerkern« der Demokratie gemacht, den Abgeordneten und den Senatoren. Das System ist eine Mischung aus britischen und amerikanischen Strukturen. Oberhaus und Unterhaus sind britisches, Senatoren sind amerikanisches Vorbild. Auch Vorbilder aus der Schweiz sind mitbeteiligt. In einer Volksabstimmung votierten 1999 rund 55% der stimmberechtigten Australier für die Beibehaltung der konstitutionellen Monarchie. Die u.a. von der Labour-Opposition vorgeschlagene Verfassungsänderung zu ihrer Abschaffung war damit klar abgelehnt worden.

Politische Struktur und Wahlen

Im politischen »Haus« Australiens unterscheiden wir – genau wie in Deutschland – drei Ebenen: Ganz oben ein Bundesparlament und eine Bundesregierung (»Federal Government«), darunter sechs bundesstaatliche Regierungen (»State Government«) und ganz unten 900 Stadt- und Kreisverwaltungen (»Municipal Government«).

Die Mitglieder des Repräsentantenhauses bilden das Unterhaus und werden genauso vom Volk gewählt wie die Senatoren, die das Oberhaus bilden.

Während die Zahl der aus den Bundesstaaten entsandten Volksvertreter sich nach der Einwohnerzahl des jeweiligen Staates richtet, sind die Senatorensitze pro Bundesstaat fast immer gleich – nämlich zwölf; nur das Northern Territory und das Australian Capital Territory entsenden je zwei.

Der Führer der stärksten Partei oder Koalition auf Bundesebene ist der sogenannte »Prime Minister«. Entsprechendes gilt für die Ebene des jeweiligen Bundesstaates, wo ebenfalls ein »Premier Minister« regiert. Auf kommunaler Ebene hat der »Lord Mayor« (Städtische Bürgermeister) oder »Shire President« (Oberkreisdirektor) die Führung als Vertreter der stärksten Fraktion.

Prime und Premier Minister, Lord Mayor und Shire President sind gleichzeitig Abgeordnete des Repräsentantenhauses beziehungsweise des städtischen oder Kreisparlaments.

Man kann dieses mit dem Deutschen Bundestag vergleichen, während der Senat mit dem Bundesrat vergleichbar ist, der aber bei uns nicht direkt vom Volk gewählt wird. Der Senat (Oberhaus) soll die Volksvertreter im Repräsentantenhaus (Unterhaus) kontrollieren und hat ein Einspruchsrecht beim Beschluss von Gesetzen.

Die Partei, die über die Mehrheit im Repräsentantenhaus verfügt, bildet die Regierung und stellt die Minister, geführt vom Premierminister.

Die Zahl der Mitglieder des Repräsentantenhauses muß laut Verfassung möglichst genau doppelt so hoch wie die der Senatoren im Senat sein. Das Verhältnis ist 147 zu 76 – also in etwa 2 zu 1.

Die beiden Häuser oder Kammern des Bundes mit Sitz in der Bundeshauptstadt Canberra sind für folgende Bereiche verantwortlich: Außenpolitik, Einwanderung, Geldwesen, Soziales, Steuern, Telekommunikation, Verteidigung, Verwaltung der beiden Territorien, Wirtschaft und Zoll.

Auf der mittleren Ebene, der Regierung der Bundesstaaten, finden wir – außer in Queensland, wo das Oberhaus abgeschafft wurde – ebenfalls ein Zweikammersystem. Hier heißen die beiden Häuser »Legislative Assembly« (gesetzgebende Versammlung) und »Legislative Council« (gesetzgebender Rat).

Die Bundesstaaten zeichnen für Erziehung und Ausbildung, Gesundheit, Landbesitz, Land- und Forstwirtschaft, Transport und Verkehr und die Ausführung der vom Bund beschlossenen Gesetze durch Polizei und Gerichte verantwortlich.

Die Gemeinden und Kreise schließlich verwalten Stadtplanung und Bebauung, Gesundheitswesen, Kfz-Registrierung, Parkanlagen und Spielplätze, öffentliche Wege und Straßen, Energie, Wasser und Abfallentsorgung, kulturelle und andere öffentliche Einrichtungen.

Der »High Court of Australia« ist mit unserem Bundesverfassungsgericht gleichzusetzen und damit das oberste Gericht Australiens. Ihm werden Verfassungsklagen meist wegen ungeklärter Zuständigkeit von Bundes- oder Staatsregierung in bestimmten Fragen vorgelegt. Die Richter des High Court, mindestens drei an der Zahl, werden vom Parlament vorgeschlagen und vom Governor General ernannt. Die dem High Court nachgeordneten Gerichte sind die »Supreme Courts« der einzelnen Bundesstaaten.

Der für alle Bürger einer Gemeinde oder Verwaltungseinheit zuständige »Ombudsmann« ist ein Mittelding zwischen parlamentarischer und gerichtlicher Kontrolle. Er hat Beschwerden der Bürger gegen die Verwaltung vertraulich zu prüfen und kann diese dann bei allen drei Ebenen der Regierung bis hinauf nach Canberra vertreten.

In Australien herrscht – außer bei Kommunalwahlen – Wahlpflicht für jedermann. Wer sich dieser entzieht, muss mit Geldstrafe rechnen. Der Grund für dieses strenge Vorgehen ist darin zu suchen, dass die weiten Anreisen bis zum Wahllokal für viele Australier nicht attraktiv waren, so dass bei der zunächst freiwilligen Wahl keine ausreichende Wahlbeteiligung zustande kam. Aus diesem Grunde führte Queensland 1914 als erster Bundesstaat die Wahlpflicht ein und wurde damit zum Vorreiter für die übrigen.

Das Mindestwahlalter ist 18 Jahre.

Bundeswahl ist normalerweise alle drei Jahre. Aufgrund besonderer Umstände kann eine Wahl durch Antrag beim Governor General jederzeit auch vorzeitig durchgeführt werden. Dies kann bei Gesetzesblockierungen zwischen Repräsentantenhaus und Senat erforderlich sein. Es werden jeweils das gesamte Repräsentantenhaus sowie die Senatoren neu gewählt. Da die Senatoren aber immer für eine Periode von sechs Jahren gewählt werden, tritt im Oberhaus jedes Mal nur eine Verschiebung in halber »Belegschaftsstärke« ein.

Parteien
Die vier großen australischen Parteien heißen »Liberal Party of Australia«, »Australian Labour Party« (ALP), »National Party« und »Democratic Party of Australia«. Die ALP ist die älteste.

Es gibt noch eine Reihe weiterer, kleiner Parteien, die aber wegen des australischen Wahlrechts kaum Chancen haben, in die Parlamente zu kommen. Hier seien als in jüngster Zeit politisch bedeutendste Formierung nur die »Greens« (Grüne) genannt, die sich besonders mit ihrem Widerstand gegen das Abholzen der Wälder auf Tasmanien einen Namen gemacht haben.

Sucht man nach Unterschieden bei den drei großen Parteien, so erkennt man recht schnell, dass es hier nicht so sehr um ideologische Unterschiede geht, sondern mehr um die Verteilungsprobleme des Wohlstands und die Rolle des Staates innerhalb der Wirtschaft, die es australisch-pragmatisch zu lösen gilt.

Die Wurzeln der ALP reichen bis in die Anfänge der Arbeiter- und der Gewerkschaftsbewegung in der Goldrauschzeit des vorigen Jahrhunderts (Eureka Stockade, 1854) zurück. Sie schlug ihren eigenen sozial engagierten Weg ein, der sich weniger an der korrekten Umsetzung der Lehren von Marx und Engels orientierte, sondern am Selbstverständnis und Selbstbewusstsein des einfachen australischen Mannes, des australischen Arbeiters und seinen aktuellen Problemen, die durch die Arroganz der damaligen Exekutivorgane des Staates entstanden. Hier ist – wenn auch mit einer bewaffneten Auseinandersetzung, aber ohne große Revolutionen – langfristig mehr soziale Absicherung erreicht worden als anderswo.

Woran liegt das?

Pioniergeist und Härte der Natur haben hier einen Menschentypus geprägt, der schon immer mit beiden Beinen fest und selbständig auf der Erde stand und der Natur sein bescheidenes Quäntchen Glück abtrotzen musste. Insofern ist der Staat in Australien von Anfang an nichts Wichtiges gewesen, eher ein notwendiges Übel, das man für die Repräsentation (Commonwealth of Nations) und vielleicht für die Verteidigung nach außen benötigt. Sozialität war Solidarität, zuerst nur unter den Goldgräbern und Schafscherern, später auch unter den Angehörigen anderer Berufsgruppen.

Fest vereinbarte Arbeitszeiten und Löhne bedeuteten Sicherheit gegen Ausnutzung und Ausbeutung. Dazu kamen später die vielen Sicherheitsbestimmungen am Arbeitsplatz und die bis in lächerliche Pedanterie ausartende Abgrenzung der Arbeitszuständigkeit des einzelnen. Der Versuch, Gerechtigkeit durch weitestgehende Arbeitsteilung zu schaffen, stieß irgendwann an seine praktischen Grenzen.

Aber die Sensibilität des australischen Arbeiters für Gleichheit und Gerechtigkeit veränderte die Machtstrukturen des 19. Jahrhunderts derart, dass aus dem sozialen Elend schließlich ein Staat mit auf der Welt einmaligen sozialen Errungenschaften hervorging, der Millionen von Einwanderern magisch anzog und bis heute noch anzieht.

Die ALP hat – durch ihren Ursprung bedingt – immer versucht, gewerkschaftliche Positionen in politische Errungenschaften umzusetzen. Das Beispiel des früheren (bis 1989) australischen Prime Ministers Bob Hawke, der zuvor Vorsitzender des australischen Gewerkschaftsbundes (ACTU) war, zeigt dies besonders deutlich.

Die Liberal Party (LP) wurde 1944 vom späteren Premierminister Sir Robert Menzies ins Leben gerufen. In ihr vereinigen sich sowohl liberale als auch konservative Kräfte. Bisher war sie – mit einer längsten Amtsperiode von 28 Jahren – am häufigsten an der Macht. Ihre politischen Ziele werden besonders für die Wähler unter den Geschäftsleuten und freien Unternehmern formuliert. In den letzten Jahren bildeten sich in der LP zwei Flügel heraus, die Konservativen und die Neue Rechte, die sich für Protektionismus oder für mehr Öffnung zum freien Welthandel hin einsetzen.

Die National Party ging 1974 aus der früheren »Country Party« hervor, ist folglich die Partei für das Land und die in der Landwirtschaft Tätigen. Die Formulierung ihrer Zielsetzungen kommt denen der LP nahe und hat dazu geführt, dass beide Parteien bei Regierungsübernahme als Koalition der Konservativen auftreten. In Queensland mit seiner stark landwirtschaftlich geprägten Bevölkerungsstruktur hat die NP in den letzten Jahren sogar allein regiert.

Die Democratic Party – sie nennt sich auch »Australian Democrats« – ist eine, wie wir in Deutschland sagen würden, politisch rot-grün gefärbte, progressive Gruppierung. 1977 aus einer Abspaltung der ALP hervorgegangen, hat sie sich zum Ziel gesetzt, den »Bastarden« der großen Parteien auf die Finger zu schauen, wie es der Parteigründer Don Chipp einmal formulierte. Protestwähler, Umweltschützer, Atomkraftgegner, undogmatische Linke und Basisdemokraten haben – zum Teil schon erfolgreich – versucht, undemokratische und umweltschädliche Beschlüsse der Großparteien im Senat zu kippen und durch ihre Wähler das langjährige Zweiparteiensystem in Australien aufzubrechen.

2.17 Gerichtssystem, Polizei und Militär

Gerichtssystem
Unterste juristische Instanz sind die »Local Courts« (örtlichen Gerichte) sowie die »Courts of Petty Sessions« und die »Magistrate Courts«. Hier werden Fälle bis zu einem bestimmten Streitwert und leichtere Straf-

sachen verhandelt. Die annähernd 175 Local Courts jedes Bundesstaates verhandeln 98 Prozent aller vorgetragenen Rechtsstreitigkeiten. Jeder Bundesstaat hat seine eigene Rechtssprechung.

Die »District« oder »County Courts« (Bezirksgerichte) sind Berufungsinstanz für die Urteile der Local Courts und erstinstanzlich zuständig für schwerere Delikte sowie Sachen mit höherem Streitwert. Die daran anschließenden »Supreme Courts« (Obersten Gerichtshöfe), jeweils einer in allen sechs Bundesstaaten und Territorien, befassen sich in erster Instanz mit Mordanklagen und anderen schweren Verfehlungen. Hier gibt es noch den »Court of Appeal« und den »Court of Criminal Appeal«, die bei Revision gegen erstinstanzliche Supreme-Court-Urteile neu verhandeln können.

An oberster Stelle befindet sich der »High Court of Australia« – wie bei uns das Bundesverfassungsgericht die letzte anrufbare Instanz. Er schlichtet Streitigkeiten unter den Bundesstaaten, spricht Recht in allen verfassungsrechtlichen Fragen und befindet über die Gültigkeit neuer Bundes- oder Staatsgesetze. Auch hier gibt es noch eine zweite Instanz.

Darüber hinaus gibt es noch den »Federal Court of Australia«, an dem Streitfälle des Wirtschaftsrechts, des Konkursrechts und des Verwaltungsrechts sowie Revisionen anderer, tiefergestellter Gerichte in Fällen des Bundesrechts verhandelt werden.

Polizei

Jeder Bundesstaat hat seine eigene Polizeistruktur. Die Polizei des NT, des ACT und die Bundespolizei, die den Bundesbesitz und die Durchsetzung der nationalen Gesetze der Bundesregierung schützt, wird dagegen direkt von der Bundesregierung Australiens kontrolliert. In diese Gruppe gehören auch die Beamten der Einwanderungs- und der Zollbehörden.

Ob Polizeibeamte im Dienst Schusswaffen tragen dürfen oder nicht, ist von den einzelnen Staaten unterschiedlich geregelt. Wie und wann sie diese Waffen einsetzen, unterliegt durchweg strenger Reglementierung. Haus- und Wohnungsdurchsuchungen können nur mit Zustimmung des Eigentümers oder mit richterlichem Befehl vorgenommen werden. Unter bestimmten Voraussetzungen dürfen auch Vertreter der Wasser-, Elektrizitäts- und Gasversorgungsunternehmen Wohnungszutritt verlangen.

In den einzelnen Bundesstaaten gibt es Bürgerkomitees, die über die Einhaltung polizeilicher Zuständigkeit wachen. Hier wird das Misstrauen gegenüber der staatlichen Gewalt offenkundig, das sich seit den Tagen der Eureka Stockade gehalten hat, als Polizeibeamte in erster

Linie die Interessen der Wohlhabenden gegenüber den Mittellosen und sozial Schwachen durchzusetzen pflegten.

Glaubt man bestimmten Zeitungsberichten und Erzählungen, so gelten Queensland und Victoria als Staaten mit besonderer polizeilicher Kontrolle und Strenge. Über die objektive Richtigkeit dieser Behauptungen können und wollen wir hier keinen Beweis antreten. Lesen Sie Zeitung und bilden Sie sich selbst ein Urteil. Uns fiel während unserer Aufenthalte in Australien nur auf, dass man kaum Polizei zu Gesicht bekommt.

Militär

Die lange Zeit andauernde enge Abhängigkeit vom britischen »Mutterland« verhinderte, dass Australien schon zu Beginn seiner politischen Existenz (Föderation von 1900) eine eigene Außenpolitik betreiben konnte. Infolgedessen hatte sich der Einsatz von australischem Militär stets nach den Interessen des britischen Commonwealth zu richten.

Die bitteren Erfahrungen der Kriegseinsätze für die Engländer im östlichen Mittelmeer und in Frankreich im Ersten Weltkrieg (von 332 000 Mann kehrten 59 300 nicht zurück) sowie auf eigenem Territorium (Darwin), auf Neuguinea, den Philippinen und anderen Inseln gegen die Japaner und in Nordafrika und im östlichen Mittelmeer an der Seite der Engländer gegen die Deutschen im Zweiten Weltkrieg (von 993 000 Mann fielen 35 000) hinterließen tiefe Wunden im australischen Nationalbewusstsein.

Besondere Anerkennung verlangt die Tatsache, dass ausschließlich freiwillige Soldaten einer Berufsarmee diese »jobs« taten – bis heute gibt es in Australien keine Wehrpflicht. Dennoch müssen wir an dieser Stelle darauf hinweisen, dass die australische Regierung während des Vietnamkrieges ein Einberufungssystem schuf, um genügend Soldaten für den Einsatz an der Seite der USA, des Bündnispartners im ANZUS-Pakt (Australia, New Zealand, United States) zusammenzubekommen. Nach einem »Geburtsdatenlottosystem« wurden die Soldaten eingezogen: Im Lotterieverfahren gezogene bestimmte Geburtstage waren maßgebend, ob derjenige, der an diesem Tag geboren war, eingezogen wurde. Wehrdienstverweigerer wurden jedoch anerkannt. Nach den derzeitig geltenden Gesetzen kann eine Wehrpflicht nur dann in Kraft treten, wenn das australische Territorium direkt bedroht wird.

Das Berufsheer umfasst gegenwärtig 63 800 Soldaten und 28 500 Reservisten. Vom ständigen Personal gehören 56,5 Prozent zum Heer, 19,5 zur Marine und 24 Prozent zur Luftwaffe. Zu diesen Personalbeständen hinzu kommen noch 22 650 Zivilisten in der Personal- und

Finanzverwaltung, der Beschaffung, der technischen Entwicklung und der Bearbeitung strategischer und politischer Aufgaben.

Geführt werden alle drei Teilstreitkräfte von einem Inspekteur, der mit dem gemeinsamen Hauptquartier in Canberra zusammenarbeitet. Gemeinsam mit einem Staatssekretär für Verteidigung ist er auch für die Verwaltung der Streitkräfte zuständig.

Es gibt eine eigene Akademie der Streitkräfte, die Studiengänge in technischen und geisteswissenschaftlichen Disziplinen anbietet. Darüber hinaus gibt es Lehrstellen in mehr als 25 verschiedenen Berufen für jeweils 600 bis 800 Auszubildende pro Jahr.

Ausrüstungsmerkmale: Die Marine verfügt über 3 Lenkwaffenzerstörer, 5 Lenkwaffenfregatten, 3 Zerstörerbegleitboote, 6 U-Boote der Collins-Klasse, 15 Patrouillenboote der Fremantle-Klasse sowie weitere Schiffe wie Minenjagdboote, Versorgungsschiffe und ozeanographische Schiffe. Die Zerstörerbegleitboote werden derzeit sukzessive durch 8 neue ANZAC-Fregatten ersetzt, die erst jüngst in Dienst gestellten Collins-U-Boote sollen bereits wieder umgerüstet werden.

Im Heer befinden sich eine Reihe von Black-Hawk-Hubschraubern für den Transport einer Kompanie über eine Entfernung von 160 km, deutsche Leopard-Kampfpanzer und M113-Panzerwagen. Neue Gewehre (Typ Austeyr) und Fernmeldeanlagen sind in Vorbereitung.

Die Royal Australian Air Force (RAAF) kann auf moderne Kampfflugzeuge (F-111C und F/A-18 Hornet), Bomber, Aufklärungs-, Unterstützungs-, Transport- (Boeing 707, C-130 Hercules und Caribou) und Ausbildungsflugzeuge zurückgreifen. Vier der Boeing 707 sind als fliegende Tanker für die Luftbetankung umgebaut. 19 Maschinen vom Typ P3C Orion bilden zusammen mit dem Jindalee-Radarsystem das Überwachungs- und Frühwarnsystem der Streitkräfte.

An den meisten neuen und großen Beschaffungsprojekten ist die australische Rüstungsindustrie zu 70 Prozent und mehr beteiligt. Auch bei Reparatur und Wartung spielt sie eine bedeutende Rolle. Etwa 9 Prozent des Bundeshaushalts werden für die Verteidigung ausgegeben (1993/94: 9,786 Mrd. A$).

Hin und wieder kann man Werbung für den Eintritt in die Laufbahn der Berufssoldaten sehen, besonders auch im Zusammenhang mit der Werbung für den Veteranenverband RSL.

Der Schrift *Australien im Überblick* entnehmen wir, welche Ziele und Aufgaben die australische Verteidigungspolitik grundsätzlich verfolgt:

»Sie beruht auf dem Konzept der Selbständigkeit, also der Fähigkeit zur Verteidigung mit eigenen Mitteln innerhalb des Rahmens der

Bündnisverpflichtungen und regionalen Verbindungen. Australien trägt dazu bei, ein Umfeld zu schaffen, in dem die Wahrscheinlichkeit einer militärischen Bedrohung so gering wie möglich gehalten wird. (...) Australien hat außerdem Strategien für friedenserhaltende Maßnahmen entwickelt und unterstützt eine Stärkung der Vereinten Nationen. Es tritt für die Nichtverbreitung von Atomwaffen und internationale Rüstungskontrollvereinbarungen ein.«

2.18 Die Wirtschaft – Australien öffnet sich

Entwicklung der letzten 15 Jahre

Viele wissen, wofür Australiens Wirtschaft seit je her bekannt und berühmt ist: für Bergbau, Weizen und Schafe. Tatsächlich verfügt dieses immense Land über riesige Ressourcen an Rohstoffen der verschiedensten Art und über weite Steppenlandschaften und Getreidefelder. Dennoch liegen die Anteile dieser beiden Bereiche am Bruttosozialprodukt nur bei 4,5 Prozent (Bergbau) und 4 Prozent (Landwirtschaft). Den weitaus größten Teil nehmen mit 77 Prozent die Dienstleistungen ein, gefolgt von der Fertigungsindustrie mit 14,5 Prozent. Australien ist eben ein Reiseland. Was es nicht immer war, denn Flugreisen waren vor Jahrzehnten noch die Ausnahme.

Immerhin: Rohstoffe wie Kohle, Erdöl, Erdgas, Eisenerz, Gold, Blei, Zink, Kupfer, Bauxit, Tonerde, Aluminium sowie Rindfleisch, Weizen, Wolle, Zuckerrohr, Baumwolle und Südfrüchte sind nach wie vor gefragte und auch auf dem Weltmarkt konkurrenzfähige australische Produkte.

Zwischen 1983 und 1993 stieg der Gesamtexport, worin auch Fertigwaren und Dienstleistungen enthalten sind, um jährlich 8 Prozent. Zu den exportierten australischen Fertigwaren zählen insbesondere Computeranlagen, Transportausrüstung, Glas- und Tonerzeugnisse, Maschinen für die Industrie, Pharmaprodukte, Farben, wissenschaftliche und High-Tech-Geräte der Optik, der Zeitmessung, der Fernmelde- und Luftfahrttechnik.

Innerhalb der »Cairns-Gruppe« setzte sich Australien in den letzten Jahren für den erfolgreichen Abschluss des allgemeinen Zoll- und Handelsabkommens (GATT) ein. In dieser Gruppe, die von Australien geführt wird, arbeiten 14 Länder für die Durchsetzung eines freien Handels mit Agrarprodukten.

Ähnliche Ziele werden von den Staaten der APEC-Gruppe (»Asian Pacific Economy Cooperation«) verfolgt, die auf Anregung Australiens entstand.

Viele wissen vielleicht, dass Japan seit über 20 Jahren der größte Handelspartner Australiens ist – über 25 Prozent des gesamten Exports gehen dorthin. Weniger bekannt dürfte sein, dass inzwischen auch Indonesien, China und Korea in den Vordergrund australischer Handelsinteressen gerückt sind.

Bei einem näheren Blick auf die Warensortimente der Einzelhandelsgeschäfte und Kaufhäuser in den Citys von Melbourne, Sydney und anderen Großstädten werden Sie schnell davon Kenntnis bekommen.

In den letzten zehn Jahren hat sich auch hinsichtlich der Exportländer, in die Australien liefert, ein Wandel vollzogen: Über 60 Prozent der Exportgüter gehen nun in den asiatisch-pazifischen Raum (ASEAN-Staaten). Hier ist das stärkste Importwachstum zu verzeichnen. Die Ausfuhr in die EU-Staaten und nach Nord- und Südamerika ist demgegenüber zurückgegangen.

Dem Aufblähen der Wirtschaft mit hohen Kreditvergaben und überzogenem Zinsniveau (bis 18 Prozent Guthabenzinsen für Einlagen) und der damit verbundenen hohen Inflationsrate Anfang der achtziger Jahre (1982: 11,5 Prozent) wurde in den darauf folgenden Jahren durch Geldverknappung und Zinsreduzierung ökonomisch entgegengesteuert. Der Erfolg blieb nicht aus: Die Inflationsrate sank bis unter 1 Prozent (!); Konsum, Lohnforderungen und Kredite gingen zurück. Durch fallende Preise stieg die internationale Wettbewerbsfähigkeit wieder an. Infolgedessen setzte im zweiten Halbjahr 1991 wieder ein sanfter Aufschwung ein.

Trotz Schaffung von 1,4 Mio. neuen Arbeitsplätzen in den Jahren 1983 bis 1990 erreichte die Arbeitslosenquote 1992 stolze 11 Prozent (993 000 Arbeitslose bei 29 200 offenen Stellen), ist aber seitdem wieder rückläufig, was auf weiteren Aufschwung schließen lässt. Ende 1994 fiel sie unter 9 Prozent.

Wegen des Zuflusses großer Mengen ausländischen Kapitals durch Investitionen in Australien, wodurch eine schnelle Erschließung seiner Ressourcen ermöglicht wurde, besteht seit langem eine unausgeglichene Zahlungsbilanz. Das Defizit ist aber im Zuge der neuesten Entwicklung mit der Konsolidierung der Marktlage rückläufig. Im Jahre 1989/90 betrug es noch knapp 6 Prozent, 1992/93 nur noch 3,9 Prozent des Bruttoinlandsprodukts. Dies wird auf den Handelsüberschuss der letzten Jahre zurückgeführt.

Der Etat

Die Jahresdoppelangaben – zum Beispiel »1989/90« – kommen dadurch zustande, dass das australische Finanzjahr jeweils vom 1. Juli des Vorjahres bis zum 30. Juni des folgenden Jahres läuft.

Der Haushaltsplan wird von der Regierung in Canberra immer im Mai vorgelegt, um von beiden Kammern – Abgeordnetenhaus und Senat – verabschiedet zu werden.

Auch die sechs Bundesstaaten verabschieden ihre eigenen Etatpläne, wobei sie knapp die Hälfte vom Bund finanziert bekommen.

Mehr als 27 Prozent des Bruttoinlandprodukts (BIP) entfielen 1993/94 auf die Ausgaben des Staates. Diese wiederum gliederten sich wie folgt auf:

- Soziales   36 %
- Gesundheit   14 %
- Verteidigung   8,5 %
- Bildung und Ausbildung   8,25 %
- Zahlungen an Bundesstaaten und Gemeinden über   25 %.

Die Bundesregierung nahm 1992/93 23,6 und 1993/94 23,5 Prozent des BIP an Steuern und Abgaben ein – so wenig wie seit fast 20 Jahren nicht mehr. Grund ist das verlangsamte Wirtschaftswachstum.

Die Kredite, die der Staat aufnahm, beliefen sich 1992/93 auf 5 Prozent des BIP, für 1993/94 wird mit einem Rückgang gerechnet. Aktuellere Zahlen gibt es zur Zeit nicht.

Bis 1996/97 soll das Haushaltsdefizit auf 1 Prozent des BIP verringert werden.

Förderung von Investitionen und Geldpolitik

Durch eine Reihe von Maßnahmen verspricht sich die australische Regierung eine Verbesserung des Investitionsklimas. Hierzu gehören:

- die Senkung des Unternehmenssteuersatzes
- die Verkürzung der Abschreibungszeiten
- eine Vergünstigung von 10 % für bestimmte Großprojekte
- eine allgemeine Investitionsvergünstigung für bestimmte Anlagen und Einrichtungen von nochmals 10 %
- einen 25-%igen Steuersatz für Einkommen aus gemeinsamen Entwicklungsfonds
- und die Schaffung eines nationalen Investitionsrates

Auch ausländische Investitionen sollen gefördert werden. Lesen Sie hierzu auch die aktuellen Erweiterungen der Einwanderungskategorien. Sofern fremde Geldeinlagen den australischen Interessen nicht entgegenstehen, sollen sie genehmigt werden. Dies gilt für alle industriellen Branchen mit Ausnahme der zivilen Luftfahrt, der Medien, des Bankensektors, des Uranbergbaus und einiger Immobilienbereiche, in denen jeweils Beschränkungen gelten.

Oberstes Ziel der australischen Geldsteuerung der letzten Jahre sind niedrige Inflationsraten und dauerhaftes Wachstum. 1990 war das Jahr der Lockerung der Geldpolitik. Zinsen für kurzfristige Einlagen wurden schrittweise von 18 auf 4,75 Prozent gesenkt. Zinsen für 10-jährige Anleihen des Staates lagen 1993 mit 7 Prozent so niedrig wie seit 20 Jahren nicht mehr. Seither ging es wieder ein wenig nach oben.

Seit 1983 schon existiert ein freies Wechselkurssystem (»floating«), das den Wert des australischen Dollars nach der jeweiligen Marktlage einschätzt. Zurzeit (März 2003) kostet ein australischer Dollar 0,56 Euro.

Wirtschaftliche Reformen

Sogenannte mikro-ökonomische Reformen haben in vielen Bereichen der Produktivität Verbesserungen gebracht: in Landwirtschaft, Fertigung, Fernmeldetechnik, Luftfahrtindustrie, Schiffbau, Finanz- und Steuerwesen und staatlichen Unternehmen. Auch beim Transport auf Straße und Schiene sowie in der Stromwirtschaft sind entsprechende Maßnahmen in die Wege geleitet worden.

Die angestrebte Harmonisierung inneraustralischer Normen, Standards und Bestimmungen gehört ebenfalls zu den genannten Veränderungen – denken wir nur an die längst fällige Vereinheitlichung der Spurbreite australischer Eisenbahnen: eine Erbe aus der englischen Kolonialzeit und ein Ergebnis der großen räumlichen Distanz auf dem weiten Kontinent.

Durch die Reformen werden höhere Leistung und Kostenreduzierung beabsichtigt, ein Thema, das auch bei uns aktuell ist. Davon verspricht man sich eine Steigerung der internationalen Wettbewerbsfähigkeit, die sowohl auf dem Fertigungs- wie auch auf dem Dienstleistungssektor zu Buche schlagen soll.

Dazu passt, dass Australien entgegen früherer Tradition inzwischen eine sehr niedrige Streikrate vorweisen kann: Das Klima für Investoren hat sich sehr verbessert.

Rohstoffgewinnung

Betrachtet man einmal die auf dem Kontinent mineralisch vorkommenden chemischen Rohstoffe wie Eisen, Blei, Zink, Kupfer, Nickel, Mangan, Gold, Uran und Aluminium sowie Edelsteine, Kohle, Erdöl und Erdgas, so könnte sich Australien ohne weiteres von allen anderen Staaten der Erde unabhängig machen, also autark sein.

Dass dieser Fall nicht eingetreten ist, liegt an dem schwunghaften Handel, den das Land mit der Welt treibt – australische Rohstoffe sind wegen ihres Preises und ihrer Qualität auf dem Weltmarkt sehr gefragt

– und an dem Bedürfnis nach Fertigprodukten, die selbst nicht im Inland erzeugt werden. Hier ist immer noch ein großer Nachholbedarf da.

Seit einigen Jahren kann man aber auf vielen australischen Produkten den Aufkleber »Proudly made in Australia« lesen, was für sich spricht. Der Australier hat erkannt, dass er auch auf dem Produktsektor für den Rest der Welt eine Rolle spielen kann und dass australische Waren, die wirklich hier hergestellt werden, allmählich zu einem Begriff werden.

Aus dem Bereich der Energierohstoffe wollen wir nur das Gasgroßprojekt auf dem nordwestlichen Kontinentalschelf (Flachmeereszone) nennen, wo 1989 erstmals Flüssigerdgas für den Export gefördert wurde. Ab 1995 sollten davon pro Jahr sieben Millionen Tonnen exportiert werden.

Beim Erdöl sind Reserven von 2,4 Milliarden Barrel nachgewiesen. Benzin, Diesel, Kerosin, Schweröl und andere Erdölderivate werden in eigenen Raffinerien erzeugt, wobei der größte Teil des Bedarfs an diesen Produkten aus eigenen Quellen gedeckt werden kann.

Bei der Steinkohle steht Australien im Export an erster Stelle in der Welt. In New South Wales und Queensland liegt fast der gesamte Bestand von geschätzten 72 Milliarden Tonnen. Besonders interessant, weil kostensparend, ist der Tatbestand, dass der größte Teil davon im Tagebaubetrieb abgebaut werden kann, weil die Flöze nicht so tief liegen wie anderswo. Die Hälfte der exportierten Steinkohle ging im Wirtschaftsjahr 1992/93 nach Japan.

Uran wird – staatlich streng kontrolliert – in nur zwei Minen im Nordterritorium (»Ranger-Mine«) und in Südaustralien (»Olympic Dam«) gefördert und exportiert. Hierfür gelten laut amtlicher Darstellung strenge Sicherheitsbestimmungen. Die Jahresmengen betragen jeweils 1150 Tonnen, sollen aber in Olympic Dam erhöht werden.

An der Seite Brasiliens gehört Australien zu den beiden größten Eisenexportländern. 1992/93 wurden 116 Mio. Tonnen gefördert, in erster Linie in Westaustralien. Davon wurden 107 Mio. Tonnen exportiert. Nachgewiesen sind Vorräte von knapp 18 Mrd. Tonnen!

Bei Bauxit und Tonerde (Aluminiumoxid) steht Australien an erster Stelle in der Weltproduktion und erzeugte damit 1992 fast 40 Prozent der Weltproduktion. Bei Tonerde liegt es bei 35 Prozent. Es wird auch fertiges Aluminium exportiert, 1992 waren das 1,2 Mio. Tonnen. Die abbaufähigen Lagerstätten werden auf weitere 2,4 Mrd. Tonnen geschätzt!

Bei Blei und Zink steht das Land ebenfalls an den vorderen Plätzen in Produktion und Export. 1992/93 wurden über 550 000 Tonnen Blei gefördert, knapp die Hälfte davon zum fertig raffinierten Blei verarbeitet. Die Zinkförderung lag bei über 1 Mio. Tonnen, davon ein Drittel raffiniertes Zink.

Kupfer wird in Südaustralien (Bergwerk Olympic Dam) und in Mount Isa (Qld) gefördert, kleinere Mengen auch in anderen Bundesstaaten. Das Gesamtaufkommen beläuft sich jährlich auf 325 000 Tonnen, über die Hälfte davon kommt zum Export.

Bei der Produktion von Nickel steht Australien auf dem vierten Weltrang, wovon fast alles exportiert wird. Die wichtigsten Abbaugebiete liegen in Westaustralien und in Queensland.

Seit den Zeiten des Goldrauschs im letzten Jahrhundert ist bekannt, dass es auf diesem Kontinent auch Gold gibt – und das nicht wenig. Mit einer Produktion von 240 Tonnen (1992/93) steht Australien an dritter Stelle. In den 80er Jahren wuchs die Goldindustrie besonders schnell, da neue, verbesserte Verfahren für das Aufspüren, den Abbau und die Verarbeitung entwickelt wurden. Die verfügbaren Reserven werden auf weitere rund 2500 Tonnen geschätzt.

Bei Mangan ist das Land einer der größten Exporteure, auch Veredelungen davon werden hergestellt.

Das geförderte Zinn geht zum größten Teil nach Malaysia, wo Manufakturen für Zinnprodukte bestehen. Die größte liegt vor den Toren Kuala Lumpurs und kann von Touristen besichtigt werden.

Diamanten, Saphire und Opale sind weitere wichtige australische Bergbauprodukte, bei denen das Land an vorderer Stelle steht.

Industrielle Fertigung

Wer da immer noch behauptet, in Australien würde nichts Besonderes oder Wichtiges hergestellt, der irrt gewaltig: Australien ist nicht mehr nur das Land der Rohstoffe, der Schafe und der Sonne...

Auf die Fertigungsindustrie entfallen etwa 15 Prozent des BIP, etwa ebenso viele Arbeitnehmer sind in ihr tätig. 1992 gingen 24 Prozent der Fertigprodukte ins Ausland. Zehn Jahre zuvor waren es nur 14 Prozent.

Die Hälfte der in der Privatwirtschaft tätigen Menschen arbeitet in einem der 800 000 Kleinbetriebe, die 96 Prozent aller Unternehmen ausmachen.

Die »Broken Hill Proprietory« (BHP) war der überragende Produzent von Eisen und Stahl. Er lieferte das Ausgangsmaterial für die meisten Stahlerzeugnisse des Landes und erzeugte 1992 6,8 Mio. Tonnen Rohstahl.

Zur in Australien sehr bedeutenden Aluminiumindustrie zählen die Konzerne COMALCO, ALCOA, ALCAN und TOMAGO, letzterer ein europäisch-australisches Joint-Venture-Unternehmen.

Die Papierherstellung belief sich 1992/93 auf rund 2 Mio. Tonnen, etwa 75 Prozent des inneraustralischen Bedarfs. Der Export von Papier stieg inzwischen auf 277 000 Tonnen an, dazu kamen 2,8 Mio. Tonnen Holzspäne. In diesem Sektor sind natürlich Umweltprobleme aufgetaucht, da Australien über nicht mehr sehr viele Wälder verfügt, die einen immer weiter steigenden Papierverbrauch befriedigen könnten, ohne ernstlich Schaden zu nehmen.

Der australische Maschinenbau liefert zum Beispiel komplette Kraftwerke, Bergbaumaschinen, Industrieroboter, Bohrtürme, Gussteile und Messgeräte. Im Schiffbau werden kleine und mittlere Schiffe hergestellt, sowohl Handelsschiffe als auch Baggerschiffe, Fischereischiffe, Fähren und Schlepper.

1992 wurden mehr als 400 000 neue australische PKW zugelassen, dazu über 130 000 Nutzfahrzeuge und LKW. Der Export von Autos erreichte 1992 einen Wert von mehr als 1,2 Mrd. A$, 7,7 Prozent mehr als 1991.

In der Luftfahrtindustrie sind rund 80 Unternehmen tätig, die ungefähr 14 000 Mitarbeiter beschäftigen. Hier werden Bauteile für die großen Flugzeugfirmen in aller Welt gefertigt. Der Exportertrag liegt bei etwa 400 Mio. A$ im Jahr.

In der Elektroindustrie wird heute ein wesentlicher Teil des inländischen Bedarfs produziert: vom E-Motor über Transformator bis zum Kabel und Schalter und Relais. Die elektronische Industrie erzeugt Telefone, Sender, Empfänger und Kleincomputer nicht nur für Haushalt und Unterhaltung, sondern auch für die Telefonkonzerne, Radio- und TV-Betreiber, andere öffentliche und private Nutzer und das Militär. Hier sind 60 000 Menschen beschäftigt.

In der Informationstechnologie, die 200 000 Arbeitskräfte beschäftigt, erreicht der Umsatz stolze 23 Mrd. A$ pro Jahr. Hier ist ein besonders schnelles Wachstum zu verzeichnen.

Die chemische Industrie stellt viele Zwischen- und Endprodukte her, darunter Agrarchemikalien (Spritz- und Düngemittel), Farben, Kunststoffe, Lösungsmittel und Pharmaprodukte. Hierfür werden sowohl einheimische als auch eingeführte Rohstoffe verwendet. 115 000 Beschäftigte erzielen in dieser Branche einen Jahresumsatz von 25 Mrd. A$. Auch hier wird ein deutliches Anwachsen sichtbar: Jedes Jahr steigt der Umsatz um knapp 13 Prozent.

Man sollte es nicht glauben, aber die Nahrungsmittelindustrie ist mit 175 000 Beschäftigten und einem Exportwert von 2,3 Mrd. A$ der größte Zweig der Fertigungsindustrie.

Landwirtschaft

Australien ist ein riesiges Land mit einer riesigen Landwirtschaft. Dennoch waren und sind mancherlei Probleme zu überwinden, wenn man diesem größtenteils trockenen Kontinent Erträge abgewinnen will. Die schon immer und in den letzten Jahren zunehmend aufgetretenen Dürreperioden haben den betroffenen Farmern schwere Verluste beigebracht, so dass manche von ihnen aufgeben mussten.

Daran erkennt man die natürlichen Grenzen der Landwirtschaft einerseits und die klimabedingte Überforderung der Landschaft durch den Menschen andererseits. Insofern sind die sich verändernden Klimafaktoren der letzten Jahre nur ein Teilaspekt. Alle wissen, dass es Schafe und Rinder auf dem fünften Kontinent bis vor 200 Jahren nie gegeben hat und diese an die australische Landschaft naturgemäß nicht angepasst sind.

Was das Rindfleisch betrifft, hört man neuerdings Stimmen, die meinen, dass Kängurufleisch ja auch sehr gesund sei. Und Kängurus sind der Natur des Kontinents viel besser angepasst! Aber da gibt es noch eine Menge komischer Vorurteile zu überwinden. Ein weißer Australier isst eben kein Kängurufleisch! Dann dürften wir in Europa ja auch kein Wildfleisch essen – oder? Dies hängt sicherlich mit dem immer noch nicht bereinigten Verhältnis zu den Ureinwohnern zusammen, die sich u. a. von diesem Fleisch ernähren. Kängurufleisch ist übrigens ein ausgezeichnetes Wildfleisch, das man um 1960 auch schon in Europa kaufen konnte.

Trotz alledem – an den australischen Schafen kommt bis jetzt keiner vorbei, denn dieses Land ist immer noch der größte Wollproduzent der Welt. Etwa 70 Prozent aller Wolle kommt von hier, von den 137 Mio. Schafen, die in der Hand von 53 000 Schafzüchtern sind. Die Schafe weiden auf der halben Fläche des Kontinents, der 7,7 Mio. Quadratkilometer groß ist! Da vier Fünftel aller Schafe der Merinorasse angehören, ist australische Wolle von hervorragender Qualität. Fast die gesamte jährliche Wollproduktion wird exportiert, das meiste geht nach China, Japan, Frankreich, Deutschland und Italien.

125 000 landwirtschaftliche Betriebe bewirtschaften eine Fläche von insgesamt 465 Mio. ha, was 60 Prozent der Gesamtfläche sind. Hiervon werden allerdings 90 Prozent in extensiver Weidehaltung genutzt, auf Land in absolutem Naturzustand, kaum für irgendwelche Feldfrüchte kultivierbar. Und weil dieses Land so langen Trockenperioden ausgesetzt ist, kann die Viehdichte nur sehr gering sein: Das führt zu großem Raumbedarf mit Farmgrößen bis hin zur Fläche Belgiens!

Australisches Fleisch wird in über 100 Länder exportiert. Hammel und Lamm gehen vornehmlich in die islamischen Länder, Rind-, Kalb-, Schweinefleisch und Geflügel in andere Teile der Welt.

24 Mio. Rinder haben das Land 1992/93 erneut zum größten Exporteur von Rind- und Kalbfleisch gemacht. Über zwei Drittel davon gehen in die USA und nach Japan.

Der Eigenverbrauch an Fleisch ist der dritthöchste Pro-Kopf-und-Jahr-Verbrauch der Welt: 100 kg! Wenn man sich allerdings in den Supermärkten, Schlachtereien und in den Pubs und Restaurants umschaut und die Preise sieht, wird man sich über den hohen Verbrauch nicht wundern.

In den regenreicheren Gebieten im Südosten des Kontinents nimmt die Milchwirtschaft eine bedeutende Stellung ein. Außer Milch findet man eine ganze Palette der auch bei uns bekannten Molkereiprodukte zu günstigen Preisen. Die Jahresproduktion von Milch liegt bei 7,3 Mrd. Litern.

Auch die Feldfrüchte sind ein wichtiger Produktionsfaktor in der australischen Landwirtschaft. Hier steht der Weizen mengenmäßig mit 15,5 Mio. Tonnen auf 9,1 Mio. ha Anbaufläche an erster Stelle. In einem Gebiet von über 4000 km Länge betreiben 45 000 hochmechanisierte landwirtschaftliche Betriebe den Anbau dieser Getreideart. Hauptexportländer sind Japan, Korea, China, Indien und Ägypten.

Außerdem werden Zuckerrohr, Baumwolle, Hafer, Gerste, Reis, Erbsen und anderes erzeugt. Unter den Obstsorten seien nur Äpfel, Birnen und Zitrusfrüchte sowie Ananas, Pfirsich, Mango und andere hauptsächlich in Dosen konfektionierte Früchte genannt. Ein Besuch auf einem Südfrüchtebetrieb (beispielsweise »Big Pineapple« nördlich Brisbane) lohnt sich. Sie werden sich nicht sattsehen (und -essen) können.

Interessant fanden wir, dass man in Australien in den großen Supermärkten vielerorts frisch gepressten Orangensaft offen oder auch in fertig verschlossenen Flaschen kaufen kann. Alle Flaschen riesig groß und der Inhalt mit den Fasern des Fruchtfleisches versetzt. Dieser Saft muss schnell verbraucht werden, schmeckt aber vorzüglich.

Vergessen wir den australischen Wein nicht, besser gesagt: die australischen Weine. Es gibt vom leichten Weißen bis zum schweren Süßen alle Sorten, die das Herz und der Gaumen begehren. Die australische Sonne macht's möglich, dass hier so gut wie alles und mit hervorragender Qualität wächst. Nicht zuletzt wegen des Klimavorteils haben die ersten deutschen Einwanderer im vorigen Jahrhundert im Barossatal (Adelaide, S.A.) mit dem Weinbau begonnen. Bis heute setzt sich diese Tradition mit steigendem Erfolg fort. Auch in NSW ist ein bekanntes Weinbaugebiet zu nennen, das Hunter Valley.

Für Investoren ist Wein eine gute Möglichkeit, in Australien Gewinne zu machen oder ein Geschäft zu gründen. Allerdings ist Fachkenntnis Voraussetzung. Sie sollten bei uns zu Hause mal ein Auge auf Geschäfte werfen, die australische Weine importieren. Man kann sie aber auch bei speziellen Versandgeschäften bekommen.

Der Absatz australischer Weine im Ausland steigt deutlich an, was die Zahlen von 1989/90 (42 Mio. Liter) und 1992/93 (97 Mio. Liter) bezeugen. Hauptexportländer sind Großbritannien, Schweden, USA, Neuseeland, Kanada und Japan.

Die Fischerei schließlich erbrachte Fische und Schalentiere einschließlich Perlen 1992/93 im Wert von 1,3 Mrd. A$. Davon ging Fisch im Wert von 1 Mrd. A$ in den Export, in erster Linie nach USA und Japan. Ein wegen seiner Schmackhaftigkeit weltweit beliebter Fisch ist dabei der Tunfisch.

2.19 Wissenschaft und Technik

Wie in jedem anderen entwickelten Land auch, betätigen sich in Australien Forschung und Wissenschaft in den verschiedensten Bereichen. Schwerpunktmäßig arbeiten australische Wissenschaftler und Technologen auf den Gebieten der Landwirtschaft, des Bergbaus, der Fertigungstechnik, der Medizin und Medizintechnik, der alternativen Energien und der Informationsverarbeitung.

Innerhalb der von der australischen Bundesregierung finanzierten Forschungsinstitute nehmen die CSIRO, die ANSTO (Atomtechnologie), das Institut für Meereswissenschaften und die Organisation für Wehrwissenschaft und Wehrtechnik die bedeutendsten Plätze ein. Es werden auch Bundesmittel für Forschung an Hochschulinstitute, andere private Einrichtungen und die Industrie vergeben.

Die CSIRO, eine Organisation für Wissenschaft und Forschung in der Industrie, ist die größte unter den genannten. Ihre Projekte sind im Agrarbereich, in der Produktionstechnik, im Kommunikationswesen, in der Informationsverarbeitung, in Umweltschutz, Bergbau, Energie und Bauwesen angesiedelt. Mehr als 5500 CSIRO-Mitarbeiter sind in über 70 Labors tätig.

Seit 1985 existiert auch eine gemeinnützig arbeitende Kommission für die Zukunft, die sich mit den wirtschaftlichen und sozialen Folgen des raschen technischen Wandels befasst.

Für den Bereich der Raumfahrttechnik ist die ASO (»Australian Space Organisation«) tätig. Im Bereich der Astronomie stellen das Lichtteleskop in Siding Springs Mountain (NSW) mit seinem 3,9-m-Spiegel sowie das 64-m-Radioteleskop bei Parkes (NSW) die wichtigsten Großgeräte zur Himmelsbeobachtung dar.

Auch auf dem australischen Antarktis-Territorium werden wissenschaftliche Arbeiten durchgeführt.

Melbourne ist eines der drei großen Wetterbeobachtungszentren der Weltorganisation für Meteorologie. Die beiden anderen stehen in Washington und in Moskau.

2.20 Die Ureinwohner

Schwarz-weißer Zusammenstoß

Wie die meisten von Ihnen wissen werden, war der australische Kontinent, bevor er durch die spektakulären Entdeckungsfahrten des englischen Leutnants und späteren Kapitäns zur See James Cook in den Blickpunkt der Weltöffentlichkeit geriet, bereits besiedelt: Eine dunkelhäutige, dem überwiegend trockenheißen Klima angepasste Menschenrasse bildete seit etwa 20 000 bis 50 000 Jahren in etwa 600 verschiedenen Stämmen mit jeweils eigenem sprachlichen Dialekt eine Gesamtbevölkerung von mehr als einer halben Million Menschen.

Durch den Kontakt mit den frühen Einwanderern gerieten diese Schwarzen seit Ende des 18. Jahrhunderts nicht nur in starke Bedrängnis, sondern wurden infolge der eingeschleppten schlimmen Krankheiten wie TBC, Keuchhusten, Pocken, Syphilis und andere um 90 Prozent dezimiert. Nur durch Rückzug und Flucht vor den rücksichtslosen weißen Siedlern in das lebensfeindliche Innere des Kontinents gelang den restlichen 50 000 das Überleben. Auf Tasmanien wurde die Urbevölkerung durch verbrecherische Menschenjagden gänzlich vernichtet; hier lebte damals noch die Bevölkerungsgruppe der »Tasmanoiden« mit negroider Erscheinungsform.

Spätere Versuche, die Ureinwohner in bestimmten Gebieten zusammenzufassen, um sie dort einer Umerziehung und Umgewöhnung an die westliche Kultur zu unterziehen, waren letztlich zum Scheitern verurteilt, denn es war unmöglich, Stämme mit ganz verschiedenen Sprachen aus ganz verschiedenen Regionen an einem Platz zusammenzuzwingen. Daraus entstand nichts Positives, dagegen viel unnötiges Leid – Kämpfe der Schwarzen untereinander und Alkoholismus.

In bestimmten Bundesstaaten wurde das Problem der Umerziehung dadurch angegangen, dass man den schwarzen Familien einfach die Kinder wegnahm und sie in Internate steckte, sie einzeln oder familienweise in einer Missionsstation wie zum Beispiel Hermannsburg aufwachsen ließ oder sie zwangsadoptierte.

Die Weißen der damaligen Zeit versuchten mit allen Mitteln, ihren dunkelhäutigen »Konkurrenten« Identität, Sprache und Kultur zu rauben. Und wahrscheinlich handelten sie nicht einmal in böser Absicht, sondern waren nur uninformiert.

War es die Angst vor den dunkelhäutigen Menschen, nur weil man die Bedeutung ihrer Sitten nicht erkannte, nichts Rechtes über sie wusste?

Um eine mögliche Antwort zu bekommen, brauchen wir nur einen Blick auf das Verhalten der Europäer in den letzten Jahrhunderten zu werfen – und schon erfahren wir, wie diese untereinander mit Vertretern ihrer eigenen Rasse umgingen, wie sie sich durch Eroberung das verschafften, was sie meinten, sich verschaffen zu müssen. Es herrschte Krieg nach außen und nach innen. Zwang, Intoleranz, Verfolgung, Mord, Ausbeutung und Unterdrückung breitester Bevölkerungsschichten durch eine besitzende, sich selbst adelnde Oberschicht mit dem Segen der sogenannten christlichen Kirche waren das Normalste von der Welt!

Was Wunder, dass die Opfer dieses Systems – die englischen Sträflinge – diese selbst erfahrene Ungerechtigkeit an den relativ wehrlosen Ureinwohnern ausließen, wobei sie auch noch ihre ehemaligen Bewacher an ihrer Seite hatten. Man hatte nützliche Idioten gefunden, an denen man seine Wut auslassen konnte, die einem bei der Planung des neuen Paradieses auf dem gerade entdeckten Kontinent im Wege waren, die eventuell eine Gefahr für die mitgebrachte Kultur darstellten. So einfach könnte das gewesen sein. Wir sind nach so langer Zeit weitgehend auf Vermutungen angewiesen, wenn wir nach den wahren Motiven suchen.

Dies als Beitrag zum Verständnis der inzwischen historischen, dennoch aber immer noch aktuellen Ereignisse, denn noch heute gibt es nicht nur bei uns, sondern auch in Australien Rassismus und Diskriminierung. Es sind inzwischen auch neue Sündenböcke hinzugekommen. Wie man der Presse (*Australien Kurier* 9/95) entnehmen kann, haben diese Fehlentwicklungen sogar steigende Tendenz.

Sie sehen, was die Weißen aus Australien machten, ist zwar ein »lucky« (materielle Ausbeutung), nicht aber ein »happy« (Zufriedenheit, Glück) »country«, keine Ausnahme also auf unserem Erdenrund, und das war es auch nie.

Dass Australien aber der älteste Erdteil und seine Bewohner damit möglicherweise die älteste Rasse der Welt sind, sollte uns heutigen Spätgeborenen schon zu denken geben, wenn wir nach dem richtigen Umgang mit diesen »Uralt«-Menschen fragen.

»Aborigines« oder »Aboriginals«, wie sie genannt werden, bedeutet nichts anderes als »diejenigen, die vom Original abstammen«, die

Abkömmlinge der Echten also. Dagegen sind wir dann wohl nur nach-gemachte Zeitgenossen – oder?

Neuer Umgang mit den Aborigines

Zum Glück haben sich die Zeiten geändert, denn mehr und mehr setzt sich auch in Australien ein neues Denken durch, wenn es um Aner-kennung alter Rechte geht. Dass moderne Aborigines dabei durchaus auch geschäftstüchtig denken, wenn sie Gebiete zurückhaben wollen, ist ein Zug der Zeit: Sie haben sich weißem Denken angepasst. Das wollten die Weißen doch immer, oder nicht? Die Sache wird nun zunehmend komplizierter. Gewissermaßen die späte Rache fürs angetane Unrecht.

Seit Beginn des 20. Jahrhunderts steigt die Ziffer der Ureinwohner, auch »Aborigines« genannt, wieder an und hatte 1991 laut *Australian Yearbook* von 1995 eine Zahl von rund 265 000 erreicht. Hierin sind die sogenannten »Torres Strait Islanders« (Bewohner einiger kleiner Inseln der Torres-Straße nördlich von Australien) sowie die Mischlinge mitge-zählt. Im Jahre 1976 waren es noch 161 000 gewesen.

Die Reinrassigen unter ihnen werden auf 60 000 geschätzt. Die Ge-burtenrate ist sehr hoch, so dass mit einer weiteren starken Zunahme gerechnet werden kann. Auch scheinen diese Menschen jetzt gegen bestimmte Krankheiten eine gewisse Widerstandskraft entwickelt zu haben. Man rechnet mit 300 000 Aborigines im Jahre 2000.

Unter den Aborigines ihrerseits war schon in den 60er Jahren gewis-sermaßen als Fortsetzung der »Jinimin- (Jesus-Christus-) Bewegung« eine »Landrights-Bewegung« entstanden, die das Ziel der Rückgabe von Land verfolgte. Black Power also auch in Australien.

Erst die 70er Jahre des 20. Jahrhunderts brachten einen Umschwung in der Aboriginalpolitik: Die damalige Regierung machte offiziell Schluss mit der Diskriminierung und Ausgrenzung der Schwarzen und setzte 1973 unter Premierminister Gough Whitlam die »Aboriginals Landrights Commission« ein. Diese erarbeitete ein entsprechendes Gesetz, das erst 1976 unter der Regierung Frazer in Kraft trat und sich lediglich auf Ansprüche nach Landrückgabe im Northern Territory bezog.

Erst die Regierung Bob Hawke machte Anfang der 80er Jahre ent-scheidende Schritte in Richtung Gleichberechtigung. Rechtliche Gleichstellung, gleichberechtigte Teilnahme an der Bildung und die Zu-rückgabe großer Gebiete australischen Bodens an die Urbevölkerung waren nun nicht mehr nur Schlagworte. Infolge dieser Entwicklung ent-standen mehr und mehr Reservatsflächen, die heute rund ein Zehntel der Landfläche Australiens ausmachen und in schwarzer Selbstverwaltung geführt werden.

Konflikte tauchen immer dann auf, wenn auf den zurückgegebenen Gebieten wertvolle Rohstoffe lagern, die die Weißen gern selbst ausbeuten würden. Häufig stößt dies auf Tabu-Vorschriften der Eingeborenen, die ihr Land als heiliges Wesen verehren.

In vielen Reservaten herrscht strengstes Alkoholverbot, obwohl die eingeborene Bevölkerung dort heute mehr oder weniger nach westlichem Stil lebt: Autos, Fernseher, Kühlschränke, Coca-Cola findet man auch dort.

Wer als Weißer ein Reservat besuchen will, muss vorher um Genehmigung bei der »Aboriginals Community« nachsuchen.

Beispiele

Es gibt heute eine ganze Reihe von Beispielen für Aborigines, besonders Mischlinge, die sich westlicher Bildung und Kultur ausgesetzt haben, und dies ganz absichtlich. Einige von ihnen haben studiert und sich in politische Funktionen wählen lassen, andere sind auf verschiedenen gesellschaftlichen Sektoren wie in Musik, Kunst, Literatur und Sport bekannt geworden. Wir nennen hier nur die Namen einiger sehr bekannter unter ihnen:

- Sir Douglas Ralph Nicholls, Priester und Politiker
- Pat Dodson, Politiker
- Archie Roach, Popsänger
- Ellen Jose, Malerin
- Albert Namatjira, Maler
- Otto Pererultja, Maler
- Kath Walker, Roman-Autorin
- David Ritchie Sands, Boxer
- Evonne Fay Goolagong, Tennisspielerin
- Die Aborigines-Musikbands »Yothu Yindi« und »Gondwana Land«

Aborigines besitzen inzwischen auch eigene Touristikunternehmen, Hotels und Radio-/TV-Stationen.

Die wichtigsten »Aboriginals Reserves« oder »Lands« sind:
- Pitjantjatjara Abo Land (SA)
- Maralinga Tjarutja Abo Land (SA)
- Petermann Abo Land (NT)
- Arnhem Land (NT)
- Cape York (diverse Abo Lands, Qld.)

Bitte Vorsicht beim Fotografieren: Das Gebot der Höflichkeit verlangt, den oder die Betreffenden vorher um Erlaubnis zu fragen! Außerdem kann es sonst Ärger geben.

Aborigines in Großstädten

In Großstädten werden Sie hin und wieder, zum Teil auch in der Nähe von Parkanlagen, auf mehr oder weniger betrunkene Aborigines treffen. Der Unterschied zu den weißen Betrunkenen liegt darin, dass diese am Tage draußen meist nicht sichtbar sind, da sie sich in Kneipen oder zu Hause aufhalten. Schwarze sind in Kneipen immer noch nicht gern gesehen. Und sie lieben es eben, sich draußen aufzuhalten. Außerdem kaufen sie ihren Alkohol billiger im Supermarkt ein.

Wir erlebten anlässlich unseres Australienaufenthaltes 1995 einen recht fröhlichen, geschäftstüchtigen Schwarzen, der in Sydney am Circular Quay (Fährhafen) wenig bekleidet am Boden sitzend für seine Rasse warb, indem er die Passanten ermunterte, ihn zu fotografieren, mit ihm auf dem »Didgeridoo« (Heulrohr) zu spielen oder ihn mit Klangstäben zu begleiten. Spenden seien willkommen, wie er – ironisch – betonte, auch Kreditkarten jeder Herkunft. Er empfing die Umstehenden mit »Welcome to my country, sit down and play with me.«

In der Unterhaltung kam heraus, dass er gut über die historischen und politischen Verhältnisse Bescheid wusste und keineswegs einen Minderwertigkeitskomplex besaß. Warum auch? Es ging lustig bei ihm zu. Als ein jüngerer Mann neben ihm Platz nahm und das Didgeridoo aus Verlegenheit wie ein Fernrohr vor sein Auge hielt, ging unser dunkelhäutiger Spaßmacher voll darauf ein, nahm das Instrument, hielt es ebenfalls vors Auge und sagte trocken: »Look here, Captain Cook's telescope!« Ein Heiterkeitserfolg!

Dieses Erlebnis mag beleuchten, wie es zur Zeit mit den Ureinwohnern in Australien bestellt ist. Sie haben die Zeichen der Zeit erkannt und setzen voll auf Selbstbewusstsein, drehen den Spieß sogar mal um und nehmen die weiße Gesellschaft aufs Korn.

Man soll aber nicht übersehen, dass es in den Großstädten noch viel Leid dieser Bevölkerungsgruppe gibt. Mit Sozialarbeit wird versucht, dem entgegenzuwirken. Es sind noch sehr viele Fehlurteile in der weißen Gesellschaft vorhanden, wie: »Die sind doch zu faul zum Arbeiten, saufen lieber den ganzen Tag herum« und ähnliches. Warum sie dies tun, darüber scheinen manche nur wenig nachzudenken. Bevor diese schlimmen Meinungen nicht verschwunden sind, kann auch die beste Regierungspolitik an den Schwarzen nicht viel gut machen.

2.21 Die neue Rolle der Frau

Historische Wurzeln der Frauenbewegung

Die ersten Schritte auf dem langen australischen Weg zur Gleichberechtigung von Frau und Mann gingen Frauen wie Edna Ryan, die in der Labor Party zunächst für die Rechte ihrer männlichen Kollegen eintrat, weil die Anfang unseres Jahrhunderts drängendsten politischen Fragen alle Mitglieder der armen Schichten betrafen und Frauenfragen damals noch nicht im Vordergrund standen. In ihren späten Jahren setzte sie sich zusammen mit ihrer Tochter Susan dann aber energisch für Frauenrechte ein.

Für die Pionierfrauen der frühen Siedlerjahre waren der Zusammenhalt der Familie, die Arbeit in Haus und Hof, das Kinderkriegen und Kindergroßziehen, die Krankenpflege und vieles mehr selbstverständliche – quasi naturgegebene – Pflichten als Helferin des Mannes, wie Dame Mary Gilmore es in einem Gedicht gefühlvoll beschrieb.

Erst die zunehmend spezialisierte Arbeitsteilung mit ihrem Bedarf an qualifiziert ausgebildeten Fachkräften machte eine Mitarbeit der Frauen auf dem Berufssektor wünschenswert und oft sogar zwingend. Das erforderte aber auch bessere Ausbildungsmöglichkeiten für Mädchen und Frauen. Und daraus resultierte allmählich das Selbstverständnis der modernen Frau, das nur durch Bildung zu erreichen ist – die ungebildete weiß ja nicht, dass es ihr schlecht geht. Dieser Prozess ist seit vielen Jahrzehnten im Gange und bis heute nicht zum Abschluss gekommen. Bei Germaine Greer, die Ende der 60er Jahre mit ihrem Buch »The Femal Eunuch« eine Art Bestandsaufnahme der Gleichberechtigung machte, kann man von den Rückschlägen dieser Entwicklung lesen.

Erst 1972 kam mit der neugewählten Labour-Regierung der offizielle Umschwung in Gang. Die Regierung nahm von den Nöten der Frauen in der australischen Gesellschaft Kenntnis, und es entstand die »Women's Electoral Lobby« (WEL), eine Interessengemeinschaft für die Wahl von Frauen. Doch schon 1921 war es in Westaustralien einer Frau geglückt, ins Parlament gewählt zu werden.

Eine Untersuchung der »Königlichen Kommission für menschliche Beziehungen« fand 1973 heraus, dass Frauen in sehr vielen gesellschaftlichen Bereichen diskriminiert werden – sei es absichtlich, sei es unbewusst. Mögliche Ursache dafür sei die Geschichte des Landes, in der nur die Kameradschaft hartgesottener Kerle (»blokes«) den Fortbestand der Siedlergruppen garantierte. Aus dieser Zeit stammt ja auch der Ausdruck »mate«, der zunächst soviel hieß wie »Kamerad, Genosse«, dann aber auch die Bedeutung »Gatte oder Gattin, Gefährtin« bekam.

1977 kam das »Office of Women Affairs«, eine Stelle, die alle zur Verabschiedung anstehenden Gesetze und Verordnungen auf ihre »Frauenverträglichkeit« prüft, ein Jahr später das »Women's Advisory Council«, das die Regierung in allen die Frauen betreffenden Fragen berät.

Neue Wege

Vergleichen wir die Grundsätze, Gesetze und Verordnungen über die Gleichstellung der australischen Frau mit der Realität, so wird – ähnlich wie beim Aboriginesproblem – deutlich, dass es eine große Kluft zwischen Theorie und Praxis gibt. Ganz offiziell bildet Australien eine Gesellschaft, in der die Frauen – den Gesetzen nach – nicht diskriminiert werden. Zum Beispiel darf es am Arbeitsplatz keine Ungleichbehandlung geben, was bestimmte Posten oder die Bezahlung betrifft. Schon 1958 kam das Gesetz über gleichen Lohn für Frauen heraus. Auch sexuelle Belästigungen am Arbeitsplatz sind – natürlich – strafbare Handlungen.

Aufgrund dieser neuen Definition der Rechte der Frauen durch den Gesetzgeber haben viele von ihnen den Weg zu Ämtern und Funktionen gefunden, die ihnen früher verwehrt gewesen wären. Dennoch ist dies nicht selbstverständliche Praxis in der Privatwirtschaft.

Während die Behörden keinerlei Unterschied nach Geschlecht, Rasse oder Religion bei der Besetzung neuer Stellen machen dürfen, hat der private Wirtschaftssektor hier einen großen Nachholbedarf. Nur ein Teil der Unternehmen bietet »equal opportunity positions« an.

Mittlerweile gibt es in der Bundeshauptstadt ein »Equal Employment Opportunity Board« (Behörde für gleiche Beschäftigungschancen). Für berufstätige Frauen wird zunehmend mehr getan. Die Tatsache, dass sie – wenn sie Kinder haben – für diese ab einem gewissen Alter eine Unterbringung außer Haus benötigen, machte die Schaffung von »Early Childhood Day Care Centres« (Kinderkrippen) erforderlich, die an vielen Orten eingerichtet wurden: Sie betreuen Kleinkinder gewöhnlich schon ab einem Alter von 18 Monaten, so dass die Mütter wieder halb- oder ganztags ihren Berufen nachgehen können. Seit den 70er Jahren wurden auch verstärkt Kindergärten eingerichtet.

Dennoch beurteilen einige Kenner der Szene die Lage heute so, dass die Kluft zwischen Frauen und Männern größer geworden ist. Moderne Verhütungsmittel und berufliche Selbständigkeit haben die Geschlechtspartner auseinandergerückt. Homosexualität auf beiden Seiten wird von manchen als Folge dieses Prozesses angesehen. Wenn dies so ist, wäre es bedauerlich. Vielleicht schaffen es Mann und Frau auf einem anderen Level ihres Selbstverständnisses, wieder aufeinander zuzugehen und dem Begriff Familie einen neuen Sinn zu geben, der letztlich auch den Kindern zugute käme.

Hilfen für Frauen

Natürlich gibt es Wege, einen Haushalt – auch mit Kindern – auf befriedigende Art in Gang zu halten, wenn die Frau berufstätig ist: Babysitter, Haushaltshilfen, Reinemachfrauen (oder -männer!), Gartenpfleger, Wäscherei und Bügelei, Fensterputzer – alles ist zu haben. Allerdings sind diese Dienstleistungen nicht ganz billig. Einige Beispiele, die allerdings keinen Anspruch auf Allgemeingültigkeit erheben, können dies verdeutlichen:

Babysitter	5 –	7 A$/Stunde
Reinigungskraft	10 –	14 A$/Stunde
Rasenmähen	15 –	35 A$/Stunde
Pflegeperson im Haus	70 –	80 A$/Tag
Fensterputzer	50 –	250 A$/Wohnung oder Haus, je nach Größe

Andererseits können Nur-Hausfrauen Hobby- und Bildungsangebote in Tages- oder Abendkursen wahrnehmen, die von verschiedenen Organisationen angeboten werden: Das ist eine ideale Möglichkeit für frisch eingewanderte, nicht berufstätige Frauen, mit der Gesellschaft und der Nachbarschaft in Kontakt zu kommen. Auch können hierdurch erworbene Fähigkeiten später beim Eintritt in eine neue Berufstätigkeit von Vorteil sein – eine zweite berufliche Laufbahn nach dem Kindergroßziehen ist auch für Australierinnen nichts Ungewöhnliches.

Studienwilligen stehen so genannte »Career Reference Centres« zur Verfügung, die in allen Fragen kostenlos beraten. Auch Universitäten und Colleges, zum Beispiel die »TAFEs« (Colleges for Technical and Further Education) bieten diesen kostenlosen Dienst an.

Eine ebenfalls kostenlose Dienstleistung offerieren Eheberatungsstellen oder Sozialarbeiter bei den »Family Courts« (Familiengerichten), wenn Probleme in der Ehe auftauchen sollten. Für Nicht-Englischsprechende stehen auch Übersetzer zur Verfügung.

Für ganz schlimme Fälle existieren auch Frauenhäuser (»Women's Refuges«), die staatlich oder privat finanziert werden, und wo Frauen – auch mit ihren Kindern – eine Zeitlang wohnen können. Wo diese Häuser sind, erfahren Sie im Telefonbuch unter »Department of Community Development«.

»Lifeline« (Telefonseelsorge) ist unter folgenden Nummern anwähl-
bar:

Sydney	07 – 264 2222
Melbourne	03 – 662 1000
Brisbane	07 – 52 7527
Adelaide	05 – 212 3444
Perth (Samaritans)	09 – 391 5555

Da sich Telefonnummern von Zeit zu Zeit ändern können, überprüfen Sie
bitte alle in diesem Buch angegebenen wichtigen Anschlüsse und schreiben sich rechtzeitig, falls nötig, die neuen Nummern so auf, das Sie sie
schnell wiederfinden.

Bei absoluten Notfällen, in denen Leben und Sicherheit unmittelbar
bedroht sind, rufen Sie die Nummer der Polizei – 000 – an.

2.22 Umweltprobleme und Ozonloch

Agrarsektor

Umweltschutz ist in Australien erst seit einigen Jahren zu einem ernstge-
nommenen Begriff geworden. Betrachten wir einmal kurz den Agrar-
sektor. Der richtige Begriff für weite Teile dieses trockenheißen bis feucht-
heißen Landes wäre subtropische oder tropische Landwirtschaft, wenn mal
einmal von den wenigen wirklich gemäßigten Landesteilen absieht.

Statt angepasste Methoden für diesen Klimagürtel anzuwenden, tat
man das, was man auch in Afrika und Südamerika auf gleiche oder ähnliche Weise falsch machte: Man übertrug die Methoden aus der feucht-
kühlen Heimat Mitteleuropas auf den australischen Kontinent – diese
aber könnten allenfalls für Tasmanien gültig sein.

Durch Totalabholzung und starke Düngung entstanden Oberflächen-
versalzungen, die die Grundwasserverwertung unmöglich machen. In
Westaustralien entstanden durch Abholzung und Kunstdüngereintrag im
Gebiet um Tammin große Salzseen, wo einst weite Getreidefelder ein
riesiges Weizenanbaugebiet bedeckten. Im Zuge dieses Desasters ver-
salzten auch der Swan-River und das umgebende Grundwasser so stark,
dass man damit nicht einmal mehr den Rasen sprengen kann. Hier soll
durch ein teures staatliches Aufforstungsprogramm langfristig Abhilfe
geschaffen werden.

Ursache dafür waren weitflächige Abholzungen, welche die
Oberflächenverdunstung beschleunigen, da der schützende Wald fehlt,
der das Grundwasser nur langsam an die Luft – durch Blattverdunstung

– abgibt. Durch die schnelle Verdunstung aus dem kahlen Boden heraus werden im Boden lagernde natürliche Salze sowie Kunstdünger rapide nach oben gebracht, wo sie zu einer regelrechten Kruste erstarren und die feinen Poren des Bodens verbacken: Dadurch wird jede weitere Nutzung unmöglich.

Überweidung hat in weiten Teilen des Landes zur Bodenerosion geführt, weil der total abgefressene, fruchtbare Oberboden sich durch Wind und Wasser vom Untergrund löst und schließlich mit dem Regen und den Winden ins Meer getragen wird. So schaut vielerorts das nackte Untergrundgestein oder der kahle Lehmboden hervor. Schafe fressen eben fast alles, was sie finden. Gut für die Wolle und den Farmer – übel für die Böden.

Heute erkennt man: Australische Böden verlangen eine andere Behandlung, denn das Klima ist hier anders als in Europa. Gegenmaßnahmen sind sehr langwierig und kostspielig, und man ist vor allem auf die Mithilfe der Farmer angewiesen, von denen viele leider immer noch die schlechten alten Pioniergewohnheiten besitzen, abzuholzen oder abzuknallen (Känguruhs), was im Wege ist und scheinbar eine Konkurrenz darstellt.

Regenwälder

Das Beispiel Tasmanien zeigt die erfolgreiche Verteidigung von Urlandschaften gegen einseitiges, verantwortungsloses Profitdenken von Industrieunternehmen. Die »Wilderness Society« organisierte Anfang der 80er Jahre einen Umweltschützerprotest auf breitester Front, als es darum ging, dass im Westen der Insel sechs neue Staudämme zur Elektrizitätserzeugung (und nachfolgenden Industrialisierung) an den Flüssen Gordon und Franklin gebaut werden sollten. Und noch dazu in einem Gebiet, das schon zum Weltnaturerbe erklärt worden war. Am Ende dieser gewaltigen Aktion, bei der auch Umweltaktivisten vom Festland herüberkamen und manche sogar ins Gefängnis mussten, hatte die gesamte australische Nation einen Sieg für die Umwelt errungen: 1983 hatte der High Court das Projekt endgültig gestoppt.

Es ist kein Geheimnis, dass in den noch verbliebenen Resten der einst riesigen Regenwälder der Great Dividing Range an der Ostküste immer noch wertvolle Eukalyptusbäume geschlagen werden, um daraus Papier oder Essstäbchen – also Wegwerfartikel vor allem für das fernöstliche Asien – herzustellen: ein trauriger Tatbestand. Pläne, diese Hölzer in Eukalyptusplantagen farmmäßig zu produzieren, um damit den Naturwald zu schonen, sind keine echte Alternative, da sie zu neuen ökologischen Problemen führen.

Ähnliche Auseinandersetzungen gab es vor einigen Jahren um die größte Sandinsel der Welt, Frazer Island, eine herrliche Urwaldinsel mit riesigen Dünen, nordöstlich von Brisbane gelegen. Auch hier errang der Naturschutz einen Sieg über die industrielle Nutzung.

Beklagt wird von Teilen der ortsansässigen Bevölkerung dabei, dass durch diese Umweltaktionen viele Arbeitsplätze nicht geschaffen wurden, weil Industrieanlagen nicht gebaut wurden. Das ist aber sicher zu kleinräumig gedacht – wenn auch verständlich. Sanfter, also richtig geführter Tourismus ist sicher eine ebenso gute, wenn nicht bessere, weil langfristigere Einnahmequelle. In der Tat steigt die Zahl der Tasmanientouristen von Jahr zu Jahr stetig an. Helfen auch Sie dabei mit?

Großstädte

Ein weiteres, wenn auch kleinräumiges Problem tut sich im Bereich der Metropolen der Ostküste auf, wo bei windstillem Wetter durch Auto- und Kaminabgase die Bildung von Smog durchaus vorkommt. Katalysatoren sind noch nicht eingeführt, und rauchige Kaminheizungen tun ein übriges.

Wasserverschmutzung ist ebenfalls kein Fremdwort in Australien. Der Swan-River wurde schon genannt, aber auch der Yarra (Melbourne), der Hawkesbury River bei Sydney und der Brisbane River gerieten wegen Bade- und Angelverbots in die Schlagzeilen. Die Verschmutzungen rühren von Düngerauswaschungen der umgebenden Landwirtschaft her, auf Grund derer sich bestimmte giftige Blaualgen (Cyanophyceen) bei entsprechender jahreszeitlicher Wärme und niedrigem Wasserstand explosionsartig vermehren und das Wasser vergiften.

Aus veralteten und überlasteten Kläranlagen quellen Reste neuzeitlicher Körperpflege sowie falsch entsorgte Kondome, Tampons und dergleichen und verschmutzen zeitweilig Strände und Meerwasser vor den Großstädten: nicht nur eine Zumutung für die Badenden, sondern auch für Meeresfauna und -flora unerträglich. Für Sydney und Melbourne sind deswegen inzwischen Sanierungsprogramme angelaufen – auch unter Beteiligung deutscher Technologie.

Auf die Kaninchenplage soll hier nur kurz eingegangen werden. Sie ist aber ein Beispiel dafür, wie gefährlich die Einführung einer fremden Tierart in einen eigenständigen ökologischen Raum sein kann.

Als jagdbare Wildart wurden die Kaninchen um die Mitte des 19. Jahrhunderts von einem Engländer in Australien ausgesetzt. Durch die guten Lebensbedingungen und die bekannt schnelle Fortpflanzung bei Abwesenheit von Feinden – der Dingo stellte zahlen- und raummäßig keine ernste Bedrohung dar – erreichten diese Tiere innerhalb weniger

Jahrzehnte eine millionenfache Rekordpopulation auf dem riesigen Kontinent. Da diese Tiere nicht nur Gras und Pflanzen wegfraßen, sondern auch noch den Boden unterhöhlten, sann man auf Abhilfe.

Im Jahre 1950 wurde ein teuflisches Virus entdeckt und an die Tiere gebracht, die sogenannte Myxomatose. Dieses führte zunächst zu dem gewünschten Erfolg: Der Bestand schrumpfte um 90 Prozent. Die Myxomatose aber breitete sich gleichzeitig auch auf dem Rest der Welt aus.

Da sich nach einer gewissen Zeit Resistenz gegen das neue Virus entwickelte, haben die Tiere wieder erstaunlich zugelegt: Sie werden heute auf etwa 100 Mio. geschätzt. Nun soll ein neues Virus her: Das gleiche Spielchen von vorn – nun mit infizierten Flöhen.

Die Frage bleibt: Was ist, wenn auch andere Tiere Australiens von diesem Virus befallen werden? Ist es wirklich so selektiv?

Ein ähnliches Beispiel gibt es im Bereich des Zuckerrohranbaus, wo man sich durch die Einführung einer fremden Krötenart die erfolgreiche Bekämpfung des Zuckerrohrkäfers versprach. Dieser Schuss ging nach hinten los: Die Kröten fraßen die Käfer nicht, wie man sich erhofft hatte. Sie sind aber seitdem ein zusätzliches Problem.

An dieser Stelle sollten wir einmal auf den Sinn der strengen australischen Quarantänebestimmungen hinweisen! Wegen der massenhaften Ausrottung von Tierarten seit den Anfängen der weißen Besiedelung sind heute alle wildlebenden Tierarten Australiens geschützt. Nur für bestimmte Känguruharten gibt es eine jährliche Abschussgenehmigung, da sie eine Konkurrenz für das Weidevieh darstellen.

Die australische Regierung hat mittlerweile eine ganze Reihe von kleinen und großen Nationalparks eingerichtet, in denen nichts beschädigt oder verändert werden darf. Darin befinden sich auch häufig Campingplätze für die erholungssuchende Bevölkerung, was in diesem Land kein Gegensatz zum Naturschutz sein muss, wenn bestimmte Regeln eingehalten werden.

Zum Thema Ozonloch, das im Zusammenhang mit Australien ein beliebtes Thema der Massenmedien ist, wollen wir Ihnen folgende Informationen geben. Tatsache ist, dass sich in den Wintermonaten über der Antarktis alljährlich ein Loch in der schützenden Ozonschicht auftut. Dieses Loch ist von Jahr zu Jahr größer geworden und hat inzwischen riesige Ausmaße angenommen.

Der australische Kontinent liegt jedoch – immer noch – so weit von diesem Loch entfernt, dass er weniger davon bedroht ist als wir in Deutschland von dem inzwischen auch über der Arktis entstandenen Ozonloch. Messungen haben ergeben, dass über Orten wie Hamburg und sogar München ein höhere Rate an Ausdünnung des Ozons gemessen wird, als über Melbourne, Sydney oder Perth. (Quelle: Prof. Dr. Zellner, Institut für physikalische und theoretische Chemie der Universität Essen, dargestellt von Rainer Erler im *Australien Kurier* 3/93).

Das Argument mit der hohen Hautkrebsrate Australiens, das gern mit dem Ozonloch in Verbindung gebracht wird, stellt – nach diesen Messergebnissen – einen falschen Zusammenhang her, denn die Anfälligkeit vieler Australier für Hautkrebs, besonders in Queensland, rührt aus der Tatsache her, dass in Australien – bedingt durch die geographische Breite – eine stärkere Intensität der Sonnenstrahlung herrscht. Dazu kommt eine große Anzahl von Sonnentagen im Jahr. Viele in der Land- und Forstwirtschaft arbeitende Menschen wie auch unbelehrbare Sonnenanbeter am Strand schützen sich leider nicht oder nur unzureichend gegen die schon immer schädlichen UV-A-Strahlen. Dadurch setzten sie sich stets der Gefahr einer Hautkrebserkrankung aus. So sieht die Sache also ganz anders aus.

Um diesem Sonnenleichtsinn vorzubeugen, führt der australische Staat seit einigen Jahren auf Plakaten eine Werbekampagne durch: Da liest man neben einer sonnengeschützten Person zum Beispiel die Aufschrift »Me no fry« – ich lasse mich nicht braten. Lassen Sie sich also von der »Ozonlochkampagne« unserer Medien als Australienfreund nicht irremachen: Das Ozonloch ist eine globale Gefahr – keine spezifisch australische.

2.23 Giftige Tiere

Sowohl Einwanderer als auch Touristen, besonders solche, die sich nicht nur in den Großstädten aufhalten wollen, sollten ein Augenmerk auf die Besonderheiten der australischen Tierwelt richten. Hiermit meinen wir nicht die Beuteltiere, sondern alle giftigen Tiere, die Ihnen gefährlich werden könnten.

Da es sich meist um wechselwarme Tiere handelt, geht in erster Linie in der warmen Jahreszeit eine Gefahr von ihnen aus, da sie sich bei kühlerer Witterung in ihren Schlafverstecken aufhalten. Auch bei giftigen Meerestieren gibt es große saisonale Unterschiede, so dass Strände wegen giftiger Quallen zwar nur zeitweise, dann aber großräumig gesperrt werden.

Keine Angst: Es lauert keineswegs hinter jedem Stein und unter jedem Laubhaufen oder umgekippten Baumstamm eine Gefahr – so schlimm ist es nicht. Aber wer informiert ist, ist eben vorsichtiger. Informationen über giftige Tiere erhalten Sie auch bei den »Poison Information Centers«, deren Anschriften man ganz vorn in den Telefonbüchern findet.

Bei allen Gifteinwirkungen durch Tiere soll sich der Verletzte auf jeden Fall so ruhig wie möglich verhalten, um zu vermeiden, dass durch einen Anstieg des Blutdrucks das Gift auf den ganzen Körper verteilt wird. Wichtig ist auch, sich das Aussehen des jeweiligen Tieres – wenn irgend möglich – zu merken, da der Arzt dann an der Art erkennen kann, welches Gegengift er spritzen muss. Noch besser, man bringt das (inzwischen getötete) Tier selbst mit, was aber sicher oft nicht möglich ist.

Beim Bush Walking also bitte hohe Lederstiefel tragen und bei der Gartenarbeit feste Schuhe und feste Handschuhe.

Spinnen

Als die gefährlichste Spinne der Welt gilt die Trichternetzspinne, besser bekannt unter dem Namen *Sydney Funnel Web*. Wie der Name schon sagt, kommt sie nur in und um Sydney vor, geschätzter Umkreis: 160 km. Von Beinende zu Beinende misst sie etwa 7 cm, der Körper allein etwa 3 cm.

Das Weibchen hat einen größeren Leib als das Männchen. Trotzdem ist das Männchen mehrfach giftiger als das Weibchen. Die Farbe ist entweder glänzend schwarz oder rotbraun, der Körper behaart.

Wenn diese Spinne, die ein trichterförmiges Netz baut, sich gestört fühlt, kann sie sehr aggressiv reagieren und bis zu 50 cm hoch springen, wozu sie sich auf die hinteren Beinpaare stellt. Die ziemlich tiefe Bisswunde ähnelt einem Schlangenbiss. Die umherwandernden Männchen gelangen oft in Häuser oder Zelte, die Weibchen bleiben am Grunde ihres Netzes sitzen.

Muskelzuckungen und Krämpfe, Speichelfluss, Augentränen, Schwitzen, erhöhter Blutdruck und schließlich Bewusstlosigkeit sind die Folgen der Vergiftung. Bei Kindern ist oft nur 90 Minuten Zeit, um sie durch Behandlung zu retten. Gegengift ist allerdings verfügbar – seitdem gibt es keine Todesfälle mehr.

Die *Red-back Spider*, (Rotrückenspinne) ist eine enge Verwandte der Schwarzen Witwe Nordamerikas. Bei einer sehr dunklen Grundfarbe trägt sie einen grellroten Streifen oben auf dem Hinterleib.

Sie ist ziemlich klein, hat nur 2 cm Gesamtlänge, und nur das Weibchen kann wegen seiner langen Beißkiefer gefährlich werden – die Männchen dringen mit ihren Kiefern nicht durch die Haut. Anfangs nur so groß wie ein Mückenstich, entwickelt die Bissstelle innerhalb einer Viertelstunde starke Schmerzen, die nach Stunden weiterwandern und von der Bissstelle her sich ausbreitende Schweißausbrüche auslösen. Später kann Erbrechen folgen. Die Spinne ist nicht aggressiv und beißt erst bei unmittelbarer Berührung. Achten Sie auf dunkle, feuchte Stellen in Schuppen, Garagen und an vermoderndem Holz, wo sich diese Spinnen gern aufhalten.

Gegengift ist verfügbar – seitdem gibt es keine Todesfälle mehr.

Schlangen

An erster Stelle nennen wir die *Fierce Snake* (wilde Schlange), auch »inland taipan« genannt. Sie kommt nur in dem Dreistaateneck vor, das die Staaten Queensland, Northern Territory und South Australia miteinander bilden, bis in den westlichen Teil von New South Wales hinein. Ihre Farbe ist je nach Vorkommen hell- bis dunkelbraun, der Körper etwa zwei Meter, manchmal über zweieinhalb Meter lang.

Die zurückgezogene Lebensweise aller Taipane ist auch dieser Schlange zu eigen. Bei Reizung oder Störung wird sie jedoch angriffslustig und spritzt mit ihrem Biss das weltweit stärkste Gift aller Landschlangen in sein Opfer. Gegengift ist verfügbar und muss so schnell wie möglich angewendet werden, sonst ist der Biss tödlich.

Die *Brown Snake* kommt in ganz Australien vor und hat das zweitstärkste Gift unter den Landschlangen. Sie kann – trotz ihres Namens – auch schwarz oder grau gefärbt sein. Die Durchschnittslänge liegt bei etwa eineinhalb Metern, im Einzelfall beträgt sie bis zu zwei Meter.

Sie ist eine tagaktive Schlange und damit eine Ausnahme unter allen anderen Vertretern ihrer Art. Beim Angriff richtet sie sich S-förmig nach oben und beißt blitzschnell zu. Gegengift ist verfügbar.

Bei der *Taipan* haben wir es mit der drittgiftigsten unter den Landschlangen zu tun. Sie lebt an der tropischen Nordküste des Kontinents. Ihre Färbung reicht je nach Vorkommen von braun bis schwarz. Mit durchschnittlich zweieinhalb bis weit über drei Meter Länge ist sie die größte der australischen Schlangen.

Zunächst reagiert sie bei Störungen mit Flucht, wird aber äußerst aggressiv, wenn sie sich bedrängt fühlt. Mehrmalig aufeinanderfolgendes Zubeißen hat ihr den Ruf der aggressivsten Schlange Australiens eingebracht. Gegengift ist verfügbar – ohne dieses ist der Biss dieser Schlange absolut tödlich.

Die *Tiger Snake* lebt im Südosten und im Südwesten Australiens und somit in den dichtbesiedelten Gebieten: Daher sind die Bisse dieser Schlange die häufigsten. Ihre Farbskala reicht von grün über braun bis schwarz mit Tigermuster, in der Länge rangiert sie um die ein bis höchstens zwei Meter.

Die Giftwirkung ist die viertstärkste der Landschlangen mit Lähmungserscheinungen und mangelnder Blutgerinnung als Folgen. Bei Störung flacht ihr Körper ab. Da sie sich nicht aufrichtet, muss mit einem Biss in die Füße oder Unterschenkel gerechnet werden. Gegengift ist verfügbar, ansonsten muss mit Todesfolge gerechnet werden.

Als letzte Vertreterin der giftigen Landschlangen wollen wir noch die *Death Adder* (Todesnatter) nennen. Bis auf die südöstlichste Ecke Australiens kommt sie auf dem ganzen Kontinent vor. Sie kann braun, grau oder rotbraun gefärbt sein. Querstreifen auf dem Körper, ein deutlich abgesetztes dünnes Schwanzende und ein herzförmiger Kopf sind ihre auffälligen Merkmale.

Im Gegensatz zu den anderen Schlangenarten flüchtet sie bei Störung nicht, sondern verharrt regungslos am Fleck. Dadurch ist die Gefahr, dass man unbemerkt auf sie tritt, besonders groß. Gegengift ist verfügbar, ansonsten liegt die Überlebenschance bei etwa 50 Prozent.

Tipp bei Schlangenbiss:

- Der Betroffene muss (!) sich ruhig verhalten, jede Kreislaufbeschleunigung ist zu vermeiden.
- Bissstelle auf keinen Fall einritzen, um vergiftetes Blut auslaufen zu lassen: So gelangt nämlich noch mehr Gift in den Kreislauf.
- Bissstelle auch nicht aussaugen, die Wunde lediglich mit etwas Wasser säubern.
- Betroffene Gliedmaßen oberhalb der Bissstelle (Armbeuge, Kniebeuge) abbinden.
- Bissstelle, wenn möglich, mit einem Tuch abdecken (desinfizierende Maßnahme).
- Krankenwagen herbeirufen – oder das Krankenhaus (Arzt) über den Vorfall (Umstände) informieren, wenn man den Patienten selbst hinfahren will.

Giftige Wassertiere

Die *Yellow-Bellied Sea Snake* (gelbbäuchige Seeschlange) kommt in allen australischen Küstengewässern außer der Südküste vor. Sie ist etwa 60 bis 80 cm lang, ihre Oberseite ist dunkel, die Unterseite hellbraun-gelblich. Ihr Schwanz, der einer Flosse ähnelt, hat eine hell-dunkle Fleckenzeichnung. Obwohl das Gift dieser Schlange um ein Vielfaches stärker ist als das der Landschlangen, ist die durch die sehr kurzen Giftzähne übertragene Giftmenge wesentlich geringer. Bisse außerhalb der Paarungszeit kommen kaum vor. Gegengift – für alle Seeschlangen gibt es ein Serum – ist verfügbar.

Der *Blue-Ringed Octopus* (Blauringkrake) lebt in allen Küstengewässern des Kontinents. Er zieht sich gern in kleine Höhlen, leere Muschelgehäuse und sogar in Blechdosen zurück und lebt von der Flachwasserzone bis in Tiefen von 50 m. Im Ruhezustand ist seine Färbung gelb-bräunlich mit dunkler Streifung. Wenn er erregt ist, bildet er leuchtendblaue Flecken über dem Grundmuster. Seine Größe beträgt nur etwa 20 cm im Durchmesser – dennoch ist sein Gift enorm stark und kann binnen nur zehn Minuten zur völligen Lähmung eines Menschen führen. Durch Biss mit seinem zentral gelegenen Schnabel erzeugt er eine Wunde, in die das aus Drüsen ausgespritzte Gift gelangt. Aber: Wer ein solches Tiere weder aufhebt noch anfasst, ist auch nicht gefährdet. Denken Sie auf jeden Fall – zum Beispiel beim Tauchen – daran, dass für den Blauringkraken kein Gegengift verfügbar ist!

In allen wärmeren Gewässern Australiens hält sich auch der sogenannte *Stonefish* (Steinfisch) auf, der äußerlich tatsächlich einem Stein gleicht und daher kaum auszumachen ist. Er wird bis knapp einen halben Meter lang und spritzt sein Gift zur Abwehr aus seinen 13 Rückenstacheln, die er dabei aufrichtet – ähnlich den harmlosen Stacheln des Barsches. Unerträgliche Schmerzen und Schäden der Füße und des Herzens sind die Folgen. Ein Gegengift ist vorhanden.

Achten Sie auch auf die *Cone Shells* (Kegelschnecken), wenn Sie tauchen. Die Gehäuse dieser Schnecken sind gepunktet, gefleckt oder gestreift und werden gern in Souvenirläden angeboten. Sie haben unterschiedliche Muster und sind bis zu 12 cm lang. Am Ende ihres langen Fühlers, der aus dem schmalen Ende des Gehäuses herauskommt, sitzt ihr Giftstachel, der ein Gift verspritzt, das innerhalb einer Stunde zum Tode führen kann. Berühren Sie diese Kegelschnecken nicht, denn es gibt bis heute kein Gegengift!

Weiterhin sei die berühmt-berüchtigte *Box Jellyfish* (Kastenqualle) oder auch »sea wasp« (Seewespe) genannt, die in der sommerlichen Regenzeit (Monsun) der nördlichen tropischen Gebiete Australiens mit der Wasserströmung aus den sumpfigen Flussmündungen ins Meer und an die Strände getragen wird. Die Größe entspricht etwa der eines Wein-Kartons (»wine cask«), wobei die Tentakeln (Arme) an den Ecken dieser »Schachtel« entspringen. Die Strände werden in diesen Zeiten von den Behörden großräumig gesperrt – es besteht also Badeverbot, oder es werden zumindest Radiowarnungen ausgegeben.

Aus den sehr beweglichen Tentakeln dieser Quallen werden bei Berührung Millionen winziger Giftpfeile in die menschliche Haut geschossen, die vorher in sogenannten Nesselkapseln geruht haben. Dieser Angriff bewirkt eine Lähmung des Atems (Ersticken!) sowie einen Kreislaufzusammenbruch. Man entdeckte diese Tiere als Ursache tödlicher Badeunfälle erst in den 50er Jahren, als Opfer schreiend aus dem Wasser gelaufen kamen. Der Tod soll bereits nach Minuten eintreten, wird behauptet. Gegengift ist verfügbar.

Hüten Sie sich auch vor Kontakt mit dem *Red Fire Fish* (Rotfeuerfisch), dem *Catfish* (Katzenfisch) und dem *Sting Ray* (Stachelrochen).

Sehen Sie sich auch vor den *Salties* (Salzwasserkrokodilen) der nördlichen Küsten vor, die für Menschen gefährlich sind. Sie werden bis zu sieben Metern lang. Immer wieder werden Menschen von diesen Tieren getötet, weil sie sich falsch verhalten haben. Krokodile sind unberechenbar – und unvermutet schnell –, und besonders jüngere Tiere flüchten häufig nicht bei Annäherung eines Menschen.

Tipps: Beachten Sie also auf jeden Fall die aufgestellten Warntafeln, lagern Sie nicht näher als 50 Meter am Ufer eines Gewässers, lassen Sie keine Fleisch- oder Fischabfälle liegen, und gehen Sie nicht an Nester der Krokodile heran. Auch wenn keine Warntafeln vorhanden sind: lieber nicht baden, wenn man nicht Bescheid weiß.

Dieser Überblick über die giftigsten Tiere Australiens soll Sie, liebe Leser, zu Vorsicht mahnen – aber nicht ängstigen. Auf diese Art werden Sie sicher auch ein gutes Verhältnis zur australischen Tierwelt gewinnen, denn soviel ist sicher: Die meisten Tiere dort sind nicht (!) giftig!

3. Landeskundlicher Überblick

3.1 Lage, Größe und Bevölkerung des Kontinents

Australien liegt vollständig auf der Südhalbkugel. Der nächste Kontinent ist Asien, der zweitnächste die Antarktis (5000 km entfernt). Die Entfernung von Afrika beträgt rund 8000 km, die von Südamerika 15 000 km. Im Westen und Süden grenzt Australien an den Indischen Ozean, im Norden an die Timor- und die Arafura-See, im Osten an den Pazifischen Ozean.

Darwin (NT) liegt auf der geographischen Breite von Lima (etwa 12° südlicher Breite) und Sydney auf der von Kapstadt und Buenos Aires (etwa 34° südlicher Breite). Die äußersten Punkte des Kontinents sind folgendermaßen definiert:

Nördlichster Punkt (Kap York)   10° 41' südlicher Breite
Südlichster Punkt   43° 59' südlicher Breite
(Südostkap Tasmaniens)
Westlichster Punkt (Steep Point)   113° 9' östlicher Länge
Östlichster Punkt (Kap Byron)   153° 3' östlicher Länge

Die größten Entfernungen ergeben sich mit 4100 km in ostwestlicher und mit 3200 km in nordsüdlicher Ausdehnung (Tasmanien eingeschlossen). Die gesamte Küstenlänge beträgt mehr als 36 735 km.

Die errechnete Fläche beläuft sich auf 7 682 300 km≈, was knapp 6 Prozent der Landmasse der Erde ausmacht. 39 Prozent der Landfläche befinden sich in der tropischen Klimazone.

Größenvergleiche:
Australien ist etwa 22-mal so groß wie Deutschland (356 798 km≈) und fast genauso groß wie die USA ohne Alaska (7 704 000 km≈).

Für Juli 2002 wurde die Bevölkerungszahl auf ca. 19.546.792 Personen geschätzt (Quelle: CIA – The World Factbook 2002-Australia, *www.cia.gov/cia/publications/factbook/geos/as.html*). Rund 4,5 Mio. davon sind Einwanderer, darunter etwa 130 000 Deutsche. Die größte Einwanderergruppe kommt aus Großbritannien, Deutschland stand 2002 an 7. Stelle. Der Anteil der Ureinwohner macht ca. 2 % der Gesamtbevölkerung aus und beträgt inzwischen über 400 000.

Der Australier liebt die Nähe zum Meer, was klimatische Vorteile bringt und der Freizeit dient: Mehr als Dreiviertel der Bevölkerung leben nicht weiter als 50 km von der Küste entfernt.

3.2 Die Großlandschaften

Australien ist entwicklungsgeschichtlich einer der ältesten Erdteile, wenn nicht der älteste. Es hat von allen Erdteilen die niedrigste durchschnittliche Höhe über dem Meer, ist also der flachste Kontinent.

Etwa die Hälfte dieses riesigen Tafellandes bildet das westaustralische Plateau. Daran schließen sich östlich das mittelaustralische Tiefland und das ostaustralische Gebirgsland an.

Dieses Gebirgsland wird im wesentlichen vom »Great Dividing Range« (Großen Wasserscheidengebirge) gebildet, das aber keinen einheitlichen Gebirgszug darstellt, sondern in viele kleine Erhebungen, Ketten und Hügelländer zergliedert ist. Der südliche Teil der »Range« wird von den Europäern manchmal auch als »Australische Alpen« bezeichnet, da er sich im Gegensatz zu den nur auf Mittelgebirgshöhe ansteigenden nördlichen Gebirgen auf über 2000 m Höhe (Mount Kosciusko: 2234 m) emporschwingt und auch über einige bedeutende Skigebiete verfügt.

Das westaustralische Plateau liegt in Höhen von 300 bis 400 m über NN und wird von Wüsten und Wüstensteppen geprägt, die aber mit ihren vielen kleinen Erhebungen und Tälern ein – wie man bei klarem Himmel aus dem Flugzeug sehr gut erkennen kann – durchaus abwechslungsreiches Landschaftsrelief bilden. Die wenigen deutlich herausragenden Gebirgsketten in diesem Plateau sind die McDonnell-, die Musgrave- und die Hamersley-Kette mit etwa 1200 bis 1500 m Höhe.

Im mittelaustralischen Tiefland dehnen sich große, abflusslose Beckenlandschaften, in denen sich das aus den nur periodisch wasserführenden Flüssen abfließende Regenwasser in riesigen Salzsümpfen und Salzseen sammelt, da es wegen der tiefen Lage nicht zur Küste abfließen kann. Der größte von ihnen – der Eyre-See – kann in solchen Fällen auf die dreifache Größe des Bodensees anwachsen, aber nach wenigen Wochen bereits wieder verschwunden sein: Zurück bleibt lediglich eine weißliche Salzkruste.

Grundwasser sammelt sich hier überwiegend in unterirdischen, unter Druck stehenden Wasserreservoiren, aus denen es durch Bohrbrunnen gewonnen werden kann (artesische Brunnen). Da es sehr salz- und mineralhaltig ist, eignet es sich meist nicht als Trinkwasser und auch nicht zur Bewässerung – aber durchaus zum Tränken des Viehs: Im Osten und Norden des Kontinents wäre die Schafzucht im heute erreichten Umfang ohne dieses artesische Wasser nicht möglich gewesen.

Darüber hinaus gibt es noch sogenanntes subartesisches Wasser, das – da es nicht unter Druck steht – aus noch tieferen Erdschichten empor gepumpt werden muss. Diese Art der Wasserversorgung erkennt man an den großen Windrädern.

Das einzige Flusssystem von großräumiger Bedeutung ist das Murray-Darling-System, wobei der Darling als Nebenfluss des Murray aus einem nur zeitweise mit Wasser gesegneten Gebiet kommt und in längerfristig regenarmen Wintern austrocknet.

Das ganze Jahr über ausreichend Wasser führen nur der Murray und sein kleiner Bruder, der Murrumbidgee, da sie im Gegensatz zum Darling beide aus den niederschlagsreichen »Australischen Alpen« gespeist werden. Den hier auch entspringenden Snowy River leitete man in den 50er Jahren nach Westen um, um das Murraybecken zusätzlich mit Wasser zu versorgen. Dabei wurden auch die künstlich angelegten Gefällstrecken zur Stromerzeugung genutzt.

Die Flüsse an der Ostküste sind wasserreich und haben großes Gefälle. Im Süden führen sie meist ganzjährig Wasser, im Norden der Ostküste überwiegend in der sommerlichen Regenzeit. Auch die Flüsse an der Nordküste werden durch die sommerlichen Monsunregen gespeist.

3.3 Das Klima

Die klimatischen Verhältnisse Australiens entsprechen denen in Europa genau spiegelbildlich – das betrifft natürlich nicht nur die Jahreszeiten, sondern auch die Klimazonen. Etwas vergröbert lässt sich sagen: Unser Winter ist Australiens Sommer – und umgekehrt. Dies trifft im Wesentlichen für die Temperaturen zu.

Wenn man die Klimagürtel spiegelbildlich auf die Nordhalbkugel übertragen würde, dann läge Melbourne etwa auf der Breite von Athen, Sydney etwa auf der von Casablanca und Darwin auf der von Guinea (Westafrika): Daraus erkennt man leicht, dass sich die australischen Klimazonen zwischen Mittelmeerklima im Süden und tropischem Klima im Norden erstrecken.

Niederschläge
Aufgrund der Asymmetrie unseres Globus und aufgrund von Meeresströmungen und Windsystemen ergeben sich jedoch Abweichungen von den europäischen Verhältnissen. Der Südwesten um Perth und der Südosten um Melbourne sowie auch Tasmanien liegen bereits im Einflussbereich der südlichen Westwindzone mit reichlich Winterregen.

Schnee fällt regelmäßig in den Hochlagen der »australischen Alpen« – den Snowy Mountains (daher der Name) – und oft auch in den höheren Lagen Tasmaniens.

Die Ostküste hingegen unterliegt in ihrer südlichen Hälfte dem Südostpassat mit Winterregen, in ihrer nördlichen Hälfte dagegen dem äquatorialen Nordwestmonsun mit Sommerregen. Diesem Sommermonsun, der sich in den Monaten Januar bis März auswirkt, ist natürlich auch die gesamte Nordküste ausgesetzt. Die Küste von NSW hat den meisten Niederschlag zwischen Januar und Juli. In Victoria und Tasmanien verteilen sich die Niederschläge etwa gleichmäßig über das ganze Jahr, im Winter regnet es etwas mehr als im Sommer. Die Südwestecke von Westaustralien bekommt überwiegend Winterregen (Dezember bis Februar).

Der gesamte Norden Australiens sowie der nördliche Teil der Ostküste liegen im Einzugsbereich tropischer Wirbelstürme, die beträchtliche Schäden anrichten können. Das bisher tragischste Unglück traf die Stadt Darwin, die Weihnachten 1974 fast völlig durch einen Taifun zerstört wurde.

Da sich die vom Passatwind angetriebenen Wolken am östlichen Wasserscheidengebirge abregnen, wehen diese Luftmassen nach Überquerung der Kämme als trockener Föhn über das Landesinnere, heizen sich über den Wüsten und Halbwüsten auf und werden nicht selten zu Sandstürmen.

Insgesamt ist der australische Kontinent – von der durchschnittlichen Niederschlagsmenge her gesehen – der trockenste aller Erdteile: Im Innern des Kontinents und neuerdings auch in den küstennäheren Landesteilen kann es sehr lange Dürreperioden geben, die in erster Linie die dortige Viehzucht gefährden. Auch die Waldbrandgefahr steigt dann enorm: Im Gebiet zwischen Adelaide und Melbourne zum Beispiel wuchsen sich Anfang der 80er Jahre die Buschbrände zu einer regelrechten Flächenbrandkatastrophe aus.

Temperaturen

Als Grundregel kann angesehen werden: Je küstennäher, desto gemäßigter, je mehr innerhalb des Kontinents, desto extremer sind die Temperaturen. Maritimes – also küstennahes Klima – ist wegen des ausgleichenden Faktors des Wassers nicht so hohen Schwankungen unterworfen wie kontinentales Klima – das gilt auch für Australien.

Dennoch gibt es oft Sommertage, an denen auch in Melbourne oder Sydney 40 °C erreicht werden. Längere und häufigere Hitze- und Dürreperioden auch in den gemäßigteren Küstenregionen kommen – bislang untypisch – in den letzten Jahren vermehrt vor.

Es gibt eine Theorie, die diese extremen klimatischen Entwicklungen auf die jahreszeitliche Temperaturveränderung einer pazifischen Meeresströmung zurückführt, die jeweils um die Weihnachtszeit auftritt und deshalb »el niño« – das Kind – genannt wird.

An der Nordküste befinden wir uns in der tropischen Klimaregion, die keine Jahreszeiten, dafür aber eine Trocken- und eine Regenzeit kennt. Die Temperaturen liegen das ganze Jahr um die 30 C°, und die Tag- und Nachtschwankung ist sehr gering.

Je weiter wir nach Süden kommen, desto mehr kommt der jahreszeitliche Temperaturunterschied zum Tragen. In Brisbane kann man im Winter mit etwa 20 °C und im Sommer mit 30 °C und darüber rechnen.

In den Trockengebieten des Inneren herrschen ganz andere Verhältnisse. Im Winter kann hier mal Regen vorkommen, und es wird am Tage 15 bis 20 °C warm. Nachts herrscht Frost. Im Sommer kann es tagsüber bis zu 45 °C heiß werden, während es nachts unter die Nullgradmarke absinkt.

Die gemäßigte bis mediterrane Zone der südwestlichen und südöstlichen Küstengebiete kennt kaum Frost zur Winterszeit, meist steigt die Tagestemperatur bis etwa 10 °C oder noch etwas darüber und bleibt auch nachts noch über Null. Im Sommer aber können auch hier 35 bis 40 °C erreicht werden.

Alle angegebenen Temperaturen unterliegen natürlichen Schwankungen und sind nur als Richtwert zu verstehen: So kann es in Melbourne oder Hobart – ausnahmsweise – im Winter auch mal schneien.

Der Sonnenschein ist für ganz Australien ein bedeutender Wetterfaktor. Auch in den kühleren Gebieten der Südküste scheint die Sonne im Jahresdurchschnitt nicht weniger als fünfeinhalb Stunden am Tag. Perth beispielsweise weist im Durchschnitt acht Stunden Sonne pro Tag auf!

Die Hitze ist ein ernstzunehmender Faktor, an den sich Neueinwanderer erst gewöhnen müssen: Klimaanlagen in Büros und Autos sind kein Luxus, wenn man einen kühlen Kopf bewahren muss.

3.4 Der Pflanzenwuchs

Die abgelegene, ja isolierte Lage des Kontinents hat hier bis heute Pflanzen erhalten, die sonst auf der Welt nicht mehr – oder nur an wenigen Stellen – natürlich vorkommen. Dazu zählt in erster Linie der Eukalyptus, der in Australien »gum tree« genannt wird; es gibt ihn in über 600 Arten. So gibt es »Red Gums«, »White Gums«, »Blue Gums«, »Paper Bark Gums«, »Stringy Bark Gums« und viele andere.

Eine andere große Gruppe sind die »wattle« (Akazien), die noch besser als die Eukalyptusarten an extreme Trockenheit angepasst sind. All diese Arten sind sogenannte Hartlaubgehölze – immergrün und mit einem unauffälligen Blattwechsel.

Sprichwörtlich ist die Unempfindlichkeit der »Gum Trees« gegen Feuer. Buschbrände überstehen sie normalerweise unbeschadet, auch wenn sie äußerlich verkohlt sind und ihr gesamtes Laub abgebrannt ist: Nach wenigen Wochen, besonders schnell nach Regenfällen, sprießen aus den verbliebenen Ästen und Zweigen neue Triebe und Blätter hervor.

Die Samen mancher Arten haben eine so harte Schale, dass sie erst durch ein Buschfeuer »aufgebrannt« werden müssen, um keimen zu können. Es ist nichts Ungewöhnliches, durch einen grünen australischen Wald zu gehen und auch nach Jahren noch rauchgeschwärzte Stämme zu sehen – Erinnerung an den letzten Buschbrand.

Vom Kap York herunter bis in die Gegend von Brisbane zieht sich – wenn auch nur noch in Resten – ein Streifen tropischen Regenwaldes die Hänge der »Great Dividing Range« entlang. Auch im relativ unberührten Westen Tasmaniens kommen noch ähnliche Regenwälder vor. In regenfeuchteren Gebieten trifft man auch die antarktische (Süd-) Buche an.

In den nicht so feuchten Gebieten finden wir die lichteren Eukalyptuswälder mit ihren oft linealgraden, bis auf Höhen von 30 und 40 Meter emporstrebenden Stämmen aus einem Holz, das eine hervorragende Witterungsbeständigkeit besitzt und sich sehr gut als Bauholz für Balken und Dachstühle eignet. Leider wird solches Holz auch zu Dingen wie Essstäbchen verarbeitet, die nach einmaligem Gebrauch weggeworfen werden. An bestimmten Stellen in der Südwest- und der Südostecke des Kontinents gibt es sogar Eukalyptusbaumriesen von 90 Metern Höhe.

Die sich westlich der Gebirgsketten und im Hinterland der Nordküste zum Inneren hin anschließenden Eukalyptussavannen sind nur während und kurz nach der Regenzeit grün – anschließend werden die Gräser hart und gelb, eignen sich aber immer noch als Viehfutter, wenn genügend Wasser bereitgehalten wird.

In den Trockensteppen und Halbwüsten des Innern setzt sich dann die Dornbuschvegetation als allein lebensfähige Pflanzenart durch. Wo bestimmte Eukalyptusbüsche prägend sind, trägt sie den Namen »Mallee-Dornbusch«. Ist dagegen eine Dornakazienart die bestimmende Pflanze, so nennt man sie »Mulga-Dornbusch«. Der Malleebusch kommt überwiegend im Hinterland der gesamten Südküste vor, der Mulgabusch in allen übrigen Trockengebieten. Der in den verdunsteten

Endseen – den Salzpfannen – vorkommende Salzbusch oder Blaubusch wird sogar in der Trockenzeit von Schafen gefressen.

Nach plötzlichen Regenfällen kann sich in Trockengebieten innerhalb weniger Tage ein herrlich bunter Pflanzenteppich aus Wildblumen entwickeln. Dieses Bild trifft man auch in weiten Gebieten Westaustraliens im Frühling an.

4. Die Bundesstaaten im Überblick

Damit Sie sich als zukünftiger Einwanderer einen Eindruck von dem verschaffen können, was Australien zu bieten hat, welche landschaftliche und klimatische Umgebung Sie locken könnte, welche Ecke des weiten Landes und – letztendlich – welchen Wohnort Sie bevorzugen, finden Sie nachstehend eine Reihe von Details, die Ihnen die Bildung eines eigenen Urteils erleichtern.

Ob Sie in Bergbau, Verarbeitungsindustrie, Landwirtschaft, Handel, Handwerk, Medien, Bildungsbereich, Tourismus, Gastronomie, Freizeitsektor oder anderen Sektoren arbeiten und dort Ihre Existenzgrundlage schaffen wollen, das können Sie am besten entscheiden, wenn Sie wissen, wie es in der betreffenden Gegend aussieht, wie man dort lebt, arbeitet und seine Freizeit verbringt, welche Art von Kundschaft man in seinem zukünftigen Geschäft ansprechen könnte, mit welchen Kollegen man in etwa zusammenarbeiten und in welcher sozialen Umgebung man wohnen würde.

Sie sollten deshalb auf Ihren Erkundungsreisen durch den Kontinent oder durch Teile desselben auch die Chance wahrnehmen, auf alle notwendigen Details zu achten, Menschen zu fragen, auf Zeitungsinserate zu schreiben und sich bei Betrieben selbst vorzustellen. Sie sollten auch einmal nach Gewerbeflächen suchen und Geschäftsmöglichkeiten auskundschaften. Damit Sie Ihr kontinentales »Fenster« soweit wie möglich öffnen können, wollen wir Ihnen nun Wissenswertes über die australischen Bundesstaaten näher bringen.

4.1 New South Wales (NSW)

Der Name dieses australischen Bundesstaates stammt – wie einige andere auch – aus den Landschaftsbezeichnungen der Briten: Neu-Südwales. Ein neuentdecktes Stück Land also, im Süden liegend und nach einer englischen Landschaft benannt – eben Wales.

An dieser Stelle des großen Kontinents beginnt die Geschichte des »weißen Australien«, als nämlich Captain Cook 1770 mit seiner *Endeavour* an der Botany Bay (Sydney) das erste Mal vor Anker ging. Der Name der Bucht zeugt vom großen Erstaunen des zu Cooks Männern gehörenden Botanikers Josef Banks und anderer Besatzungsmitglieder, das ihn angesichts der Fülle neuer Pflanzenarten erfüllte.

Mit etwas über 800 000 km≈ ist es mehr als doppelt so groß wie das neue Deutschland – seine Einwohnerzahl liegt aber nur bei 5,7 Mio. Allein 3,6 Mio. davon leben in Groß-Sydney.

Landschaftsmäßig hat NSW vier Hauptgebiete, nämlich:

- die »Coastal Lowlands« (Küstenebene), 30 bis 80 km breit und 1460 km lang
- die »Great Dividing Range« (Tafelland, 500 bis 1200 m über NN) mit den »Snowy Mountains« (bis 2200 m)
- die »Western Slopes« (Westabhänge des Gebirges)
- den »Far West«, das unfruchtbare Flachland des Westens

Da NSW zu den klimatisch gemäßigten Gebieten Australiens zählt, waren die Bedingungen für eine Besiedelung hier schon immer günstig: Sydney als bedeutendste Stadt weist im Winter tagesdurchschnittlich 12 °C, im Sommer 22 °C auf. Temperaturen unter Null garantieren im Winter eine Schneedecke in den Hochlagen des Gebirges.

In NSW werden die meisten Waren von allen australischen Bundesstaaten produziert. Die Eckpfeiler der Wirtschaft sind an erster Stelle der Kohlebergbau vor der Gewinnung von Kupfer, Silber, Blei und Zink, die verarbeitende Industrie (Stahl, Fahrzeugbau, Chemieprodukte, Textilien) und die Landwirtschaft.

Die neben Sydney bedeutendsten Industriezentren sind Wollongong und Newcastle mit ihren großen Stahlwerken und Kohlegruben. Im trockenen Far West ist die Schafhaltung bedeutend, während an den westlichen Abhängen der Bergketten Feldbau durch künstliche Bewässerung ermöglicht wird.

Inmitten der Staatsfläche von NSW befindet sich auch das Hauptstadt-Territorium (ACT = Australian Capital Territory) mit der Bundeshauptstadt Canberra, etwa 300 km westlich Sydney gelegen.

Im Westen Sydneys finden wir die Region der Blue Mountains, ein waldbedecktes Mittelgebirge mit einigen auffälligen Felsformationen und Höhlensystemen. Bekannt sind die »Three Sisters«, eine Felsengruppe bei Katoomba sowie die Jenolan-Tropfsteinhöhlen etwas weiter südlich davon. Der Name »Blue Mountains« stammt vom bläulichen Schimmer verdunsteter Eukalyptusöle, der sich – von Ferne gesehen – an klaren Tagen über den Waldgebieten zeigt.

In der sogenannten »Riverina-Region« des Südwestens entstand durch künstliche Bewässerung ein ausgedehntes landwirtschaftliches Anbaugebiet, in dem zum Beispiel Reis, Wein, Weizen und Obst gedeihen.

Die Grenze zu Victoria im Süden bildet der Murray River, der aus den wasserreichen Bergen gespeist wird und schiffbar ist. Er fließt hier durch fruchtbares Weide- und Ackerland.

Nahe der westlichen Grenze zu Südaustralien befindet sich die berühmte Bergbaustadt Broken Hill, die ihren Namen – »gebrochener Hügel« – nicht zufällig trägt. Auch die einst größte Bergwerksgesellschaft Australiens, die »Broken Hill Proprietory« (BHP), hatte hier ihren Ursprung. Die Stadt ist wohlhabend und verfügt über weite Parks und baumgesäumte Straßen, obwohl sie in einem Trockengebiet liegt. Silber, Zinn und Blei sind die Erze, die hier gefördert werden.

Außerdem befindet sich hier die Zentrale des »Royal Flying Doctor Service«, manchen von Ihnen sicherlich aus der TV-Sendereihe »Die fliegenden Ärzte« bekannt, und diejenige der »School of the Air« (Funkfernschule), die beide weit entfernte Ortschaften und alleinliegende Farmen betreuen.

Der Staat NSW verfügt über 66 Nationalparks, die zu Wandern und Camping einladen. Holzwirtschaft und Bergbau sind hier vollkommen untersagt. Die größten Parks sind der Mt. Kosciusco und der Wollemi mit über 500 000 km≈ Fläche. Wer hier wandern möchte, besorge sich vom »National Parks and Wildlife Service« in 189-193 Kent St, Sydney, die entsprechenden Broschüren und Informationsblätter.

Hier einige Angaben über die Wirtschaft mit Anteilen und Bruttowert:

Verarbeitende Industrie	83 %	51,6 Mrd. A$
Landwirtschaft	11 %	6,8 Mrd. A$
Bergbau	5,7 %	3,7 Mrd. A$
Fischerei	0,3 %	186 Mio. A$

Sydney
Die größte Stadt von NSW ist gleichzeitig auch die größte Australiens. Mit rund 3,6 Mio. Einwohnern, also einem Fünftel aller Australier, einer Grundfläche von 4100 km≈ und 490(!) Stadtteilen beziehungsweise Vororten ist Sydney die Supermetropole des Kontinents, auch wenn Melbourne und neuerdings Brisbane dimensionsmäßig aufgerückt sind. Wer von Ihnen hat nicht schon die berühmte Harbour Bridge und das davor stehende Opera House auf Bildern oder in Filmen gesehen?

Aber Sydney ist natürlich mehr als nur diese Kulisse: Sydney ist ein Teil England, USA, Südostasien, Japan und übriges Europa zugleich – es ist die Vielfalt der Einwanderer, die die Stadt geprägt hat. Viele

Millionen Menschen kamen erst nach dem Zweiten Weltkrieg und halfen mit, die am Rande des Pazifik noch vor sich hin schlafende Großstadt zu ihrer heutigen Bedeutung heranwachsen zu lassen.

Wer als Einwanderer neue Möglichkeiten suchte, ging zuerst nach Melbourne und kam später dann nach Sydney – oder aber er ging gleich nach Sydney! So erzählen manche Einwanderer aus den 60er und 70er Jahren. Das soll nicht heißen, dass es nicht auch in Melbourne viele Möglichkeiten gibt, zu arbeiten und sich sein Leben als Einwanderer einzurichten – Sydney aber wird eine größere Weltoffenheit nachgesagt, was sich auch im Verhalten seiner Bewohner widerspiegelt. In den zurückliegenden zehn bis fünfzehn Jahren kam allerdings auch die Kehrseite dessen mit in die Stadt: die Anonymität und damit die stetig wachsende Kriminalität.

Hochhäuser sind in der City in den letzten drei Jahrzehnten wie Pilze in die Höhe geschossen – mit ausländischem Kapital finanziert und für weiteres wirtschaftliches Wachstum gebaut: das äußere Zeichen für die führende Handelsmetropole dieses Kontinents.

Unternehmen, Banken und Versicherungen mit australischen Namen oder als Tochtergesellschaften aus aller Welt haben ihre kleinen Wolkenkratzer hier errichtet. Klein heißt, »nur« etwa 40 bis 50 Stockwerke hoch! Ein kleines New York am Pazifik ist entstanden. Die Logistik des Handels wird von hier gesteuert. Forschung und Technologie für innovative Industrien sind hier angesiedelt. An unzähligen Fachschulen und Universitäten wird hier Bildung und Ausbildung vermittelt. Die großen Organisationen und Vereine haben hier ihre Zentralen.

Die Häuser der großen Hotelketten haben hier ebenso ihren Standort wie Nobelrestaurants und Geschäfte für gehobenen Bedarf, sprich: Luxus. Den Gegenpol bilden unzählige Fastfood-Lädchen und Niedrigpreis-Warenhäuser.

Und inmitten dieser beeindruckenden Großstadtmaschinerie sieht man Touristen aus aller Welt, die hier durch den schönsten Naturhafen der Welt oder durch die tiefen, schattigen Straßenschluchten der Innenstadt bummeln oder gefahren werden in einem Verkehr, in dem fast gar nichts mehr geht – aber irgendwie geht es dann doch. Und wer wie die Arbeiter und Angestellten der großen Firmen tagtäglich in die City muss, nimmt die Schnellbahn, die sich – Tausendfüßlern gleich – über Schienenwege und durch dunkle Tunnels schlängelt.

Zwischen all dem finden wir immer wieder ein kleines Stück Romantik, ein Stück altes England, nationale Sentimentalität und sich selbst auf die Schulter klopfende Zivilisation: ein alter Anker, die Statue

**Und immer geradeaus:
Eine typische
»dust road«
durch die Einöde
Tasmaniens, öst-
lich von Hobart.
Asphalt ist hier
ein Fremdwort.**

Blick von den Moran Falls auf die einsamen Bergzüge in der Nähe von O'Reilly's Guesthouse im Lamington National Park bei Brisbane.

Auf nach Tasmanien: Der Cradle Mountain Lake St. Clair National Park lockt nicht nur Touristen an.

Links: Sympathieträger Nummer eins: Koalas erobern die Herzen im Sturm – ohne dafür auch nur die Pfote zu rühren.

Unten: Der Wombat. Dieses Beuteltier sieht aus wie ein kleiner Bär und bewohnt mit Vorliebe Höhlen.

Oben: Erst kommt das Fressen, dann die Moral: Königspapageien kennen wenig Scheu.

Links: Nicht wegzudenken: Känguruhs sind die bekanntesten Beuteltiere Australiens.

Sehenswert: Das neue Sydney-Aquarium.

Fishermen's Friend: Der Artenreichtum am Great Barrier Reef ist Legende.

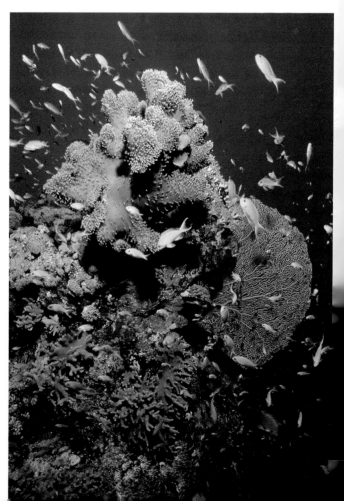

Heiligtum der Aborigines: Ayers Rock im roten Herzen Australiens.

Faszinierende Kultur: Die Aborigines finden im modernen Australien zu neuem Selbstbewußtsein. Sie besiedelten den Kontinent vor über 50.000 Jahren.

**Blauer Himmel,
rotes Land:
Die Olgas im
Northern Territory.**

Wo man die Seele baumeln lassen kann: Im Litchfield National Park im Northern Territo

Besitzerstolz: Australien ist der größte Wollproduzent und -exporteur der Welt.

des Industriepioniers Sutcliffe oder das alte Government House, das Parlamentsgebäude, die Häuser der Rocks oder die Wachablösung am Martin Place, die Parkanlagen des Hyde Park, der Botanic Gardens und der Domain, das ANZAC-Memorial und vieles mehr – auch das ist Sydney.

Auch für die eigentlichen Eigentümer – oder besser: deren Nachkommen – ist hier noch Platz: die Aborigines, wie man sie heute nennt. Und sei es nur, dass einer von ihnen durch den Park torkelt, an einer graffittibesprühten Hauswand lehnt oder als Touristenmagnet didgeridoospielend am Circular Quay (Fährenanleger) sitzt. Auch sie haben ihre Berechtigung zum Eintritt in dieses multinationale Welttheater am Port Jackson. In Sydney wohnt auch die Hoffnung auf einen neuen humanen Ausgleich der Nationen, der sich nicht in D-Mark, Pfund, Yen oder Dollar rechnet. Wo sollte sie sonst wohnen, wenn nicht in dieser Zentrale des Erfolgs?

Schnuppern Sie selbst einmal die Luft, die man hier in Sydney riecht. Wenn Sie sie richtig einsaugen, haben sie ein ganz kleines Stück vom großen Australien bereits in sich. Und manchmal riecht die hier ganz schön nach Auspuffmief (Katalysator ist noch ein Fremdwort) und nach qualmenden englischen Kaminen – aber sie riecht auch nach teuren Parfums, nach Weite, nach Pazifik, nach grenzenloser Freiheit und nach dem Neuen, das hier gebaut und gemacht wird.

Wer in Sydney baden möchte, kann dies tun. Die vier großen Strände draußen heißen Bondi, Coogie, Manly und Palm Beach. Und wer lieber seine Zeitung unter Bäumen lesen möchte, kann dies in den Parks an der City tun.

Den ganz Abenteuerlustigen unter Ihnen aber möchte ich raten, die Harbour Bridge einmal zu Fuß zu überqueren (man kann mit der Fähre oder der Bahn wieder zurückfahren). Warum, das probieren Sie am besten einmal selbst aus!

Auch ein Besuch im weitläufigen Taronga-Zoo lohnt sich auf jeden Fall. Hier sehen Sie nicht nur australische Tiere, sondern Tiere aus aller Welt, und Sie haben gleichzeitig noch während Ihres Rundgangs alle fünf Minuten einen herrlichen Ausblick auf die einmalige Stadtkulisse weit hinten. Zum Zoo kommen Sie mit dem alle zwei Stunden verkehrenden Katamaran-Schnellboot *JetCat*.

Und vergessen Sie nicht, die Stadt einmal ganz von oben zu betrachten und zu diesem Zweck auf den Sydney-Tower, auch »Centrepoint Tower« genannt, hochzufahren. Nach einigen Sekunden Ohrendrückens sind Sie mit dem Full-speed-Fahrstuhl oben angelangt und mischen sich unter die Menge der Touristen, die auf weichem Teppichboden die vollverglaste Aussichtsplattform umrunden und irgendwo unten ihr Hotel wiederentdecken, die Schiffe im Darling Harbour bewundern oder einfach den ameisenhaften Verkehr 300 Meter unter sich.

Wer die City zwar von oberhalb der Straße, nicht aber von ganz oben besichtigen möchte, dem können wir eine Fahrt mit der neuerbauten Monorail empfehlen, die sich durch Gebäude, an Hausecken vorbei und entlang der Straßenzüge in etwa sechs Meter Höhe gemütlich dahinschlängelt und dabei auch durch den neuen Darling Harbour fährt.

Weitere lohnende Sehenswürdigkeiten sind die Art Gallery of New South Wales (Kunstgalerie) im östlichen Teil der Domain, die Library of New South Wales (Bücherei), das Parliament House und das Sydney Hospital, die alle drei seitlich der Domain an der Macquarie Street liegen. Sehr zu empfehlen ist das Australian Museum an der Ecke College Street und Williams Street.

Sydneys Chinatown finden Sie mehrere Straßenblöcke um die Dixon Street herum angesiedelt. Das Powerhouse Museum an der William Henry Street und Harris Street ist das Technik- und Wissenschaftsmuseum Sydneys.

Im neugestalteten Darling Harbour finden Sie das Sydney Aquarium, wo Sie ungefährdet Haien und Rochen von unten auf die Bauchseite schauen können. Sie gehen in gläsernen Gängen durch die vom freien Wasser abgeteilten Aquarien hindurch und können das Leben aller möglichen Fischarten betrachten – besonders zu empfehlen bei gutem Wetter. Auch das große Marineland in Manly lohnt einen Besuch.

Wer einen ehemaligen Künstlerstadtteil mit hübschen alten Gebäuden sehen möchte, dem sei Paddington empfohlen, wo sich in letzter Zeit mehr und mehr Yuppies niederlassen. Sydneys Vergnügungsviertel nennt sich Kings Cross. Außer einschlägigen Etablissements, Bars und Restaurants gibt es dort auch Duty Free Shops und die hübsch gestaltete El-Alamein-Fountain, einen Springbrunnen, der an die Schlacht in Nordafrika erinnert, wo auch australische Soldaten auf britischer Seite mitkämpften.

Ein sehr beliebtes Ziel für Ausflüge ist der »vor den Toren« Sydneys gelegene Blue Mountains National Park mit 2200 km≈ Größe. Hier befindet sich ganz in der Nähe der Stadt Katoomba die bekannte Three Sisters-Felsformation, wo man mit der Drahtseilbahn auch eine 275 m tiefe Schlucht überqueren kann. Bei Wentworth Falls findet man die im Bereich der Blue Mountains eindrucksvollsten Wasserfälle mit einer Höhe von 270 m. Weitere Katarakte findet man in der Nähe von Leura, Gordon Falls und Leura Falls.

Die Umgebung von Blackheath ist Ausgangspunkt interessanter Wandertouren, so zum Beispiel des Grand Canyon Walk, und man findet hier auch das Blue Mountains Heritage Center mit einer Dokumentation von Fauna und Flora sowie einer Übersicht über Camping und Wandertouren.

Etwa 50 km südlich des Great Western Highway liegen die Jenolan Caves mit Übernachtungsmöglichkeit im gleichnamigen Haus. Dieses einmalige Höhlensystem mit herrlichen Tropfsteinformationen und uralter Eingeborenenmalerei ist auf alle Fälle einen Abstecher wert. Noch weiter westlich erreicht man den Kanangra Boyd National Park mit steil abfallenden, rötlichen Sandsteinklippen.

70 km nördlich von Sydney kann man bei Gosford Old Sydney Town, die originalgetreue Rekonstruktion einer frühen Strafkolonie, besichtigen.

Südlich der Metropole finden Sie den Royal National Park (durch den großen Brand von 1994 stark in Mitleidenschaft gezogen), nördlich der Stadt den Ku-Ring-Gai Chase National Park.

Interessante Ziele in NSW

Armidale hat 22 000 Einwohner und liegt etwa 500 km nördlich von Sydney im Landesinnern, dem New England Tableland (1000 m hoch) und ist eine bekannte Universitätsstadt (»University of New England«) mit 9000 Studenten. Es gibt ein neues Kunstmuseum, das New England Regional Art Museum, und in der weiteren Umgebung der Stadt vier eindrucksvolle Wasserfälle: Baker Creek, Danger Falls, Ebor Falls und Wollambi Falls sowie drei Nationalparks: New England N.P., Cathedral Rock N.P. und Guy Fawkes River N.P.

Bathurst mit seinen 26 000 Einwohnern befindet sich 200 km westlich von Sydney und war vor 100 Jahren nicht nur der Mittelpunkt des australischen Goldrausches, sondern auch die erste Siedlung im Binnenlandes des Kontinents. Hill End, 80 km nördlich davon, ist die historische Stadt der einst 60 000 Goldsucher, von denen einer, der Deutsche Bernhard Holtermann, damals den größten Goldklumpen ganz Australiens (285,7 kg) fand. Der Ort besteht heute nur noch aus einigen alten Häusern, die vom National Park Service in Stand gehalten werden.

In Bathurst können Sie das Bathurst Gold Diggers Musuem besichtigen.

Wenn Sie einen Abstecher von 70 km nach Süden machen, können Sie dort in die Abercombie Caves (Tropfsteinhöhlen) gehen.

Broken Hill hat 25 000 Einwohner und liegt ganz weit im Westen von NSW, rund 1200 km von Sydney entfernt, und ist eine der bekanntesten Bergbaustädte Australiens. Durch den Fund einer reichen Silberader, die der Deutsche Charles Rasp im Jahre 1883 entdeckte, entstand hier ein riesiger Minenbetrieb, die »Broken Hill Proprietory« (BHP), das größte

Industrieunternehmen Australiens. Heute bauen hier vier Minenbetriebe das Erz ab, dass in einer Tiefe von bis zu 1200 m liegt. Außer sehr reichen Silbervorkommen werden auch noch Blei und Zink abgebaut.

In Delprat's Mine werden zweistündige Führungen in einer Tiefe von 120 m durchgeführt. Unter der Bezeichnung »brushmen of the bush« (Pinselmänner des Buschs) existiert eine Künstlergruppe, die in eigenen Galerien ihre Werke ausstellt.

Ganz in der Nähe, am Barrier Highway, befindet sich seit 1938 die Zentrale des Royal Flying Doctor Service, den wohl jeder kennt. Auch die »School of the Air« (Funkfernschule) ist hier zu finden.

In Silverton, einer restaurierten Filmstadt ohne Bewohner – früher lebten hier 3000 Menschen – wurden viele australische Filme gedreht.

Coffs Harbour mit 46 000 Einwohnern liegt rund 600 km nördlich von Newcastle und ist ein Fischereihafen. Vor allem aber ist es der Hauptort der »Banana Coast«, wie der Küstenabschnitt hier genannt wird. Sie finden hier das größte Bananenanbaugebiet und auch die größte Bananenplantage des Kontinents. Schon von weitem lockt die gelbe Riesenbanane zur Besichtigung. Im dazugehörigen Laden können Sie sogar Bananenmarmelade und -honig sowie eine ganze Palette anderer hier wachsender Früchte und Nüsse kaufen.

Cooma 8000 Einwohner stark, ist – 420 km südlich von Sydney und 110 km von Canberra entfernt – gewissermaßen das Tor zu den Snowy Mountains. Von hier gelangt man zum höchsten Berg Australiens, dem Mount Kosciusko (2234 m) und dem Wintersportort Thredbo.

Der Berg kann von Thredbo aus zunächst mit dem Sessellift über den Mt. Crackenback (1930 m) und von dort zu Fuß erreicht werden.

Diese Gegend ist das Wintersportgebiet Australiens und demzufolge in dieser Jahreszeit auch sehr überlaufen. Im Sommer sind hier aber herrliche Wandertouren bei angenehmer Temperatur möglich. Sehenswert sind die Stauseen Lake Burrinjuck, das Tantangara Reservoir, der Lake Eucumbene und der Lake Jindabyne. Empfehlenswert ist eine Autotour von Cooma aus über den Highway nach Tumut.

Fährt man zum Lake Jindabyne, so gelangt man 5 km westlich vom Ort Jindabyne über die Alpine Road und die Kosciusko Road nach Sawpit Creek, wo sich das Kosciusko National Park Visitor Centre und ein 1,6 km langer Naturlehrpfad befinden.

Jindabyne ist das bedeutendste Wintersportzentrum der Snowies. Weitere Skiorte sind Wilsons Valley (1440 m) und Mount Blue Cow (1666 m).

In Cooma befindet sich der Centennial Park (Jahrhundertpark) mit der Avenue of the Flags. Die Flaggen jener 27 Nationen flattern hier im

Wind, die in den 50er und 60er Jahren an dem gigantischen Snowy River Projekt mitgearbeitet haben. Vom Mount Gladstone hat man einen schönen Blick über die Stadt.

Dubbo Die Stadt mit 33 000 Einwohnern liegt 450 km nordwestlich von Sydney und inmitten des Weizengürtels von NSW. Aber auch Schaf- und Rinderzucht werden hier betrieben.

Besuchenswerter als das historische Gefängnis, das Old Dubbo Gaol (»gaol« ist die typisch britische Bezeichnung eines »jail« und spricht sich auch genauso aus) ist ganz sicher der Western Plains Zoo, der das größte Freigehege Australiens besitzt und Tiere aus aller Welt beherbergt. Er steht in organisatorischer Verbindung mit dem Taronga Zoo in Sydney.

Grafton ist mit seinen 17 000 Einwohnern eine Kleinstadt in einem Landwirtschaftsgebiet. Man kann hier nicht nur die Brauerei Tooheys besichtigen, sondern auch – wenn man im Frühling (Ende Oktober) hier weilt – das Jacaranda-Festival mit seiner lilafarbenen Baumblütenpracht erleben.

Der Bundjalung National Park lädt zu Wanderungen durch Busch- und Heidelandschaft und zum Baden an fast 40 km langen weißen Sandstränden ein. Wer einen Abstecher nach Nimbin machen möchte, kann dort echte alternative Landkommunen und ihre Bewohner erleben: Die grünen Aussteiger und Selbstversorger haben sich hier so etabliert, dass sie zu einem kulturellen und sozialen Faktor geworden sind. Eine eigene Radiostation und eine Zeitung haben sie auch.

Weiter entfernt, aber dennoch sehenswert, sind die Nationalparks Mt. Warning, Border Ranges, Lamington und Boonoo Boonoo Falls, letzterer mit 220 m hohen Wasserfällen.

Lightning Ridge ist neben White Cliffs die bekannteste Opalschürferstadt von NSW. Sie liegt fast schon im Outback des Hinterlandes. Von Sydney aus über Lithgow, Bathurst, Orange, Dubbo, Gilgandra, Coonamble und Walgett auf dem sogenannten »Castlereagh Highway« kommend, erreicht man Lightning Ridge, indem man etwa 80 km nördlich Walgett an einer Abzweigung nach rechts abbiegt.

Obwohl nur 800 offizielle Einwohner stark, wird der Ort auf weitere 2000 bis 3000 Personen geschätzt, die in der näheren Umgebung leben. Seit über 90 Jahren suchen alle nach den kleinen Stückchen schwarzen Goldes, die sich unter teilweise viele Meter dicken Lehmschichten verbergen: dem Black Opal, der nur hier vorkommt. Touristen dürfen mit einer 2-Dollar-Lizenz in den aufgeworfenen Abraumhalden nachbuddeln, ob sie noch verwertbare Opale finden.

Der Ort ist wie mit Maulwurfshügeln aus Lehm und Gesteinsschutt übersät, dazwischen stehen kleine Häuschen aus Wellblech,

Wassertanks, etwas Gebüsch und parkende Autos. Die einzige Wasserversorgung ist hier eine artesische, schwefelhaltige Quelle, die einen Pool speist, in dem gebadet werden kann. Zu empfehlen ist auch die Walk-in-mine, eine Mine zum Hineingehen. Im Diggers Rest Hotel und in Charly's Bar werden abends die staubigen Diggerkehlen befeuchtet.

Newcastle Die früher als »Hölle von New South Wales« bekannte Stadt liegt an der Küste etwa 150 km nördlich von Sydney. Im frühen 19. Jahrhundert war dieser Ort das Verbannungszentrum für die schlimmsten Verbrecher der damaligen Kolonie. Heute hat es 422 000 Einwohner und ist durch die nahegelegenen Kohlegruben des Hunter Valley zu einem Industrie- und Handelszentrum herangewachsen, in dem hauptsächlich Eisen und Stahl produziert werden.

Vom Fort Scratchley auf Nobbys Head, in dem ein Meeresmuseum untergebracht ist, hat man einen schönen Blick auf die Stadt und ihre Umgebung. Der Naturpark Blackbutt Reserve lädt zu Wanderungen ein.

Das in der Nähe gelegene Hunter Valley ist durch seinen Weinbau auf dem ganzen Kontinent bekannt. Als Wein-Hauptort gilt Cessnock, wo 33 verschiedene Weinkellereien Sie zur Weinprobe einladen.

Tamworth mit seinen 35 000 Einwohnern, inmitten von wogenden Weizenfeldern, ist das australische Nashville, denn hier im North West Country findet in jedem Januar ein Country Music Festival statt, bei dem viele hundert australische Bands und Solisten auftreten. Dabei dürfen natürlich auch Rodeo Shows und LKW-Rennen nicht fehlen.

Im Tamworth Country Centre können Sie unter anderem die Wachsfiguren ehemaliger Country Stars bewundern. Außerdem ist ein riesiges Gitarrendenkmal im Ort aufgestellt.

In Tamworth wird auch »Community Access Radio 2 You FM« betrieben – ein Public Radio, das seit 1984 von freiwilligen Radiobegeisterten gemacht wird.

In einer Reihe von Clubs und Pubs kann man den Stücken der genannten Musikrichtung lauschen.

Wollongong ist mit 235 000 Einwohnern die drittgrößte Stadt von NSW. Es liegt 75 km südlich von Sydney und ist wie Newcastle eine Stadt des Stahls. An der wie fast überall schönen Küste gibt es ganz in der Nähe – südlich der Stadt – Campingplätze für den, der Hotelunterkunft in der Stadt nicht bevorzugt. Empfehlenswert ist der nur 4 km nördlich der City gelegene Botanische Garten mit 19 ha Größe. Auch lohnt sich ein Besuch des Fischmarkts am Port Kembla mit Fischerbooten und einem alten Leuchtturm. Etwa 10 km südlich von Port Kembla kann man zwischen einem herrlichen Binnensee, dem

Lake Illawarra, und der Brandung des Pazifik wählen. Herrliche Badestrände finden sich auch noch weiter südlich bei Shellharbour und Kiama.

4.2 Victoria (Vic)

Victoria ist einer der kleinsten Bundesstaaten, nimmt aber mit rund 4,5 Mio. Einwohnern ein Viertel der Gesamtbevölkerung auf. Seine Fläche (227 000 km≈) kann man in etwa mit der alten Bundesrepublik (248 000 qkm) vergleichen. Sie nimmt nur 3 Prozent des Kontinents ein.

Ein Vorzug dieses kleinen Bundesstaates ist, dass hier praktisch alle Landschaftsformen des ganzen Kontinents vorkommen und man diese innerhalb eines Tages erreichen kann. Fazit: Wer Victoria kennt, kennt Australien!

Im Nordwesten finden wir das große Mallee-Buschland und die Big Desert. Östlich davon liegt das Flusstiefland des Murray River, der die Nordgrenze des Staates bildet und daran anschließend das Bergland am Rande der Great Dividing Range (»Victorian Alps« genannt), dessen Ausläufer quer durch Victoria bis zur Grenze nach Südaustralien hinüberreichen. Im Westen erstreckt sich ein großes Gebiet mit fruchtbaren vulkanischen Böden und im Süden die 20 bis 250 km breite Küstenebene, die im Bereich des Gippsland für Gemüseanbau, Fleischrindermast, Milchviehhaltung und Holzwirtschaft genutzt wird.

Im Bereich der Küste ist es im Winter häufig nasskalt, während die Sommer im ganzen Land sehr heiß werden können. Das regenreichste Gebiet liegt im östlichen Staatsteil (1100 mm Jahresdurchschnitt).

Die Landwirtschaft nimmt innerhalb der Wirtschaft Victorias einen bedeutenden Platz ein: Hier werden über ein Fünftel aller australischen Agrarerzeugnisse produziert. In den großen Ebenen des Westens grasen 30 Mio. Schafe, im Südosten des Landes und im Flussgebiet des Murray hat die Milchwirtschaft mit rund 1 Mio. Stück Milchvieh eine besondere Bedeutung für die Versorgung der Bevölkerung. Auch Weizen, Obst und Gemüse werden angebaut.

Vor allem aber sind die riesigen Braunkohlelager, die als die größten der Welt gelten, einer der wichtigsten wirtschaftlichsten Pfeiler Victorias. Sie befinden sich nur 150 km östlich von Melbourne im Tal des Latrobe River, dem Latrobe Valley.

In der Bass Strait, der Meerenge zwischen Australien und Tasmanien, wurden in den 60er Jahren große Vorkommen an Erdöl und Erdgas entdeckt – sie stellen seit 1965 90 Prozent der gesamten australischen

Fördermenge. Dies blieb nicht ohne Folgen für die verarbeitende Industrie, die dadurch einen bedeutenden Aufschwung in dieser Region erlebte und inzwischen über ein Drittel der australischen Industrieproduktion stellt. Dazu zählen Fahrzeug- und Maschinenbau, Zellstoff- und Papier-Erzeugung und die Produktion von Lebensmitteln.

Victoria hat 33 Nationalparks und Hunderte von kleinen Naturschutzgebieten, in denen Sie die Schönheiten der Küstenlandschaft und der Bergregion erleben können. Als Beispiele nennen wir nur die südwestliche Steilküste mit den Twelve Apostels bei Port Campbell, Phillip Island südlich von Melbourne, Wilson's Promontory, die Nationalpark-Halbinsel südöstlich von Melbourne, die Grampians im Westen, die Dandenong-Berge bei Melbourne, der Croajingolong National Park ganz im Osten an der Küste, die Wälder des Gippsland-Berglands im Südosten und die Skigebiete um Mt. Bullen, Mt. Hortham und Mt. Buffalo im Osten und Nordosten des Staates.

In den Städten Ballarat und Bendigo wird in alten Gebäuden, Museen und Straßenzügen die Zeit des Goldrauschs lebendig, und in Glenrowan im Norden können Sie in das kurze und bewegte Leben des Bushrangers Ned Kelly Einblick nehmen.

Vor allem aber bietet das Zentrum des Südoststaates – Melbourne – dem Kulturinteressierten eine Menge sehenswerter Dinge.

Hier ein Blick auf die Wirtschaft nach Anteilen und Bruttowert:

Verarbeitende Industrie	85,2 %	51,6 Mrd A$
Landwirtschaft	8,3 %	5,0 Mrd A$
Bergbau	6,3 %	3,7 Mrd A$
Fischerei	0,2 %	175,0 Mio A$

Melbourne

Mit 3,2 Mio. Einwohnern ist Melbourne, am Yarra River gelegen, die zweitgrößte Stadt Australiens.

Anfang des Jahrhunderts gab es Streit zwischen Melbourne und Sydney, welche von beiden Städten die Hauptstadt des australischen Staatenbundes werden solle. Da man sich nicht einigen konnte, wurde Canberra aus dem Boden gestampft, was nun geographisch etwa in der Mitte zwischen den beiden Konkurrenten liegt.

Die Konkurrenz ist seitdem aber nie ganz abgeklungen. Wir möchten aus Kenntnis beider Städte dem Leser an dieser Stelle aber sagen, dass jede Stadt etwas für sich hat. Sydney hat den schönen Hafen, das Opera

House und die Harbour Bridge, und Melbourne hat das anheimelnde, schon fast gemütliche Flair der Einkaufsstraßen, dazu noch die einmalige Lage an der riesigen Bucht, die wie ein maritimer Vorgarten die stürmischen Wellen des südlichen Ozeans zurückhält. Nicht zu vergessen: Flächenmäßig übertrumpft Melbourne mit seinen 6100 km≈ Sydney allemal.

Wie in Sydney auch hat sich in der Hauptstadt Victorias als Einwanderer-Großstadt ein Vielvölkergemisch angesiedelt, was man bei einem Spaziergang durch die City auch sehr schnell zu spüren bekommt. Es gibt ganze Straßenzüge und Stadtteile, in denen bestimmte ethnische Gruppen vorherrschend sind. Unverhofft findet man plötzlich nur noch griechische Läden und Restaurants am Straßenrand oder man betritt an anderer Stelle durch einen Torbogen, der sich über die Little Bourke Street wölbt, die Chinatwon. Und fährt man einmal die endlos langen Ausfallstraßen aus der Innenstadt hinaus, passiert man eine Unzahl kleiner Läden, die ganz überwiegend in der Hand asiatischer Einwanderer sind.

Auch hier finden wir die Hochhaustürme der großen Banken, Versicherungen. Minengesellschaften und anderer Industrieunternehmen. Der ACTU, der Dachverband der australischen Gewerkschaften, hat hier ebenso seinen Sitz wie die großen politischen Parteien des Landes.

Die britischen Traditionen wirken in Melbourne noch viel stärker nach und werden, einschließlich des feinen Oxfordenglisch, besonders in den reichen Familien am Leben erhalten – und dies trotz der großen Einwanderungswelle nach dem Zweiten Weltkrieg, als Melbourne mehr Immigranten aufnahm als jede andere australische Stadt: Rund 140 verschiedene Nationen prägen heute den multikulturellen Charakter der Stadt.

Anders als in Sydney bietet sich dem Touristen schon in der Innenstadt eine Unzahl kleiner und mittlerer Läden dar. Man kann sich im Schachbrettmuster der Straßenzüge kaum verirren, muss aber gut zu Fuß sein, wenn man die Sehenswürdigkeiten erkunden will, ohne ein Verkehrsmittel zu benutzen.

In den kleinen Gassen und den vielstöckigen Einkaufsarkaden und Geschäftspassagen lässt sich beim »take-away« oder beim »eat-in« so mancher kleine und große Hunger stillen, wenn man nicht unbedingt vornehm speisen möchte. Wer zu Fuß geht, wird garantiert hungrig, denn die großen parallelen Ost-West-Straßen wie Flinders, Collins, Bourke, Lonsdale und Latrobe Street sind alle zwei Kilometer lang. Rechnet man noch die dazwischenliegenden vier Verbindungsstraßen (mit »Little« beginnend) hinzu, sind das bereits 18 km Einkaufsstraße!

Dazu müssen wir nun noch die sieben Nord-Süd-Straßen mit je 1 km Länge hinzurechnen: alles in allem 25 km. Puh! Das schafft man kaum an einem Tag: Für Melbourne braucht man Zeit. Schauen Sie sich bei einem Bummel in Ruhe mal an, was die Stadt zu bieten hat.

Unter den Straßen nimmt die berühmte Collins Street natürlich als eine Nobelmeile oder »Golden Mile« wie man hier sagt, einen besonderen Platz ein: Hier stehen die Handels- und Bankhäuser Seite an Seite mit teuren Hotels und Boutiquen.

In der Bourke Street befindet sich das Herz des Einkaufsviertels mit Edelkaufhäusern wie David Jones und dem Myer Complex, der als größter Kaufhauskomplex auf der Südhalbkugel gilt. Sehr zu empfehlen ist auch die Royal Arcade im alten viktorianischen Baustil.

Wenn Sie aus irgendeiner der vielen »suburbs« (Vororte) mit der S-Bahn, hier »Met« genannt, in Melbourne eintreffen, so ist Ihre Endstation dieselbe wie die der vielen tausend täglichen Pendler – nämlich Flinders Street Station: Dies ist eigentlich kein Bahnhof, sondern schon fast eine Institution.

Ohne das beeindruckende, sich am Ufer des Yarra entlangziehende Renaissancegebäude von 1905 würde Melbourne ein ganzer Körperteil fehlen. Allein die stattliche Reihe der Uhren an der nördlichen Kopfseite des Bahnhofes, jede auf die Abfahrtszeit der entsprechenden Bahnlinie eingestellt, ist ein Bild für sich und bietet einen Einblick in die technische Durchorganisiertheit dieses Zentralbahnhofs schon zur Zeit unserer Urgroßväter. Innen – auf den Bahnsteigen – ist natürlich alles modern mit Bildschirmen und digitalen Anzeigen ausgestattet. Das ganze hat den Charakter eines voll funktionsfähigen Technikmuseums.

Bevor Sie die Sehenswürdigkeiten der City erkunden, steigen – pardon: fahren Sie einmal auf das Rialto Building hinauf, um sich von dort oben aus der luftigen Höhe von 242 m einen Überblick über die gewaltige Stadt zu verschaffen. Kaffeetrinken können Sie dort »on the top« in einem kleinen Bistro ebenfalls – zu ganz normalen Preisen übrigens.

Ein Drittel der Innenstadtfläche sind Grünanlagen: Man hat die grüne Lunge schon zur Gründerzeit mit eingeplant. Sehenswert sind auch die Parkanlagen der Fitzroy Gardens, wo auch das aus England herübergebrachte Geburtshaus des Captain Janes Cook, das Captain Cook's Cottage mit dem Original-Gemüsegarten dahinter zu besichtigen ist: Es ist fast so etwas wie ein Nationalheiligtum. Die Innenräume sind videoüberwacht(!).

Weitere Sehenswürdigkeiten sind die St. Paul's Cathedral, der City Square an der Swanston Street und die Town Hall, das städtische Rathaus, an der Ecke Collins Street.

Wenn Sie dann einen Straßenblock weiter nach links in die Bourke Street Mall abbiegen, sehen Sie an der Ecke Elizabeth Street das General Post Office vor sich, ein neuklassizistisches Gebäude. Wer bis zur Latrobe Street vorstößt, kann dort zwischen den Querstraßen Swanston Street und Russell Street die State Library (Staatsbücherei) mit 1 Mio. Bänden und das Museum of Victoria besuchen.

Schauen Sie, wenn Sie schon hier sind, auch mal ins Old Melbourne Gaol (Gefängnismuseum) am oberen Ende der Russell Street, wo Ned Kelly einsaß und auf seine Hinrichtung wartete: Sie werden einen erschütternden Einblick in den Strafvollzug von vor 100 Jahren bekommen.

Wenn Sie über die Princess Bridge nach Süden schlendern, kommen Sie direkt in die St. Kilda Road. Bevor Sie aber auf die östliche Seite wechseln, schauen Sie auf jeden Fall in das neuerbaute Victorian Arts Centre mit Konzerthalle, Theaterkomplex und Nationalgalerie hinein. Über dem Theatergebäude ragt ganz markant eine 115 m hohe stählerne Turmkonstruktion in die Luft.

Auf der anderen Seite der St. Kilda Road nun dehnt sich eine große Parklandschaft, die direkt an den Yarra angrenzt. Hier befinden sich auch eine Open-Air-Bühne, das Sidney Myer Music Bowl, das erste kleine Regierungsgebäude Victorias, das Latrobes Cottage und das heute überwiegend representativen Zwecken dienende Government House. Am Ende Ihres Parkspaziergangs gelangen Sie in die Royal Botanic Gardens mit mehr als 12 000 Pflanzenarten aus aller Welt. Wenn Sie noch etwas Zeit haben, laufen Sie ein paar Schritte über die St. Kilda Road hinweg in westlicher Richtung und gelangen so an das Ufer der Port Phillip Bay, von der Sie glauben werden, Sie stünden schon am offenen Meer. Das täuscht, denn diese Bucht misst sowohl von Ost nach West als auch von Nord nach Süd 50 km im Durchmesser! Den Ausgang bei Queenscliff können Sie von hieraus natürlich nicht sehen. Beim Rückweg gehen Sie mal über die kühn über den Yarra geschwungene Fußgängerbrücke – man sieht sie auf vielen Ansichtskarten.

Tierliebhaber möchten wir noch auf die Royal Melbourne Zoological Gardens im Vorort Parkville hinweisen, der sich nördlich der City befindet. Wer Schnabeltiere, Koalas oder Wombats noch nie gesehen hat, der hat hier Gelegenheit dazu. Den Zoo ereicht man gut von der Elizabeth oder der William Street aus mit der Straßenbahn, die Sie auf keinen Fall auslassen sollten: Auch Sie ist eine Melbourner Institution!

Auf Phillip Island können Sie zwischen September und November abends an der sogenannten Penguin Parade teilnehmen, bei der die Zwergpinguine in der Abenddämmerung zu ihren Bruthöhlen am Strand zurückkehren, wo sie den Partner beim Brüten ablösen – Sie können dabei zuschauen, wie die Tiere über den Strand heraufkommen: inzwischen ein vermarktetes, nicht unbedingt tiergerechtes Unternehmen.

Interessante Ziele in Victoria

Bairnsdale liegt 280 km östlich von Melbourne und führt sie in die Nähe der bekannten Gippsland Lakes: Lake King, Lake Victoria und Lake Wellington, alle an der Küste gelegen. Man erreicht sie über den Highway No. 1, auch »Princes Highway« genannt. Auf den Seen gibt es ideale Wassersportmöglichkeiten.

Hier endet auch jener wunderbare Küstenabschnitt, der sich Ninety Mile Beach nennt. Er beginnt in der Nähe von Yarram.

Einige Kilometer vor Bairnsdale (8500 Einwohner) können Sie auf dem Redcourt Woolshed eine typische Schaffarm ansehen und etwas über die Zucht dieser Tiere und ihre Schur erfahren. 40 km hinter Bairnsdale biegen Sie vom Highway nach Buchan ab, wo sich die Buchan Caves (Tropfsteinhöhlen) befinden.

Ballarat ist mit seinen 60 000 Einwohnern die wohl bekannteste frühere Goldgräberstadt. Es liegt 110 km nordwestlich von Melbourne (Highway No. 8, Western Hwy), und hier befanden sich äußerst reiche Goldlager, die an Ergiebigkeit die kalifornischen weit übertrafen.

Außer weitläufigen Parks und schönen victorianischen Häusern findet der Interessierte hier eine komplett rekonstruierte Goldgräberstadt des 19. Jahrhunderts, »Sovereign Hill« genannt. Dabei ist es gar keine wirkliche Museumsstadt, sondern sie wird von rund 50 geschäftstüchtigen Ladenbesitzern belebt, die ihre Waren oder Dienstleistungen des täglichen Bedarfs in Geschäften alten Stils anbieten. Das Ganze wird durch historisches Straßentheater und die Möglichkeit, selbst einmal das Goldwaschen zu probieren, abgerundet.

Die Geschichte des Goldrausches begann 1851 in Clunes, 35 km nordwestlich von Ballarat: Bei Dunally wurde damals nur wenige Zentimeter unter der Erdoberfläche ein reiner Goldbrocken von 70 kg gefunden wurde – sein heutiger Wert: über eine Mio. A$.

In Ballarat ereignete sich 1854 ein Aufstand mehrerer hundert Goldgräber gegen staatliche Willkür und überzogene Lizenzgebühren. Diese auch als »Eureka Stockade« in die australische Geschichte eingegangene berechtigte Rebellion wurde damals blutig niedergeschlagen. Eine der politischen Folgen daraus war die Gründung von Gewerkschaften und später auch der Australian Labour Party.

Bendigo Fahren Sie nun noch einmal 110 km weiter nach Norden, dann erreichen Sie Bendigo, das während des Goldrausches an zweiter Stelle hinter Ballarat rangierte. Heute hat es 50 000 Einwohner.

Eine Attraktion dieses Ortes ist die historische Straßenbahn, Vintage Talking Tram, die jedes Wochenende zwischen der Central Deborah Mine und dem Joss House pendelt. Die Mine kann jeden Tag besichtigt werden. Sie wurde erst in den 50er Jahren stillgelegt und führt bis in 500 m Tiefe. Das Joss House erinnert an die chinesischen Einwanderer, die damals ein Fünftel der Goldgräber stellten.

Echuca zählte früher zu den belebtesten Flusshäfen am Murray River. Zwei restaurierte Raddampfer liegen im schönen Hafen der Stadt, die nur 3000 Einwohner zählt. Wer Lust auf eine gemütliche Dampferfahrt verspürt, ist hier an der richtigen Stelle: Informationen darüber gibt es im Tourist Information Centre in der High Street No. 624.

Geelong hat 177 000 Einwohner und ist die zweitgrößte Stadt nach Melbourne. Was für ein Sprung! Sie war früher – zur Zeit der Goldgräber – sogar einmal als Hauptstadt Victorias im Gespräch. Viele aus dem vorigen Jahrhundert erhaltene Häuser erinnern noch an den Glanz des damaligen Geldadels.

Die Stadt liegt an einer Ausbuchtung der großen Port Phillip Bay, der Corio Bay.

Sehenswert sind die alten Lagerhäuser am Hafen. Von hier aus können Sie auch einen Ausflug (30 km) zur Bellarine-Halbinsel machen, die Halbinsel mit der schönen historischen Stadt Queenscliff. Dort kann man Leuchtturm und Festung bewundern.

Horsham Wer von Ihnen mal Natur pur erleben möchte, dem sei eine Tour über den Western Hwy (No. 8) empfohlen. Rund 300 km von Melbourne entfernt können Sie von diesem kleinen Ort mit 2500 Einwohnern sowohl den Grampians National Park mit den meisten Aborigines-Felsmalereien Victorias als auch die noch fast unberührte Buschlandschaft des Little Desert National Park besuchen.

In Horsham befindet sich auch ein Weizenforschungsinstitut.

Mildura hat 15 000 Einwohner und liegt 560 km nordwestlich von Melbourne am Murray kurz vor der Einmündung des Darling. Aufgrund der Lage im sehr warmen und trockenen Klima des Landesinnern gedeihen hier sowohl Wein als auch Zitrusfrüchte sehr gut. Dabei dient das Wasser des Murray zur Kultivierung dieser Früchte. Getrocknete Weinbeeren aus diesem Anbaugebiet gelangen auch nach Deutschland.

Für die persönliche Weinprobe eignen sich einige Weinkellereien in der Umgebung. Am Murray können alte Raddampfer besichtigt werden.

Die angeblich längste Theke der Welt mit 91 (!) m Länge steht im »Workingsman's Club« in der Deakin Avenue.

Wangaratta Diese Kleinstadt von 16 000 Einwohner in der Nähe der Nordgrenze Victorias erreicht man von Melbourne aus über den Hume

Hwy (No. 31), wenn man hinter Benalla nach links abbiegt. Achtung, wer nach Glenrowan (Ned Kelly!) möchte, ist hier ganz in der Nähe!

Vor allem ist der Ort durch seine 17 Weingüter bekannt, die hier in der Umgebung liegen. Hier gibt es einen besonders guten Rotwein zu kaufen. Im Baileys Bundarra Vineyard nördlich von Glenrowan sind vorzügliche Likör- und Portweine zu bekommen. Aber bitte erst nach der Autofahrt probieren!

Woodend Gewissermaßen vor der Haustür Melbournes (70 km) liegt diese Stadt von 11 000 Einwohnern. Man erreicht sie über den Calder Hwy (No. 79).

Zum Wandern ist diese Gegend wegen der dichten Bewaldung ideal. Das mittlerweile bekannteste Gebiet zum »bush walking« ist das Hanging Rock Reserve, das im Organ Pipe National Park liegt. Es wurde durch den Roman »Picnic at Hanging Rock« von Joan Lindsay bekannt. Durch die Verfilmung wurde diese Geschichte weltberühmt; sie ist bei uns in ihrer deutschsprachigen Version unter dem Namen »Picknick am Valentinstag« bekannt.

Etwas weiter westlich liegen die Trentham Falls, Wasserfälle von mehr als 100 m Fallhöhe. Wer noch mehr wandern möchte, kann dies im südlich von Woodend gelegenen Lerderderg State Park (Schluchten) und im noch weiter südlich gelegenen Mt. Wallace National Park tun.

Torquay und Südküste Torquay liegt ganz in der Nähe von Geelong an der Südküste und ist mit seinen nur 2600 Einwohnern durch seine Surfstrände mit den Namen »Bell's Beach« und »Jan Juc Beach« weltweit bekanntgeworden.

Fährt man von hier aus weiter die Great Ocean Road (Hwy No. 100) entlang nach Süden, so passiert man zunächst die Otway-Bergkette und gelangt hinter dem Ort Apollo Bay in den Cape Otway National Park, ein richtiges Regenwaldgebiet.

Weiter nach Westen fahrend erreicht man bei Port Campbell die im Meer stehenden, bis zu 50 m hohen Felssäulen, »Twelve Apostels« genannt. Hier werden Sie ein wunderbares Stück Küstenlandschaft erleben.

Die nächste Stadt ist dann Warrnambool – vor 150 Jahren ein bedeutender Hafen der Wal- und Robbenfänger, heute eine Industriestadt von 22 000 Einwohnern.

4.3 Queensland (Qld)

Mit 1 728 000 km≈ ist Queensland der zweitgrößte Bundesstaat Australiens.

Die Bevölkerungszahl ist im Vergleich zur Staatsfläche ziemlich ausgeglichen: 2,8 Mio. Menschen – das entspricht etwa 23 Prozent der australischen Bevölkerung, leben auf einer Fläche von 17 Prozent des Kontinents. Dies darf aber nicht darüber hinwegtäuschen, dass 90 Prozent der Einwohner auf dem relativ schmalen Küstenstreifen östlich der Bergkette wohnen.

Der Anteil von Einwanderern ist hier deutlich geringer als in NSW und Victoria. Nur 7 Prozent kamen nach dem Zweiten Weltkrieg aus Großbritannien und 8 Prozent aus dem übrigen Europa.

Auch in Queensland finden wir eine Fülle unterschiedlicher Naturlandschaften: tropische Regenwälder im Norden und im Nordosten, Trockensteppen und Halbwüsten im Westen, ein fruchtbarer Streifen Ackerland auf der Ostseite und in den Tälern der Great Dividing Range und – nicht zu vergessen – eine in der Welt einmalige Meereslandschaft, das rund 2000 km lange Great Barrier Reef, das mit seinen über 600 Inseln der gesamten Ostküste des Staates vorgelagert ist: ein Hindernis für die Schiffahrt und gleichzeitig ein tropisches Unterwasserparadies.

Die Hälfte von Queensland liegt im Bereich der Tropen. Hier grenzen der Gulf of Carpentaria und die Coral Sea an die Küstenlinie an.

Queensland selber nennt sich »Sunshine State«, hat aber in der winterlichen Monsunregenzeit beträchtliche Niederschlagsmengen zu verzeichnen. Südlich von Cairns können sie über 4000 mm pro Jahr betragen. Dieses Bild ändert sich aber radikal, wenn man in den trockenen Westen fährt. Hier sind es nur noch 400 mm.

Im Durchschnitt scheint acht Stunden am Tag die Sonne, das ganze Jahr über.

Das Sommerklima Queenslands reichen von trockenheiß im Innern bis warm an der Ostküste, an der tropischen Nordküste gibt es bei ständig warmem Klima keine Jahreszeiten, dafür eine lange Sommerregenzeit (Monsun).

Die wirtschaftlichen Stützen des Landes sind der Bergbau, die Landwirtschaft und in den letzten Jahren mehr und mehr der Tourismus.

Landwirtschaftliche Anbauprodukte der fruchtbaren Küstenebene sind Zuckerrohr, Getreide, Tabak, Ananas, Avocados, Bananen, Mangos, Papayas und viele andere Südfrüchte. An die Zuckerrohr- und Melasseproduktion schließt sich in Bundaberg die Destillierung von Rum an.

Im trockenen Landesinnern grasen riesige Rinder- und Schafherden.

Bergbau wird vor allem um den Ort Mount Isa betrieben, der über große Lager an Kupfer-, Silber-, Blei- und Zinkerzen verfügt.

Steinkohle kommt aus dem Bowen Basin und wird von dort mit langen Zügen zur Küste transportiert. Große Bauxitvorkommen hat man auf der Kap-York-Halbinsel entdeckt.

Hier wie auch an anderen Stellen von Queensland befinden sich große Aborigines-Reservate, die immer wieder für Konfliktstoff sorgen, wenn es um die Ausbeutung von Bodenschätzen geht.

Im Tourismusgeschäft ist vor allem die Küstenregion engagiert, die für alle Arten von Wassersport und für die Erkundung der Unterwasserwelt vielfältige Möglichkeiten bereithält. Ob von Glasbodenbooten aus oder im eigenen Tauchgang – hier kann man die vielfältigen und bei richtiger Beleuchtung farbenprächtigen Lebewesen des Korallenmeeres bestaunen, einer Welt, die äußerst sensibel auf Störungen ihres Gleichgewichts reagiert.

Außer für Urlauber ist Queensland auch für die »retired people« (Rentner, Pensionäre) aus dem kühleren Süden interessant, und zwar als Alterswohnsitz. Wer genügend Geld hat, kauft sich hier eine Wohnung oder ein Häuschen in einer Seniorenanlage und ist aufs Beste versorgt.

Nachdem die ultrakonservative und autoritäre Regierung unter Johannes Bjelke-Peterson 1989 abgelöst worden war, wurden Liberalität, Toleranz und Weltoffenheit auch in Queensland wieder zu Selbstverständlichkeiten des modernen Alltags.

Hier ein Blick auf die Wirtschaft nach Anteilen und Bruttowert:

Verarbeitende Industrie	67,9 %	20,0 Mrd A$
Bergbau	16,8 %	5,0 Mrd A$
Landwirtschaft	15,3 %	4,5 Mrd A$

Brisbane

Mit einer Einwohnerzahl von über 1,4 Mio. hält Brisbane den dritten Platz unter den australischen Metropolen. Bei einem Blick auf die Karte stellt man fest, dass es in der äußersten Südostecke des Staates liegt. Hier hat es seinen Platz zwischen den Ausläufern der Great Dividing Range und der Küste – beides beliebte Ziele von Wochenendausflüglern.

Seit Beginn der 80er Jahre gab es für Brisbane einen Entwicklungs- und Bauboom ohnegleichen. Dies hatte ganz eindeutig mit der 1988 in Brisbane durchgeführten Weltausstellung Expo zu tun. Die Stadt am Brisbane River ist ein Zentrum der Verwaltung, der Banken und der großen Unternehmen: Das sich ständig verändernde Stadtbild mit immer neuen glasbedeckten Wolkenkratzern zeugt davon. In diesen spiegeln sich aber auch manch »alte« viktorianische Sandsteingebäude wider, wie etwa die Central Railway Station, das General Post Office oder die City Hall mit dem 85 m hohen Uhrturm: Sie alle stammen aus dem Ende des vorigen und dem Anfang dieses Jahrhunderts.

Leider hat der rasante Aufschwung auch zu viel mehr Hektik und Trubel geführt, wie man schon an einem Gang durch die »Mall« spüren kann.

Noch Mitte der 90er Jahre hielten Zuzug und Vergrößerung an und ließen Brisbane wie einen Kuchenteig immer mehr in die Breite gehen. Der neue internationale Flughafen wurde inzwischen fertig gestellt.

Die Tatsache, dass die Vororte der Stadt auf 37 Hügel verteilt sind, um die sich der Brisbane River herumschlängelt, verhilft dem Stadtbild zu großer Abwechslung. Die City selbst ist, wie woanders auch, schachbrettartig strukturiert. Ein Kuriosum sind die Straßennamen: Die nord-südlichen tragen weibliche, die west-östlichen männliche Vornamen.

Wenn Sie die Sehenswürdigkeiten dieser Stadt kennen lernen möchten, ist das Old Observatory (Old Windmill) im Wickham Park nahe der Turbot Street ein guter Ausgangspunkt. 1828 von Sträflingen als Windmühle gebaut, wurde daraus später eine Tretmühle und schließlich eine Signal- und Wetterstation.

Nur ein paar Schritte weiter, und Sie sind am nächsten Häuserblock angelangt. Hier sehen Sie die Central Railway Station vor sich. Dieses schöne victorianische Gebäude datiert aus dem Jahre 1901. Gleich gegenüber der »Anzac Square« (Platz) mit dem Shrine of Remembrance, der an die Kriegsopfer des Ersten Weltkriegs erinnert. Wenn Sie nun in Richtung City Hall weitergehen, kommen Sie an zwei Kirchen vorbei, der Anne Street Presbyterian Church und der Albert Street Uniting Church.

Der Platz, auf dem die City Hall (Rathaus) steht, nennt sich »King George Square«. Gehen Sie ruhig einmal hinein und schauen Sie unten in den Raum mit der großen Orgel, wo Musikveranstaltungen stattfinden. Die Ratssitzungen werden im ersten Stock abgehalten. Beim Pförtner können Sie weitere Details erfahren. Beachtenswert ist der 85 m hohe Uhrturm des Gebäudes, im Stil italienischer Renaissance gehalten. Die City Hall wurde zwischen 1920 und 1930 erbaut und trägt griechische Stilelemente.

Stoßen Sie nun weiter vor zur Queen Street Mall, so finden Sie sich im Gewühl der teilweise überdachten »shopping mile« wieder. Nicht nur die großen pilzförmigen Überdachungen sind beachtenswert, sondern vor allen anderen Kaufhäusern das Myer Centre: Die vier Gebäude des Myer-Komplexes stammen aus dem 19. Jahrhundert. Wer

Touristeninformation benötigt, wird an einem sehr rege besuchten Informationsstand mitten in der »Mall« mit allem Nötigen versorgt.

Wenn Sie jetzt die Queen Street Mall ganz nach oben in Richtung Victoria Bridge weitergehen, öffnet sich der lichte Raum plötzlich und Sie schauen linker Hand auf das Treasury Building. In seiner Bauart gilt es als eines der schönsten Exemplare des italienischen Renaissancestils auf der Südhalbkugel. In ihm sind Ministerien und Abteilungen der Regierung untergebracht.

Wer weitergeht und die Victoria Bridge überquert, genießt von dort einen schönen Ausblick auf die City und die teilweise über dem Wasser verlaufenden Schnellstraßen. Der Brisbaner weiß sich eben zu helfen: Wo kein Platz mehr ist, baut er die Straßen einfach über dem Wasser.

Drüben angekommen, finden Sie auf der rechten Straßenseite (Melbourne Street) das Queensland Cultural Centre, das in großzügig gestalteter, moderner Architektur den Ansprüchen der dort ausgestellten Objekte vollständig gerecht wird. Eine riesiges naturgetreues Modell (im Maßstab 1:1) einer Walmutter mit ihrem Jungen hängt unter der Decke des Eingangsbereichs und mahnt an die Erhaltung der Schöpfung. Gleichzeitig ist es ein Musterbeispiel natürlicher Ästhetik und weist dem Betrachter den Weg in die weitläufigen Hallen der Queensland Art Gallery. Der andere Teil des Zentrums dient dem Queensland Museum als Unterbringung und zeigt von der Aborigines-Kultur bis zum modernen Propellerflugzeug einen Querschnitt durch alle wichtigen Bereiche australischer Kulturgeschichte.

Im mittleren Teil der George Street können Sie die Queensland Aboriginals Creations Gallery besuchen.

Im Parliament House am südlichen Ende der Alice Street gibt es regelmäßige Führungen.

Gleich nebenan laden die Botanic Gardens zu einem erholsamen Aufenthalt etwas abseits der geschäftigen City ein. Wenn Sie durch die Botanischen Gärten hindurch zur nördlichen Seite gehen, gelangen Sie dicht am Ufer des Brisbane River zum neugestalteten Waterfront Place und zu The Pier, wo die beiden historischen Raddampfer *Kookaburra I* und *Kookaburra II* zu einer ausgedehnten Flussfahrt mit Essen und zünftiger Bandmusik einladen.

Vom Pier aus hat man einen schönen Blick auf die gewaltige Stahlkonstruktion der Story Bridge, die hier eine Fluss-Schleife überspannt und die Stadtteile Kangaroo Point und Fortitude Valley miteinander verbindet. In Fortitude Valley finden Sie die Chinatown Brisbanes.

Wen es zu den Tieren Australiens zieht, der nimmt den Bus zum Bunya Wildlife Sanctuary im Nordwesten oder in das Lone Pine Koala

Sanctuary im Südwesten der Stadt. Weitere Botanische Gärten finden Sie in den Mount Coottha Botanic Gardens nur 5 km westlich der City. Hier befindet sich auch eine besondere Attraktion, das Sir Thomas Brisbane Planetarium, das größte Australiens.

Wer die beiden herrlichen Sanddüneninseln der Moreton Bay, Moreton Island und North Stradbroke Island, kennenlernen möchte, der braucht nur eine Fähre zu nehmen. Moreton Island bietet mit 279 m den höchsten Sandberg der Welt. Dass hier wunderschöne Sandstrände zum Baden einladen, braucht nicht extra betont zu werden. Auf beiden Inseln sind auch Urlaubsunterkünfte vorhanden.

Interessante Ziele in Queensland

Nur 60 km südlich der Hauptstadt liegt die **Gold Coast** mit etwa 230 000 Einwohnern: das Miami Australiens – ein Gemeindeverbund mehrerer Orte mit eindeutig touristisch ausgerichteter Grundlage. Eine Hochhauskulisse gleich hinter einem langen und breiten Sandstrand ist vielleicht nicht jedermanns Geschmack, bietet aber auf jeden Fall Freizeit- und Erholungswert, wenn man die Hochsaison des Sommers meidet. Viele ausländische Gesichter prägen dann das Bild dieses Küstenabschnittes.

Southport im Norden der Goldküste ist für seinen Seaworld-Wasserpark bekannt, zu dem ein Ozeanarium, ein Badeparadies und ein Kino gehören.

Der zentrale Teil dieser Strandregion heißt »**Surfers Paradise**«, was schon auf die guten Wassersportbedingungen an dieser Stelle hinweist. Die langwellige Brandung des riesigen Ozeans bricht sich hier in hohen und breiten Wellen, wie sie sich der echte Surfer wünscht.

Teure Hotels, exzellente Ferienwohnungen (auch für Kapitalanleger), Kasinobetrieb und gute Restaurants sind das Ambiente, das auch nicht allzu sehr Betuchten die gesuchte Urlaubsatmosphäre bietet.

Südlich schließt sich der Burleigh Heads National Park mit schönen Rundwanderwegen durch Regenwald und felsiges Küstenland an. Wer sich für das Vogelleben interessiert, kann das in der Nähe liegende Currumbin Sanctuary und noch weiter landeinwärts die Olson's Bird Gardens besuchen.

Coolangatta bildet den südlichen Abschnitt der Goldküste. Gleich danach kommt schon die Grenze zu NSW, wo Tweed Heads liegt. Dazwischen befindet sich auf einer Halbinsel ein Leuchtturm, das Captain Cook Memorial Lighthouse.

Der im Hinterland dieses Küstenabschnitts liegende Lamington National Park eignet sich hervorragend für kleine und größere

Wandertouren in die unbewohnten Bergregenwälder der McPherson Range. Wer ein echtes australisches Urwalderlebnis sucht, wird in dieser Gegend der Schluchten, Wasserfälle und dunklen Wälder mit gigantischen Bäumen und herabhängenden Lianen auf seine Kosten kommen. Ausgangspunkt aller Wandertouren in diesem Gebiet sollte entweder Binna Burra Lodge (Ostteil) oder O'Reilly's Guesthouse (Westteil) sein, wo Informationen und Tourvorschläge zu bekommen sind.

Australienweit berühmt wurde in den 30er Jahren der Begründer dieses Gästehauses, Bernhard O'Reilly, als er im Alleingang die Überlebenden eines Flugzeugabsturzes im dichten Regenwald fand.

Fahren wir nun in westlicher Richtung aus Brisbane hinaus, so gelangen wir in die **Darling Downs**, ein Gebiet von dunklem, fruchtbarem Ackerboden, das nach dem damaligen Gouverneur von NSW benannt wurde. Sein Zentrum, am östlichen Rande dieser landwirtschaftlich bedeutenden Gegend gelegen, ist die Stadt Toowoomba (80 000 Einwohner), die sich »Garden City« nennt: Tatsächlich gibt es hier weit ausgedehnte Parks und zwei entsprechende Feste jährlich, ein Blumenfest im Frühling (September) und ein Gartenfest im Herbst (Mai).

Landwirtschaftliche Produkte sind hier Weizen und verschiedene Gemüsesorten. Zu den landschaftlichen Reizen der Umgebung zählen der Ravensbourne National Park und die Wasserfälle Crows Nest.

Warwick mit 10 000 Einwohnern liegt etwa 80 km südlich von Toowoomba und ist für seine wöchentlichen Rinder- und Schafmärkte sowie für ein Rodeofestival im Oktober bekannt. Auch hier sind lohnende Ausflüge in das waldige Bergland empfehlenswert, so zum Beispiel den Main Range National Park mit der Cunningham Gap (Schlucht).

Stanthorpe mit 5000 Einwohnern liegt auf einem langgestreckten Hochplateau mit daraus bis über auf 1200 m emporsteigenden Felswänden.

Im Girraween National Park gibt es Wasserfälle und eine artenreiche Wildblumenflora im Frühling.

Auch der Bunya Mountains National Park 60 km nördlich von Dalby soll wegen seiner artenreichen Vogelwelt mit Papageien und Sittichen in Grasland, Eukalyptus-Buschwald und subtropischem Regenwald mit seinen Wasserfällen nicht unerwähnt bleiben.

Auf halber Strecke zwischen Brisbane und Dalby (Warrego Hwy) liegt bei Jondaryne ein Schafschurmuseum mit täglicher Vorführung.

Fahren wir etwa 60 km von Brisbane aus in nördlicher Richtung auf dem Bruce Hwy (No. 1), sind wir schon im Gebiet der sogenannten »**Glass House Mountains**«, einer Gruppe von neun mehr oder weniger nackten, erloschenen Vulkankegeln. Der höchste von ihnen ist mit 556 m der Mount Beerwah ganz im Westen. Diese breiten und oben spitzen, felsigen Bergkegel sind – von Ferne betrachtet – ein einmaliges Landschaftspanorama, weil sie sich wie Wächter aus der waldbedeckten Ebene erheben. Um nahe heranzukommen, verlassen wir den Highway nach links in Richtung Beerburrum.

Caloundra (44 000 Einwohner) erreichen wir, wenn wir bei Glenview vom Bruce Hwy nach rechts abbiegen. Diese Stadt nahe dem nördlichen Zipfel der Insel Bribie Island stellt gewissermaßen das südliche Ende der **Sunshine Coast** dar. Gleichzeitig ist sie ihr größter Ort. Schon südlich Caloundra erstrecken sich allein bis Mooloolaba zehn Strandabschnitte mit jeweils eigenen Namen – alle ideal zum Baden und Surfen, aber ohne die Hochhausumgebung der Goldküste (Kings Beach, Shelly Beach, Currimundi Beach, Warrana Beach und andere). Im Mooloolaba selbst ist die Underwater World der Anziehungspunkt, wo man durch einen gläsernen Tunnel unter der maritimen Lebenswelt – einschließlich Rochen und Haien – hindurchgehen kann.

Aber die Sunshine Coast ist hier noch nicht zu Ende: Wir gelangen nach Maroochydore, dem ältesten Badeort hier, und erreichen damit die noch nicht so belebten Strände, die sich bis nach Noosa Heads hinaufziehen (Marcola Beach, Coolum Beach, Peregian Beach, Marcus Beach, Sunrise Beach und Sunshine Beach).

Noosa besteht aus den beiden Teilen Noosaville und Noosa Heads, die zusammen etwa 17 000 Einwohner haben. Es liegt an der Mündung des Noosa River und ist der eleganteste Badeort der Sunshine Coast. An der felsigen Landspitze lädt der Noosa National Park zu verschiedenen Wanderungen mit herrlichen Ausblicken auf Meer und Küste ein. Am Hells Gate erreicht man die stürmischste Ecke und schaut fast senkrecht in die Tiefe einer Felsschlucht, wo die Brandung brüllend gegen die steilen Felswände schlägt. Am anderen Ende des Parks kann man den rund 1 km langen Rainforest Walk entlanggehen und erlebt die lautlose Dunkelheit lianenbehängter Baumriesen und umgestürzter, moosüberwucherter Stämme.

Auf dem Rückweg nach Noosa gibt es von einem kleinen »lookout« (Aussichtspunkt) direkt über den Wasserspeichern der Stadt einen herrlichen Blick über Ort und Flussmündung.

Unten am Fluss tummeln sich Pelikane neben buntbemalten Hausbooten, und Angler halten ihre Ruten in die fischreichen Gewässer. Eine Atmosphäre der Ruhe bietet Noosa besonders im Winter, wenn nur verhältnismäßig wenige Urlauber den Ort besuchen. Noosa ist auch ein ideales Refugium für die »oldies« der Gesellschaft, die hier ihren Lebensabend verbringen.

Lohnend – für einen Wanderausflug – sind auch die in der Nähe gelegenen Berge **Mt. Tinbeerwah** und **Mt. Cooroy**. Mt. Tinbeerwah liegt nicht weit von Noosa, und sein Gipfel lässt sich auch von Ungeübten gefahrlos über einen gut ausgebauten Weg erreichen. Die Besteigung wird durch einen herrlichen Ausblick auf die ganze Umgebung von Noosa belohnt.

Ein Ausflug über Nambour in das Hinterland mit der **Blackall Range**, wo kleine Orte wie Mapleton, Flaxton und Montville mit Kräuterläden, Souvenirgeschäften und Devonshire Tea Houses auf Wochenendtouristen aus Brisbane und auf ganz normale Urlauber warten, und von wo aus man teilweise herrliche Ausblicke auf die Küste und die Glass House Mountains hat, ist ein Geheimtipp für den, der alte englische Tradition und ein Stück Romantik sucht. Ganz in der Nähe von Montville liegt auch der Kondalilla National Park mit den von ausgeprägtem Regenwald umgebenen 100 m hohen Wasserfällen. Ähnliches findet sich im Mapleton National Park.

Bei Nambour (8000 Einwohner) kann man auf der Sunshine Plantation die Big Pineapple, eine Riesenananas aus Kunststoff, besteigen und von dort auf die Plantagen dieses Großbetriebs hinabsehen. Auch eine Fahrt durch die Felder kann mit einer Kleinbahn unternommen werden. Im Supermarkt der Plantage bekommt man nicht nur die Ananas, sondern fast alle Südfrüchte Australiens und eine Menge Souvenirs zu kaufen.

Tewantin bietet als unmittelbar an Noosa angrenzender Nachbarort eine Muschelsammlung, die Big Shell, und ein aus 35 000 leeren Flaschen gebautes Haus mit 5000 verschiedenen Flaschenexponaten im Innern, das Bottle House.

Zweckmäßigerweise mit einem geländegängigen Wagen – zumindest bei feuchtem Wetter – befährt man den Cooloola National Park nördlich von Noosa, ein Waldgebiet mit großen Lagunen und auch offenen Buschlandschaften. Empfehlenswert ist eine Tour mit einem der Allradbusse nach Fraser Island, die von einigen Veranstaltern angeboten werden. Am östlichen Rand des Nationalparks fahren die hochbeinigen allradgetriebenen Busse (20 bis 25 Sitzplätze) bei Ebbe direkt auf dem Strand entlang und bringen die Touristen auf dem 40 Miles Beach mit der sehenswerten Sandsteilküste, den sogenannten »Coloured Sands«, bis hinauf zum Ende der Halbinsel. Unterwegs gibt's ein Schiffswrack zu sehen.

Dann geht es nach dem Übersetzen mit einer Fähre auf die gleiche Art auf Fraser Island weiter, der größten Sandinsel der Welt. Die Insel verfügt über mehr als 40 Süßwasserseen, echten subtropischen Regenwald mit riesigen Epiphyten (Geweihfarn) an den Baumstämmen,

Palmen, Brettwurzelbäumen und kristallklaren Bächen, aber auch über offene Heidelandschaften, Mangrovenwälder und endlos anmutende Traumstrände (75 Mile Beach), wo auch ein Schiffswrack zu sehen ist.

Für einen Campingaufenthalt kann man gegen eine Gebühr problemlos eine Genehmigung bekommen. Wer aber hier auf eigene Faust unterwegs ist, sollte unbedingt ein Allradfahrzeug benutzen und mit Spaten und dergleichen ausgerüstet sein, um die Sandpisten befahren zu können. Es gibt eine nördliche Rundtour (Northern Circuit) und eine südliche (Southern Circuit).

Eine ähnliche Tagestour kann auch von Hervey Bay (14 000 Einw.), westlich der Insel gelegen, unternommen werden. Dieser Ort ist durch die Wale bekannt geworden, die diese Gegend in unregelmäßigen Abständen besuchen. 1995 sind sie – nach langer Unterbrechung – erneut hierher zurückgekehrt.

Bundaberg mit 45 000 Einwohnern, etwa 400 km von Brisbane auf dem Pacific Hwy (No. 1) nordwärts, ist als Zentrum der Zuckergewinnung aus Zuckerrohr und für seine Rum-Produktion (»Bundie«) im ganzen Kontinent bekannt. Die 1888 gegründete Destillerie kann besichtigt werden. Man kann hier aber auch tropische Weine probieren.

Westlich, in der Nähe von South Kolan, befinden sich die sogenannten Mystery Craters, deren erdgeschichtliche Einordnung ungeklärt ist.

Rockhampton markiert die Grenze zwischen Tropen und Subtropen, denn genau hier geht der Wendekreis des Steinbocks hindurch. Mit 60 000 Einwohnern ist es der zentrale Ort der Capricorn Coast (Steinbockküste).

Sehenswert sind die Rockhampton Art Gallery mit Bildern der Gegenwartskunst und die Botanic Gardens mit tropischer Flora und einem kleinen Zoo.

Einige Kilometer nördlich – am Bruce Hwy – liegt das Dreamtime Aboriginals and Torres Strait Islanders Cultural Centre, das zu den größten Australiens gezählt werden kann.

Im Coral Life Marineland kann man die Meeresfauna beobachten und bei The Caves ausgedehnte Kalksteinhöhlen besichtigen. Draußen vor der Küste liegt eine der schönsten Inseln des Korallenmeeres, Great Keppel Island; man kann sie von Rosslyn Bay aus mit der Fähre erreichen.

Mackay mit 50 000 Einwohnern liegt weitere 400 km weiter nördlich im Bereich der Whitsunday Coast. Es liegt inmitten eines großen Zuckerrohranbaugebietes und besitzt acht Raffinerien für die Produktion des süßen Stoffs. Vom Hafen aus wird er direkt nach Übersee (Europa, Japan) verschifft.

In diesem Bereich liegen die Cumberland-Inseln und etwas weiter nördlich gegenüber dem Ort Proserpine (8000 Einwohner) die Whitsunday-Inseln.

Lohnend ist ein Besuch des Eungella National Park westlich von Mackay, der mit seiner Regenwaldflora, mit Schluchten und Wasserfällen als noch sehr unberührt gilt.

Townsville Nach Townsville mit seinen 110 000 Einwohnern gelangt man, wenn man weitere rund 400 km auf dem Küstenhighway nach Norden fährt. Dieser Küstenabschnitt heißt »Magnetic Coast« und ist nach einer Insel benannt, in deren Nähe Cooks Kompass unnormale Ausschläge zeigte.

Townsville ist auch Universitätsstadt: Da hier (fast) alles auf Captain Cook eingestellt ist, heißt sie Captain Cook University. Das zur Universität gehörende Australian Institute of Marine Science ist ein weltweit anerkanntes meeresbiologisches Forschungsinstitut.

Der Hafen Port Townsville hat Bedeutung für das Hinterland, denn hier werden Erze aus Mt. Isa ebenso wie landwirtschaftliche Produkte verladen.

Vom Castle Hill (285 m) hat man einen schönen Blick über die Stadt. Einen Besuch wert ist das Great Barrier Reef Wonderland in der Flinders Street East mit einem Aquarium mit Tunnelpassage für die Betrachter. Fahren Sie auf jeden Fall auch zum Omnimax Theatre, wo Sie auf einer 360°-Leinwand einen eindrucksvollen Film über das große Riff sehen können. Die reichhaltigste tropische Parkanlage ist der Queens Garden (Paxton Street) nördlich der City.

Im 17 km südlich von Townsville gelegenen Billabong National Park sind auch Krokodile zu sehen, während der Mt. Elliot National Park einen Ausschnitt aus dem Regenwald-Szenario bietet.

Täglich mehrmals können Sie von Townsville aus mit der Autofähre nach Magnetic Island übersetzen.

90 km südlich Townsville überfahren Sie eine interessante und große Brückenkonstruktion, die Burdekin Bridge (zwischen Home Hill und Ayr).

140 km nördlich von Townsville befindet sich der Crystal Creek National Park mit besonders sehenswerten Wasserfällen und schönen Aussichten.

Ein kleiner Sprung von 136 km über den Flinders Hwy bringt uns westlich ins Inland nach

Carters Towers, das heute nur noch und 10 000 Einwohner hat, wohingegen es zur Goldrauschzeit (1871 bis 1911) 30 000 zählte. Hier gibt es sorgfältig restaurierte Gebäude aus dieser Zeit zu sehen, zum Beispiel die Stock Exchange Arcade in der Gill Street.

Ingham In Ingham, 6500 Einwohner, 120 km nördlich von Townsville, steht die älteste Zuckerrohrmühle Australiens, die Macknade Mill. Im gleichen Ort findet man auch die größte Rohzucker-Raffinerie der Südhemisphäre.

Etwa 110 km weiter nordöstlich von Tully (3000 Einw.) liegt der Tom O' Shanter State Forest, wo Sie mit etwas Glück die Kasuare (Laufvögel) beobachten können, die hier ein Brutrevier haben. Auch eine Fahrt zur Küste lohnt sich, denn hier gibt es ein Stück Südsee-Romantik: mehrere Sandstrände mit Palmenbestand.

Cairns ist mit 70 000 Einwohnern das Fremdenverkehrszentrum des tropischen Nordens von Queensland. Hier gibt es einen sehr belebten Flughafen und dementsprechend viel Tourismus. Früher war hier eine bedeutende Bergbauregion, wo Gold und Zinn gefördert wurden. Heute sind Zuckerrohr, Viehzucht und der Tourismus die wirtschaftlichen Eckpfeiler. Da das Great Barrier Reef hier gewissermaßen dicht vor der Haustür liegt, sind Kreuzfahrten von Cairns ins Korallenmeer das Gegebene.

Nicht vergessen sollte man aber auch eine Fahrt mit der Eisenbahn ins Atherton Tableland nach Kuranda, die durch 15 Tunnels und über 40 Brücken geht: Auf nur 19 km Länge werden hier über 300 Höhenmeter überwunden. Die Strecke diente früher dem Transport von Bauholz aus dem Hinterland zu den Siedlungen an der Küste. Allein der Blumenbahnhof in Kuranda ist die Reise wert.

Zurück nach Cairns: Im Flecker Botanic Garden (Collins Avenue) sieht man rund 200 verschiedene Palmenarten. Die schönen Strände liegen etwa 20 km nördlich der Stadt (Clifton Beach, Palm Cove, Trinity Beach und Yorkeys Knob Beach).

Zwischen Innisfail und Cairns liegt der höchste Berg Queenslands, der 1612 m hohe Mt. Bartle Frere im Bellenden Ker National Park.

Das Atherton Tableland wird intensiv landwirtschaftlich genutzt. Es liegt zwischen 600 und 1000 m über NN und ist sehr hohen Niederschlagsmengen ausgesetzt. Diese und der fruchtbare Lößboden geben dem Zuckerrohr hier die besten Wachstumsbedingungen. Leider wurde aus diesem Grunde auch ein Großteil des Regenwaldes abgeholzt. Auf dem Tinaroo Falls Dam wird Wassersport betrieben.

Port Douglas liegt 62 km nördlich von Cairns und ist ein stark im Aufsteigen begriffener Ort des Nobeltourismus.

Cooktown ist auch eine ehemalige Goldgräberstadt – einst 30 000 Einwohner stark und heute zu einem kleinen Ort von 900 Einwohnern geschrumpft. 1770 kenterte Cook hier mit seiner *Endeavour* und musste das Schiff zur Reparatur aufs Trockene ziehen lassen: So erhielt die

Stadt ihren Namen. Hier gibt es auch ein James Cook Historical Museum zu besichtigen.

Hier die **Inseln des Korallenmeeres** (von Süd nach Nord):
Lady Elliot Island, 90 km NO von Bundaberg, reine Koralleninsel mit Saumriffen, ideal für Taucher und Schnorchler.

Lady Musgrave Island, 100 km NO von Bundaberg, unbewohnt, ebenfalls ein Taucherparadies.

Heron Island, 80 km NO von Gladstone, als Nationalpark geschützt. Hier gibt es eine meeresbiologische Station, weiße Traumstrände und sehr schöne Korallen. Die Insel ist auch als Vogelparadies bekannt. Hier legen auch Meeresschildkröten ihre Eier ab.

Great Keppel Island, 50 km NO von Rockhampton, ist keine Koralleninsel, dementsprechend dichtbewaldet und mit vielen Freizeitangeboten sehr auf den Tourismus eingestellt.

Brampton Island, 35 nördlich von Mackay ist keine Koralleninsel, sondern vulkanischen Ursprungs, ebenfalls dicht bewaldet und für alle Arten des Wassersports bekannt.

Die **Whitsunday-Inselgruppe** umfasst 74 Inseln, von denen die folgenden bewohnt sind:

Hamilton Island, 18 km südlich von Shute Harbour, hat Hoteltürme und Appartementhäuser, gute Restaurants und Tennisplätze sowie einen Yachthafen.

Hayman Island, 27 km nördlich von Shute Harbour, besitzt ein Saumriff mit Korallenlagune und trägt tropischen Regenwald. Hier ist luxuriöser Urlaub angesagt.

Lindeman Island, 33 km SO von Shute Harbour, hat ebenfalls einen Regenwald im Zentrum. Ideal sowohl zum Baden als auch zum Wandern.

South Molle Island, 6 km NO von Shute Harbour, hat vielfältige Freizeitangebote.

Long Island, 8 km SO von Shute Harbour, ist Nationalparkinsel und hat beste Sandstrände. Im Regenwald der Inselmitte sind viele Wanderwege angelegt.

Daydream Island, 4 km NO von Shute Harbour, hat herrliche Palmenhaine und einen weißen Korallenstrand.

Hook Island, 22 km NO von Shute Harbour, ist mit 5200 ha die zweitgrößte Insel der Whitsunday-Gruppe. Hier kann man preiswert wohnen. Tauchen und Schnorcheln in der Manta Ray Bay sowie der Besuch des Unterwasser-Observatoriums an der Südspitze sind lohnende Aktivitäten für den Urlauber.

Magnetic Island, 12 km nördlich von Townsville, besteht trotz des Namens, den ihr Captain Cook gab, aus überwiegend unmagnetischen Gesteinen. Die von ihm festgestellten Kompaßirritationen müssen demnach einen anderen Grund gehabt haben. Die höchste Inselerhebung heißt natürlich »Mt. Cook« (497 m). Mit mehr als 20 traumhaften Stränden und preiswerten Unterkünften ist sie gerade bei jungen Leuten gefragt. Sehenswert ist das Sharkworld-Aquarium mit täglicher Haifütterung.

Orpheus Island, 38 km östlich von Ingham, ist die zweitgrößte der »Palm Islands« und Nationalparkinsel. Lange weiße Sandstrände und Korallenriffe locken gutbetuchte Urlauber auf diese Insel.

Hinchinbrook Island, 49 km nördlich von Ingham, liegt dicht an der Küste und ist die größte Kontinentalinsel Queenslands. Hier findet man eine noch weitgehend unberührte Natur mit dichter Regenwaldvegetation bis hinauf auf die Gipfel (1142 m). An der Küste sind Mangrovendickichte zu finden. Diese Insel ist für Wildniswanderer lohnend, die den Coastal Walk gehen wollen. Achtung: In den Flussmündungen leben Leistenkrokodile, und von November bis März wird die Insel von den giftigen Box-Jelly-Fish-Quallen (s. Kapitel »Giftige Tiere«) heimgesucht.

Dunk Island, 5 km SO von Mission Beach, ist mit Regenwald und vielen Vogel- und Schmetterlingsarten eine Perle der Tropen. Hier gibt es keine Straßen und Fahrwege. Im Südwesten befindet sich eine große Ferienanlage mit vielen Sportangeboten. Achtung: Auch hier kommen die giftigen Quallen vor.

Fitzroy Island, 26 km östlich von Cairns, ist ebenfalls eine Festlandinsel, nur 6 km von der Küste entfernt. Dichter Regenwald in der Mitte und Riffe um die Insel bieten dem Urlauber hier viele Möglichkeiten.

Green Island, 27 km NO von Cairns, ist mit maximal 3 m über NN superflach und eine typische auf dem Riff entstandene Koralleninsel. Mit 13 ha Größe ist sie ein Inselzwerg, aber dennoch sehr populär. Eine Krokodilfarm sowie ein Unterwasser-Observatorium sind sehenswerte Ziele. Ebenso kommen natürlich auch Taucher und Schnorchler auf dieser Nationalparkinsel auf ihre Kosten.

Lizard Island, 97 km NO von Cooktown, wird auch als »Juwel des Great Barrier Reef« bezeichnet. Es ist eine bergige Festlandinsel (Cook's Lookout, 368 m), die jedoch nur 15 km vom äußeren Riff entfernt und von Saumriffen umgeben ist. Über 20 von Felsblöcken eingerahmte Buchten mit feinstem Sandstrand laden zum Baden ein. Sportfischer, die im teuren Strandhotel wohnen, fangen hier von teuren Yachten aus den Blue Marlin.

4.4 South Australia (SA)

Südaustralien hat eine Fläche von 984 000 km≈ und rund 1,4 Mio. Einwohner. Ähnlich wie in den anderen Bundesstaaten Australiens leben auch hier Dreiviertel der Bevölkerung in der Hauptstadt: in Adelaide.

Abgesehen von der südlichen Küstenregion ist Südaustralien ein sehr trockenes Land. Dreiviertel der Staatsfläche müssen im Jahresdurchschnitt mit weniger als 250 mm Niederschlag auskommen. Ausgedehnte Salzpfannen und Salzseen (Lake Eyre, Torrens, Frome, Gairdner und andere) sind ein prägender Faktor vor allem in der östlichen Hälfte. Diese führen meist nur alle paar Jahre einmal Wasser, das dann nach wenigen Wochen wieder verdunstet oder versickert ist: Zurück bleibt die weiße, lebensabweisende Salzkruste. Die Salzpfannen liegen eingebettet in rotbraune Trockensteppen und steinige Halbwüsten.

In den zentralen und nördlichen Gebieten wird extensiv Weidewirtschaft betrieben, die wegen der kargen Böden riesige Farmgrößen erfordert.

Die Küstenregion wird von zwei tiefen Landeinschnitten geprägt, dem Spencer Gulf und dem St. Vincent Gulf, dem die Kangaroo-Insel vorgelagert ist. Die großen Wüstengebiete sind die Great Victoria Desert im Nordwesten, die Simpson Desert im Norden sowie die Sturt Stony Desert und die Strzelecki Desert im Nordosten. Als wichtigste Höhenzüge sind die Mt. Lofty Ranges zwischen der Fleurieu-Halbinsel und Peterborough und die sich nördlich anschließenden Flinders Ranges (bis 1200 m üNN), beide etwa 300 km lang, sowie die Gawler Ranges nördlich der Eyre-Halbinsel zu nennen.

Die küstennahen Gebiete hingegen sind grüne Hügellandschaften, auf denen in einem mittelmeerähnlichen Klima Landwirtschaft betrieben wird. Besonders eindrucksvoll sind die weiten Agrarlandschaften auf der Eyre-Halbinsel im Dreieck Port Augusta – Streaky Bay – Port Lincoln, wo ein großer Teil des südaustralischen Getreides produziert wird.

Im Südosten versorgt der Murray weite Flächen von Zitrusplantagen mit genügend Wasser. Vergessen wir nicht den Weinanbau, der in der Gegend von Adelaide im Barossatal auf eine lange deutsche Tradition zurückblicken kann.

Die industrielle Seite Südaustraliens war lange Zeit schwächer ausgeprägt als die der anderen Bundesstaaten. Inzwischen ist dies jedoch anders geworden: In Adelaide gibt es Automobilbau und Maschinenfabriken. In Whyalla am Spencer Gulf sind Stahlindustrie,

Maschinenbau und Werften angesiedelt. An Bodenschätzen werden vor allem die Erdöl- und Erdgaslager in der Strzelecki-Wüste bei Moomba, das Eisenerz der Middleback Ranges westlich von Whyalla und die Uranvorkommen bei Roxby Downs am Rande des Woomera-Sperrgebietes ausgebeutet. Hier muss außerdem noch die traditionelle Opalförderung bei Coober Pedy nahe dem Stuart Hwy und Andamooka am Torrens-See erwähnt werden, die einen wichtigen Teil des südaustralischen Bergbaus einnimmt.

Hier ein Blick auf die Wirtschaft in Anteilen und Bruttowert:

Verarbeitende Industrie	75,2 %	13,0 Mrd A$
Landwirtschaft	13,0 %	2,3 Mrd A$
Bergbau	10,7 %	1,9 Mrd A$
Fischerei	1,1 %	180 Mio A$

Adelaide

Mit rund 1,1 Mio. Einwohnern ist die Hauptstadt am Torrens River die fünftgrößte Stadt Australiens. Trinkwasserversorgung und Bewässerung der weitläufigen Parkanlagen der Stadt sichern Rohrleitungen zum 80 km entfernten Murray. Einst von unabhängigen Religionsgemeinschaften gegründet, wird Adelaide manchmal noch als »Stadt der Kirchen« bezeichnet. Die Adelaide Hills östlich der Stadt sind Ausläufer der Lofty Ranges.

Adelaide – so hieß übrigens die Frau des englischen Königs William IV. – wurde im 19. Jahrhundert durch Verkauf von Regierungsland der englischen Krone an zahlungsfähige englische Mittelständler gegründet, was auf eine Idee von Edward Wakefield zurückgeht. So kamen handwerklich und kaufmännisch erfahrene Menschen ins Land, die einer wohlgeordneten wirtschaftlichen Entwicklung den Weg bereiteten.

Neben britischen Einwanderern kam aber auch ein beträchtlicher Teil deutscher Immigranten – aus Schlesien: Sie hatten ihre Heimat unter Führung des Pastors Kavel wegen der dort herrschenden religiösen Unfreiheit verlassen. Bis hierher reichen die Wurzeln des deutschen Weinanbaus im Barossatal.

Der vielleicht in visionärer Voraussicht heutiger Verkehrsverhältnisse schon im vorigen Jahrhundert erstellte Plan für die Straßenführung der Stadt hatte eine hervorragende Gliederung und großzügige Dimensionen. Das Geschäftsviertel umfasste schon damals ein Rechteck von einer Quadratmeile und befand sich auf der südlichen Seite des Flusses. Nördlich davon lagen die Wohnhäuser der Bevölkerung.

Noch heute spürt man bei einer Rundfahrt durch die Stadt oder bei einem Rundgang durch die City die offene, weiträumige Gliederung Adelaides. Beginnen wir beim Festival Centre, das im gleichen Jahr fertiggestellt wurde wie das Sydney Opera House. Mit seinen weißen – wenn auch in geometrisch geraden Formen gestalteten – Dächern kann man es als ein gewisses Pendant zum Opera House sehen. Man wird beim Betrachten unwillkürlich an gefaltete, umgedreht liegende Papierschiffe erinnert.

Das Centre umfasst fünf Teile, nämlich das eigentliche Festival Centre, das Playhouse, den sogenannten »Space« (ein kleines Theater), das offene Amphitheater und den Festival Plaza für spontane Veranstaltungen, der mit auffälligen, bunten Skulpturen von dem deutschen Bildhauer Hajek gestaltet wurde. Südlich dieses Komplexes schließt sich die North Terrace mit einem breiten Boulevard an. Hier finden wir auch einen großen Teil der Sehenswürdigkeiten der Stadt. Die Stilrichtungen reichen von viktorianisch über neuklassizistisch bis modern.

Das Parliament House liegt an der Ecke North Terrace und King William Street und kann an sitzungsfreien Tagen besichtigt werden. Gleich nebenan das Old Parliament House von 1855, in dem heute das Constitutional Museum untergebracht ist, ein Museum der politischen Geschichte – einzigartig in ganz Australien. Daneben steht der alte viktorianische Bahnhof mit einer prunkvollen Eingangshalle, der (leider!) 1986 zu einem Spielkasino umgebaut wurde.

Das von der Ecke North Terrace und King William Street in östlicher Richtung gelegene South African War Memorial erinnert an die Gefallenen Südaustraliens im Burenkrieg. Im Migration and Settlement Museum an der Kintore Avenue finden Sie – auch dies einzig in Australien – ein Einwanderermuseum.

Gehen wir zurück zur North Terrace. Die State Library wird gefolgt vom South Australia Museum mit der größten Sammlung von Aborigineskultur in Australien, dann von der Art Gallery of South Australia mit einer umfangreichen Sammlung australischer, asiatischer und europäischer Werke und schließlich von der University of Adelaide.

An der Ecke North Terrace und East Terrace finden wir die prächtige Residenz des langjährigen südaustralischen Premierministers Sir Henry Ayers, das Ayers House, der hier von 1855 bis 1897 wohnte. Beachten Sie in diesem Zusammenhang auch den Namen des großen Monolithen im Zentrum, des Ayers Rock. Heute befinden sich im Ayers House das beste Restaurant Südaustraliens, das Amt für Denkmalpflege und ein Museum mit viktorianischen Stücken.

Gehen wir nun die East Terrace weiter bis zur Grenfell Street, so erreichen wir das Tandanya Aboriginals Cultural Institute, das von Eingeborenen geführt wird. Malerei, Kunsthandwerk, Tanz, Theater und Musik der schwarzen Urbevölkerung bilden hier die wechselnden Themen zeitgenössischer kultureller Darbietung.

Gehen wir nun um den ganzen Straßenblock herum, so finden wir uns in der Rundle Road wieder, einer Parallelstraße zur North Terrace. Ihre unmittelbare Verlängerung ist die Rundle Mall, die Fußgängerzone mit der Einkaufspromenade. Schauen Sie ruhig mal bei Myers oder anderen hinein: Es lohnt sich. Jenseits der kreuzenden King William Street wird aus dieser Einkaufsmeile die Hindley Street, in der sich Delikatessengeschäfte mit europäischen und asiatischen Restaurants abwechseln.

Wenn wir nun die Straße bis zur King William Street wieder zurückgehen und nach rechts in diese einbiegen, kommen wir direkt auf den Victoria Square zu. Gewissermaßen an seinen Eingangsflanken liegen sich die Town Hall und das General Post Office gegenüber, die beide einen hübschen Glockenturm tragen. Am Victoria Square befindet sich auch das State Administration Centre, die Verwaltung des Staates Südaustralien. Von diesem Platz aus kann man auch mit der Straßenbahn zum Strand nach Glenelg hinausfahren.

Mehr Zeit nehmen sollte man sich für einen Besuch der Botanic Gardens am östlichen Ende der North Terrace mit dem Bicentennial Conservatory, einem großen Regenwaldgewächshaus und dem Museum of Economic Botany mit einer Darstellung der Vielfältigkeit der Nutzpflanzen.

Von hier aus lässt es sich bequem zu den Zoological Gardens weitergehen. Man kann den Zoo auch mit einem Schiff auf dem Torrens River vom Festival Centre aus erreichen – sicher eine romantischere Alternative.

Interessante Ziele

Die oben schon erwähnten Adelaide Hills beginnen gleich östlich der Stadt. Nur etwa 30 km entfernt und über den südöstlichen Highway zu erreichen liegt die zweitälteste **deutsche Siedlung** Australiens: Hahndorf. Erinnert schon die Landschaft an bewaldete Hügel in Süddeutschland, so machen weitere deutsche Ortsnamen wie etwa »Lobetal« die Täuschung fast perfekt.

Hahndorf mit seinem alljährlichen deutschen Schützenfest, seinen deutschen Bäckereien und Fleischereien, seiner baumbestandenen Hauptstraße und seinen hübschen Fachwerkhäusern ist eine Attraktion nicht nur für Australier. Im übrigen sind die Hügel durch eine ganze Reihe von Naturschutzgebieten besonders für Wanderer und Camper interessant.

Fahren wir in nordöstlicher Richtung nach Gawler hinaus und biegen nach rechts ab, so gelangen wir bei Lyndoch ins **Barossa Valley**, das Tal der Weingüter. Hauptort dieser ebenfalls deutschen Gegend ist Tanunda (2600 Einwohner), dazu gehören noch Nuriootpa (2900 Einwohner) und Angaston (2000 Einwohner). Im Umkreis dieser Ortschaften befinden sich nicht weniger als 15 »wineries«, die wir hier alle nennen wollen:

Basebow Wines, Bernkastel Wines, Bethany Wines, Chateau Dorrien Wines, Chateau Yaldara, Hardy's Siegerdorf, Henschke Wines, Orlando Wines, Penfold Kaiserstuhl Wines, Peter Lehmann Wines, Saltram Wine Estates, Seppeltsfield Winery, Wolf Blass Wines, Yalumba Winery, Veritas Winery

In Tanunda (vormals Langmeil) steht auch das Barossa Valley Historic Museum. Schräg gegenüber steht die alte Langmeil Church mit dem historischen Friedhof. Hier können Sie die Namen der frühen deutschen Einwanderer finden, darunter das Grab des Pastors August Kavel. Auf dem Goat Square (Ziegenplatz) umgibt sie eine Häuserkulisse im Stil des damaligen deutschen Ostens.

Auf der Straße nach Marananga (vormals Gnadenfrei) passieren Sie das Familienmausoleum der Weinbaupioniere Seppelt: Ihr Weingut ist noch heute eines der größten und schönsten.

Vom Mengler's Hill hat man einen schönen Blick über das ganze Tal. Gleich unterhalb liegt Bethany (früher Bethanien), die älteste deutsche Ansiedlung hier.

Biegt man auf dem Rückweg in Lyndoch südlich nach Williamstown ab, kann man noch einen Abstecher zum Herbig Tree machen, der 20 km östlich in Springton steht: Um die Mitte des vorigen Jahrhunderts lebte hier der deutsche Auswanderer Johann Herbig fünf Jahre lang mit seiner Familie in einem hohlen Gum Tree von beträchtlichem Durchmesser. Er steht heute noch und ist zu einem Denkmal gemacht worden.

Die **Halbinsel Fleurieu** liegt südlich vor den Toren Adelaides und stellt mit ihren guten, kilometerlangen Stränden ein ausgezeichnetes Naherholungsgebiet dar. Auch dem Weinliebhaber wird hier etwas geboten, denn der Westen der Halbinsel ist auch eine Weinbaugegend. An erster Stelle steht McLaren Vale, zu dem mehr als 40 Kellereien gehören.

Kangaroo Island ist 140 km lang und dem St. Vincent Gulf vorgelagert. Früher war die Insel eine Basis amerikanischer Wal- und

Robbenjäger. Heute leben hier nur wenige tausend Menschen, die sich von Schafzucht ernähren. Da die Regierung die Tier- und Pflanzenwelt auf Kangaroo Island in ihrer Eigenart weitgehend erhalten will, sind den Farmern ganz bestimmte Flächen zugewiesen worden.

Der Naturfreund kann hier in den Schutzgebieten Schnabeltiere, Pinguine, Emus, die großen grauen Inselkänguruhs, Koalas, Papageien, Seehunde und verschiedenes mehr beobachten. Dabei weist die Insel eine landschaftliche Vielfalt aus: von der trockenen Mallee-Buschsteppe im Innern über moosüberwucherte Bäume und Farne im feuchten Westen bis hin zu wild zerklüfteten Klippenküsten.

Im Kelly Hill Conservation Park an der Südküste gibt es ein System verzweigter Tropfsteinhöhlen, während weiter östlich im Seal Bay Conservation Park eine große Kolonie von Seelöwen lebt. Das größte Schutzgebiet ist der Flinders Chase National Park, der zu ausgedehnten Wanderungen und Pistenfahrten einlädt.

Die **Yorke Peninsula** bildet die westliche Seite des Vincentgolfes und war bis Anfang unseres Jahrhunderts wegen ihrer Kupfer-vorkommen wirtschaftlich bedeutend. Nach Schließung der Gruben wurden Schafzucht und Getreide die Pfeiler der Wirtschaft dieser Region.

In Kadina (3300 Einwohner) und in Moonta (2200 Einw.) im Norden stehen Bergwerksmuseen mit Ausstellungsstücken aus der Kupferära. Die Südwestspitze der Halbinsel ist wegen ihrer Dünen, Klippen und Salzlagunen sehenswert, und vom Leuchtturm aus kann man auf die Steilküste hinabschauen.

Port Pirie mit 17 000 Einwohnern liegt 230 km nördlich von Adelaide am Spencergolf und ist Standort der Bleischmelzhütte Broken Hill Ass. Smelters Pty. Ltd. Hier werden die Bleierze aus Broken Hill in NSW zu reinem Metall ausgeschmolzen.

Port Augusta liegt am absoluten Endpunkt des Spencergolfes und ist gleichgroß wie Port Pirie; es ist sowohl Industriestadt als auch Verkehrsknotenpunkt. Hier zweigt vom Küstenhighway No. 1 der nordsüdlich verlaufende Stuart Hwy (No. 87) ab, der die mittlere Längsachse des Kontinents bildet. Sehenswert sind das Wadlata Outback Centre sowie das Pioniermuseum, der »Royal Flying Doctor Service« und die »School of the Air«.

Folgt man von Adelaide aus dem Highway No. 1 (Princes Hwy) in südöstlicher Richtung, fährt man an Murray Bridge und den beiden (Fast-)Binnenseen Lake Alexandrina und Lake Albert vorbei und gelangt bald hinter Meningie ganz nahe an die Küste. Hier beginnt der Coorong National Park, der im wesentlichen eine über 100 km lange und nur ein bis zwei Kilometer breite Landzunge sowie das dahinter gelegene ebenso schmale Haff umfasst. Die Landzunge nennt sich »Younghusband Peninsula«. Bemerkenswert ist der – durch die hohe Verdunstung in dieser stillen Flachwasserzone – im Vergleich zum normalen Meerwasser dreifach höhere Salzgehalt: rund 10 Prozent. Wie man sich leicht vorstellen kann, ist dieses Gebiet ein Vogelparadies, in dem bisher rund 240 Vogelarten registriert wurden. An zwei Punkten kann man die Lagune mit einem Allradfahrzeug überqueren.

In **Kingston South East** ist ein riesiger Hummer aus Kunststoff zu bestaunen, der das Wahrzeichen für den Schalentierreichtum an diesem Küstenabschnitt darstellt. Etwas abseits des Highways, der nun weiter landeinwärts verläuft, liegt das Seebad Robe mit einigen historischen Gebäuden aus seiner Hafenstadtepoche.

Mount Gambier stellt mit seinen 23 000 Einwohnern das Zentrum des Südostens dar und beherbergt die Weichholzverarbeitung Südaustraliens. Die Stadt liegt an den Hängen eines erloschenen Vulkans, der einen über 70 000 m² großen Kratersee trägt. Dieser Blue Lake hat eine ungeklärte Eigentümlichkeit: Er verfärbt sich von tiefem Blau im Sommer zu dunklem Grau im Winter.

Naracoorte liegt 100 km nördlich von Mt. Gambier. Hier finden Sie die gleichnamigen Caves, ein weitläufiges Tropfsteinhöhlensystem, in dem bedeutende Fossilienfunde gemacht wurden, so zum Beispiel prähistorische Beuteltiere wie Riesenkänguru und Riesenwombat.

Nun erkunden wir den »wilden« Teil Südaustraliens: Etwa 100 km nordöstlich von Port Augusta fahren wir in die Bergketten der **Flinders Ranges** hinein und begeben uns damit in den wilden Nordosten des Staates, der von Wüsten, Steppen, Salzpfannen und Bergketten geprägt wird.

In Wilpena finden wir die Zentrale des National Park & Wildlife Service, der hier den Flinders Ranges National Park verwaltet. Ausgedehnte Wanderungen, die wegen starker An- und Abstiege anstrengend sein können, sind in der Umgebung des Ortes möglich. Nach Norden hin führen den Allradfahrer raue Schotterpisten zu den Schluchten und Gipfeln des Gebirges.

Im Gammon Ranges National Park ist das Untergrundgestein, das Quarzit, rund 1,5 Milliarden Jahre alt und zeigt ein intensives Farbenspiel. Die Frühlingsblüte zaubert hier alljährlich einen Blumenteppich in die sonst eher vertrocknet wirkende Pflanzendecke.

In Balcanoona befindet sich die Nationalpark-Verwaltung. Die meisten der schroffen Bergformationen sind nur mit Allradfahrzeugen zu erreichen.

Auf der nördlichen Seite liegt Arkaroola, eine ehemalige Schaffarm, die heute eine große Ferienanlage beherbergt. Von hier aus kann man tiefe Schluchten, bizarre Felsen, heiße Quellen und Kupferbergwerke erreichen.

Bei Lyndhurst zweigt vom Highway No. 83 der **Strzelecki Track** ab, eine Geländepiste, die mit entsprechenden Fahrzeugen über 470 km durch die von Salzseen geprägte gleichnamige Wüste bis zum Ort Innamincka befahren werden kann. Dabei kommt man auch durch Moomba und passiert die Gas- und Ölbohrfelder.

In Maree (80 Einwohner) gehen aus dem Highway No. 83 zwei »tracks« (Pisten) hervor. Die eine heißt »Oodnadatta Track« und geht nach Nordwesten, die andere nennt sich »Birdsville Track« und geht nach Norden in Richtung Birdsville (Qld). Vor Jahrzehnten wurden hier die Rinderherden Queenslands von den »stockmen« (Cowboys) zur Eisenbahnstation Maree getrieben. Diese Route führt durch die **Sturt Stony Desert**, eine lebensbedrohliche Kies- und Geröllwüste, und nicht sehr weit an der bekannten **Simpson Desert** mit ihren bis zu 50 m hohen und viele Kilometer langen Sanddünen vorbei.

Tipp: Diese Touren sollten nur nach sorgfältiger Vorbereitung, mit genügendem Outbackwissen und nach Abmeldung in der letzten Ortschaft durchgeführt werden!

Orientieren wir uns zum Nordwesten Südaustraliens hin, so sehen wir uns einem Gebiet aus **Halbwüsten und Salzpfannen** gegenüber, durch welches der Stuart Highway mitten hindurchgeht. Ab Woomera, Zentrum des bekannten Raketen- und früheren Atombomben-Testgeländes, verläuft die Fernstraße schon am Rande eines riesigen militärischen Sperrgebiets. Hinter Glendambo geht der Highway direkt durch das Sperrgebiet hindurch und jedes Verlassen der Straße ist untersagt. Hier gibt es Gebiete mit radioaktiver Verseuchung, wovon besonders die Stammesgebiete der südlichen Pitjantjatjara-Ureinwohner betroffen sind. In Woomera kann man sich im Missile Park über das Versuchsgelände informieren.

Wer einen Abstecher nach Roxby Downs machen will, kann dort die Uranmine Olympic Dam Mine besichtigen, welche die weltweit größte Uranlagerstätte anzapft. 30 km östlich liegt Andamooka, das zweite große Opalfeld Südaustraliens neben Coober Pedy.

Coober Pedy fällt schon von weitem als eine Landschaft aus Maulwurfshügeln auf. In der größten Opalförderstätte der Welt liegt Erdhügel an Erdhügel, denn der Abraum muss ja irgendwo bleiben. In vielen Löchern wird hier seit 1915 geschürft, und ständig gehen hier 2000 bis 4000 Digger aus mehr als 50 Nationen dieser Beschäftigung nach.

Wo in 10 bis 20 m Tiefe die Tonerdeschicht auf die Sandsteinschicht trifft, wird's interessant: Hier ist mit Funden zu rechnen. Für eine zeitgemäße Förderausrüstung werden etwa 40 000 A$ benötigt. Die Touristen begnügen sich mit der Nachlese und wühlen den Abraum durch, denn hier zu leben ist nicht jedermanns Sache.

Wegen der Hitze haben sich die Bewohner eingegraben und wohnen in unterirdischen »dug outs«. Im Sommer herrschen draußen bis zu 50 °C, im Winter unter O °C, aber in den recht komfortabel eingerichteten Erdwohnungen sind es immer zwischen 20 und 25 °C. Für rund 3500 A$ kann man sich solch einen Erdbau herausfräsen lassen. Nicht nur Wohnungen, sondern selbstverständlich auch Läden, Restaurants und sogar zwei Kirchen sind hier unterirdische Bauwerke.

Laufender Minenbetrieb und Opalschleifereien können besichtigt werden, ebenso ein Minenmuseum, die Umoona Opal Mine & Museum. Und nicht versäumen sollte man, einmal bei Crocodile Harry 7 km nördlich auf der 17 Mile Road und seiner grotesken »Democratic Republic of Crocodile's Nest« hereinzuschauen. Mehr wird hier nicht verraten...

Ab Marla kann man über den Oodnadatta Track, der in etwa der Route des Entdeckers John McDouall Stuart entspricht, nach Maree und von dort aus nach Port Augusta zurückfahren. Oodnadatta hat 230 Einwohner. Man kommt dann an der Südspitze des Lake Eyre vorbei, auf dem Donald Campbell 1964 mit seinem Bluebird-Turbinenwagen einen Automobilweltrekord (690 km/h) fuhr.

Die **Nullarbor Plain** im Westen des Staates, durch welche die mit 478 km (!) längste gerade Eisenbahnstrecke der Welt verläuft, ist nur in ihrem Zentrum baumlos (lateinisch »nullum arbor« = kein Baum). Ansonsten ist sie eine Buschsteppe mit geringem Baumbestand. Hier versickert jeder Tropfen Regenwasser im porösen Kalkgestein des Untergrundes. Dafür fließen die Flüsse in unterirdischen Hohlräumen. Bei Nullarbor Roadhouse gelangt man in den Nullarbor National Park, in dessen Zentrum die besuchenswerte Kalksteingrotte Koonalda Cave mit 20 000 Jahre alten Eingeborenen-Felsbildern liegt.

4.5 Western Australia (WA)

Hier haben wir den größten der australischen Bundsstaaten: Er nimmt mit seinen rund 2 525 500 km≈ fast ein Drittel des ganzen Kontinents ein, beherbergt aber in seinen Grenzen nur 1,6 Millionen Menschen, etwa

10 Prozent der Gesamtbevölkerung. Trotz aller Bemühungen der Regierung ließ sich die Bevölkerung nicht aus der Südwestecke um die Hauptstadt Perth herauslocken. Mit Recht kann man sagen, dass Perth eine der isoliertesten Großstädte der Welt ist. Es liegt 3000 bis 5000 km von den anderen australischen Metropolen entfernt.

Die besondere Rolle Westaustraliens kommt wohl auch von der Tatsache, dass hier weder Captain Cook noch Arthur Philip bei der Entdeckung eine Rolle spielten. Soweit bekannt, war Dirk Hartog, ein gekenterter Holländer, der erste, der diesen Teil der »Terra Australis« entdeckte. Danach folgten weitere Landungen holländischer Schiffe.

Erst Matthew Flinders stellte 1801 fest, dass West- und Ostaustralien irgendwie zusammenhängen mussten. Zur Vorsicht gründeten die Engländer 1826 den Hafenort Albany, um anderen zuvorzukommen. Drei Jahre später war es Charles Fremantle, der an der Mündung des Swan River die britische Flagge aufziehen ließ und »Neu-Holland«, wie es genannt wurde, in den Besitz der englischen Krone übernahm. Die ersten Siedler, die mit ihren Häuschen den Grundstein für das heutige Perth legten, trafen im gleichen Jahr ein, nachdem ein gewisser Captain James Stirling den Swan River ein Stück aufwärts gefahren war.

Eine grobe Landschaftsgliederung erhält man, wenn man den Bereich der schmalen Küstensäume einerseits und die restlichen neun Zehntel, das Plateauland, andererseits betrachtet. Auf dieser Hochfläche von durchschnittlich 500 bis 600 m Höhe liegen all die kargen Landschaften der Trockensteppen, Halbwüsten und Wüsten, unter denen die **Gibson-Wüste** und die **Große Sandwüste** die bekanntesten sind. Die Mittelgebirge im Nordwesten, die Hamersley-Kette und das Kimberley-Bergland steigen bis auf Höhen von rund 1200 beziehungsweise 1000 m an.

Der Küste vorgelagert sind einige Inselgruppen mit insgesamt mehr als 100 Inseln (Bonaparte-, Buccaneer-, Dampier- und Recherche-Archipel).

Der Swan River versorgt mit einer Länge von knapp 400 km nur ein vergleichsweise kleines Gebiet mit Wasser. Murchison, Gascoyne, Fitzroy und Ord River sind die anderen größeren Flüsse Westaustraliens.

Während der Südwesten Mittelmeerklima besitzt, ist der tropische Norden vom Monsunklima mit Regen- und Trockenzeiten geprägt. Das Landesinnere hat wüstenartiges Klima mit großen Tag/Nacht-schwankungen. Perth ist bei mäßigem Jahresniederschlag nach Darwin die zweitsonnigste Stadt Australiens.

Die Wirtschaft entwickelte sich in diesem Staat zunächst mit den Goldfunden bei Kalgoorlie und Coolgardie Ende des vorigen

Jahrhunderts. Um 1950 kam die Entdeckung riesiger Eisenerzlagerstätten in der Pilbara-Region dazu. Dazu kamen anschließend noch Bauxit, Nickel, Zink, Mangan, Uran und Diamantenfunde. Im Norden wurde bei Kununurra 1983 die größte Diamantenmine der Welt in Betrieb genommen. Dazu wurden im Schelfbereich der Nordwestküste große Erdgas- und Erdöllager entdeckt. Man erkennt unschwer, dass Westaustralien über die gesamte Palette der Metallindustrie verfügt und dadurch große Exportmöglichkeiten hat.

Im Südwesten wird Weizen angebaut, während im nördlichen Kimberley-Bergland Viehzucht betrieben wird. Außerdem spielt der Fang von Schalentieren (Krabben, Hummer) eine bedeutende Rolle. Der Tourismus hat Westaustralien bis heute nicht entdeckt, zum Glück, könnte man sagen, denn so finden die Urlauber, die es als Geheimtipp nehmen, noch Ruhe und Erholung, weite Strände, einsame Buchten, die hier einmalige Wildblumenblüte (August bis November), herrliche Wälder mit Riesenbäumen und – wer's mag – auch Abenteuerfahrten durch Wüsten und Einöden.

Die Wirtschaft nach Anteilen und Bruttowert:

Verarbeitende Industrie	43,2 %	10,6 Mrd A$
Bergbau	39,8 %	9,8 Mrd A$
Landwirtschaft	15,2 %	3,7 Mrd A$
Fischerei	1,8 %	423,0 Mio A$

Perth

Die viertgrößte Stadt des Kontinents hat auf einer Fläche von 5500 km² heute über 1,2 Mio. Einwohner und steht den anderen Metropolen im Osten in nichts nach. Im Wachstum übertrumpft es sie sogar. Sie liegt etwas von der Küste entfernt und wird im Osten von der »Darling Range« begrenzt.

Ähnlich dem Treck nach Westen auf der Suche nach Raum und Land, wie es ihn in den USA gab, gibt es auch hier einen Zuzug aus den östlichen Gebieten Australiens. Insofern ist West Australia (WA) ökonomisch gesehen immer noch ein jungfräulicher Staat – mit der niedrigsten Arbeitslosenrate auf dem Kontinent übrigens. Seitdem Perth nach dem Zweiten Weltkrieg durch die Entdeckung der Bodenschätze aus seinem Dornröschenschlaf erwachte, ist der Boom hier eine Dauererscheinung.

Markante Identifikationsobjekte für diese Stadt fehlen zwar, aber die Lage am Swan River, benannt nach den schwarzen Schwänen, die hier zu Tausenden vorkommen, hat auch ihre Reize. Dass die Sommertemperaturen nicht zu heiß werden, dafür sorgt eine ständige Brise vom Meer, genannt der »Fremantle Doctor«. Etwa drei Viertel des Regens fallen im Winter zwischen Mai und August.

Nicht erst seit dem Gewinn des »America's Cup« 1983 ist Perth auch die Stadt der Hochseesegler. Ideale Bedingungen dafür liegen vor der Haustür.

Die City liegt 19 km von der Küste entfernt an einer Ausbuchtung des Swan River, dem »Perth Water«. Die Achsenstraßen der Stadt sind die Adelaide Terrace und die St. Georges Terrace, während die meisten Geschäfte in der nördlich parallel dazu verlaufenden Hay Street und der Murray Street zu finden sind. Auch Perth besitzt weitläufige Parkanlagen und Sportstätten.

Im Zentrum der City liegt die im victorianischen Stil erbaute City Railway Station und direkt gegenüber das General Post Office. Nördlich hinter dem Bahnhof in der James Street finden Sie das Western Australia Museum und die Western Australian Art Gallery. Im Museum sind die Aborigines-Sammlung, die Oldtimer-Sammlung und die meeresbiologische Abteilung mit dem Blauwalskelett (24 m) besonders interessant. Die presbyterianische St. Andrews Church (1906) und das Dekanat liegen an der Ecke Pier Street und St. Georges Terrace.

Ein Stück weiter auf der St. Georges Terrace nach Westen schließen sich die Town Hall und der London Court an, letzterer eine im Tudorstil gehaltene Einkaufspassage. Das Government House stammt von 1864 und stellt eine Mixtur von Neugotik und Neuromanik dar. Die kleinen Türme der Fassade erinnern ein wenig an den Tower in London. Auf seiner südlichen Seite finden wir den Supreme Court und das Old Court House, die in den Parkanlagen Stirling Gardens und Supreme Court Gardens gelegen sind.

An der Ecke William Street liegt das Trans Perth Information Centre, gleich daneben die Old Perth Boys School. Biegt man in die King Street ab, kann man dort die Creative Native Aboriginals Art Gallery besichtigen. Zwei Querstraßen weiter stößt man von der King Street direkt auf die Perth Central Bus Station. Hier steigt man in den Bus und fährt zum Kings Park, einem Stück Buschland mitten in der Stadt. Inmitten dieses Geländes sind die Botanic Gardens mit der Flora Westaustraliens sehenswert. In der Nähe steht das State War Memorial, von dem aus man einen herrlichen Blick hinunter auf Stadt und Fluss hat.

Am günstigsten mit der Flussfähre erreicht man die auf der Südseite des Perth Water gelegenen Zoological Gardens mit dem sehr empfehlenswerten Nachttierhaus und Vogelgehege. Nördlich des Zoos steht an der Narrow Bridge die Old Mill, eine restaurierte Kornmühle von 1835.

Reizvolle Ziele

Fangen wir mit der Hafenstadt von Perth, mit **Fremantle** an, die rund 20 km vor den Toren der Stadt an der Mündung des Swan River liegt. Mit nur 24 000 Einwohnern ist sie dennoch genauso alt und bekam ihren Namen nach Captain Charles Fremantle. Von hier aus Getreide verschifft. In den überwiegend restaurierten alten Gebäuden haben heute viele Künstler Atelier- und Wohnraum gefunden. Am Rande der Stadt gibt es einen Krokodilpark mit Süß- und Salzwasserarten.

Draußen vor Fremantle liegt Rottnest Island, bis 1903 ein Internierungsort für Sträflinge und heute eine Insel für Ausflüge und Erholung am Meer und für Tauchgänge am Korallenriff. Bekannte Gebäude sind The Quad, ein früheres Gefängnis, und The Quokka Arms Hotel, die frühere Sommerresidenz westaustralischer Regierungschefs. Hier ist übrigens autofreie Zone. Man kann dafür aber Fahrräder mieten.

Der Name »Rottnest« (Rattennest) ist eine falsche Bezeichnung aus dem 17. Jahrhundert für eine hier gefundene kleine Känguruhart, die man aus Unkenntnis als Ratten einstufte.

Südlich von Perth liegt der Cohunu Wildlife Park. Auf Penguin Island bei Rockingham befinden sich Pinguin- und Seelöwenkolonien. Lake Monger liegt 4 km nordwestlich der Hauptstadt und ist ein Wasservogelreservat.

Die Strände von Perth heißen City, Cottesloe, Leighton, Mullaloo, North, Sorrento und Scarborough Beach und sind leicht mit Bussen zu erreichen.

Im Tal des Swan River, dem Swan Valley, wird schon seit 1829 Wein gezogen, der in etwa 30 »wineries« zu Probe und Kauf bereitsteht. Hierher gelangt man mit dem Fluss-Schiff oder per Auto auf dem Great Eastern Highway.

Für den Liebhaber von Landschaft und Natur sind der Avon River, der Forest, der Walyunga und der Yanchep National Park zu empfehlen.

Der **Southern District**, gewissermaßen die absolute Südwestecke Australiens, bekommt viel Regen und zeigt eine dementsprechende artenreiche Vegetation mit gigantischen Karri-Bäumen (bis 80 m hoch) und den bis 50 m hohen Jarrah-Bäumen an den Hängen der Darling-Bergkette. Um diese Region zu erreichen, fährt man zunächst in Richtung Bunburry (25 000 Einwohner). 50 km weiter südwestlich erreicht man Busselton, Zentrum eines Urlaubsgebietes. Über den Bussel Hwy geht's weiter nach Süden zum Kap Leeuwin. Auf dem Weg dorthin kann man zu den Höhlen Mammoth Caves und Lake Caves (unterirdischer See) abbiegen. Jewel Caves weiter südlich zeigt phantastische, riesige Tropfsteinformationen.

Augusta mit seinen wenigen Hundert Einwohnern ist ein reizvolles Fischerdorf direkt am Kap Leeuwin, wo man einen Leuchtturm und ein versteinertes Wasserrad besichtigen kann.

Bei Pemberton gelangt man zum Kingdom of the Karri mit bis zu 1000 Jahre alten Bäumen. Gloucester Tree ist ein 61 m hoher – zum Feuerbeobachtungsturm »umgebauter« – Eukalyptusgigant. Fährt man auf dem South Western Hwy von Manjimup nach Walpole an der Südküste, so passiert man weitläufige Wälder von Jarrah- und Karribäumen.

Der Walpole Nornalup National Park umfasst schöne, von Pflanzen bedeckte Küstendünen, und hinter Nornalup gibt es noch einmal Baumriesen im Valley of the Giants zu bestaunen.

Albany mit seinen 15 000 Einwohnern hat einen durch eine lange Halbinsel gut geschützten Naturhafen, was auch die Walfänger im 19. Jahrhundert schon wussten, die hier einen Stützpunkt hatten. In späteren Jahrzehnten diente der Hafen zur Kohlenaufnahme durch die Schiffe der Australien-Indien-Route. Heute ist die Stadt ein Ferienort mit Museen, vielen alten Häusern und einer Nachbildung des ersten Einwandererschiffes, der *Amity*, die 1826 hier eintraf.

Kalgoorlie/Boulder mit zusammen 24 000 Einwohnern ist die weltweit berühmte Stadt, in der 1893 eine an Ergiebigkeit alle bisherigen Lagerstätten übertreffende Goldader gefunden wurde, und dies, wie es meist so ist, ganz unbeabsichtigt bei der Suche nach Wasser. In dem daraufhin einsetzenden Rausch wuchs die Ansiedlung rasch auf 30 000 Einwohner. Noch heute wird hier in einer großen Mine Gold gefördert. In der Hainault Mine kann man die unterirdischen Anlagen besichtigen, alle übrigen Fakten sind im Golden Mile Museum dargestellt. In Boulder kann man auf dem Rattler Loopline Train eine Rundfahrt durch die historischen Anlagen der Golden Mile machen.

Macht man auf der Anfahrt nach Kalgoorlie auf dem Great Eastern Hwy von Merredin aus einen Abstecher nach Süden, gelangt man in der Nähe von Hyden zum bekannten **Wave Rock** (Wellenfelsen), der in vielen Fotobänden zu sehen ist.

Coolgardie hat heute nur noch wenige hundert Einwohner, während es um 1900 noch über 15 000 waren. Diese Stadt ist nach dem Goldrausch fast verschwunden. Hier sind die Town Hall mit einem historischen Museum sowie das Priors Museum und das Railway Station Museum sehenswert.

Wenden wir uns nun dem **mittleren Westen** zu und fahren von Perth den Brand Highway hinauf nach Norden.

Geraldton hat 22 000 Einwohner und liegt an der Westküste 420 km nördlich von Perth. 1629 strandete hier unter anderen das holländische

Schiff *Batavia*. Im Maritime Museum kann man Fundstücke aus den Wracks der hier gestrandeten Schiffe sehen. Die Stadt besitzt herrliche lange Sandstrände und sogar ein Muschelmuseum.

50 km hinter Northampton geht bei Ajana vom North West Coastal Highway, wie er hinter Geraldton heißt, eine Abzweigung in Richtung Kalbarri mit dem gleichnamigen National Park ab. Hier hat der Murchison River einen 80 km langen **Cañon** in 500 Mio. Jahre alten Sandstein eingeschnitten. Auch die Küstenlandschaft sticht hier durch beeindruckende Klippenformationen hervor, die man ebenfalls gesehen haben sollte.

Zurück auf dem Highway ist 170 km hinter Ajana wieder eine Abzweigung. Hier geht's zur Shark Bay und zum inzwischen berühmten Monkey Mia. Es liegt gegenüber von Denham auf der **Peron-Halbinsel** und ist wegen seiner Delphine bekannt geworden, die sich hier im Flachwasser der Küste von Besuchern füttern lassen. Trotz vieler Erklärungsversuche durch Verhaltensbiologen ist das nach wie vor ein einzigartiges Phänomen.

Carnarvon hat 5000 Einwohner und liegt, fast 1000 km von Perth entfernt, am nördlichen Ende der Shark Bay. Hier kann man sowohl Bananenplantagen als auch Gemüsefelder sehen, die hier dank künstlicher Bewässerung existieren. Auf Babbage Island werden Garnelen (»Prawn«) für den Handel verarbeitet. 50 km nördlich findet man einen Salzsee, den Lake McLeod, wo Salz gewonnen wird.

Wenn man mit einem Allradfahrzeug über die Kennedy Range zum Mt. Augustus (1105 m) fährt, hat man damit den **größten Monolithen der Welt** erreicht: doppelt so lang wie der Ayers Rock, aber kaum besucht. Wenn man den Küstenhighway nach Norden weiter fährt und hinter Minilya zum Exmouth Golf abzweigt, gelangt man auf eine Halbinsel, die an ihrer Spitze einen Nationalpark trägt, den Cape Range National Park mit tiefen Cañons und hohen Kreidefelsen. Südlich davon, im Ningaloo Marine Park, liegt die **Coral Bay** mit dem längsten Riff Westaustraliens.

Exmouth hat nur 2500 Einwohner und entstand erst in den 60er Jahren während des Baus der Küstenfunkstelle für Kriegsschiffe (Naval Communication Station) an dieser Stelle.

Auf dem Great Western Hwy weiter nördlich fahrend, kommen wir nun allmählich in die Pilbara-Region, in der Anfang der 50er Jahre eines der größten Eisenerzlager der Welt entdeckt wurde. In schnellem Tempo fraßen sich Riesenbagger in die Landschaft, entstanden neue Orte aus Wohnpavillons für Zehntausende von Arbeitern und Angestellten und wurden die Häfen der Orte Dampier (2000 Einwohner) und Port Hedland (14 000 Einwohner) für die Eisenerzverschiffung ausgebaut.

Dampier ist heute das logistische Zentrum für die bei Barrow Island angezapften Öl- und Gaslagerstätten. 10 km nordöstlich steht auf der Burrup-Halbinsel eine moderne Gasverflüssigungsanlage mit Pipelineverbindung zur Förderplattform.

Wer eine Abenteuertour unternehmen möchte, kann von der Küste über Millstream weiter östlich ins Gebirgsland der **Hamersley Range** (Geländewagen!) und hinter Wittenoom ins Unwegsame dieser urigen Schluchtenlandschaft vorstoßen. Bitte alle **Outback-Vorsichtsmaßnahmen** treffen: Diese Gegend ist nicht erschlossen!

Im östlichen Teil der Ophtalmia Range kann man bei Newman (7000 Einwohner) den größten Eisenerztagebau der Welt besichtigen.

Das Nordende Westaustraliens bildet die **Kimberley-Region**, ein Rumpfbergland mit Erhebungen von bis knapp 1000 m (Mt. Ord 937 m, Mt. Wells 970 m): urzeitlicher, abgetragener Fels, über 2 Milliarden Jahre alt. Der Westen erstreckt sich als endloses Plateau, das für die Rinderzucht Australiens von Bedeutung ist.

Im Winter verwandeln heftige Monsunregen kleine Flüsse in reißende Ströme, die weite Landstriche für Monate unter Wasser setzen und Farmen vollkommen abschneiden können. Ord River und Fitzroy River können dann in der Breite 100fach zunehmen. Im Sommer ist wieder alles Wasser verschwunden – die Flussläufe sind ausgetrocknet, und ausgedörrte, rissige Böden prägen die Landschaft.

Über 600 km Fahrt müssen wir auf dem Küstenhighway zurücklegen, um die größte Stadt dieses Gebietes zu erreichen.

Broome hat 4500 Einwohner und war einmal weltweit die führende Stadt der Perlenfischerei. Durch organisierte Perlenzucht und künstliche Perlen wurde diesem Wirtschaftszweig in den 30er Jahren der Garaus gemacht. Dazu kann man sich im Broome Historical Museum näher informieren. In der Nähe des bekannten Cable Beach finden wir das Pearl Coast Zoological Museum sowie den Broome Crocodile Park.

Derby mit 3000 Einwohnern bringt uns direkt zur Kimberley-Berglandschaft. Es liegt weitere 220 km weit östlich von Broome am inneren Ende des King Sound, in den der Fitzroy River mündet, wo es Tidenunterschiede von bis zu 12 m gibt. Wer Interesse an einer Baum-Kuriosität hat, der möge sich den Prison Baobab Tree ansehen, dessen hohler Stamm (4,5 m Durchmesser) einst der Unterbringung von Gefangenen diente. Man findet ihn 7 km südlich der Stadt. In Derby hat auch der Royal Flying Doctor Service eine Basis.

Befahren wir die Off-Road-Strecke durch die Leopold Ranges in Richtung Wyndham, so kommen wir beim Ort Gibb River an eine Abzweigung, die nach Norden führt und das landschaftlich sehr reizvolle Mitchell Plateau erschließt. Auf dieser Strecke gelangt man auch zur Windjana Gorge. Bei einer Wanderung durch diese dreieinhalb Kilometer lange Schlucht kann man große Feldermäuse und Süßwasserkrokodile entdecken. Interessant ist auch der etwa 30 km südlich gelegene Tunnel Creek National Park, in dem man durch einen 750 m langen natürlichen Höhlentunnel gehen kann.

Halls Creek ist mit seinen 1000 Einwohnern seit alters her ein Ort der Rast für den Durchreisenden. Früher wurden hier auch Goldfelder ausgebeutet. 150 km weiter südlich finden Sie einen großen Meteoritenkrater, den Wolf Creek Meteorite Crater: Durchmesser rund 900 m, Tiefe 50 m.

Nördlich von Halls Creek ist der bekannte Bungle Bungle National Park gelegen, wo man eigentümlich geformte, igluartige Sandsteinfelsen findet (englisch bungle = Fehler, Schnitzer).

Wyndham hat 1500 Einwohner und liegt am engen Cambridge Gulf, einer Ausbuchtung des großen Joseph Bonaparte Gulf. Früher war es der Versorgungshafen für die Goldfelder von Halls Creek und besaß große Schlachthäuser. Diese sind seit 10 Jahren nicht mehr in Betrieb. Auf einer Krokodilfarm kann man der Fütterung der Tiere zusehen.

Kununurra ist mit 2500 Einwohnern das Zentrum des Ord River Irrigation Scheme – des großen, 1963 durch Aufstauung des Ord River geschaffenen Bewässerungsprojekts mit dem gigantischen Lake Argyle. Schon bald entstand hier eine florierende Plantage neben der anderen. Angebaut werden Erdnüsse, Sojabohnen und Sonnenblumen sowie Obst und Gemüse.

Nicht versäumen sollte man einen Besuch der größten Diamantenmine der Welt mit mehr als 2000 Beschäftigten, die südlich des Sees liegt.

4.6 Northern Territory (NT)

Mit einer Bevölkerungszahl von nur etwa 175 000 Einwohnern auf einer Fläche von 1 346 000 km≈ – immerhin ein Sechstel der australischen Landmasse – ist es der dünnstbesiedelte Bundesstaat: Hier leben weniger als ein Prozent aller Australier.

Große Bereiche des Nordterritoriums sind auch Rückzugsgebiete der Aborigines. Mit einem Bevölkerungsanteil von mehr als einem Viertel sind sie die eigenen Herren auf etwa einem Fünftel der Staatsfläche – im »Aboriginal Land«.

Lebens- und Arbeitsmöglichkeiten für Weiße sind hier denkbar ungünstig, womit wir schon bei den Ursachen der schwachen Bevölkerungsdichte wären. Während der Süden trockenheißem Wüstenklima unterworfen ist, bestimmt feuchtheißes Tropenklima den Norden des Staates, wo auch tropische Wirbelstürme vorkommen können.

Darwin im tropischen Norden hat das ganze Jahr über um die 30 °C, während Alice Springs im trockenheißen Süden im Januar 40 °C und im Juli tagsüber um 20 °C hat, nachts oft auch weniger als 0 °C. Die Niederschlagsmengen liegen in Darwin bei fast 1600 mm, in Alice Springs bei nur 150 mm pro Jahr.

Die flache Küstenlandschaft des Nordens mit ihren Mangrovensümpfen und einer üppigen Pflanzendecke steigt nach Süden zu einer Plateaulandschaft von 450 m Höhe an, aus der sich einige Bergketten bis zu 1500 m erheben (zum Beispiel die McDonnell Ranges oder die Petermann Ranges). Dazu kommen inselartige, abgerundete Felsmassive wie der berühmter Ayers Rock (Uluru) und die Olgas (Katatjuta).

Als erste Weiße landeten 1623 Holländer an der Küste des NT, worunter sich auch Abel Tasman befand. 200 Jahre später erst nahm ein englischer Captain das Gebiet für die Krone in Anspruch. Etwas später kam es unter südaustralische Verwaltung. Aber erst 1911 erhielt es den Status des Bundesterritoriums und wurde von Canberra aus regiert. Die vollständige Selbstverwaltung erhielt das NT 1978, wobei es gewisse Einschränkungen hinsichtlich Aboriginalfragen und Bodenschätzen gibt.

Während früher Rinderzucht und Fischerei das wirtschaftliche Rückgrat des Staates bildeten, schob sich in den 50er Jahren der Bergbau mit Bauxit, Mangan und Uran an die Spitze. Schon im 19. Jahrhundert war man hier auf Blei, Gold, Kupfer, Silber und Zinn gestoßen. In den letzten Jahrzehnten kamen außerdem Magnesium, Erdöl und Erdgas hinzu.

Als die Abenteuerurlaubswelle rollte, wurde auch im Northern Territory der Tourismus mehr und mehr zu einem wichtigen Wirtschaftsfaktor, wie das neue Yulara-Touristenzentrum am Ayers Rock, die Besucherzahlen im Kakadu-Nationalpark und in den Cañons und den Felsschluchten der großen Bergketten im Innern zeigen.

Hier die Wirtschaft nach Anteilen und Bruttowert:

Verarbeitende Industrie	21,2 %	542 Mio A$
Bergbau	72,6 %	1,9 Mrd A$
Landwirtschaft	3,8 %	98 Mio A$
Fischerei	2,4 %	63 Mio A$

Darwin

Darwin, 77 000 Einwohner, ist die Hauptstadt des Northern Territory und liegt am Beagle Gulf, einer Bucht der Timor-See. Man erreicht es über den Stuart Highway, wenn man von Süden heraufkommt, und – von Westen kommend – über den Victoria Highway, der im Ort Katherine in den Stuart Highway einmündet.

Den Namen Darwin verdankt die Stadt dem Kapitän der *Beagle* – dem Schiff, mit welchem der englische Naturforscher Charles Darwin seine Forschungsweltreise unternahm. 1867 wurde Port Darwin, wie es zunächst hieß, zu einem regulären Stützpunkt der Kolonie New South Wales und damit als Ort gegründet. Goldfunde in den 70er Jahren des 19. Jahrhunderts gaben der Siedlung für einige Jahre sogar überregionale Bedeutung. Danach aber verfiel Darwin für lange Zeit in einen Dornröschenschlaf relativer Bedeutungslosigkeit.

Erst im Zweiten Weltkrieg, als 1942 die Japaner Hafen und Stadt bombardierten, wurde die australische Regierung auf diese Stadt aufmerksam. Sie stationierte dort Einheiten der Armee und baute die Verbindung nach Alice Springs zu einer festen Straße aus. Die zweite Zerstörung erfuhr die Stadt 1974, als der Hurrikan »Tracy« mit höllischen 280 bis 300 km/h über sie hinwegfegte und fast alle Häuser zerstörte. In nur sechs Tagen wurde der größte Teil der Bevölkerung in sicheres Gebiet evakuiert – zurück blieben Trümmer, und die Stadt musste fast vollständig neu aufgebaut werden. Dabei wurde vor allem auf die Sturmfestigkeit der Gebäude geachtet.

Heute ist Darwin einem Phönix gleich zu neuem Glanz aufgestiegen. Außer einigen wenigen Ruinen deutet nichts mehr auf die Katastrophe hin. Eine Menge asiatischer Einwanderer haben sich in der kleinen Tropenmetropole niedergelassen. Palmerstone, 22 km vor Darwin gelegen, hat als Trabantenstadt Zukunftsbedeutung.

Die City erstreckt sich über eine flache Halbinsel und kann wegen ihrer geringen Ausdehnung gut zu Fuß erkundet werden. Als Beispiele der oben erwähnten Ruinen zeigen sich heute die Old Town Hall (Smith Street) und die Christchurch Cathedral (Harry Chan Avenue), die der Zyklon zerstörte, während ein Stück weiter das Old Courthouse and Police Station (Gericht und Polizeiwache) originalgetreu wieder aufgebaut wurde.

Erhalten geblieben ist das koloniale Government House von 1883, das sich auf einer hohen Klippe über den Hafen erhebt, aber dem Touristen nicht zugänglich ist. Der Browns Mart (Harry Chan Avenue), im Wirbelsturm schwer beschädigt, aber doch stehen geblieben, ist ein Steingebäude von 1885, das wechselnden Zwecken diente und heute ein

Theater beherbergt. Im Innenhof des Civic Centre (Harry Chan Avenue) steht ein eindrucksvoller Banyanbaum mit Stelzwurzeln. Im Old Admirality House an der Strandpromenade Esplanade ist heute eine Aboriginalgalerie untergebracht. Etwas weiter finden wir das Lyons Cottage von 1925, ein historisches Museum. Das General Post Office befindet sich an der Ecke Knuckey Street und Smith Street, wo die palmenbesäumte Mall anfängt. Hier liegt das schönste alte Gebäude Darwins, das Victoria Hotel von 1894. Das Chinese Joss House (Ecke Woods Street und Bennett Street) ist ein Tempel, der unter Einbeziehung einiger weniger Überbleibsel der Sturmkatastrophe neu aufgebaut wurde.

An der sogenannten Aquascene am Ende der Esplanade kann man täglich die Meeresfische füttern und im Indo Pacific Marine (Meerwasseraquarium) Korallenbänke mit bunten Fischen zu bewundern. An den Stränden ist Badezeit hier nur von Mai bis Oktober, wenn keine Gefahr von den giftigen Box-Jellyfish-Quallen droht.

Im Yarrawonga Wildlife Park, der 22 km südlich der Stadt liegt, gibt es einen kompletten Überblick über die Tierwelt des Nordterritoriums vom Krokodil über den Dingo und den Emu bis zu den Schlangen. Über 7000 Krokodile finden Sie dagegen in der Darwin Crocodile Farm, 40 km südlich der Stadt am Stuart Highway gelegen.

Im Berry Springs Nature Park weiter westlich kann man in kleinen Naturteichen baden, die von einem Bach gespeist werden.

Eines darf man nicht auslassen, wenn man Darwin kennen lernen möchte: eine richtige Bierdosen-Regatta. Aufgrund des hohen Bierverbrauchs in dieser heißen Stadt (bis zu 230 Liter pro Jahr und Einwohner) hatten zwei Darwiner eines Tages die Idee, Boote aus leeren Dosen zu konstruieren. Seitdem ist der Renntag für Bierdosenboote eine Tradition geworden, an dem die abenteuerlichsten Wasserfahrzeuge an den Start gehen.

Sehenswerte Ziele im NT

Im Nordosten des NT liegt Arnhem Land, ein zerfurchtes Sandsteinplateau. Es ist ein Refugium für die Urbevölkerung geworden, das man als Aboriginal Land – wie alle anderen Reservate auch – eigentlich nur mit einer besonderen Erlaubnis betreten darf. Ausnahmen sind jedoch der **Kakadu National Park** und Nhulunbuy (Gove-Halbinsel), wo eine Bauxitmine liegt. Trotz des Nationalparkstatus war es möglich, dass im Kakadu National Park Anfang der 80er Jahre ein großer Konzern mit dem Abbau von Uran begann! Heute sind dies die Nabarlek Mine und die Ranger Mine. Proteste nutzten nichts, die Macht des Geldes setzte sich durch... Durch den Abbau werden schädliche radioaktive und andere Substanzen aus dem Boden gewaschen und verteilen sich über weite Teile des Nationalparks.

Der Kakadu National Park ist mit 12 600 km≈ der größte des Kontinents und wurde den Weißen von einer Reihe von Aboriginalstämmen quasi als geliehenes Land zur Nutzung überlassen. Seit 1987 ist er als Weltnaturerbe registriert. Der Name »Kakadu« hat nichts mit der Papageienart zu tun, sondern leitet sich von »Gagudju«, einem Stammesnamen, ab.

Die Wasseradern vieler Flüsse und Nebenflüsse durchziehen die abwechslungsreiche Landschaft dieses einmaligen Gebietes. Hier finden wir zunächst den Mangrovengürtel der Gezeitenzone am Van Diemens Gulf, dann das während der Regenzeit überflutete Überschwemmungstiefland der unteren Flussläufe, daran anschließend das Savannentiefland, gefolgt vom Hügelland mit Eukalyptuswald und auffällig vielen Termitenbauten, dann der Abbruchstufe des Plateaus mit ihren Wasserfällen sowie dem eigentlichen Hochlandplateau.

Mit über 1200 Pflanzenarten, 300 Vogelarten und über 50 Reptilienarten stellt der Park ein einzigartiges Naturparadies dar. An Tausenden von Orten sind die mehr als 20 000 Jahre alten Felsmalereien der Ureinwohner zu bestaunen: die älteste in Bildern erzählte Schöpfungsgeschichte überhaupt – von unschätzbarem Wert für die gesamte Menschheit.

Sehen Sie sich bei der Anfahrt in den Kakadu National Park auch die Gebiete Fog Dam Conservation Reserve, den Adelaide River und den South Alligator River an. Die eigentliche Tour durch den Park sollte am Visitor Information Centre geplant werden, das etwas südlich von Jabiru liegt.

Coburg Peninsula: Außer einem Nationalpark mit Wasserbüffeln und verwilderten Hausschweinen kann man sich hier die Ruinen der Victoria Settlement (alte Siedlung) ansehen.

Gove Peninsula: Als auf der Halbinsel ein Bauxitvorkommen entdeckt wurde, entstand der Ort Nhulunbuy, heute 4000 Einwohner, für Angestellte und Arbeiter der Nabalco Mine. Sehenswert ist auch der Ort Yirrkala, in dem Eingeborene leben und ihre Kunstwerke ausstellen.

Jabiru mit seinen 1500 Einwohnern liegt am östlichen Rand des Kakadu National Parks. Es ist ebenfalls eine Siedlung für Angestellte eines Unternehmens: der Ranger Uranium Mine. Hauptabnehmer des Urans ist Deutschland! Hier entstand ein Hotel im Grundriss eines riesigen Krokodils.

Melville und Bathurst Island: Diese Doppelinsel 60 km nördlich von Darwin wird von Aboriginals bewohnt, die bis zum Jahre 1800 hier völlig isoliert lebten. Die Tiwi, wie sie heißen, fertigen bis zu 6 m hohe Totempfähle an, die in Australien sonst völlig unbekannt sind.

In Niugu, 1200 Einwohner, gibt es mehrere Stätten mit Tiwi-Kunstsammlungen zu sehen.

Auf diese Inseln kann man aber nicht auf eigene Faust fahren, sondern muss an einer geführten Tour teilnehmen.

Zentralaustralien (»Rotes Zentrum«)

Den Ausdruck »Rotes Herz« wollen wir hier nicht benutzen, weil die Lebenspumpe des Kontinents an der Peripherie zu suchen ist – dort, wo das Wirtschaftsleben pulsiert. Dennoch sind Ausdrücke wie »Rotes« oder »Totes Herz« nicht ungewöhnlich. Es ist ein durchaus lohnendes Ziel, das Innere Australiens, das den Süden des NT bildet, zu besuchen.

Dazu bleibt einem von Darwin aus nur ein Weg, wenn man das Auto benutzen will, nämlich der Stuart Highway. Alice Springs liegt 1500 km von Darwin entfernt, was einer Zweitagestour entspricht. Auf diesem Weg kommt man durch einige Orte und Plätze, die der Erwähnung wert sind.

In Adelaide River kann man Überreste des Zweiten Weltkriegs erkennen, zum Beispiel Pisten, Bunker und dergleichen.

In der Nähe von Pine Creek fand man 1877 Gold.

Katherine, 5000 Einwohner, ist das Zentrum eines Viehzuchtgebietes mit riesigen Rinderfarmen (bis über 1 Mio Hektar!), das sich quer über das NT zieht und durch den Roman »We of the Never Never« (so nennt sich das Gebiet) um 1900 bekannt wurde. Auch der deutsche Australienforscher Ludwig Leichhardt hielt sich hier auf.

Südlich von Katherine befinden sich im Cutta Cutta Caves National Park ausgedehnte Tropfsteinhöhlensysteme. Westlich der Stadt liegt die berühmte Katherine Gorge, eine zum Teil 60 m tiefe Schlucht des gleichnamigen Flusses.

Schon haben wir **Mataranka** mit seinen Thermalquellen (konstant 34 °C) erreicht: Sie speisen einen zauberhaften Urwaldpool und laden zum Bade ein.

Nun wird's langsam trockener, das Grün nimmt ab und macht allmählich dem Rot Platz. Hinter Daly Waters zweigt nach Osten der Carpentaria Highway ab, bald danach der Buchanan Highway nach Westen. Bei Newcastle Waters sollte man vom Highway abfahren und Station machen, denn dies ist fast genau die Hälfte der Strecke.

Links und rechts des Weges tauchen nun die ersten Berge und Bergketten auf. Beim Three Ways Road House (bezeichnend, dieser Name!) zweigt der Barkly Hwy nach Osten ab – er erreicht über

Camooweal (Qld) und Mt. Isa (Qld) die Ostküste. Der nächste größere Ort ist dann Tennant Creek, 3000 Einwohner. Er wurde in den 30er Jahren wegen Goldfunden – »Nobles Job Mine« ist der größte Goldtagebau der Welt – und in den 50ern wegen ausgedehnter Kupfervorkommen bekannt.

Um Tennant Creek herum befinden sich eigentümliche Felsformationen, nordwestlich die **Devil's Pebbles** (Teufels Kiesel-steine) und 100 km südlich die **Devil's Marbles** (Teufels Murmeln). Von winzig klein bis zu mehreren Metern Durchmesser ist hier alles an Steinkugeln vertreten, was man sich vorstellen kann. Dies war früher für die Aboriginals ein heiliger Ort religiöser Veranstaltungen, sahen sie doch die Kugeln als die Eier der Regenbogenschlange an, der Schöpferin allen Lebens.

Alice Springs

Wenn wir diese Stadt von 25 000 Einwohnern erreicht haben, sind wir im geographischen Zentrum Australiens angelangt. Der Name des Ortes geht auf eine in der Nähe gefundene Quelle zurück. Als in den 30er Jahren der Eisenbahnanschluss von Süden her und später der Highway von Norden her die Stadt erreicht hatten, wurde aus dem verschlafenen Outbacknest ein richtiger Ort – vor allem ein Umschlagplatz für die vielen Rinder, die aus den Viehzuchtgebieten zusammengetrieben wurden, um von hier zu den Schlachthöfen und Häfen weitertransportiert zu werden.

Durch Alice Springs fließt der Todd River – allerdings: meist tut er's nicht, weil er kein Wasser führt. Ungeachtet des völligen Wasser-mangels findet in seinem Flussbett aber die bekannte Trockenregatta statt, bei der man die bodenlosen Ruderboote mit beiden Händen trägt! Ein sehenswertes Ereignis.

Die John Flynn Memorial Church an der Todd Mall hat ihren Namen vom Begründer des Flying Doctor Service.

Daneben liegt gleich das älteste Krankenhaus im Zentrum Australiens, das Adelaide House. Das Panorama Guth an der Ecke Stott Terrace und Hartley Street ist ein riesiges Rundgemälde eines holländi-schen Malers. In der Ford Plaza (Todd Mall) finden wir ein modernes Einkaufszentrum vor.

Interessant sind auch die Alice Springs Telegraph Station Historical Reserve 4 km nördlich der Stadt und das Central Australian Aviation Museum (frühe Luftfahrt) in der Memorial Avenue. Darüber hinaus gibt es Museen für Aboriginalkunst, die Aboriginalschule Yipirinya School und im Südosten der Stadt einen botanischen Garten der Trockenzone zu besichtigen.

Von Alice Springs aus kann man leicht die Sehenswürdigkeiten der McDonnell-Bergkette erreichen, die in verschiedenen Naturparks liegen. Die gängigste Straßenverbindung zum **Ayers Rock** (Uluru), rund 450 km von Alice Springs entfernt, ist der Lasseter Highway, der in Erldunda vom Stuart Highway nach Westen abzweigt und direkt darauf zu führt. Der Riesenstein liegt wie ein schlafender Hase in der Landschaft. Er ragt 350 m aus der Ebene empor, ist 3,5 km lang und hat einen Umfang von 9,5 km.

Er besteht aus der sogenannten »Arkose« – einem Sandstein mit Quarz- und Feldspateinlagerungen. Das Rostrot des Monolithen entstand durch die Oxydation des im Sandstein enthaltenen Eisenanteils. Er ist ein natürlicher Wasserspeicher und für die Ureinwohner seit jeher ein Heiligtum gewesen. Sein Alter wird auf etwa 700 Mio. Jahre geschätzt. Um die gewaltigen Touristenströme zu verkraften – es kommen jährlich bis zu 300 000 Menschen – entstand 1984 die Yulara-Ferienanlage mit vollständiger Infrastruktur, eigenem Krankenhaus, Polizeistation, Banken, Hotels, Reisebüros und Postämtern, die 5000 Touristen »schlucken« kann.

Ähnliche Ausmaße wie der Ayers Rock hat der Mt. Connor, der schon bei der Anfahrt zu sehen ist. 35 km westlich des Ayers Rock bilden die 36 runden Felskuppen mit Namen »The Olgas« (Kata Tjuta) eine ähnlich imposante Erscheinung. Der höchste dieser Felsdome erhebt sich 546 m über die Ebene.

4.7 Tasmania (Tas)

Tasmanien ist mit 67 800 km≈ der kleinste Bundesstaat Australiens. Mit einer Bevölkerungszahl von 452 000 Einwohnern stellt er ganze 2,7 Prozent der Gesamtbevölkerung. Die meisten Menschen wohnen an der Nord- und Ostküste des Eilands, schwerpunktmäßig im Raum Hobart und im Raum Launceston.

Das Bergland des Innern ist kaum und der Südwesten überhaupt nicht bewohnt – letzterer ist daher um so mehr von besonderer landschaftlicher Schönheit.

Vor allem ist Tasmanien eine grüne Insel, die in einigen Bereichen an England und Irland erinnert. Die höchsten Berge – mit über 1500 m – befinden sich im Westen im Cradle Mountain Lake St. Clair National Park. Die Ostküste ist klippenreich und besitzt schöne Strände. Das Zentrum und der Südwesten werden von großen Seen- und Moorlandschaften geprägt.

Nicht nur die Pflanzen-, sondern auch die Tierwelt besitzt hier viele endemische Arten. Besonders bekannte Beispiele sind der Tasmanische Tiger, der ausgerottet sein soll, und der Tasmanische Teufel, ein kleines Nachtgreiftier, das noch in Rückzugsgebieten anzutreffen ist.

Als der Meeresspiegel zu Ende der letzten Eiszeit beträchtlich stieg, wurde Tasmanien vom australischen Festland getrennt. Die von dorther, wie man annimmt, eingewanderten Ureinwohner – eine eigene Rasse – wurden durch die nun entstandene Meeresstraße (Bass Strait) von der übrigen Bevölkerung isoliert.

Im Jahre 1642 wurde Tasmanien durch den Holländer Abel Tasman von den Weißen entdeckt, der der Insel den Namen »Van Diemens Land« gab. Erst Mitte des 19. Jahrhunderts wurde sie in Erinnerung an Abel Tasman umbenannt.

Als zu Beginn des 19. Jahrhunderts die weiße Besiedelung mit der Gründung einer Sträflingskolonie begann, fing auch die verbrecherische, vollständige Ausrottung der rund 5000 tasmanischen Aborigines an, die schon nach einem dreiviertel Jahrhundert beendet war.

Sommertemperaturen von durchschnittlich 20 °C und Wintertemperaturen von 10 °C sowie eine ausreichende Menge an Niederschlägen lassen Tasmanien zur australischen Klimaausnahme werden. Die Niederschläge können im Westteil 3500 mm erreichen, während sie nach Osten hin bis auf 500 mm abfallen. Auf den Bergen fällt im Winter meist Schnee.

Dieses Klima und eine günstige Bodenqualität ermöglichen eine prosperierende Agrarwirtschaft. 40 Prozent der Insel sind bewaldet. In der Landwirtschaft spielen vor allem Obst, Gemüse und Hopfen eine große Rolle. Die Insel trägt auch den Beinamen »Apfelinsel«. Dazu kommen Milchwirtschaft und Schafzucht.

Weitere Standbeine der Wirtschaft sind Tourismus, Holzwirtschaft und Papierindustrie sowie Bodenschätze (Kohle, Gold, Kupfer, Silber, Zink, Zinn).

Die Energiegewinnung ist so umweltfreundlich und preiswert wie sonst nirgendwo auf der Welt: 25 Wasserkraftwerke produzieren genügend Strom für die gesamte Wirtschaft. Durch das spektakuläre Engagement der Umweltschutzbewegung Anfang der 80er Jahre und die seit 1989 im tasmanischen Parlament vertretene Grüne Partei wurde eine weitere Industrialisierung Tasmaniens praktisch gestoppt – dafür wurden neue Nationalpark-Projekte verwirklicht. Die Folge dieser an sich begrüßenswerten Entwicklung ist jedoch, dass man auf der Insel nun um so mehr auf den Tourismus als Wirtschaftsfaktor setzen muss.

Hier die Wirtschaft Tasmaniens nach Anteilen und Bruttowert:

Verarbeitende Industrie	77,3 %	3,8 Mrd A$
Bergbau	7,1 %	355 Mio A$
Landwirtschaft	12,1 %	603 Mio A$
Fischerei	3,5 %	177 Mio A$

Hobart

Die Hauptstadt Tasmaniens hat 193 000 Einwohner und ist die zweitälteste Stadt Australiens. Sie wurde 1804 als Siedlung an der Sullivans Cove gegründet. Das Kapitel »Sträflingsverbannung« hat auf Tasmanien, das damals eine Sammelstelle für Verbrecher war, einige besonders schwarze Seiten zu verzeichnen, auf die wir hier nicht weiter eingehen wollen. Erst mit der Niederlassung freier Siedler nahmen Landwirtschaft und Viehzucht ihren Lauf. Außerdem war Hobart Mitte des vorigen Jahrhunderts ein Hafenstützpunkt der Robben- und Walfänger.

Die Stadt wird malerisch von den umliegenden Bergen eingerahmt und erstreckt sich zu beiden Seiten des Derwent River. Der »Hausberg« Hobarts ist der 1270 m hohe Mt. Wellington. Beide Teile der Stadt werden durch die in ihrer Bauart markante, 1 km lange Tasman Bridge miteinander verbunden. Das andere auffällige Bauwerk Hobarts ist das Wrest Point Casino, ein runder Turmbau von 20 Stockwerken im Stadtteil Sandy Bay.

Wenn man bei der Touristeninformation in der City angelangt ist, blinkt einem schon von weitem die Wasserfläche des Hafens entgegen. Am Victoria Dock haben buntgestrichene Fischerboote ihre Liegeplätze, die ihre Ware hier direkt an den Endverbraucher abgeben. Vorn an der Pier macht zuweilen ein größeres Containerschiff fest. Auf der anderen Seite, dem Constitution Dock, liegen meist Yachten und Ausflugsschiffe.

Sehr zu empfehlen ist das Tasmanian Museum am unteren Ende der Argyle Street mit naturkundlichen Sammlungen und kulturgeschichtlichen Darstellungen der Aborigines. Hier findet man auch ein präpariertes Exemplar des Tasmanischen Tigers sowie einige Fotos der letzten erlegten Exemplare dieser schäferhundgroßen Greifbeuteltiere.

Das General Post Office liegt an der Ecke Elizabeth Street und Macquarie Street und die Town Hall (1864) schräg gegenüber an der Macquarie Street. Sehenswert ist auch das Parliament House von 1840 an der Ecke Davey Street und Murray Street.

Im Stadtteil Battery Point, früher Standort einer Verteidigungsanlage, sind viele Häuser aus dem frühen 19. Jahrhundert erhalten. Achten Sie besonders auf die Häuser am Arthur Circus. Samstags findet am Salamanca Place der Salamanca Market statt.

Das Government House (kein Zugang) und die Botanical Gardens finden Sie am nördlichen Ende der Stadt.

Wer auf den Mount Wellington hinauffahren will, kommt auch an der Cascade Brewery (Brauerei) vorbei.

Wer die Gigantomanie anderer Hauptstädte scheut, ist in Hobart geradezu ideal aufgehoben: Überschaubare Entfernungen, die Nähe zu den Urwaldlandschaften des Südwestens, die schöne Hügellage vieler Stadtteile, die unmittelbare Nachbarschaft der Hafenanlagen, viele kleinere und mittlere Geschäfte und – wie man sagt – der etwas langsamere und provinziellere Rhythmus dieser britischen Stadt in Australien machen den Charme von Hobart aus. Eine kleine Welt für sich – diese tasmanische Welt am Ende der Welt...

Lohnende Ziele auf Tasmanien

Auf dem Huon Highway (A6) gelangt man ins Apfelanbaugebiet der Huon Peninsula mit dem Zentrum Huonville. Über Geevestone fährt man zum Hartz Mountains National Park mit Seen, Mooren und großen Waldgebieten.

Geevestone ist durch Sägewerke, Holzverarbeitung und Milchviehhaltung geprägt.

Wer mit der Fähre nach Bruny Island übersetzt, kommt auf eine Doppelinsel mit einem schmalen Landstreifen in der Mitte. Der gebirgige unberührte Südteil setzt sich landschaftlich vom flachen Nordteil ab.

Über New Norfolk, 10 000 Einwohner, gelangen wir in den Westen Hobarts. In der gesamten Umgebung der Stadt wird Hopfen angebaut. Ein Stück weiter nach Westen, und schon sind wir im Mt. Field National Park, einer Landschaft von urwüchsiger tasmanischer Schönheit. Empfehlenswert ist die Wanderung zu den Russell Falls.

Wer nun weiter über die Gordon River Road nach Westen fährt, kommt mitten in den South West National Park. Die Straße verläuft zwischen den Stauseen Lake Gordon und Lake Pedder, Endpunkt ist Gordon Dam. In diesem unbewohnten Gebiet gibt es nichts als herrliche Landschaft mit Gletscherseen, wucherndem Regenwald, Flüssen, Bächen, Mooren, Wasserfällen und langen Sandstränden an der Küste.

Wenn man von Hobart aus zunächst die A3 bis Sorell befährt und dann auf die A9 abbiegt, gelangt man schließlich in einem südlichen Bogen auf die **Tasman Peninsula**. Zunächst passiert man die Forestier Peninsula und kommt zum Eaglehawk Neck, einer nur wenige hundert Meter breiten Landenge. Hier kann man fantastische Felsformationen bestaunen, die Wind und Wasser geschaffen haben: Tasmans Arch (Felsbogen), Blowhole (Blasloch mit Fontäne) und Devils Kitchen

(Meeresschlucht). Dann kommt man nach Taranna, wo es den Tasmanian Devil Park zu besichtigen gibt. Weiter nach Süden erreicht man bald **Port Arthur**, wo die Reste des 1830 gegründeten Großgefängnisses für mehr als 1000 Häftlinge zu sehen sind. Dies ist ein trauriger, aber vielbesuchter Ort.

Der Midland Highway (A1) verbindet Hobart über die Städte Oatlands Ross und Campbell Town mit dem nördlich gelegenen Launceston. Fährt man in Melton Mowbray auf den Lake Highway (A5) ab, ist man bald im zentralen Hochland mit dem **Lake District**, der Tausende von Seen umfasst: ein vorzügliches Gebiet für Sportangler.

Launceston ist mit 85 000 Einwohnern die zweitgrößte Stadt Tasmaniens. Die Stadt ist das Zentrum des landwirtschaftlich ausgerichteten Nordens, wo Wolle und Getreide eine Rolle spielen. In der Penny Royal World wird die alte Zeit mit Wind- und Wassermühlen und einer historischen Straßenbahn wieder lebendig. Es gibt in Launceston einige interessante alte Gebäude wie das Post Office Building, die Town Hall, das Macquarie House. Im Design Centre of Tasmania wird Kunsthandwerk ausgestellt.

Evandale und Longford, einige Kilometer südlich gelegen, zeigen besonders schöne historische Gebäude. Und lassen Sie sich nicht verwirren: Auf der A1 kommen Sie durch einen Ort namens »Perth« – einen Namensvetter der großen Stadt in Westaustralien!

Launceston ist auch der Ausgangspunkt für Wanderungen und Skiausflüge in den benachbarten Ben Lomond National Park.

Die Ostküste mit ihren Halbinseln, Inseln, Klippen und langen Sandstränden ist ein Paradies für den Naturfreund, der keinen Wert auf luxuriöse Unterbringung legt. Von Louisville kann man nach Maria Island übersetzen. Weiter nördlich von Bicheno aus gelangt man auf die Freycinet Peninsula. Noch weiter nördlich bei St. Helens gibt es schöne Sandstrände.

Will man die westliche Nordküste erkunden, so fährt man von Launceston aus den Bass Highway (A1) westlich über Deloraine und dann nordwestlich nach Devonport. Um Deloraine finden wir ein Weizenanbaugebiet, während Devonport mit seinen 24 000 Einwohnern eine Industrie- und Handelsstadt ist. Besonders zu empfehlen ist hier das Tiagarra Tasmanian Aboriginal Centre, das mit der Lebensweise der ausgerotteten Urbevölkerung vertraut macht. Außerdem findet man hier noch ein Seefahrts- und ein Eisenbahnmuseum.

Burnie ist mit 20 000 Einwohnern die wichtigste Industriestadt im Nordwesten der Insel. Hier werden Erze verschifft und Papier hergestellt.

Um Wynyard finden wir Milchwirtschaft und Gemüseanbau als Produktionsschwerpunkte.

Seit Somerset befinden wir uns auf dem Highway A2, der die Nordwestspitze Tasmaniens abschneidet und bis Marrawah geht. Wer bis hierher fährt, muss umkehren und kann dann hinter Wynyard über die B26 auf den Highway A10 gelangen, der den schwachbesiedelten Westen der Insel durchquert und auch nach Queenstown führt. Diese Stadt von 4000 Einwohnern wurde durch Zinn- und Kupferfunde bekannt. Seither vergifteten Abgase die Umgebung und schufen eine Mondlandschaft um den Berg Mt. Lyell.

Westlich von Queenstown gelangt man nach Strahan am Mündungssee des Gordon River, einem Fast-Binnensee, der nur einen schmalen Durchlass zum Meer hat.

Nördlich des A10 liegt hinter Queenstown der große Cradle Mountain Lake St. Clair National Park und südlich der Franklin Gordon Wild Rivers National Park.

4.8 Australian Capital Territory (ACT)

Das 2400 km≈ große Hauptstadt-Territorium dient eigentlich nur der Bundeshauptstadt Canberra als Einbettung. Zu diesem gehört noch ein kleines Gebiet von 73 km≈ um Jervis Bay an der Küste von NSW. Als nur teilweise selbständiger Staat ist es eine Enklave des Bundesstaates New South Wales, 300 km südwestlich von Sydney gelegen. Der Name »Canberra« leitet sich vom Ureinwohnerbegriff »Kamberra« her, was soviel wie »Treffpunkt« oder auch »weibliche Brust« bedeutet – beides irgendwie sehr sinnfällig, nicht wahr?

Klimatisch gesehen ist das ACT aufgrund der Berglage eine kühle Gegend. Im Winter kann es sehr kalt werden, im Sommer dagegen sehr warm tagsüber und kühl in der Nacht. Die durchschnittliche Regenmenge pro Jahr ist mit 620 mm mäßig.

Hier leben fast 300 000 Einwohner – zwei Drittel aller Arbeitnehmer sind Angestellte der Regierung und der hier ansässigen Behörden und Verwaltungseinrichtungen.

Nachdem der Streit um die Hauptstadt des Australischen Bundes beendet worden war, wurde Canberra 1913 in dem einige Jahre zuvor geschaffenen Gebiet gegründet und nach dem Entwurf des amerikanischen Architekten Walter Burley Griffin als »Retortenstadt« gebaut. Heute ist es Sitz des Bundesparlaments, des Obersten Gerichtes und der vielen ausländischen Botschaften. Auch die Zentralstellen der staatlichen Institutionen für Forschung, Bildung, Wissenschaft und Kultur befinden sich hier.

Ein künstlicher See, der Lake Burley Griffin, gliedert die Stadt in zwei Teile, die über zwei Brücken, die Commonwealth Bridge und die Kings Bridge, miteinander verbunden sind. Wo die beiden Straßen, von den Brücken herkommend, aufeinanderstoßen, befindet sich der Capital Hill mit dem Parlamentsgebäude. Am Beginn der Commonwealth Avenue wiederum befindet sich genau gegenüber dem Capital Hill auf der anderen Seite des Sees als Entsprechung der City Hill.

An Sehenswertem bietet Canberra abgesehen vom neuen Parliament House das Old Parliament House am Fuße des Hügels, unweit davon die National Library of Australia, das National Science and Technology Museum, der High Court und die National Gallery of Australia.

Auf der City-Seite befindet sich das National Film and Sound Archive und die Australian National University, am Balmain Crescent und an der University Avenue gelegen. Weiterhin die Church of St. John the Baptist an der Constitution Avenue, das Australian War Memorial am Ende der Anzac Parade, das Blundell's Cottage (ältestes Haus) am Parkes Way und das Australian American Memorial unterhalb des Mt. Pleasant, eines Aussichtshügels.

Im Stadtteil Yarralumla westlich des Capital Hill befinden sich die Botschaften von rund 70 Staaten der Erde. Nur die Botschaften von Papua-Neuguinea und Indonesien tanzen hier aus der Reihe und warten mit besonders prunkvollen Gebäudekomplexen am Forster Crescent und in der Darwin Avenue auf.

An der Ostseite des Black Mountain (812 m) befinden sich die National Botanic Gardens, in denen sich die größte Pflanzenvielfalt unter allen australischen botanischen Gärten findet.

Hier die Wirtschaft nach Anteilen und Bruttowert:

Verarbeitung und Verwaltung	93,6 %	430 Mio A$
Landwirtschaft	4,4 %	20 Mio A$
Bergbau	2,0 %	9 Mio A$

5. Australisches

5.1 Zeitzonen und Sommerzeit

Innerhalb Australiens unterscheidet man – abweichend von der gobalen Zeitzoneneinteilung – drei Zeitzonen.

Dabei rangieren Tasmania, Victoria, New South Wales und Queensland eine halbe Stunde vor South Australia und Northern Territory und zwei Stunden vor Western Australia.

Beispiel: Wenn's in Sydney 12.00 Uhr ist, ist es in Adelaide oder Darwin erst 11.30 Uhr und in Perth erst 10.00 Uhr.

Nun wird's kompliziert, denn außerdem ist zu beachten, dass NSW, Victoria und Tasmania im Sommerhalbjahr die »Daylight Saving Time« (Sommerzeit + 1 Stunde) befolgen (zwischen November und Februar; Tasmania sogar von Anfang Oktober bis Ende März).

Da soll sich noch jemand durchfinden...

5.2 Alte Maße und Gewichte

Obwohl Australien längst das Dezimalsystem kennt, könnten Sie hier und da doch noch auf die alten englischen Maßeinheiten stoßen: So hat sich zum Beispiel der »acre« bei Grundstücksangaben hartnäckig gehalten. Der Einfachheit halber sind die Umrechnungswerte abgerundet.

acre	4000 m$\approx$
foot (feet)	30 cm
gallon	4,5 l
inch	2,5 cm
mile	1,6 km
ounce	30 g
pint	0,5 l
pound	450 g
quart	1,1 l
yard	92 cm

5.3 Allgemeine und besondere Feiertage

1. Januar	New Year's Day
26. Januar	Australia Day
1. Montag im März	WA: Labour Day, Tas: 8-Hour-Day
2. Montag im März	Vic: Labour Day und Moomba Parade
3. Montag im März	ACT: Labour Day
Erster Vollmond nach Frühlingsanfang	Osterferien vom Karfreitag (Good Friday) bis einschließlich Montag, in einigen Staaten bis Dienstag
25. April	Anzac Day
1. Montag im Mai	Qld: Labour Day, NT: Maifeiertag
2. Montag im Juni	Geburtstag der Königin (außer WA)
1. August	Wattle Day (einige Bundesstaaten)
1. Montag im August	NSW: Bank Holiday
1. September	Wattle Day (einige Bundesstaaten)
1. Montag im Oktober	NSW und ACT: Labour Day
6. Oktober	WA: Geburtstag der Königin
2. Montag im Oktober	SA: Labour Day
1. Dienstag im November	Melbourne: Melbourne Cup Day
11. November	Remembrance Day (Ende des Ersten Weltkriegs)
25. Dezember	Weihnachtsfeiertag
26. Dezember	Boxing Day (außer SA)
28. Dezember	SA: Proclamation Day

5.4 »Aussie«-Slang

abo	Aboriginal
amber fluid	Bier
arvo (afternoon)	Nachmittag
Aussie	Australier
back of Bourke	hinter dem Mond (Bourke liegt weit draußen)
banana bender	Queensländer
barbie	Abkürzung für barbecue (Grill)
bastard	verärgerte Anrede
beef road	Straße im Outback (für Rindertransport)
beg yours!	Entschuldigung!
belt up!	Halt den Mund!
bikie	Motorrad-/Radfahrer
bickies (biscuits)	Kekse
bitumen	Teerstraße (im NT)
blackfellow	Eingeborener
billy tea	Lagerfeuertee, in der Dose gekocht
bloke	Kumpel (eigentlich: Kerl)
bloudy...	verdammter/e/es...
blowies	große Fliegenart
bludger	Schmarotzer
blue	Streit
bomb	altes Auto
bonzer	märchenhaft
booze	alkoholisches Getränk, »Kurzer«
breckie (breakfast)	Frühstück
buck	Dollar
bull dust	feiner Staub
bullshit	Quatsch, Blödsinn
bush	Land weit draußen
bushie	jemand, der im Outback lebt
B.Y.O. (bring your own)	eigener Alkohol zugelassen
chick	junges Mädchen
to be chuck up	einen »Kater« haben
to chunder	kotzen
cobber	Freund
cocky	Kleinfarmer
cop	Polizist
croc	Krokodil

crook	krank, schlecht
counter lunch	Mittagessen an der Theke
cuppa	Tasse Tee
cut lunch	Sandwich oder »roll« (take-away)
dago	Südeuropäer
damper	Lagerfeuerbrot
deli	Lebensmittelladen
dinkie die	ganz ehrlich
dinkum	ehrlich, echt
dirt road	ungeteerte Straße
down under	Australien (auch für Neuseeland)
drongo	Nichtsnutz
dumper	große Brandungswelle
dunny	Toilette
eskie	Kühlbehälter
fair enough	in Ordnung, recht und billig
fair go	Chance
flake	Haifischfilet beim Schnellimbiss
Footie	Fußball
to fossick	nach Gold/Opalen graben
frenchie	Kondom
freshie	Süßwasserkrokodil
garbo (garbage man)	Müllwerker
g'day!	Guten Tag!
to get stung	hereingelegt werden
to go bananas	verrückt werden
to go bung	kaputtgehen
good on yer!	gut gemacht!
grader	Erdhobel (Straßenbau)
gravel road	Schotterstraße
grazier	Schaf-/Rinderfarmer
gum tree	Eukalyptusbaum
half cut	total betrunken
handle	Bierkrug mit Griff
have a go!	Versuch's mal!
hang on!	Einen Moment bitte!
hard yakka	harte Arbeit
hooly-dooly	Überraschung
hoon	Idiot
to hop into the booze	einige Bierchen zischen
idiot box	Glotze (Fernseher)

I dunno (I don't know)	ich weiß nicht
I'll catch ya later!	Bis später!
jackeroo	Anfänger (ursprünglich Cowboylehrling)
jilleroo	Anfängerin
joey	Kängurubaby
jumbuck	Schaf
junk food	Essen vom Schnellimbiss
to kick the bucket	»ins Gras beißen« (sterben)
Kiwi	Neuseeländer
to knock	kritisieren
knocker	Pessimist
lay-by	Anzahlung für reservierte Ware
lingo	Sprache
lolliewater	Limonade
loo	Toilette, Waschraum
mate	Kumpel, Freund
middie	kleines (mittleres) Bier
mozzie	Mücke, Moskito
mug	Dummkopf
never never	ganz entlegenes Outback
no worries	kein Problem
not bad	ganz gut
ocker	der einfache Australier; abwertend: Tölpel
outback	weitentferntes Hinterland
owyergoin, mate (how are you going)?	Wie geht's, Kumpel?
OZ (sprich: »oss«)	Kurzform für Australia
panel van	Kombi (wie ein Krankenwagen)
to be on the piss	auf Sauftour sein
piss-up	Saufgelage
plonk	billiger Alkohol
plonkie	Betrunkener
pom, pommie	Engländer (abfällig)
poofter	Homosexueller
postie	Postbote
pot, jug	1-Liter-Bierkrug
ridgey didge	ehrlich, wirklich
righto!	Einverstanden!
ringer, stockman	australischer Cowboy
ripper	ausgezeichnet
road train	Lastwagen mit mehreren Anhängern

road plant	Straßenbaustelle
roo	Känguru
rubbish	Abfall, Unsinn
saltie	Salzwasserkrokodil
salvo	Angehöriger der Heilsarmee
school	Säuferrunde
schooner	großes Bier
scrub	Buschland
scuse!	Entschuldigung!
sealed road	Teerstraße
shandy	Alsterwasser
sheila	Mädchen, Frau
she'll be right!	Das geht in Ordnung!
shout	Runde Bier
smoko	Zigarettenpause
soapie	flache TV-Sendung
speedos	kurze Männerunterhose, Badehose
spunky	sexy
squarehead	Quadratschädel
squatter	Großgrundbesitzer (früher: wilder Landnehmer)
station	Großfarm
stickybeak	neugierige Person (»klebriger Schnabel«)
stockman	Cowboy
stubby	Flasche Bier
surfie	Surfer
swagman	Vagabund, Wanderarbeiter
sweets	Nachspeise
ta	danke
ta ta	tschüs
tart	Nutte
tea	Abendessen (nicht nur Tee!)
tellie	TV-Apparat
thongs	Badelatschen
top sort	flotte Biene
track	Outbackpiste
trouble 'n strife	(Ehe-)Frau
truckie	Lastwagenfahrer
tucker	Essen (allgemein)
up a gum tree	mächtig in Schwierigkeiten
ute (utility car)	kleiner Lastwagen

vegies (vegetables)	Gemüse
walkabout	(Busch-) Wanderer
wet	Regenzeit (im tropischen Norden)
whinger	Nörgler
willy-willy	Wirbelwind
wog	Asiat, Südeuropäer (abfällig)
woolgrower	Schaffarmer
wowser	Spielverderber
to yabber	schwatzen
yankee shout	Kneipenrunde, bei der jeder selbst zahlt
yobbo	Großmaul
yummi	lecker
yumyum food	Essen vom Schnellimbiss

6. Adressen

Für alle hier aufgeführten Adressen und Telefonnummern gilt, dass wir nicht versichern können, ob sie zum Zeitpunkt Ihrer Lektüre noch aktuell sind. Wir haben alles getan, um die Richtigkeit der Daten zu überprüfen, dennoch können sich immer kurzfristig Änderungen ergeben. Bitte greifen Sie bei Schwierigkeiten auf die jeweiligen Telefonbücher zurück.

Abkürzungen hinter Straßennamen:

Rd	Road
St	Street
Hwy	Highway
Pde	Parade
Crn	Corner
Tce	Terrace
Pl	Place
Cres	Crescent
Ct	Court

Antragsformulare für die Auswanderung
Diese sind zu beziehen bei:
Australia Shop World GmbH
Dachauer Str. 109
D-80335 München

6.1 Deutsche, österreichische und Schweizer Vertretungen

Für ganz Australien
Botschaft der Bundesrepublik Deutschland
119 Empire Circuit
Yarralumla/Canberra, ACT 2600
Tel: 02-6270 1911
Fax: 1951
E-Mail: embgerma@bigpond.net.au
Internet: www.deutschebotschaft-canberra.com

Österreichische Botschaft

Postanschrift:
Embassy of Austria
P.O.Box 3375
Manuka, ACT 2603
Tel: 02-6295 1533 u. 1376
Fax   6239 6751
E-Mail: austria@bigpond.net.au

Schweizerische Botschaft

7 Melbourne Ave
Forrest, ACT 2603

Für New South Wales
Generalkonsulat der Bundesrepublik Deutschland

13 Trelawney St
Woollahra, NSW 2025
Tel-Sammelnr.: 02-9328 7733
Passangelegenheiten: 9327 9624
Rentensachen: 9327 9628
Kultur und Presse: 9327 9630
Wirtschaft: 9327 9632
Fax (alle): 9327 9649
E-Mail: consugerma.sydney@bigpond.com

Österreichisches Honorarkonsulat

Austrian Honorary Consulate General Sydney
19th Floor, 1 York St, Sydney NSW 2000
Tel: 02-9251 3363
Fax: 1038
E-Mail: oegksydney@optusnet.com.au

Schweizerisches Generalkonsulat Sydney

Suite 2301, Plaza II
500 Oxford St
Bondi Junction, NSW 2022
Tel: 02-9369 4244, Fax: 9369 1334

Für Victoria

Generalkonsulat der Bundesrepublik Deutschland (zuständig für
Victoria, South Australia, Western Australia, Tasmania)
480 Punt Rd
South Yarra, Vic 3141
Tel: 03-9864 6888
Fax: 9820 2414
E-Mail: consuger–melb@primus.com.au

Österreichisches Honorargeneralkonsulat
Austrian Honorary Consulate General Melbourne
93 Nicholson St, Carlton, VIC 3065
Postanschrift: P.O. Box 52, Fitzroy, VIC 3065
Tel: 03-9349 5999
Fax: 5100

Schweizerisches Generalkonsulat
7th Floor, 420 St. Kilda Rd
Melbourne, Vic 3004

Für Queensland

Honorarkonsul der Bundesrepublik Deutschland
32nd Floor, AMP Place, 10 Eagle St
Brisbane, Qld 4000
Tel: 07-3221 7819
Fax: 7335
E-Mail: germancons@primus.com.au

Österreichisches Honorarkonsulat
Austrian Honorary Consulate General Brisbane
30 Argyle St, Breakfast Creek, Qld 4010
Postanschrift: P.O.Box 357, Albion, Qld 4010
Tel: 07-3262 8955
Fax: 8082
E-Mail: argyle@powerup.com.au

Austrian Honorary Consulate Cairns
Pacific International Hotel, Corner Esplanade & Spencer St
Cairns, QLD 4870
Postanschrift: P.O. Box 2325, Cairns, QLD 4870
Tel: 07-4031 6666
Fax: 4052 1385
E-Mail: salespih@altnews.com.au oder pacific@cairns.net.au

Schweizerisches Generalkonsulat
15 Corowa St
Wavell Heights, Qld 4012

Für South Australia
Honorarkonsul der Bundesrepublik Deutschland
1st Floor, Peel Chambers, 23 Peel St
Adelaide, SA 5000
Tel: 08-8231 6320
Fax: dsgl.

Österreichisches Honorarkonsulat
Austrian Honorary Consulate Adelaide
12 Park Terrace
Bowden, SA 5007
Tel : 08-8269 0664
Fax :   8340 7152
E-Mail : austrian.consulate@clipsal.com.au

Schweizerische Konsulat-Agentur
504 Glynburn Rd
Burnside, SA 5066

Für Western Australia
Honorarkonsul der Bundesrepublik Deutschland
8th Floor, 16 St. George's Tce
Perth, WA 6000
Tel: 08-9325 8851
Fax   9221 3200
E-Mail: germanhc@wantree.com.au

Österreichisches Honorarkonsulat
Austrian Honorary Consulate Perth
Level 31, 250 St.Georges Terrace
Perth, WA 6000
Tel: 08- 9261 7035
Fax: 7057

Schweizerische Konsulat-Agentur
29 Marie Way
Kalamunda, WA 6076

Für Northern Territory
Honorarkonsul der Bundesrepublik Deutschland
Action Sheetmetal P/L
1824 Berrimah Rd
Postanschrift: P.O. Box 38995
Winnellie, NT 0821
Tel: 08-8984 3769
Fax: 8947 0037

Schweizerische Konsulat-Agentur
46 Wells St
Darwin, NT 5790

Für Tasmania
Honorarkonsul der Bundesrepublik Deutschland
348 Sandy Bay Rd
Sandy Bay, Tas 7005

Österreiches Honorarkonsulat
Austrian Honorary Consulate Hobart
255 Nelson Rd
Mt.Nelson, TAS 7007
Tel : 03-6225 4601
Fax   6226 7631
E-Mail : E.Meidl@utas.edu.au

Schweizerische Konsulat-Agentur
1 Cedar Ct
Sandy Bay, Tas 7005

6.2 Wirtschaftsberater der australischen Bundesstaaten in Europa

Für New South Wales
Agent-General for New South Wales
New South Wales House, 65/72 Strand
London WC2N 5LZ, U.K.
Tel: 0044-1-8396651, Fax: 0041-1-8395331

Für Victoria
Office of the Commissioner for the Government of Victoria
Arabella Center, 6. Stock D, Lyoner Str. 44-48
D-60528 Frankfurt/Main
Tel: 069/666 6028, Fax: 069/666 5015

Für Queensland
Agent-General for Queensland
Queensland Government Office, 392/3 Strand
London WC2R 0LZ, U.K.
Tel: 0044-1-8363224, Fax: 0044-1-2407667

Für Westaustralien
Agent-General for Western Australia
Western Australia House, 115 Strand
London WC2R 0AJ, U.K.
Tel: 0044-1-2402881, Fax: 0044-1-2406637

Für Südaustralien
  Agent-General for South Australia
  South Australia House, 50 Strand
  London WC2N 5LW, U.K.
  Tel: 0044-1-9307471, Fax: 0044-1-9301660

Für ganz Australien
  Australian Trade Commission
  Australian Consulate-General
  Gutleutstr. 85
  D-60329 Frankfurt/Main
  Tel: 069/273 9090, Fax: 232 631

6.3 Deutsch-australische Handelskammer / Österreichische Außenhandelsstelle

In New South Wales (Hauptstelle)
  German-Australian Chamber of Industry and Commerce
  Level 10, 39-41 York St
  Sydney, NSW 2000
  Tel: 02-8296 0400
  Fax: 0411
  E-Mail: info@germany.org.au (Direktor)
          sebastian.saule@germany.org.au (General Manager)

Österreichische Außenhandelsstelle
  Austrian Foreign Trade Office
  19th Floor, 1 York St
  Sydney, NSW 2000
  Tel: 02-9247 8581
  Fax: 9251 1038
  E-Mail: ahstsyd@mpx.com.au

In Victoria (Regionalbüro)
German-Australian Chamber of Industry and Commerce
Suite 2, Level 5, 14 Queens Rd
Melbourne, Vic 3004
Tel: 03-9867 1197
Fax: 1199
E-Mail: gccmel@germany.org.au

In Queensland (Regionalbüro)
German-Australian Chamber of Industry and Commerce
Liaison Office, Yungaba, 120 Main St
Kangaroo Point, Qld 4169
Tel: 07-3391 1511
Fax: 1521
E-Mail: gccbris@germany.org.au

6.4 Australisches Einwanderungsministerium (DIMIA)

In Deutschland
Australische Botschaft
Philip Johnson House, 6th Floor
Friedrichstr.200
D-10117 Berlin
Tel: 030-880088 0
Fax: 880088 210
E-Mail: info@australian-embassy.de

In Australien
Regionale Stellen des DIMIA,
Department of Immigration and Multicultural and Indigenous Affairs

Australian Capital Territory
Level 3, 1 Farrell Pl, Canberra City, ACT 2601

New South Wales
In Sydney gibt es mehrere Büros, hier das zentrale:
Ground Floor, 26 Lee St, Sydney, NSW 200

Victoria
Ground Floor, Casselden Pl, 2 Lonsdale St, Melbourne, VIC 3000

Queensland
Brisbane:
Level 1 13, 313 Adelaide St, Brisbane, QLD 4000
Cairns:
19 Aplin St, Cairns, QLD 4870

Western Australia
City Central, 411 Wellington St, Perth, WA 6000

South Australia
Commonwealth Centre Building, Level 4, 55 Currie St, Adelaide, SA 5000

Tasmania
Hobart:
188 Collins St, Hobart, TAS 7000
Darwin:
Block 6, Mitchell St, Darwin, 5790 NT

Northern Territory
Pella House, 40 Cavenagh St, Darwin, NT 0800

6.5 Hilfsvereine

Australian-German Welfare Society
8/242 Toorak Rd
South Yarra, Vic 3141

Australian-German Welfare Society in South Australia
223 Flinders St
Adelaide, SA 5000

Deutsch-australischer Hilfsverein Sydney
1a Leicester Ave
Strathfield, NSW 2135

Deutsch-australischer Hilfsverein Melbourne
4th Floor – 24 Albert Rd
South Melbourne, Vic 3205

Österreichische Hilfsorganisation
129 Sydney St
Willoughby, NSW 2068

Swiss Benevolent Society
C/- Consulate-General of Switzerland, Sydney
P.O.Box 82
Edgecliff, NSW 2027

Migrant Service Publication
P.O.Box 523
Albany, WA 6330

6.6 Kulturelle Organisationen

»Die Brücke«
P.O.Box 148
Cabramatta, NSW 2166

Goethe-Institute
Goethe-Institut Inter Nationes Melbourne, zuständig für Victoria,
Tasmania, South Australia, Western Australia
448 St. Kilda Rd, Melbourne, Vic 3004
Tel: 03-9864 8999
Fax: 8988
E-Mail: pfranz@goethe.edu.au
Internet: www.goethe.de/melbourne

Goethe-Institut Inter Nationes Sydney, zuständig für New South
Wales, A.C.T., Queensland und Northern Territory
90 Ocean St, Woollahra, NSW 2025
Postanschrift: P.O.Box 37, Woollahra, NSW 1350
Tel: 02-8356 8333
Fax: 8314
E-Mail: giin@sydney.goethe.org
Internet: www.goethe.de/sydney

6.7 Deutsche Presseorgane

German Press Office
Boris B. Behrsing
67 Kipling Ave
Mooroolbark, Vic 3138
Tel: 03-9726 5551
Fax: 9727 2158

»Australien Kurier«/»Die Woche in Australien«
1-3 Seddon St
Bankstown, NSW 2200

»Neue Heimat und Welt«
453 Upper Heidelberg Rd
West Heidelberg, Vic 3081

»Treffpunkt WA«
11 Pinedale St
East Victoria Park, WA 6101

6.8 Schulen, Schulvereine

Deutsche Schule Johannes Gutenberg
Erste deutsche Vollzeitschule (mit Gymnasium)
74 Belmore St.
Ryde, NSW 2112
E-Mail: info@germanschoolsydney.com
Internet: www.germanschoolsydney.com

Deutscher Schulverein Sydney
(mit Unterricht in Chatswood, Miranda, Liverpool,
Blacktown und in der City)
Ansprechpartner: Paul Grunwald
49/3 Martin Luther Place
Alambie Heights, NSW 2100

Deutscher Schulverein Wollongong-Illawarra
45 Bass St
Barrack Heights, NSW 2528

Schule der Deutschen Sprache e.V.
16 Salisbury St
Unley, SA 5061

Deutsche Abteilung der Monash University
Wellington Rd
Clayton, Vic 3168

Sonnabend-Schule in Footscray
14 Laura Grove
Avondale Heights, Vic 3168

German Language Club
49 Railway Rd
Blackburn, Vic 3130

The ACT German Language School Inc.
P.O.Box 117
Manuka, ACT 2603

6.9 Universitäten

In New South Wales
Macquarie University
Sydney, NSW 2109

Southern Cross University
P.O.Box 157
Lismore, NSW 2480

Charles Sturt University
Locked Bag 669
Wagga Wagga, NSW 2650
The University of Newcastle
University Dr
Callaghan, NSW 2308

The University of New England
Armidale, NSW 2351

The University of New South Wales
Sydney, NSW 2052

The University of Sydney
Sydney, NSW 2006

University of Technology
P.O.Box 123
Broadway, NSW 2007

University of Western Sydney, Hawkesbury
Bourke St
Richmond, NSW 2753

University of Western Sydney, Macarthur
P.O.Box 555
Campbelltown, NSW 2560

University of Western Sydney, Nepean
P.O.Box 10
Kingswood, NSW 2747

University of Wollongong
Northfields Ave
Wollongong, NSW 2522

In Victoria
  Australian Catholic University
251 Mt. Alexander Rd
Ascot Vale, Vic 3032

Deakin University
Geelong, Vic 3217

La Trobe University
Melbourne, Vic 3083

Monash University
Clayton, Vic 3168

RMIT University
(vormals: Royal Melbourne Institute of Technology)
GPO Box 2476V
Melbourne, Vic 3001

Swinburne University of Technology
P.O.Box 218
Hawthorn, Vic 3122

The University of Melbourne
Parkville, Vic 3052

Victoria University of Technology
P.O.Box 14428
Melbourne Mail Center
Melbourne, Vic 3000

University of Ballarat
P.O.Box 663
Ballarat, Vic 3353

In Queensland
Bond University
Gold Coast, Qld 4229

Griffith University
Nathan, Qld 4111

James Cook University of North Queensland
Townsville, Qld 4811

Queensland University of Technology
GPO Box 2434
Brisbane, Qld 4001

University of Central Queensland
Rockhampton, Qld 4702

University of Southern Queensland
Private Mail Bag No. 1

Post Office Darling Heights
Toowoomba, Qld 4350

The University of Queensland
St. Lucia, Qld 4072

In South Australia
  The Flinders University of South Australia
  GPO Box 2100
  Adelaide, SA 5001

  The University of Adelaide
  GPO Box 498
  Adelaide, SA 5001

  The University of South Australia
  GPO Box 2471
  North Tce
  Adelaide, SA 5001

In Western Australia
  Curtin University of Technology
  G.P.O.Box U1987
  Perth, WA 6001

  Edith Cowan University
  Pearson St
  Churchlands, WA 6018

  Murdoch University
  Murdoch, WA 6150

  The University of Western Australia Nedlands
  Perth, WA 6009

  Australian Institute for University Studies
  Shenton Ave
  Joondalup, WA 6027

In Tasmania
   Australian Maritime College
   P.O.Box 986
   Launceston, Tas 7250

   The University of Tasmania
   GPO Box 252C
   Hobart, Tas 7001

Im Northern Territory
   Northern Territory University
   P.O.Box 40146
   Casuarina, NT 0811

Im Australian Capital Territory
   The Australian National University
   G.P.O.Box 4
   Canberra, ACT 2601

   The University of Canberra
   P.O.Box 1
   Belconnen, ACT 2616

Zentrale Studienauskunft in Deutschland
   Deutscher Akademischer Austauschdienst (DAAD)
   Referat 214
   Kennedyallee 50
   D-53175 BONN
   Tel: 0228/882 444
   E-Mail: postmaster@daad.de

Australische Vertretungen, die auch über Studentenvisa informieren
   Australische Botschaft
   Philip Johnson House, 6th Floor
   Friedrichstr.200

D-10117 Berlin
Tel: 030-8800880
Fax: 88008351
E-Mail: info@australian-embassy.de

Australisches Generalkonsulat Berlin
Kempinski Plaza
Uhlandstr. 181-183
D-10623 Berlin

Australisches Generalkonsulat Frankfurt
Gutleutstr. 85
D-60329 Frankfurt/Main

Studienauskünfte in Österreich
Australische Botschaft
Mattiellistr. 2
A-1040 Wien
Tel: 0043-1-50674
Fax: 513 1656
E-Mail: visa-enquiries@dfat.gov.au

Club International Universitaire (CIU)
Schottengasse 1
A-1010 Wien

Auskünfte sind ebenfalls zu bekommen bei den Auslandsabteilungen verschiedener Fakultäten in Wien, Graz, Innsbruck, Salzburg, Linz, Klagenfurt und Leoben.

Studienauskünfte in der Schweiz
Schweizerische Zentralstelle für Hochschulwesen
Seidenweg 68
CH-3012 Bern

Zwecks genauer Informationen mögen sich Studenten aus der Schweiz an die australische Botschaft in Bonn wenden.

Studienauskünfte in Australien
  idp-Education Australia
  G.P.O. Box 2006
  Canberra, ACT 2601
  Tel: 0061-6-2858 222
  Fax: 2853 036

Auskünfte können auch bei der deutschen Botschaft und den deutschen Konsulaten in Australien sowie bei den oben angeführten Goethe-Instituten eingeholt werden.

6.10 Kirchen und religiöse Organisationen

In New South Wales
  Deutsche Evangelisch-Lutherische Kirche Sydney
  Gottesdienste in:
  10 Gurney Rd, Chester Hill (8.30 Uhr)
  90 Goulburn St, Sydney (11 Uhr)
  40 Tryon Rd
  Lindfield, NSW 2070

St. Christophorus
  Deutschsprachige katholische Gemeinde
  Heilige Messe an Sonn- und Feiertagen (9.00 Uhr)
  112 Edwin Street North
  Croydon, NSW 2132

St. Raphaels Gemeinde
  136-140 Reservoir Rd
  Blacktown, NSW 2148

Central Trinity Evangelical Lutheran Church
  17-19 Valentine St
  Sydney, NSW 2000

Evangelical Brotherhood Church
  76 Hardinge St
  Guyra, NSW 2365

Internationale Missionsgesellschaft – Sieben Tage
Adventisten-Reformationsbewegung
121 Toongabbie Rd
Toongabbie, NSW 2146

Marianischer Segenskreis
P.O.Box 7
Croydon, NSW 2132

St.Paul's Lutheran Church
84 Monfarville St
St. Mary's, NSW 2760

In Victoria
Deutsche Evangelisch-Lutherische Dreifaltigkeitskirche
22 Parliament Place
Melbourne, Vic 3002

Martin Luther Gemeinde Melbourne
27 The Broadway
Altona North, Vic 3025

**Deutschsprachige Evangelisch-Lutherische
Johannisgemeinde**
3 Albert Ave
Springvale, Vic 3171

**St. Christophorus – Deutschsprachige Katholische
Gemeinde Melbourne**
45 York St
Richmond, Vic 3121

Deutsche Baptisten-Gemeinde
28 Hilton Ave
Springvale, Vic 3171

Templer-Gemeinde Melbourne
152 Tucker Rd
Bentleigh, Vic 3204

In South Australia
Bethlehem Lutheran Migrant Congregation
170 Flinders St
Adelaide, SA 5000

Lutheran City Mission Hostel
20 Marlborough St
College Park, SA 5069

German Catholic Centre (St. Bonifacius)
17 North East Rd
Collingswood, SA 5081

In Tasmanien
St. Pauls Evangelisch-Lutherische Gemeinschaft
62 Pirie St
New Town, Tas 7008

6.11 Deutschsprachige Ärzte und Zahnärzte

(Da neuere Anschriften von Ärzten und Rechtsanwälten für uns nicht zugänglich waren, drucken wir hier noch einmal die bisherigen Anschriften. Insofern können sich Abweichungen ergeben. Wir bitten um Verständnis.)

In New South Wales
Dr. Werner Brüssow
Suite 1011 Northpoint
100 Miller St
North Sydney, NSW 2060

Dr. Klaus P. Schum
Suite 1011 Northpoint
100 Miller St
North Sydney, NSW 2000

Dr. Alfred M. Liebhold
515 Kent St
Newton
Sydney, NSW 2042

In Victoria

Dr. F. C. Better
155 Were St
Brighton, Vic 3186

Dr. Peter T. Bruce
206 Albert St
East Melbourne, Vic 3002

Dr. Ernst H. Ehrmann
20 Collins St
Melbourne, Vic 3000

Dr. Rudolf Gasser
14 Ronald Ave
Bulleen, Vic 3105

Dr. Walter Hohlweg
3 Jacques St
Hawthorn, Vic 3123

Dr. Benno U. Ihle
Suite 7, Private Consulting Rooms
Royal Melbourne Hospital
Parkville, Vic 3050

Dr. Max Werner Jotkowitz
336 Carlisle St
East St. Kilda, Vic 3183

Dr. S. Kunstler
110 Collins St
Melbourne, Vic

Lennox Street Clinic
227 Lennox St
Richmond, Vic 3121

Dr. T. Levick
27 Mitchell St
Brunswick, Vic 3056

Dr. R. H. Jacobs
40 Bourke St
Melbourne, Vic 3000

Dr. A. J. Laurence
145 Collins St
Melbourne, Vic 3000

Dr. C. J. Luk
147 Collins St
Melbourne, Vic 3000

Dr. L. Lustig
279 Doncaster Rd
North Balwyn, Vic 3104

Dr. G. P. Schwarz
250 Swan St
Richmond, Vic 3121

In Queensland
Wavell Heights Acupuncture Clinic und
Wavell Heights Dental Laboratory
15 Corowa St
Wavell Heights, Qld 4012

6.12 Deutschsprachige Rechtsanwälte und Einwanderungsberater

Anwälte
Ahwee & Co
45 Avon Rd
Pymble, NSW 2073

Brown, Johnson, Burns & Co
12th Floor, CGA House
379 Queen St
Brisbane, Qld 4000
Cox, Goodman & Lancaster
21 Floor, T&G Building
141 Queen St
Brisbane, Qld 4000

J.C. Harris & Co
5 Elizabeth St
Sydney, NSW 2000

E.J. Kirby & Co
Law Society Building
170 Philipp St
Sydney, NSW 2000

Dennis Nassau & Co
230 Toorak Rd
South Yarra, Vic 3141

Ralph Selwyn
Solicitor and Attorney
9th Floor, 10 Martin Pl
Sydney, NSW 2000

O'Sullivan & Rowell
Solicitors
307 Queen St
Brisbane, Qld 4000

Einwanderungsberater
Study and Migration Centre of Australia (SMCA)
Gunther Berghofer
Level 4, 115 Clarence St
Sydney, NSW 2000
Rel: 02-9299 5959
Fax   2827
E-Mail: smca@smca.com.au

6.13 Deutschsprachige Steuer- und Unternehmensberater

Berchtenbreiter & Associates
2 Pamela Street
Mt. Waverley, Vic 3149

Dominguez and Barry
23 O'Connell St
Sydney, NSW 2000

Engelhardt, Chart. Acc.
Suite 3/301
Castlereagh Street
Sydney, NSW 2000
und
3 Adam Street
Burnley, Vic 3121
und
3 John Street
Bayswater, Vic 3153

Felser, Russell & Co
Level 9, Philipp St
Sydney, NSW 2000

Fidinam (Australia) Pty. Ltd.
Suite 1507, 14 Martin Pl
Sydney, NSW 2000

Carl Harbaum, C.H. Harbaum & Co Pty. Ltd.
Steuerberater und Wirtschaftsprüfer
307 Pitt St
Sydney, NSW 2000
Tel: 02-9231 4444
Fax: 4999

Dipl.-Kaufm. Werner Lotz
GPO Box 2566
Sydney, NSW 2001

Hans Roth
C/- Horwath & Horwath
3rd Floor, Australia Place
15 William Street
Perth, WA 6000

Studer Plüss
Steuer- und Unternehmensberatung
Paterson & Dowding
G.P.O.Box W 2011
Perth, WA 6001

Colliers Jardine
International Property Services, Immobilienberatung mit
Vertretungen in Adelaide, Brisbane, Canberra, Darwin, Hobart,
Melbourne, Perth, Sydney
Kontakt in Deutschland:
Colliers Apollo GmbH
Eschersheimer Landstr. 69
D-60322 Frankfurt/Main
Tel: 069/550 112, Fax: 069/551 171

6.14 Bäcker und Fleischer mit heimatgetreuen Waren

In New South Wales
Bavarian Bakehouse
15 Duneba Ave
West Gordon, NSW 2072

Rudi's Butchery
Continental Smallgoods, 167 Oak Rd
Kirrawee, NSW 2232

Iseli, Schweizer Wurstspezialitäten
8 Charlotte St
Ashfield, NSW 2131

Rolf's Bakery Hot Bread
Sharp St (gegenüber Visitor Centre)
Cooma, NSW 2630

In Queensland

Franz, Continental Smallgoods (Fleischer)
15 Industrial Ave
Caloundra, Qld 4551

Heinz Butcher Shop, Heinz Domine
611 Stanley St
Brisbane/Woolloongabba, Qld 4102

Deutsche Metzgerei Mermaid Plaza
2380 Gold Coast Hwy (Ecke Markeri St)
Mermaid Beach, Qld 4218

Gerhard's European Sausages
2444 Gold Coast Hwy
Mermaid Beach, Qld 4218

German Bakery
661 Oxley Rd, Nelson Centre
Corinda, Qld 4075

King of Cakes
Gailey 5 Ways (Ecke Gailey Rd/Swan Rd)
Taringa, Qld 4068

Tanjas Cakes
372 Main Rd
Wellington Pt., Qld 4160

In Victoria

Klopfer Cakes & Brezels (Backwaren/Laugenbrezeln)
740 North Rd (Ecke Tucker Rd)
Ormond East, Vic 3165

South Caulfield Continental Butcher (Fleischerei)
Lothar & Stephanie Merak
465 North Rd
Ormond, Vic 3162

Sigi's Continental Butcher
38 Glenferrie Rd
Malvern, Vic 3144

Kew Continental Butcher & Kopecky Smallgoods
326-328 High St
Kew, Vic 3101

In South Australia

Berents German Hot Bread Shop (Bäckerei)
117 Henley Beach Rd
Mile End, SA 5031

Westfalia Meat, Steinhoff & Co.
Glutenfreie Wurstwaren und Dosenwurst
512 Tapleys Hill Rd
Fulham Gardens, SA 5024

In Western Australia

Oasis Continental Foods
(Europäische Lebensmittel)
Whitford Shopping Centre, Shop 114
Perth, WA

Croissant Gourmet
10 Hanwell Way
Bassendean, WA 6054

Heilmann's Patisserie
45 Ardross St
Applecross, WA 6153

Temptations Bakehouse
Im 'Boatshed Fresh Market', 40 Jarrad St
Cottesloe, WA 6011

Gourmet Avignon
368 Albany Hwy
Victoria Park, WA 6100

Black Forest Smallgoods
17 Anderson Rd
Forrestfield, WA 6058

Elmar's Smallgoods
493 Beaufort St
Highgate, WA 6000
und im'Garden City Shopping Centre'
Booragoon, WA 6154

Hansa Smallgoods
824 Beaufort St
Inglewood, WA 6052

Steve's Smallgoods
259 South St
Hilton, WA 6163

Westphalia Continental Smallgoods
36 Fleming Ave
Cannington, WA 6107

6.15 In Krankheitsfällen

Krankenhäuser
Sydney:	St.Vincent's Hospital Travellers' Clinic
Melbourne:	Royal Melbourne Hospital
Brisbane:	Royal Brisbane Hospital
Adelaide:	Royal Adelaide Hospital
Perth:	Royal Perth Hospital
Darwin:	Royal Darwin Hospital
Hobart:	Royal Hobart Hospital
Canberra:	Royal Canberra Hospital

Für Notfälle gilt landesweit die Notruf-Nr. 000

6.16 Beratungsstellen in Deutschland

Wer sich persönlich über Australien (oder auch ein anderes Land) beraten lassen möchte, kann dies in einer Auskunfts- und Beratungsstelle tun: Sie werden von verschiedenen Organisationen in vielen größeren Städten von folgenden Organisationen unterhalten:

Arbeiterwohlfahrt, Bundesverband
Oppelner Str. 130
D-53119 Bonn
Tel: 0228/66850

Deutsches Rotes Kreuz
Generalsekretariat, Ref. 24
Postfach 1460
D-53004 Bonn
Tel: 0228/541 487 oder 541 494

Diakonisches Werk der EKD
Hauptgeschäftsstelle, Ref. Wanderung
Gerokstr.17
Postfach 101142
D-70010 Stuttgart
Tel: 0711/21590

Raphaelswerk »Dienst am Menschen unterwegs«
Generalsekretariat
Adenauerallee 41
D-20097 Hamburg
Tel: 040/248442-0
Fax   -26
E-Mail: Kontakt@raphaels-werk.de
Internet: www.raphaels-werk.de (Verzeichnis aller Rgionalbüros)

Weiterhin können Sie beim **Bundesverwaltungsamt**, Marzellenstr. 50-56, D-50668 Köln, Tel: 0221/758-0, Fax: 0221/758-276, E-Mail: *bva5@dialup.nacamar.de* ein kostenloses Verzeichnis aller Anschriften von Beratungsstellen erhalten.

6.17 Spediteure

Bundesverband Spedition und Logistik (BSL) e.V.
Weberstr.77
53113 Bonn
Tel: 0228-9144021
Fax: 9144099
Internet: www.spediteure.de

Gruppe internationaler Möbelspediteure (GIM) e.V.
Schulstr. 53
65795 Hattersheim
Tel: 06190-989811
Fax: 989820

6.18 Englischkurse

Informationen über Testzentren für Englischkenntnisse in Europa sind zu bekommen bei:

TOEFL (Test Of English As Foreign Language)-Kurse:
United States Information Service (USIS)
Deichmannsaue 29
D-53179 Bonn
Tel: 0228/339 2064

IELTS (International English Language Testing System)-Kurse:
The Exams Services Manager
The British Council
Hahnenstr. 6
D-50667 Köln
Tel: 0221/206 440
Fax: 206 4455
E-Mail: elfie.konrad@britcoun.de

IELTS Administrator
UCLES
Gierkzeile 29
10585 Berlin
Tel: 030-342 0909
Fax: 342 7385

IELTS im Internet: *www.ielts.org*

6.19 Literatur

1. Australien – *Ihre Zukunft?*, Leer 1991.
2. Schwinghammer: *Australien für Insider.* Bintiex Verlag, Melbourne 1993.
3. Stein: *Australien-Handbuch.*, Struckum, 13.Aufl.1997
4. *Australien im Überblick.* Erhältlich bei staatlich-australischen Stellen.
5. *Pocket Yearbook Australia 1995.* Commonwealth Information Services, Canberra 1994.
6. Zawatzky: *Australia – The Immigrant's Guide.* Simon & Schuster, Brookvale (NSW) 1988.
7. Lux: *Australien.* Pforzheim 1981.
8. Australien. *dtv-Weltatlas,* Band 11, München 1977.
9. Studienführer *Australien.* DAAD, Bonn 1994.
10. GEO-Special: *Australien.* Hamburg 1993.
11. Bendisch/Seidel: *Reisehandbuch Australien.* Leer 1988.
12. Nicholson: *The Little Aussie Fact Book.* Ringwood, Vic 1993.
13. Taylor: *Australien per Bahn.* Kiel 1989.
14. Dusik: *Richtig reisen – Australien.* Köln 1992.
15. Merkblätter für Auslandtätige und Auswanderer: *Australien.* Bundesverwaltungsamt. Köln 1990.
16. H.-O.Meissner: *Das fünfte Paradies.* München 1983
17. Harmstorf / Cigler: *Deutsche Siedler in Australien.* Berlin 1988
18. MacLean: *Der Traum vom Südland.* München 1973
19. Sackstedt: *Auf nach Down Under.* Kiel 1991, 2.Aufl. Struckum 1998
20. Riedel: *Lebe deinen Traum.* München 1997
21. *Tell Me About Australia.* Hrsg.: Austr.Botschaft, Bonn 1998
22. Hampshire: *Living and Working in Australia.* London 1998

Der Autor

Ulrich F. Sackstedt, im Hauptberuf Lehrer, beschäftigt sich schon seit 1981 mit dem Thema »Deutsche in Australien«. Via Kurzwelle wurde über Amateurfunk der erste Kontakt zu deutschen Auswanderern aufgebaut. Danach ergaben sich durch Zeitungsanzeigen eine Reihe weiterer Verbindungen, die schließlich zu Reisen auf den fünften Kontinent führten. 1989/90 entstand das erste Manuskript über deutsche Auswanderer, das 1991 veröffentlicht wurde: »Auf nach Down Under«, das 1998 in der 2. Auflage erschien. Fortgesetztes ausgiebiges Literaturstudium ergänzte Wissenslücken. Der Wunsch nach Auswanderung stand jahrelang ganz oben an, wurde jedoch auf Grund des eigenen Lebensalters nicht mehr verwirklicht. So war es nur logisch, das umfangreiche Wissen in Buchform weiterzugeben, was mit »Australien – Handbuch für Auswanderer«, geschehen ist.

Der Autor hofft, allen potentiellen Emigranten mit den vorliegenden neuesten Informationen den Horizont ein wenig mehr erweitern und Hilfen für die eigene Entscheidungsfindung geben zu können. Für Datenfehler, die sich bei der Faktenweitergabe ohne eigenes Verschulden eingeschlichen haben, kann allerdings keine Verantwortung übernommen werden: Alles ist nach bestem Wissen und Gewissen zusammengetragen worden.

Der Autor ist allen, die ihm bei seiner Arbeit geholfen haben, sehr zu Dank verpflichtet und spricht insbesondere seiner Familie Anerkennung aus für das erbrachte Verständnis während arbeitsreicher Monate und Reisen.

Er würde sich darüber hinaus freuen, wenn ihm zu erwartende oder schon erfolgreiche Auswanderer schreiben würden, um ihre Erfahrungen weiterzugeben. Diese Informationen können mithelfen, zukünftigen Auswanderern den Brückenschlag ›to the land down under‹ zu erleichtern.

Anschrift:
Ulrich F. Sackstedt
Am Waldrand 11
27283 Verden
Tel/Fax 04230-942711
E-Mail: *anaundulrich@aol.com*
Internet: *www.australienbuch.de*